사단의 책략 물리치기

사단의 책략 물리치기

:: 토마스 브룩스 지음
:: 서창원 · 최도형 옮김

엘맨
│좋은 책으로 하나님의 사람을 만들어 가는│

차례

토마스 브룩스의 약력 ... 6
헌정사(獻呈辭) ... 14
독자에게 한 마디 ... 25
역자 서문 ... 29
서론 ... 33

제1장.. 내용 증명 ... 37
제2장.. 영혼을 유혹하여 죄를 짓게 하는 사단의 책략 ... 43
제3장.. 영혼의 거룩한 의무를 나태하게 하고
　　　　거룩한 봉사를 방해하고 종교적인 행위를
　　　　금지시키기 위한 사단의 책략 ... 173
제4장.. 성도를 슬프고 의심스럽고 미심쩍고 불안한
　　　　상태 하에 두기 위한 사단의 책략 ... 241
제5장.. 온갖 종류와 계층의 사람들을 유혹하여
　　　　파멸시키기 위한 사단의 책략 ... 313

부록
1. 사단의 추가적인 책략 다섯 가지 ... 367
2. 거짓된 선생들의 일곱 가지 특성 ... 394
3. 사단과 그의 책략에 관한 여섯 가지 명제 ... 402
4. 결론: 사단의 책략에 대비한 10가지의 특별한 조언과 규칙 ... 417

* 토마스 브룩스 의 약력

　　만일 청교도 문헌의 독자들에게 청교도 설교자들 중에서 가장 '설득력이 있는' 사람 30명의 명단을 작성해 보라고 한다면, 토마스 브룩르를 '최고 3인방' 중의 한 사람으로 꼽을 사람이 많지 않을 수는 있어도 분명히 토마스 브룩스의 이름이 상위 30명 중에 들기는 할 것이다. 그의 이름과 그의 작품은 양식 있는 그리스도인의 마음속에 그가 깊이 자리를 잡도록 하기에 충분하기 때문이다. 몇몇 사람들은 17세기의 가장 우수한 정신적 지주들 중에서 가장 높은 자리를 그에게 제공하려 할는지도 모른다. 심령을 다룬 작가로서의 그의 명성은 결코 약화된 적이 없다. 그의 문체는 언제나 생기발랄하다. 동시대의 많은 이들과 마찬가지로 그는 자신의 설교 예화들을 성경 자체, 일상생활, 고대의 문학과 역사로부터 도출하였는데, 정제(整齊)된 그의 예화는 늘 흥미진진하고 교훈적이었다.

　　브룩스는 설교자이며 작가였다. 그의 전기는 그가 썼거나 그의 동시대 사람이 썼더라면 엄청난 흥미를 유발하였을 것이다. 하지만 불행히도 그의 인생 이야기로부터 건질 수 있는 내용은 극히 희소하다. 알렉산더 그로사르트는 니콜이 브룩스의 저서들을 재판 인쇄한 '약전(略傳)' (1866)에서 브룩스의 인생 이야기를 16페이지에 걸쳐 기술하고 있으나, 세세하고 깊고 넓은 정보는 제공하지 못하고 있다. 그가 찾아낸 기본적인 사실들은 참으로 그리 많지 않았다. 대학과 교회의 기록—이것들 모두 역시 너무도 그 내용이 짧다—은 간간이 발견되는 브룩스 자신의 기술(記述)에 의하여 보충될 수 있었으며, 그로사르트는 우리의 위대한 이 청교도의 마지막 소원과 유언을 찾아내서 인쇄하였을 때 엄청나게 기뻐하였다. 그때까지도 브룩스의 여러 논문들은 그 초판이 남아 있었으며 날짜도 기입되어 있었다. 그러나 그의 초상화는 남아 있는 게 없다. 그럼에도 불구하고 그의 인격과 그의 강력한 성품에 대한 그림은 독자의 마음속에 분명하게 새겨질 것이다. 우리의 저자는 그의 작품 속에서 지금도 살아 있기 때문이다. 그 작품들이 없다면 그는 아마 하나의 환영(幻影)에 지나지 않을 것이다.

1608년에 태어난—그 장소와 지역은 미상(未詳)이다—그는 찰스 1세가 영국의 왕좌에 오르던 해인 1625년 7월 7일에 케임브리지 임마누엘 대학의 '연금 수령 학생'으로 입학 허가를 받았다. 그 대학은 당시 '청교도들의 온상'이었다. 연금 수령 학생이란 말은 가난하다는 의미를 함축하고 있지 않았다. 그것을 뒷받침하는 믿을 만한 증거가 있으니, 그는 부유한 가문의 출신이었기 때문이다. 임마누엘 대학에서 그는 존 밀턴이나 저 유명한 뉴잉글랜드의 3인방—토마스 쉐퍼드, 존 코튼, 토마스 후커—과도 교분을 맺었을 것이다. 히브리어, 헬라어, 라틴어에 대한 그의 애정과 실력이 대학에서 시작되었다고는 할 수 없겠지만, 적어도 대학시절에 향상되었다는 것만은 사실이다.

1625년 이후로는 20년 이상 다시 장막이 드리워져서, 우리는 우리의 작가에 대해 알 수 있는 게 하나도 없다. 그가 다시 모습을 드러냈을 때, 그는 복음 설교자가 되어 있었다. 아마도 런던이 그의 사역의 중심 무대이었던 듯하다. 의심할 나위 없이 그는 시민전쟁 당시(1642-1648) 의회파에 가입했다. 실제로 그가 이 기간 중에 의회파의 육군과 해군 사령대의 군목으로 활동하였다. 의회파 군부의 최고사령관인 토마스 페어팩스와 그가 상당한 친교가 있었다고 생각된다. 이 중대한 시기에 그의 행동반경은 매우 넓어졌다. 왜냐하면 그의 논문 중 하나에서 다음과 같은 기록을 찾을 수 있기 때문이다: 그는 해외로 나가 "다른 나라와 민족들 가운데" 있었다. 또 이런 기록도 찾을 수 있다: "나는 수년 동안 바다에서 생활했는데, 은혜로 말미암아 살아난 나는 영국의 부(富)를 다 준다 해도 그 해상 경험하고는 바꾸지 않을 것이다." 그는 이런 말도 덧붙였다: "나는 무시무시한 풍랑을 만난 적도 몇 번 있었다."

시민전쟁이 끝나고 의회파 즉 신(新) 모델 군대가 승리하자―의회파와 구 군대는 해산되었다―브룩스는 런던에 있는 토마스 아포슬스(Thomas Apostles) 교회에서 설교자로 사역하게 되었다. 그는 같은 해에 (12월 26일) 하원 〈장기(長期) 의회의 잔당(殘黨)파〉 앞에서 복음을 전하기에 충분히 합당한 하나님의 뛰어난 사람으로 인정을 받게 되었다. 그의 설교는 후에 '의인의 승리를 기뻐하시는 하나님'이라는 제목으로 출판되었는데, 그 본문은 시편 44:18이었다. "우리 마음이 퇴축지 아니하고 우리 걸음도 주의 길을 떠나지 아니하였나이다." 의회 앞에서

한 그의 두 번째 설교는 1650년 10월 8일에 있었는데, 크롬웰이 9월 3일에 던바에서 스코틀랜드 사람들을 물리친 일을 감사하는 날이었다. 이 때의 본문은 의미심장하게도 이사야 10:6이었는데, 여기서는 그것을 인용하지 않겠다.

    2년 후에 브룩스는 토마스 아포슬스 교회로부터 피시 스트리트 힐에 있는 또 다른 런던 교회인 성 마가렛 교회로 임지를 옮겼다. 이 때 마가렛 교회의 교인들 중의 몇몇은 그의 부임을 극렬히 반대하였다. 그의 부임을 반대했던 사람들은 그가 무자격자라고 판단되는 사람들에게 성례전을 시행하지 않은 것을 불평하였으나, 이는 브룩스의 확고부동한 양심을 오해했기 때문이었다. 성 바돌로매오의 우울한 날(1662년)[1], 그는 가재도구를 빼앗기고 비국교도 가운데로 내어 쫓긴 목회자들 가운데 속해 있었다. 그러나 그는 런던을 떠나지 아니하고 성 마가렛 교회로부터 멀지 않은 곳에 머무르면서 기회가 주어지는 대로 설교도 했다. 그는 옥살이는 피했으나, 역병이 돌던 해(1665년)에 피난가기를 거절했던 목회자들 중의 한 사람이었다. 1666년의 대화재 중에는 고난당하는 이들을 위로하기 위해 자기 자리를 지켰다. '런던의 애가' (이사야 42:24,5에 근거하여 붙여진 이름)라는 제목이 붙여진 그의 긴 논문이 브룩스 작품 제4권(니콜의 총서)으로 출간되었다. 이것은 312페이지에 달하는 것이었는데, 아마도 그 불행스런 재난을 '가장 사실적이고 현실

---

[1] 찰스 2세가 종교통일령을 반포하고 청교도 목사들을 임지에서 추방시킨 날 - 역자주

적으로 묘사한 작품' 일 것이다. 그 책의 속표지에서 그 재난은 다음과 같이 묘사되고 있다: "(한때 그리도 유명했던) 우리의 도시를 파멸의 잔해로 만들어 버린 저 최근의 불 재앙에 관한 진지한 강론과, 자기 집을 그 화마(火魔)에 의해 잃어버리지 않은 사람들에게 주는 몇 가지의 교훈."

그 전기의 내용은 추가될 사항이 거의 없다. 1652-1680년은 설교하고 저술하는 일로 채워져 있는데, 일련의 논문도 자주 발표되었다. 그 중에서 본서(1652년)가 최초의 논문이다. 1676년에는 그의 아내 마르다(니 브루게스)가 죽었다. 그는 아내에 대해서 이런 감명적인 말을 남겼다: "그녀는 조용한 곳에서 하나님과 가장 많은 시간을 보낼 때면 언제나 가장 아름다운 모습을 띠곤 했다. 그녀는 여러 날 동안 온종일 우리나라와 시온을 위하여 하나님께 기도를 드리면서 자기의 영혼을 쏟아놓곤 하였다. 그녀는 자기 영혼에 대해 큰 관심을 가지고 있었다. 그녀 주변의 사람들은 그녀가 침상에 누워 있는 게 더 좋을 것이라고 생각하였다. 그녀에게는 언제나 육체적 연약이 따라다니고 있었기 때문이다. 그러나 신이 주시는 기쁨은 그녀로 하여금 그런 육체적 고통을 이기게 하였던 것이다." 브룩스의 사역이 성공적이었던 것은 대부분 그녀의 아내가 기도를 통해 그를 도와주었기 때문이라고 확신해도 좋을 것이다. 청교도의 아내들을 올바로 평가해야 하는데, 몇몇 아내들은 엄청나게 귀중한 역할을 감당했음이 틀림없다. 브룩스는 결혼을 하고도 자식을 두지 못했던 것 같다.

마르다가 사망한 후 토마스는 3년을 더 살았는데, 그 기간 동안에 그는 재혼을 하였다. 그의 '사랑스럽고 존경스러운' 두 번째 아내는 카트라이트를 따른 사람이었다(카트라이트는 잉글랜드 장로교 창시자였음 - 역자주). 그는 그녀가 '모든 친척들을 하나로 뭉치게' 하였다고 말한다. 이로 미뤄 보건대 그녀는 나이가 어림에도 불구하고 (아니, 나이가 어리기 때문에 그랬는지도 모른다) 마르다의 후계자로서 손색이 없었던 듯하다. 자신의 유언장을 작성한 지 6개월 후인 1680년 3월에 브룩스는 주님의 기쁨에 참여하게 되었으며 '곡식단이 그 기한에 운반되어 올려짐같이' 하늘나라로 옮겨졌다.

브룩스의 작품들은 분명히 그를 정확히 복사해낸 것들이다. 그는 하나님의 뜻을 받들어 자기 세대의 사람들을 섬겼을 뿐만 아니라, 그 후 모든 세대의 사람들이 그를 통하여 축복을 받았음이 분명하다. 그의 저술들은 '지극히 거룩한 신앙에 기초하여 제작된' 것들로서 대부분 주님의 강건한 군사들에 대한 것이었고, 그 외에도 하나님의 교회에 영향을 끼친 다수의 작품들이 있다. (사도적인 의미에서) '소금' 을 친 것이 그 작품들로 하여금 맛을 더하게 하였다. 스펄전이 설교 이외의 첫번째 출간 작품으로 교회에다 내어놓은 것이 '고대의 책들로부터 취해온 매끄러운 돌들' 이었다. 이것은 브룩스의 작품들을 편집한 것이었는데, 그 내용을 취사선택하는 데 그의 약혼자인 수산나 톰슨이 협력을 하였다. 그 '청교도의 후사' (최근의 전기에서 스펄전에게도 이런 칭호가 붙여졌다)의 영적 자산 중 상당한 양이 이런 방식을 통해 축적되었다고 해도 과언은 아닐 것이다.

그로사르트는 브룩스 작품들의 제4권의 머리말을 장식한 편집자 서문에서, 칼라미가 이렇게 말했다고 인용하였다. "우리의 저자는 '매우 영향력 있는 설교자였으며 많은 이들에게 유익을 준 사람' 이었다." 이런 무뚝뚝한 칭찬의 말에다가 그는 자신의 무게 있는 평결(評決)을 첨가시키고 있다. "그의 가장 미미한 '서신' 도 '생명의 떡' 이었으며 그의 가장 평범한 '설교' 도 '생명수' 로 가득 차 있다… 그의 가장 주된 목표는 죽은 심령들을 생명이 되시는 분의 복음 생명으로 살리는 것이었으며 그의 최고의 목적은 하나님의 진리를 '부각시키는' 것이었다. 따라서 그의 진솔함, 급박함, 갈망, 열정, 성구로 가득 찬 인용문, 간절함, 강렬함, 격정… 영혼들에게 '유익을 주고' 싶어하는 마음, 그리스도를 섬기는 일에서 성공을 거두고 싶어하는 거룩한 열정, 그분의 발치에다 빛나는 면류관을 바치고 싶어하는 마음이 그의 작품 도처에서 살아 숨쉬고 있다."

브룩스의 작품들을 아는 사람들이라면 그로사르트의 말에 반대를 할 사람이 거의 없을 것이다. 우리의 저자는 '성도들의 모든 교회' 안에서 칭송을 받는 선택된 자들 중 한 분이며 또한 영적 가치를 최고의 유산으로 간주하는 교회들 가운데서 손꼽히는 분이다. 존 밀턴은 그의 아레오파기티카에서 다음과 같이 말했는데, 이 말은 종종 인용되고 있다. "양서(良書)란 장인(匠人) 정신의 귀중한 피이며 생명 너머의 생명으로 나아가게 하는 목적을 풍기며 보존한 것이다." 토마스 브룩스는 혹 장인 정신이 없는 사람이었는지는 몰라도 그의 주인의 영(주님-역자 주)을 소유한 사람(이것이 훨씬 더 가치있는 것이다)이라고 말하는 것이 더 나은 표현일 것이다.

*헌정사 獻呈辭

지극히 높으신 하나님이 가장 사랑하시는 그리고 가장 귀중한 분들 즉 그분의 아들과 딸들에게 이 책을 바친다. 브룩스는 성령으로 인해 저들의 파수꾼이 된 사람이다.

우리의 가장 귀하신 주님 안에서 사랑받는 이들이여,

그리스도, 성경, 여러분 자신의 심령, 사단의 책략은 제일 먼저 그리고 가장 많이 연구하고 살펴보아야 할 최우선적으로 중요한 4가지 과제이다. 만일 이것들을 연구하기를 포기하는 사람이 있다면, 그는 이 세상에서도 안전하지 못하고 오는 세상에서도 행복하지도 못할 것이다. 그리스도의 온전하심, 피조물의 공허함, 저 큰 사기꾼의 올무를 찾아내고자 최선을 다하는 것은 그리스도인으로서의 내 의무이니, 파수꾼으로서의 내 의무는 더 말해 무엇하랴. 나는 이후에 전개되는 논의 속에서 주님으로부터 내가 받은 은혜를 좇아 그 의무를 감당하고자 있는 힘을 다할 것이다. 하나님은 약간의 식물도 제물로 받으셨고(레 2:2, 5:12) 한 줌의 염소 털도 헌물로 받으신 바가 있다(출 25:4, 35:26). 나는 여러분이 '작은 일의 날이라고 멸시할'(슥 4:10) 정도의 '학식있는 아비'는 아닐 것이라고 생각한다.

사랑하는 이들이여, 빛에서 어두움으로, 지복(至福)에서 비참으로, 하늘에서 지옥으로, 천사에서 악마로 급강하한 사단은 악덕과 시기로 가득 차 있기 때문에 다른 존재들도 그의 처지와 같이 영구적으로 비참한 상태에 빠뜨리고자 안 해 본 일이 없을 정도이다. 하늘에서 내어 쫓기고 '큰 날의 심판까지 영원한 결박으로 흑암에 갇혀 있는'(유 1:6) 사단은 모든 인류를 자기와 동일한 처지와 저주 하에 있게 하고자 온갖 수단과 방법을 다하고 있다. 사단은 우리의 영혼 안에다 죄악의 씨를 뿌려놓았기 때문에, 그가 즉각 유혹하지 않더라도 우리는 기꺼이 죄에 가담한다. 그가 우리에게 즉각 계책을 사용하지 않아도 그는 우리를 정복한다. 만일 그가 사람들에게 세상의 아름다움과 화려함을 약간이라도 보여주면, 그들은 사단에게 얼마나 재빠르게 무릎을 꿇고 엎드려 경배를 하게 되는지!

인간의 마음이 조금이라도 죄를 향해 기울어진다면, 사단은 그 일이 진척되도록 아주 흔쾌히 도울 것이다. 다윗이 자기 백성을 자랑하고자 했을 때, 사단은 그를 부추겨서 백성의 수를 세 본 후에 더욱 기고만장하도록 유도했다(삼하 24장).

베드로가 비열하게도 두려워 떨고 있을 때, 사단은 그를 유혹하여 그리스도를 저주하며 부인한 뒤 그가 처한 위험으로부터 벗어나도록 하였다(마 16:22, 26:69-75). 아합의 선지자들이 아첨에 빠지게 되자, 악마는 즉각적으로 속이는 영이 되어 그 400명 선지자들의 입 속으로 들어가 아합에게 아첨의 말을 하도록 하여 아합으로 하여금 파멸에 이르도록 만들어 버렸다(왕상 22장). 가룟 유다가 배신자가 될 마음을 갖게 되자마자, 사단은 신속히 그의 마음속으로 들어가 그로 하여금 돈을 받고서 이교도들도 결코 하지 않을 자기의 선생을 팔도록 꾀었다(요

13:2). 아나니아가 이익을 취하기 위하여 거짓말을 할 의사를 갖게 되자, 사단은 그의 마음을 꾀어 증인을 세운 후 성령께 대하여 거짓말을 하도록 만들었다(행 5:3). 사단은 순풍을 이용하여 돛을 단 후 사람들의 처지와 기호에 맞게 유혹하기를 좋아한다. 사람들이 번영 가운데 있다면, 사단은 그들을 유혹하여 하나님을 부인하도록 만들 것이다(잠 30:9). 만일 그들이 역경 중에 있다면, 그는 그들을 유혹하여 하나님을 불신하도록 만들 것이다. 만일 그들의 지식이 빈약하다면, 그는 그들을 유혹하여 하나님을 얕잡아보도록 만들 것이다. 만일 그들의 양심이 예민하다면, 그는 그들을 유혹하여 신경과민에 빠지도록 만들 것이다. 만일 그들이 대범하다면, 사단은 그들로 하여금 세속적인 안락에 빠지도록 할 것이다. 만일 담대하다면, 무례함에 빠지도록 유혹할 것이다. 만일 완고하다면, 개전의 정이 없도록 만들 것이다.

　사단의 능력, 악덕, 기교로부터 세상에서 보이는 영혼을 죽이는 온갖 책략, 방책, 술책, 음모가 나온다. 그가 영혼들을 유인하여 죄를 짓게 하는 책략은 여러 가지이며, 영혼들로 하여금 거룩하고 경건한 봉사를 하지 못하도록 하는 술책도 여러 가지이다. 영혼들로 하여금 비탄에 잠겨 의심하고 놀라며 경악하게 하는 방법도 여러 가지다.

　그는 수많은 음모를 사용해서 위대하고 존경스러운 사람들, 현명하고 지식 있는 사람들, 눈이 멀고 무지한 사람들, 부자와 가난한 사람들, 진실한 성도와 이름뿐인 성도들을 파멸시킨다.

　사단은 우리를 유혹하여 스스로 안전하다고 생각하고 경계를 게을리 하도록 만들기도 하고, 우리를 띄워 주어서 승리에 도취되도록 만들기도 한다. 사단은 우리로 하여금 우리의 죄보다는 다른 사람들의 죄에 관심을 집중함으로써 자만하게 만들거나 우리가 받은 은혜보다는 다른 사람들이 받은 은혜에게 눈을 돌림으로써 당혹감에 휩싸이게 만들기도 한다.

어쩌면 사람이 별의 수효를 말하고 바다의 모래를 셀 수 없을지 모른다. 그렇다면 사단의 모든 책략도 셀 수 없을 것이다. 하지만 그의 가장 중요한 책략은 그리고 사람들의 귀중한 영혼에게 가장 큰 해를 가하는 책략은 다음 글에서 논의될 것이다. 그리고 그에 대한 처방도 제시될 것이다.

사랑하는 이들이여, 나는 여러분과 세상 사람들에게 내가 본서를 출판을 하게 된 이유들을 세세히 설명할 필요가 있다고 생각한다. 전에도 그런 저술이 없었거나 실천되지 않는 것이 아님에도 출판하는 그 세세한 이유는 다음과 같다.

첫 번째의 이유가 있다. 사단은 사람들이 생각하는 것 이상으로 그들에게 영향력을 행사하고 있으며 그들을 압도하고 있다 그에 대한 잇점들을 파악하고 있다는 것은 사단을 실망케 하는 첩경이요 그를 강력하게 저항케 하며 정복하는 행복을 누리게 할 것이다.

두 번째의 이유는 여러분과 다른 많은 '시온의 귀한 아들들' (애 4:2)이 하나님께 끈덕지게 졸랐기 때문에 내 마음이 사로잡혀 내가 결국은 이 일을 하지 않을 수 없게 된 점이다. 처음에는 이 일이 내 기호와

성향에 약간 반대되던 일이었다.

　세 번째의 이유는 내가 다음에 나오는 논의를 탐구하던 중 나는 사단에 대해 이상한 반감(反感) 같은 것을 느끼게 되었는데, 그것이 나의 영을 각성시킨 것이다. 나는 이런 일들이 일어나지 않도록 하려고 사단이 무진 애를 쓴다는 것을 알게 되었다. 그런 일들이 일어나면, 틀림없이 어두움의 세계가 엄청나게 뒤흔들리고 파괴되는 한편 주 예수 그리스도의 나라와 영광은 엄청나게 고양될 것이기 때문이다.

　네 번째의 이유가 있다. 이 논의는 세상 사람들이 처할 수 있는 온갖 사태와 상황에 극히 유용할 것이기 때문이다. 여기서 여러분은 모든 상처에 맞는 고약을, 모든 염증에 맞는 반창고를, 모든 질병에 맞는 치유책을 발견하게 될 것이다. 특히, 영혼들을 파괴하며 나라를 붕괴시키는 경향이 가장 강한 질고(疾苦)에 대해 여러분은 그 해법을 발견하게 될 것이다.

　다섯 번째의 이유가 있다. 내가 아는 한, 이런 주제를 다른 책들은 알지 못하기 때문이다. 내가 보아온 저술은 나를 적지 않게 화나게 하는 것들뿐이었다. 그래서 나는 뭔가 해야겠다고 결심하게 되었다. 보다 더 나은 지성과 감성을 가진 사람들이 더 큰 자극을 받아서 그들의 재능을 계발하는 한편 사단의 책략에 대해 보다 더 많은 것을 발견할 수 있도록 할 어떤 일을 말이다. 사단의 책략에 대항할 좋은 방책을 알림으로써 사람들의 영혼들이 사단의 모든 음모와 술책을 극복할 수 있도록 돕기 위함이다.

여섯 번째의 이유가 있다. 나에게는 여러 나라에 흩어져 사는 귀중한 친구들이 많이 있다. 내가 비록 음성으로는 그들에게 미치지 못하지만 펜으로는 그들에게 당도할 수 있을 것이다. 그들도 그렇게 해주기를 대단히 바라고 있다. 나는 야곱의 강력하신 하나님이 도와주셔서 약소하나마 과거에 그들에게 선을 베푼 적이 있는데, 주께서 이번의 내 노력까지도 그들에게 축복이 될 수 있도록 해 주실 것이라고 믿어 의심치 않는다. 이런 일은 그들이 원하고 기도해 온 결과의 일부일 것이기 때문이다.

일곱 번째로 마지막 이유가 있다. 내 잔이 언제 비워질지 내가 알지 못하기 때문에, 사망의 손에 의해서 내가 그리스도를 또는 이 세상에 사는 여러분을 섬길 수 있는 기회를 언제 빼앗기게 될지 알지 못하기 때문에, 나는 여러분 가운데다 한줌의 신령한 씨를 뿌리고 싶었기 때문이다. 내가 이 육신의 장막을 벗게 되는 날 여러분에 대한 나의 사랑과 여러분에 대한 나의 귀중한 추억들이 여러분의 지성과 영을 강력하게 움직여서 이 책을 여러분의 친구로 삼게 되기를 나는 바란다. 내 적으로나 외적으로 그 어떤 변화가 있을 경우에도 여러분이 이 하늘의 고약을 사용할 수 있게 되기를 바라는 바이다. 이 고약은 주님의 축복을 통해서 여러분의 모든 상처를 치유하는 데 효과가 있으며, 불뱀에 물리고 쏘인 사람들이 구리뱀을 쳐다봤을 때 상처가 나은 것만큼 효과가 있을 것이라고 나는 기대하는 바이다. 나는 이 책을 여러분에 대한 나의 지극한 사랑의 유산으로 남기고 싶다. 주께서 이 책으로 하여금 이 세상의 힘 있고 높은 사람들이 자기의 가장 가깝고 귀중한 친척들에게 남겨주는 그 어떤 육신적인 유산보다 훨씬 더 위대하고 유익한 유산이 되게 해주시옵기를 바라는 바이다.

사랑하는 이들이여, 나는 감정에 사로잡혀 내 의도가 지나치게 표현되는 것을 원하지 않는다. 나는 다만 내가 여러분을 위하여 여러분에게 바라는 바를 표현할 수 있기를 원한다. 그렇게 한 다음에 이 헌정사를 마치려고 한다.

여러분을 위해 내가 바라는 바는 바로 이것이다: 그 영광의 풍성을 따라 그의 성령으로 말미암아 너희 속 사람을 능력으로 강건하게 하옵시며 믿음으로 말미암아 그리스도께서 너희 마음에 계시게 하옵시고 너희가 사랑 가운데서 뿌리가 박히고 터가 굳어져서 능히 모든 성도와 함께 지식에 넘치는 그리스도의 사랑을 알아 그 넓이와 길이와 높이와 깊이가 어떠함을 깨달아 하나님의 모든 충만하신 것으로 너희에게 충만하게 하시기를 구하노라(엡 3:16-19). 주께 합당히 행하여 범사에 기쁘시게 하고 모든 선한 일에 열매를 맺게 하시며 하나님을 아는 것에 자라게 하시고 그 영광의 힘을 좇아 모든 능력으로 능하게 하시며 기쁨으로 모든 견딤과 오래 참음에 이르게 하시기를(골 1:10,11) 원하노라. 이는 너희로 악을 조금도 행하지 않게 하고자 함이라(고후 13:7). 오직 너희는 그리스도 복음에 합당하게 생활하라 이는 내가 너희를 가보나 떠나 있으나 너희가 일심으로 서서 한 뜻으로 복음의 신앙을 위하여 협력하는 것과(빌 1:27)… 이 일을 듣고자 함이라. 그러므로 나의 사랑하고 사모하는 형제들, 나의 기쁨이요 면류관인 사랑하는 자들아 이와 같이 주 안에 서라(빌 4:1). 이러므로 우리도 항상 너희를 위하여 기도함은 우리 하나님이 너희를 그 부르심에 합당한 자로 여기시고 모든 선을 기뻐함과 믿음의 역사를 능력으로 이루게 하시고 우리 하나님과 주 예수 그리스도의 은혜대로 우리 주 예수의 이름이 너희 가운데서 영광을 얻으시고 너희도 그 안에서 영광을 얻게 하려 함이니라(살후 1:11,12). 이는 너희로 시온의 영광이 빛나는 가운데 빼어난 존엄성을 지니게 하고자 함이니라(시 93:5). 그리고 너희의 마음이 올곧게 유지되고 너희의 판단이 건전하게 유지되고 너희의 삶이 흠 없게 보존되기를 원하노라. 너희가 지금 '나의 기쁨'인 것과 같이 그리스도의 날에도 너희가 '나의 면류관이' 되기를 원하노라. 내가 너희의 삶 가운데서 나의 노력한 결실을 보게 되기 바라노라. 너희가 하늘의 것들을 들으면서 땅의 것들을 얘기하지 않게 되기를 원하노라. 오히려 너희가 '복음에 합당하게'(빌 1:9,10)되기를 원하노라. 짠 바다에 사는 물고기라 할지라도 그 속은 언제나 신선하듯이, 너희도 비록 이 냉혹한 세상에 살고 있지만 관대하고 사랑스러운 사람이 되기를 원하노라. 모든 꽃들로부터 꿀을 빠는 벌이 되기를 원하노라. 진주는 바다 속에서 자라지만 하늘에서 빛을 발하듯이, 너희도 고난의 바다에서 빛을 발하게 되기를 원하노라. 너희의 그 모든 시련 가운데서도 너희가 불에도 타지 않고 물에도 녹지 않는 트라키아 지방의 돌처럼 빛나게 되기를 원하노라. 너희가 그 재질이 뛰어나고 그 외양이 아름다운 하늘들처럼 되기를 바라노라. 그리하여 그리스도께서 자신의 아버지께 "보라 나와 및 여호와께서 내게 주신 자녀들이로다"(사 8:18)라고 말씀하시는 날 너희가 나를 기쁨으로 만나게 되기를 원하노라.

여러분에게 내가 바라는 바는 바로 이것이다. 여러분이 부지런히 그리스도, 그분의 말씀, 여러분 자신의 심령, 사단의 책략, 그리고 영원에 대해서 이전보다 더 많이 연구하기를 바란다. 여러분이 외적인 화려함보다는 내적인 신실함을 더 추구하기를 바란다. 여러분이 받은 긍휼에 대해 감사하고, 자신의 위치에서 성실히 살며, 신의 현현(顯現) 앞에서 겸비하고, 귀중한 규례를 좇아서 열매를 맺게 되기를 바란다. 여러분이 받은 은사와 긍휼이 다른 사람이 받은 것보다 더 많기 때문에, 여러분이 하나님 앞에서 정산(精算)할 때에 다른 이들보다 열등하게 나타나서는 안 될 것이다. 여러분이 성도 축에 끼지도 못할 이 사람을 위해 기도해 주기를 바란다. 그리하여 내가 그리스도의 손에 잡힌 귀중한 도구가 되어 많은 영혼들을 그분께로 인도하며 지극히 거룩한 믿음 가운데서 그분께로 나아오는 사람들을 굳건하게 할 수 있기를 바란다. 그리고 "내게 말씀을 주사 나로 입을 벌려 복음의 비밀을 담대히 알리게 되기를"(엡 6:19) 바란다. 내가 주의 일을 신실하고 성실하게 하며 언제나 변함없이 하게 되기를 바라며, 나의 애쓰는 바가 주안에서 헛되지 않기를 바란다. 나의 애쓰는 것이 주께 열납되기를 바라며, 내가 내 영혼의 수고한 것을 날마다 보게 되기를 바란다.

그러나 무엇보다도 나를 위해 기도해 달라. 내가 천상(天上)적인 것들에 대한 권능과 즐거움을 내 마음속에서 더욱 더 많이 발견하여 여러분과 다른 사람들에게 나눠줄 수 있게 되기를 바란다. 나의 영혼이 위로부터 내려오는 힘을 받음으로써 내가 세상 사람들에게 제시하는 그 진리를 완전하고 변함없이 구현시킬 수 있게 되기를 바란다. 나의 삶과 가르침이 모두 '켜서 비취는 등불'(요 5:35)이 될 수 있기를 바라며, 그리하여 주 예수께서 나타나시는 날 '나를 위하여 예비된 의의 면류관을 주 곧 의로우신 재판장이 그 날에 내게 주실 것이니 내게만 아니라 주의 나타나심을 사모하는 모든 자에게'(딤후 4:8)도 그리 하시기를 바란다.

    이제 마치겠다. 이것을 기억하라. 여러분의 생명은 짧으며 여러분이 할 일은 많이 있고, 여러분이 받을 도움은 크며 여러분이 받을 보상은 분명하다. 그러므로 여러분이 잘 하고 있는 일에 낙담하지 말고 계속해서 밀고 나아가라. 하늘에서 모든 것에 대한 상급이 있을 것이다.

    나는 이제 나의 마음으로부터 서명을 하여 여러분에게 보낸 후 여러분을 떠나고자 한다.

    여러분의 사랑하는 목사가 우리의 지극히 귀하신 주님 안에서 모든 목회자적인 애정과 사명을 좇아 그리스도의 명을 받들고 이 글을 쓴다.

토마스 브룩스

*독자에게 한 마디

친애하는 친구여!

솔로몬은 우리에게 진리를 사라고 명하였지만(잠 23:23) 그것에 대한 값을 얼마나 치러야 하는지에 대해서는 말을 하지 않았다. 그것이 제 아무리 값비싼 것이라 할지라도 우리는 그것을 얻어야만 하기 때문이다. 우리는 진리를 절박한 마음으로 사모하여야 한다. 진리 조각은 모두 금싸라기처럼 귀중하기 때문이다. 우리는 그것과 더불어 살든지 아니면 그것을 위해 죽든지 하여야 한다. 룻은 나오미에게 이렇게 말했다. "어머니께서 가시는 곳에 나도 가고 어머니께서 유숙하시는 곳에서 나도 유숙하겠나이다 어머니의 백성이 나의 백성이 되고 어머니의 하나님이 나의 하나님이 되시리니 어머니께서 죽으시는 곳에서 나도 죽어 거기 장사될 것이라 만일 내가 죽는 일 외에 어머니와 떠나면 여호와께서 내게 벌을 내리시고 더 내리시기를 원하나이다"(룻 1:16,17). 은혜를 받은 사람이라면 이렇게 말해야 한다. "진리가 가는 곳에 나도 가고 진리가 유숙하는 곳에서 나도 유숙하겠나이다. 진리가 죽는 곳에서 나도 죽어 거기 장사될 것이라. 만일 내가 죽는 일 외에 진리를 떠나면 여호와께서 내게 벌을 내리시고 더 내리시기를 원하나이다". 사람이 자기의 집과 땅과 패물을 팔아도 무방할는지 모르지만, 진리는 그 어떤 값을 주고도 살 수 없는 패물이기 때문에 결코 팔아서는 안 된다. 그것

은 우리의 기업이다: "주의 증거로 내가 영원히 기업을 삼았사옵니다"(시 119:111). 그것은 우리의 조상이 그들의 피를 주고 산 유산이다. 그러므로 이 귀중한 보화를 사기 위해서는 복음서에 나오는 현명한 장사꾼처럼(마 13:45) 우리가 무엇이든지 팔고 무엇이든지 포기할 수 있어야 할 것이다. 그것은 하늘과 땅보다 더 값이 나가며, 그것을 갖고 있으면 우리가 행복하게 살다가 편안하게 죽을 수 있으며 영원히 왕 노릇 할 수가 있기 때문이다.

그러므로 이제 만일 여러분이 동의한다면, 이 책을 읽고 나의 조언을 받으라.

첫째로, 모든 사람이 다 빼어날 수는 없지만 그들이 다 유용한 인물이 될 수는 있다는 것을 여러분은 알아야 한다. 무쇠로 만든 열쇠로 황금 보고(寶庫)의 문을 열 수가 있다. 그렇다. 쇠는 금이 할 수 없는 일들을 할 수가 있다.

둘째로, 기억하라. 이 책은 서둘러 읽어서는 안 된다. 이것은 거룩한 하늘의 진리들이므로 진지하게 묵상해야 한다. 그렇게 할 때 비로소 그것들이 영혼에게 달콤하며 유익이 될 것이다. 벌이 꽃에 접촉하였다고 꿀이 모아지는 게 아니라 상당한 시간 동안 꽃 위에 앉아서 꿀을 빨아내야만 모이는 것이다. 가장 많이 독서를 한 사람이 아니라 가장 많이 묵상을 한 사람이 가장 우수하고 가장 상큼하고 가장 지혜롭고 가장 강력한 그리스도인으로 판명될 것이다.

셋째로, 결국 가장 행복한 사람으로 인증될 이는 아는 사람도, 말하는 사람도, 읽는 사람도 아니고 행하는 사람이라는 점을 알아야 한다. "너희가 이것을 알고 행하면 복이 있으리라"(요 13:17). "나더러 주여 주여 하는 자마다 천국에 다 들어갈 것이 아니요 다만 하늘에 계신 내 아버지의 뜻대로 행하는 자라야 들어가리라"(마 7:21). 유다는 예수님을 보고 주여, 주여 하였지만 결국은 그분을 배반하고 제 갈 길로 가지 않았는가. 아! 오늘날에도 얼마나 많은 유다들이 있는지. 그들은 그리스도께 입을 맞추고 나서는 그분을 배반한다. 입으로는 그분을 믿는다고 고백하지만 행동으로는 부인한다. 그분 앞에서 무릎을 꿇기는 하지만 마음속으로는 그분을 멸시한다. 그분을 예수라고 부르기는 하지만 주님을 보고 순종을 하지는 않는다.

독자들이여, 만일 여러분이 읽는 것을 실천에 옮기고자 마음먹지 않을 것이라면, 여러분은 무엇 때문에 책을 읽는단 말인가? 여러분 자신의 죄를 더 많게 하려고 그러는가? [1] 왜냐하면 만일 여러분의 빛과 지식이 행동으로 옮겨지지 않는다면, 지식이 많을수록 여러분은 보응(報應)의 날에 더욱 더 비참한 사람으로 발견될 것이다. 여러분의 빛과 지식이 지옥에 있는 모든 악마보다도 더 여러분을 괴롭힐 것이기 때문이다. 여러분의 지식이 막대기가 되어 여러분을 영원히 채찍질 할 것이며 전갈이 되어 여러분을 언제까지나 물 것이며 벌레가 되어 여러분을 영

---

[1] 이교도 철학자인 세네카는 뭔가를 하려는 것 같으나 결코 시작하지 않는 자들을 좋아하지 않았다.

구적으로 갚아먹을 것이기 때문이다. 그러므로 읽고 알도록 힘쓰되, 그것을 행동으로 옮기도록 하라. 그렇게 하지 않으면 여러분은 영원히 파멸될 것이다.[2] 사람들이 데모스테네스에게 이렇게 물은 적이 있다: 웅변가의 첫 번째 자질이 무엇입니까? 두 번째는 무엇입니까? 세 번째는 무엇입니까? 그는 '행동'이라고 대답했다. 나도 동일한 대답을 하고자 한다. 만일 누군가가 나에게 그리스도인의 첫 번째 자질이 무엇이냐고 묻는다면 나는 틀림없이 '행동'이라고 대답할 것이다. 알기 위해서 읽는 자와 행하기 위해서 알려고 애쓰는 자는 두 가지의 하늘을 가지게 될 것이기 때문이다—이 지상에서는 기쁨, 평안, 위로의 하늘을 가지게 될 것이요 죽은 다음에는 영광과 행복의 하늘을 가지게 될 것이다.

넷째로 그리고 마지막으로, 만일 여러분이 읽는 중에 본서의 하단을 유심히 살핀다면 여러분은 달콤하고 귀중한 각주(脚註)들을 발견하게 될 것이다.[3] 그것들은 종종 여러분이 읽는 내용에게 빛을 던져줄 것이며 여러분의 노고에 많은 위로와 유익으로 갚아줄 것이다. 이제, 여러분이 내가 발견할 것과 같은 달콤함과 이익을 이 논문을 읽는 동안 하늘의 그림자를 통해서 발견하게 되기를 바라면서, 나는 여러분을 "주와 및 그 은혜의 말씀께 부탁하나니 그 말씀이 너희를 능히 든든히 세워서

---

[2] 루터는 말하기를 하나님은 질문자보다 달리는 자를 사랑했다고 했다.
[3] 본서에서는 각 쪽에 각주를 옮겨놓았다.

거룩케 하심을 입은 모든 자 가운데 기업이 있게 하실 것이다"(행 20:32). 그러니 독자여, 안심하라.

*복음의 모든 직임에 충실한 영혼의 종
토마스 브룩스

* 역자 서문

    과거나 현재나 영적인 세계에서 가장 부지런한 존재는 사단이다. 하나님의 전능하심과 긍휼의 풍성하심에 대한 훼방을 아끼지 않기 위해 삼킬 자를 삼키려고 우는 사자와 같이 두루 다니는 존재이다. 날 위해 흘려주신 주님의 보배로운 피를 생각하면 사단에 대해 연구할 이유가 하나도 없다. 이미 그리스도께서 그의 십자가의 피로 사단의 권세와 계략을 다 붕괴시켜버렸기 때문이다.

    그러나 주님의 택한 자녀일지라도 넘어뜨리려는 그의 야심 때문에, 심지어 주님의 제자들조차도 밀 까부르듯 까부르려고 청구한 그의 대담성 때문에 성도들은 늘 안심하고 살 수 없는 것이 현실이다. 더구나 광명한 천사로 가장하는 그의 변장술이야말로 나약한 성도들이 알아차리기엔 너무나 완벽하다. 세대가 점점 악하여지고 있는 때에 "악한 사람들과 속이는 자들은 더욱 악하여져서 속이기도 하고 속기도"(딤후 3:13) 하는 때이기 때문에 성도들이 배우고 확신한 일에 거하지 않으면 안되는 것이다.

    그런 의미에서 청교도 목사들 중 유명한 설교자였던 토마스 브룩스 (1608-1680) 목사가 1652년에 첫 출간한 〈사단의 책략에 대한 고귀한 치유책〉(Precious Remedies against Satan's Devices)를 한국말로 번역하여 독자들에게 소개하게 된 것이 너무나 감사하다. 성도라면 사단의 유혹에서 예외가 될 수 없는 존재이다. 물론 거지는 도적을 겁낼 이유가 없다. 해적도 빈 금고엔 눈길조차 주지 않는다. 하늘나라의 보배로운 존재요, 존귀한 성도들은 하늘에 속한 모든 신령한 복을 받은 자들이다. 세상에서 가장 위대한 도적이요 해적인 사단은 그걸 견디지 못한다. 어떻게 하면 그 모든 것을 잃게 하고 타락의 나래로 떨어져 자신과 함께 영원히 멸망을 받을 동무로 삼고자 궁구하는 존재이다. 그의 모든 실체를 정확하게 성경에 근거하여 도출하고 그의 계략을 소상하게 파악하여 그의 모든 유혹에 결코 흔들리지 않고 승리하게 하는 그 비책들을 독자 여러분들은 이 책에서 만날 것이다.

역자는 이 글을 읽으면서 그 모든 시험과 간교한 책략들을 깨우쳐 주신 우리 주 예수 그리스도와 그의 손 안에 있었던 강력한 무기로 한 시대를 풍미한 저자에게 깊은 감사를 드리지 않을 수 없었다. 저자는 부요한 집안에서 태어나 남부럽지 않게 살 수 있었음에도 불구하고 하나님께서 그를 연단하신 많은 경험들을 통하여 복음의 일꾼이 되었고 그 경험들을 해박한 성경 지식을 통하여 해석하고 대책들을 제시하는 그의 능력은 참으로 위대하다 말하지 않을 수 없다. 그는 특히 해외에서의 경험과 해상에서의 경험들이 그의 신앙인격 형성에 매우 큰 도움이 되었기 때문에 "자신이 바다에서 경험한 것을 잉글랜드의 모든 부와 결코 바꿀 수 없다"고까지 말한 것이다. 그렇기 때문에 그가 제시한 비책들은 추상적이지 않고 아주 실제적이어서 모든 시대 모든 성도들에게 적용 가능한 성경적 대안이라고 해도 과언이 아니다.

속이는 자들은 자신의 이기적 야욕 때문에 남을 속이는 것이다. 사단이 거짓의 아비라는 말 그대로 성도들을 속여 자신의 무너져가는 왕국을 견고하게 하고자 하는 그의 수고가 헛수고로 끝나게 하는 그 비밀들을 직접 들어보라. 그의 계략이 탁월하고 빈틈이 없어 보여도 지혜와 지식의 근본이신 주님의 지혜를 어찌 넘볼 수 있으랴!

한국교회의 현실은 "하나님이 없는 천국과 같다"고 본다. 사단은 창조 이후로 성도들을 유혹하여 넘어뜨려본 결과 하나님이 보이지 않게 하는 천국을 제시하는 것이 가장 성공적인 것임을 그가 사용한 유혹거리들을 통해서 알고 있다. 사람들이 하나님의 바른 교훈을 듣지 않게 되고 사욕을 좇을 스승을 많이 두고 있으며 귀를 진리에서 돌이켜 허탄한 이야기들에 얼굴을 파묻고 살게 하고 있다. 부와 영화와 인기를 한 몸에 받게 하여 돈과 조직으로 거대한 외형적인 놀이 문화로 성도들의 눈과 귀를 멀게 하고 있다. 주님의 진리가 견고하게 자리 잡고 있어야 할 교회에 진리가 밀려나게 한다. 그리고 하나님이 계시지 않는 교회로 전락시켜가고 있다. 상당수의 교회들이 주님이 없어도 잘 굴러가게 만들어져 가고 있다. 사람들은 현대 사회에서 겪는 수많은 스트레스를 교회의 사교 모임에서, 종교모임에서 찾으려고 한다. 그 구미에 맞게 상품들을 즐비하게 전시해 놓은 교회들이 잘 나가는 교회들이 되어버린 것이다. 복음이 설 자리가 없어지고 하나님이 계시지 않고 사람들이 우굴 거리고 사람들의 허탄한 소리로 귀가 먼 조국 교회 강산을 살리시려는 주님의 은혜를 증거가 이 책 안에 분명히 들어 있다. 이제 우리도 사단의 교회 말살 정책을 예리한 눈으로 파악하고 그 실체를 공개하는 저자의 음성에 귀를 기울이자. 그리고 마지막 보루는 그리스도 예수의 십자가 복음을 돌아가는 것뿐임을 가슴에 새기자.

"우리의 싸우는 병기는 육체에 속한 것이 아니요 오직 하나님 앞에서 견고한 진을 파하는 강력이라 모든 이론을 파하며 하나님 아는 것을 대적하여 높아진 것을 다 파하고 모든 생각을 사로잡아 그리스도에게 복종케 하는"(고후 10:4-5) 십자가 복음으로 돌아가야 한다. 강단을 점령한 사단의 보좌를 끌어내리는 것은 이 길뿐이다. 그 일을 이루신 하나님을 앙망하며 찬양해야 한다. 역자의 찬송시를 소개한다: "여호와를 찬양하라 구속받은 형제여 너를 창조하신 여호와가 함께하시니 두려워 말고 담대하게 힘써 싸워 이기라 주 도와 주신다."

"물과 불을 통과하는 험한 싸움터라도 물에 침몰치 않고 불에 타지도 않네 여호와 네 하나님은 이스라엘 구원자 거룩한 하나님."

"빽빽한 구름과 짙은 안개 사라짐같이 네 허물과 네 죄 도말하여 주신 여호와 힘써 찬양하라 기뻐 노래 부를지어다 소리 높여 찬양."

(후렴), 영광 영광 할렐루야(3x) 전쟁에 능한 주! 아멘!

죄와 사망의 권세를 깨시고 승리하신 전쟁에 능한 주님께 모든 영광을 돌리며 마지막으로 이 귀한 책을 기꺼이 출판하시는 엘맨 출판사 이규종 장로님과 직원 모두에게 진심으로 감사드린다. 2007년 거룩의 영이시오 진리의 영이신 성령의 새롭게 하시는 강력한 역사를 조국 교회 위에 뒤덮게 되기를 사모하는 하나님의 한 작은 종,

　　　　　　　　　　　　서창원 목사가 솔샘길 골짜기에서

* 서론 – 고린도후서 2:11

5절에서 사도는 이렇게 말한다: 근친상간을 하는 사람은 그 행위로 말미암아 하나님의 귀중한 영혼들을 근심에 빠뜨렸다. 죄의 길로 행하는 영혼들은 경건한 자에게 하사엘이 되어(왕하 8:12-15) 그들로부터 많은 눈물과 한숨을 자아낸다. 예레미야는 유다의 죄를 보고 숨어서 울었다(렘 9:1). 바울은 배를 신으로 삼는 사람들에 대해 눈물을 흘리며 말했다(빌 3:18,19). 롯의 의로운 영혼은 음탕한 소돔 사람들로 인하여 고통과 괴로움을 당했으며 고민하였다(벧후 2:7,8). 죄를 진 모든 소돔 사람들은 그에게 하사엘로 보였으며 하다드림몬(슥 12:11)으로 느껴졌다. 은혜를 받은 영혼은 자기 자신뿐만 아니라 다른 사람을 위해서도 통곡한다. 죄를 조롱하는 사람들의 영혼과 그들의 죄 때문에 통곡한다. 자기 영혼을 저주로 몰아넣는 일을 조소하는 이들을 위하여 통곡한다. 은혜 받은 영혼들이 허망한 영혼들과의 교제를 통해서 얻는 것은 죄의식과 슬픔뿐이다(시 119:136,158).

6절에서 사도는 근친상간을 행하는 사람들에게 내린 형벌은 충분함을 말한다. 그러므로 사람들은 자신의 이전 허물과 어리석음을 회개하고 서글퍼하는 이를 받아들이기를 거부해서는 안 된다. 잘못을 고백한 사람들을 비참한 피투성이로 만드는 것은, 화형주(火刑柱)에 달려 있는 동안 자기의 과오를 회개한 사람들을 "저들이 착한 마음을 가지고 있을 때 저 세상으로 보내는 게 좋을 것이다"라고 말하면서 태워 죽이는 것은 그리스도께 영광이 되지 못한다. 그것은 복음 전파에 도움이 되지도 않고 영혼들에게 유익이 되지도 못한다.

7절-10절에서 사도는 교회에게 그런 사람을 용서하고 위로하고 그에 대한 사랑을 확증해 보이라고 교회에게 촉구한다. 저가 '너무 많은 근심에 잠길까 두렵기' 때문이었다. 사단은 두루 다니며 절망이라는 끔찍한 독버섯을 순수한 마음으로 회오(悔悟)하는 사람의 경건한 슬픔과 뒤섞어버리는 일을 하고 있다. 제롬은 이런 감미로운 말을 하였다. "사람으로 하여금 자신의 죄를 인하여 탄식하게 내버려 두라. 그렇게 하면, 그 탄식으로 인하여 기뻐할 수 있게 될 것이다." 한 영혼으로 하여금 시은좌(施恩座)를 쳐다보지 못하게 하는 슬픔, 그리스도와 그 영혼을 분리시키는 슬픔, 또는 그 영혼이 성도의 교제 속에 들지 못하도록 하는 슬픔는 죄악된 슬픔이다.

11절에서 사도는 또 다른 이유를 들고 있다. 회개하는 죄인에게, 죄와 비참 아래서 통곡하고 신음하는 이들에게 자비와 긍휼을 보여 주어, 사단이 우리를 정복하지 못하도록 해야 한다는 것이다. 우리는 사단의 책략을 알지 못하기 때문이다. 말이 나왔으니 몇 마디 하겠다.

사단이 유리한 고지에 있게 해서는 안 된다. 사단이 우리를 앞지르게 해서는 안된다. 희랍어에 의하면, 이 '유리하다' 라는 말은 자기에게 속한 것 이상의 것을 소유하는 것을 의미한다. 이에 대한 설명은 탐욕스런 상인에게서 찾을 수 있다. 그는 다른 사람을 속이고 편취하기 위해 온갖 수단과 방법을 찾아 헤맨다. 사단은 바로 그런 간교한 상인인 것이다. 그는 과부의 가산을 삼키는 게 아니라 대부분 사람들의 영혼을 삼키는 간교한 존재이다.

"우리가 그 궤계를 알지 못하는 바가 아니로라." 그의 간계, 술책, 또는 책략을 우리가 모르는 바가 아니다. 사단의 간계를, 그가 세밀히 짜 놓은 책략을, 그가 공들여 고안해낸 방책을, 그의 음모를, 그의 화살을, 그의 수렁을 직접 경험하지 못한 사람들은 명목상의 그리스도인일 뿐이다. 사단은 간계를 통해 우리의 처음 조상을 속였으며, 오늘날에도 기회가 있을 때마다 우리에게 불리한 거래를 트고자 여전히 애를 쓴다.

본 논의에서 내가 도출하게 될 중요한 내용은 아래와 같은 것들이다.

사단은 사람들의 영혼을 속이고 얽어매고 파멸시키기 위해 몇 가지 책략을 사용한다. 나는 앞으로 이렇게 할 것이다.

1. 그 내용을 증명해 보일 것이다.
2. 여러분에게 사단의 여러가지 책략을 보여줄 것이다.
3. 그의 책략에 대한 대책을 보여줄 것이다.
4. 사단이 사람들의 영혼을 속이고 얽어매고 파멸시키기 위해 사용하는 아주 많은 책략들이 어떻게 성공하는지를 보여줄 것이다.
5. 사단의 책략에 대한 몇 가지 명제를 제시할 것이다.

★
제1장
내용 증명

Put on the full armor of God so that you can take your stand against the devil's schemes.(Ephesians 6:11)

"마귀의 궤계를 능히 대적하기 위하여 하나님의 전신갑주를 입으라" (엡 6:11)

내용 증명

그 내용 증명을 위해서 몇몇 성구를 살펴보도록 하자: "마귀의 '궤계'를 능히 대적하기 위하여 하나님의 전신갑주를 입어라"(엡 6:11). 여기서 '궤계'라고 번역된 말의 희랍어는 상당히 강조적인 표현이다.

(1) 이것은 어떤 사람의 뒤에 놓여진 올무를 의미한다. 불시에 등 뒤에서 습격하는 것과 같은 배신 행위를 가리키는 말이다. 이것은 저 간사한 옛 뱀이 숨어 기다리는 방식을 말한다. 그는 '길가에서' 숨어 기다리는 단의 독사와 같아서(창 49:17) 행인의 발꿈치를 물고 난 후 그 독이 행인의 머리와 심장으로 퍼지기를 기다린다. 이 단어는 원수가 사람을 불시에 습격할 때 사용하는 전투 시의 매복 방식을 의미한다.

(2) 이것은 길 가는 사람을 잡기 위해 놓아 둔 올무를 의미한다. 홀연히 길을 가는 사람이 길가에 올무가 있으리라고 생각하지는 않는다. 그러다가 그는 갑자기 도적 떼를 만나거나 함정에 빠지거나 한다.

(3) 이것은 가장 유리한 입장에서 먹이를 취하기 위해 고의로, 공들여, 간교하게 놓아 둔 올무를 의미한다. 이에 대한 희랍어는 사냥감을 찾아 나설 때 사람들이 사용하는 잠복이나 우회적인 계략을 의미한다.

율리아누스는 [1] 그의 전임 핍박자들이 포학한 통치를 통해서 그리스도인들을 배도(背道)로 이끌었던 것보다 더 많은 그리스도인들을 그의 간교한 통치를 통해 배도(背道)로 이끌 수 있었다. 그와 마찬가지로, 사단은 사자처럼 으르렁거리기보다는 양의 가죽을 쓴 채 더 많은 해를 끼치고 있다.

그 내용을 증명하기 위하여 성구 하나를 더 인용하겠다. 그것은 디모데후서 2:26이다. "저희로 깨어 마귀의 올무에서 벗어나 하나님께 사로잡힌바 되어 그 뜻을 좇게 하실까 함이라." 여기서 '깨어'라고 번역된 희랍어는 제정신을 차리는 것을 의미한다. 사도가 암시하는 것은 잠들거나 술 취해 있는 사람인데, 그런 사람은 깨워서 다시 정신을 차리게 할 필요가 있다는 것이다. 그리고 '사로잡힌 바 되어'라고 번역된 희랍어는 산 채로 잡힌 것을 의미한다. 이 말은 전투에서 사용되는 단어로 보는 게 좋을 것이다. 전쟁 중 군사들을 사로잡아 간다거나 사냥꾼의 그물로 새를 생포하는 것을 가리킨다. 사단은 지혜로운 자를 위해서도 덫을 놓을 뿐 아니라 미련한 자를 위해서도 덫을 놓는다. 위선자를 위해서도 덫을 놓고 올곧은 사람을 위해서도 덫을 놓는다. 대범한 영혼을 위해서도 덫을 놓고 겁 많은 이를 위해서도 덫을 놓는다. 부자를 위해서도 덫을 놓고 가난한 자를 위해서도 덫을 놓는다. 나이 많은

---

1) 배교자 율리아누스는 콘스탄틴 대제 이후 즉위한 9세기 로마 제국 황제였다.

이를 위해서도 덫을 놓고 젊은이를 위해서도 덫을 놓는다. 사단이 놓은 올무에 걸리지 않는 이들은 행복한 자들이다!

　그 증거를 하나 더 들어 본 다음에 나는 '내용의 개시'로 넘어가고자 한다. 그것은 요한계시록 2:24이다: "두아디라에 남아 있어 이 교훈을 받지 아니하고 소위 사단의 깊은 것을 알지 못하는 너희에게 말하나니 다른 짐으로 너희에게 지울 것이 없노라". 이 가련한 심령들은 자기의 의견을 하나님의 깊은 것으로 알고 있다. 실은 그것이 사단의 깊은 것인데도 말이다. 여러분은 여러분의 의견을 깊은 것이라고 부르고 있다. 그것이 사실 깊은 것이기는 하다. 그러나 그것은 사단이 지옥으로부터 가져온 '깊은 것'이다. 그것은 하나님이 주신 영감이 아니라 저 간악한 뱀으로부터 나온 속삭임과 계략이다.

★★
제2장
영혼을 유혹하여 죄를 짓게 하는 사단의 책략

"You will not surely die," the serpent said to the woman.
(Genesis 3:4)

"뱀이 여자에게 이르되 너희가 결코 죽지 아니하리라" (창 3:4)

영혼을 유혹하여 죄를 짓게 하는 사단의 책략

이제 내가 여러분에게 보여주고자 하는 두 번째의 내용은 사단의 다양한 책략이다. 여기서 나는 우선 여러분에게 영혼을 유혹하여 죄를 짓게 하는 사단의 책략 몇 가지를 소개할까 한다. 나는 열두 가지의 예를 들 것인데, 우리는 그것들을 아주 심각하게 고려해야 할 것이다.

첫 번째 책략.

미끼를 던지되 갈고리는 숨긴다. 황금 잔을 제시하는 한편 독은 숨긴다. 사탕과 쾌락과 이윤은 드러내지만 진노와 비참은 가린다. 전자는 죄에 굴복한 영혼에게 다가오겠지만, 후자는 죄를 지은 영혼에게 반드시 다가오게 되어 있다. 사단은 이런 책략을 통해서 우리의 처음 조상을 꼬였다. "뱀이 여자에게 이르되 너희가 결코 죽지 아니하리라 너희가 그것을 먹는 날에는 너희 눈이 밝아 하나님과 같이 되어 선악을 알 줄을 하나님이 아심이니라"(창 3:4). 네 눈이 열릴 것이고 너는 신처럼 될 것이다! 여기 그 미끼가, 사탕이, 쾌락이, 이윤이 드러나 있다. 오, 그러나 사단의 갈고리는 숨겨져 있다--반드시 죄에 동반하여 따라오게 될 수치, 진노, 상실은 숨겨져 있다!

마음의 눈으로는 쾌락과 기쁨을 보지만 육신의 눈은 수치와 혼돈을 보게 된다. 사단은 사람들에게 전자를 약속할 것이나 실은 후자를 의도하고 있는 것이다. 그러므로 이것은 속임수이다--그들에게 사과 한 개를 주고 낙원을 빼앗아가는 것이다. 오늘날에도 사단은 수천 명의 영혼을 그렇게 유혹한다. 사단은 황금을 미끼로 던져 손쉽게 우리를 기만에 빠지게 한 후 우리를 이끌고 가서 바보의 낙원에다 내려놓는다. 그는 영혼들에게 영예, 즐거움, 이익을 약속하지만 그들에게 오히려 가장 지독한 모욕, 수치, 상실로 갚아줄 것이다. 사단은 황금 미끼를 가지고 그리스도도 잡으려고 애를 썼다(마 4:8,9). 그는 그리스도께 매혹적인 세상의 아름다움과 화미(華美)를 보여주었는데, 그것으로 그는 틀림없이 많은 육적 심령들을 사로잡을 수 있었을 것이다. 그러나 여기서는 사단의 불똥이 젖은 섶에 떨어지고 말았으니, 불이 붙을 수가 없었다. 그런 유혹적인 물건으로는 그리스도의 애정을 조금도 살 수가 없었으며 그분의 눈을 조금도 현혹 시킬수가 없었다. 하지만 많은 이들은 눈의 상처로 인해 영구적으로 죽어가고 있으며, 이 간사한 매춘부 즉 세상으로 인해 영원히 나락으로 떨어지고 있다. 세상은 이익과 쾌락이라는 두 가지의 탐스러운 젖가슴을 제시하면서 저들의 영혼에 상처를 입혀왔으며 저들을 처절한 파멸로 떨어뜨렸다. [1] 세상은 번쩍이는 화려함과 승진을 제시하면서 수백만의 사람들을 살육하고 있다. 스키테일이라는 뱀은 도망가는 사람을 따라잡을 수 없을 경우에는 자기가 가지고 있는 아름다운 색깔을 가지고 현인을 매혹함으로써 그들로 하여금 그냥 지나가지 못하게 한다. 그들이 지나가지 못하고 서 있는 동안 그 뱀은 그들을 물어 죽이게 된다. 역경은 수천명을 죽이지만 번영은 수만명을 죽인다.

첫 번째 대책. 우선, 죄로부터 가장 멀리 떨어져 있어야 한다. 여러분을 잡기 위하여 사단이 내미는 황금 미끼로부터 최대한으로 멀리 있어야 한다. 이런 이유로, 여러분은 '악을 미워하고 선에 속해야' (롬 12:9) 한다. 우리가 극도로 악하고 우리에게 정반대되는 것들을 만나게 되면 본성이 그것을 역겨워하고 가능한 한 그것으로부터 멀리 피하게 된다. 여기서 '미워하다' 로 번역된 희랍어는 매우 의미심장하다. 그것은 악을 지옥과 같이 증오하고 소름 끼치도록 싫어하는 것을 의미한다.

안셈은 늘 이렇게 말했다. "만일 한 손에 죄의 수치를 들고 다른 손에는 지옥의 고통을 갖고 있는데 어쩔 수 없이 그 중의 하나를 선택해야 한다면, 나는 죄를 들고 하늘로 가기보다는 죄 없이 지옥으로 내몰리기를 원한다." 그만큼 죄에 대한 그의 증오와 미움은 컸던 것이다. 죄

---

1) 이 세상은 적어도 마녀로 인해 불에 탈 것이라고 어떤 이가 말했다. 수 많은 사람들이 해로운 것들을 사랑하는 비참한 보습을 보이고 있으나 그러한 것들을 소유함으로 더욱 비참해진다.

로부터 가장 멀리 떨어져 있는 것이 가장 지혜롭고 가장 안전한 처신이다. 음녀의 집으로 가까이 가지 않고 악의 모든 모양으로부터 피해 도망가는 것(잠 5:8; 살전 5:22)이 가장 지혜롭고 가장 안전한 태도이다. 함정에 빠지는 것을 막는 가장 좋은 방책은 함정으로부터 가장 멀리 떨어져 있는 것이다. 함정 주변에서 춤을 출 만큼 대담한 사람은 그가 함정에 빠지는 것이 하나님께 의로운 일이라는 저주스러운 경험을 통해서 깨닫게 될 것이다. 요셉은 죄와 일정한 거리를 두었으며 사단이 던지는 황금 미끼를 만지작거리지 않고 지냈다. 다윗은 그 미끼 가까이로 다가가서 그것을 갖고 놀다가 타락하였으며 미끼를 삼키다가 갈고리에 걸리게 되었던 것이다. 다윗은 올무에 가까이 다가가다가 거기에 빠지게 되었으며, 뼈를 상하고 양심이 다치게 되고 하나님을 잃게 되었다.[2]

죄는 전염병이다. 그렇다. 그것은 이 세상에서 가장 위험하고 가장 전염성이 강한 역병이다. 하지만 아! 그것을 보고 두려워 떠는 사람이 얼마나 적은지. 죄와 일정 거리를 떼어두고 사는 사람이 얼마나 적은지 (고전 5:6) "적은 누룩이 온 덩어리에 퍼지는 것을 알지 못하느냐?" 하나의 죄가 아담의 마음을 사로잡자, 모든 죄들이 그의 영혼 속으로 들

---

[2] 한 이교도에 대한 다음과 같은 말이 있다. "만일 벌하시는 하나님이 계시지 않는다면 우리를 괴롭히는 악마도 없다. 뜨거운 불에 태우는 지옥도 없다. 그것을 봐줄 사람도 없다. 그러나 하나님이 계시기에 죄의 추잡함과 더러움 때문에 죄를 짓지 않을 것이며, 자신의 양심은 애통해한다(세네카).

어와서 퍼지게 되었다. 아담의 한 죄가 어쩌다가 온 인류에게 퍼지게 되었는지! "한 사람으로 말미암아 죄가 세상에 들어오고 죄로 말미암아 사망이 왔나니 이와 같이 모든 사람이 죄를 지었으므로 사망이 모든 사람에게 이르렀느니라"(롬 5:12). 아, 아버지의 죄가 어떻게 아이에게 감염되는지, 남편의 죄가 어떻게 아내에게 감염되는지, 주인의 죄가 어떻게 종에게 감염되는지! 한 사람의 마음에 들어 있는 죄가 온 세상을 다 감염시킬 수가 있다. 죄는 그만큼 전파력과 전염성이 강하다.

원수로 하여금 하나님을 부인하도록 한 후 그가 하나님을 부인하자 그를 칼로 찔러 죽인 이태리 사람의 이야기가 있다. 그리하여 그 이태리 사람은 원수의 몸과 영혼을 한꺼번에 살해할 수 있었다. 이 이야기는 죄가 얼마나 극악한 것인지를 보여준다. 오! 이 '첫 번째 대책'에서 내가 말한 내용이 여러분에게 감동을 주어, 여러분이 죄로부터 멀리 떨어져 있게 되기를 기원한다!

두 번째 대책. 죄는 쓴 사탕에 지나지 않는다는 점을 숙고해 보라. 죄 안에 들어 있는 그 사탕처럼 보이는 것은 신속히 사라질 것이며 그 후에는 마침내 수치, 슬픔, 공포, 전율이 그 자리를 메우게 될 것이다. "그는 비록 악을 달게 여겨 혀 밑에 감추며 아껴서 버리지 아니하고 입에 물고 있을지라도 그 식물이 창자 속에서 변하며 뱃속에서 독사의 쓸개가 되느니라"(욥 20:12-14). 금지된 이익과 쾌락은 헛된 영혼에게는 가장 호감이 가는 것들이다. 그들은 광란을 환희로 간주한다. 많은 사람들은 죄가 주는 치명적인 음식에 손을 대는데, 그것은 영양가가 없을 뿐 아니라 배를 찢고 상하게 하며 그 음식을 먹는 사람을 삼킨다. 많은 사람들은 지상에 살 때 그런 음식을 먹고 나서는 지옥에 가서 그것을 소화시키고 있다. 죄의 죽이는 음식 한조각은 그것을 삼키는 자들을 기만할 것이다. 아담이 먹었던 열매는 쓴 사탕이었다. 에서가 먹은 음식은 쓴 사탕이었다. 이스라엘이 먹었던 메추라기는 쓴 사탕이었다. 요나단이 먹었던 꿀은 쓴 사탕이었다. 아도니야가 먹었던 진수성찬도 쓴 사탕이었다. 그 식사가 끝난 후에는 결제(決濟)하는 일이 남게 된다. 사람들은 악마와 더불어 춤을 추고 밥을 먹는 일은 생각만 하라. 그리고 하늘나라에서 아브라함, 이삭, 야곱과 더불어 식사를 할 생각은 하지 말아야 한다. 독사의 독을 먹은 후에 그 뱀의 혀가 자신을 죽이지 않을 것이라고 생각해서는 안 될 것이다. [3]

독사가 사람을 물면, 처음에는 그것이 간지러워서 웃게 될 것이다. 그러나 마침내 독이 조금씩 심장 쪽으로 퍼지게 되면, 그것은 즐거움을

---

[3] 황금 미끼가 우리를 잡으려고 던져졌을 때 우리는 데모스데네스처럼 말해야 한다. 그가 아름다운 여인 라이스를 갖으려면 많은 돈을 지불하면 된다고 하자, "나는 그렇게 비싼 값을 지불하고 회개를 살 생각은 없네"라고 말했다. 나는 일시적인 것을 위해 영원한 것을 팔아버리는 정신나간 상인이 아닐세. 만일 방종이 절제보다 더 많은 쾌락을 줄 수 있다면 낙원에 살았던 아담보다도 헬리오가볼로스가 더 행복했었을 것이다.(플루타크)

준 이상으로 고통을 가져다줄 것이다. 죄도 마찬가지다. 그것은 처음에는 즐거움을 가져다준다. 그러나 그것은 결국은 영혼에게 고통을 초래하고 말 것이다. 그렇다. 만일 죄 안에 진실한 기쁨이 조금이라도 있다면 그것은 완전한 지옥이 될 수는 없을 것이다. 하지만 지옥에서는 사람들이 자신들의 죄로 인하여 가장 완전하게 형벌을 받게 될 것이다.

세 번째 대책. 이것을 엄숙하게 고려해 보라. 죄는 우리의 영혼에게 가장 크고 가장 서글픈 상실을 초래할 것이다. 그것은 생명보다 더 귀한 신의 호의를 잃게 만들 것이며, 말할 수 없는 영광으로 가득 찬 즐거움을 상실하게 할 것이다. 우리의 지각보다 뛰어난 신의 평강을 잃게 만들 것이며 신의 영향력을 상실하게 만들 것이다. 그 영향력이 있어야만 영혼이 활력을 얻을 수 있으며 살아 일어나 생동할 수 있으며 힘을 얻고 즐거워할 수 있을 텐데 말이다. 죄는 또 영혼이 향유하고 있는 많은 외적이고 바람직한 자비를 잃게 만들 것이다. [4]

깔레를 잃었을 때 한 거만한 프랑스인이 조소하듯 물었다. "당신들이 언제나 깔레를 되찾을 수 있겠는가?" 그러자 한 영국 대위가 이렇게 대답했다. "당신들의 죄가 우리의 죄보다 더 크게 될 때 찾을 수 있을 것이다." 이 대답은 건전하면서도 향긋한 응수였다. 아, 영국이여! 너를

---

4) 대하 15:3-4; 시 51:12; 사 59:8; 렘 5:2, 17:18

위한 나의 끊임없는 기도는, 네가 받은 긍휼이 너희의 죄로 인하여 다른 사람에게로 넘어가지 않게 되는 것이로다. 그들은 긍휼을 긍휼이라 부를 줄 모른 이들이며 너의 슬픔과 비참을 보고 기뻐할 사람들이기 때문이다. 그들은 너를 긍휼과 영광으로 옷 입혔던 그 손이 너를 발가벗기는 모습을 보고서야 기뻐할 사람들이기 때문이다.

네 번째 대책. 이것을 심각하게 고려해 보라. 죄는 매우 간사하고 간교한 성질을 가지고 있다는 사실이다. [5] 죄는 가장 큰 사기꾼으로부터 나오는 것이며, 죄는 바로 그가 낳은 자식이다. 죄는 세상에 있는 모든 사기의 근간이며 그 본질상 극히 간교하다. 그러므로 "오직 오늘이라 일컫는 동안에 매일 피차 권면하여 너희 중에 누구든지 죄의 유혹으로 강퍅케 됨을 면하라"(히 3:13). 죄는 영혼에게 입을 맞추며 영혼에게 화사한 모습을 보일 것이나 결국은 그 영혼을 영원히 배반할 것이다. 죄는 들릴라처럼 우리에게 웃음을 선사한 후 우리를 배신하여 악마의 손에 넘겨주고자 할 것이다. 삼손을 블레셋 사람들의 손에 넘겼던 것처럼 말이다. 죄는 사단에게 우리를 지배할 수 있는 권능을 제공하며 우리를 고소하며 우리에 대한 소유권을 주장할 것이다. 마치 우리가 그의 휘장을 두르고 있는 것처럼 우리가 자기 것이라고 말할 것이다. 죄는 아주

---

[5] 사데 지역에는 '아피움 사데'라는 풀이 있다. 그 풀은 사람이 죽을 병에 걸렸을 때 사용하면 환자를 웃게 만든다. 그와 같은 역할을 죄가 행한다.

간교한 본성으로부터 나온 것으로서 영혼을 속이는 것이다. 죄는 보좌 위에 앉아서 비록 죄 때문에 영원히 멸망할지라도 영혼을 떠나지 못하도록 호릴 것이다. 6) 죄가 영혼을 호리면, 영혼은 악을 선이라 부르고 선을 악이라 부르게 될 것이다. 단 것을 쓰다 하고 쓴 것을 달다 하게 될 것이다. 빛을 어둠이라 부르고 어둠을 빛이라 부르게 될 것이다. 그렇게 죄에 홀린 영혼은 사망에 노출될 것이며 하나님 앞에서 칼에 베임을 당하게 될 것이다. 하나님이 치고 상처를 내고 뼈 속까지 잘라도, 미혹된 영혼은 신경을 쓰지 않을 것이며 두려워하지도 않을 것이다. 그리고는 여전히 사악한 길로 나아갈 것이다. 바로 발람과 유다에게서 우리는 그런 예를 찾을 수가 있다. 호려진 영혼에게, 죄가 독사이며 그것을 죽이지 않으면 반드시 죽임을 당하게 될 것이라고 말해 보라. 죄는 종종 비밀리에, 느끼지 못하는 사이에, 영구적으로 너를 죽인다고 말해 보라. 그래도 그 영혼은 죄를 멀리하지 않을 것이며 또 그럴 수도 없을 것이다.

의사들이 데오티무스에게 그가 음주와 음란을 금하지 않으면 눈을 잃게 될 것이라고 말해주었을 때, 그는 죄에게 어찌나 마음이 홀려 있었던지 이렇게 대답했다. "진정 그렇다면, 사랑하는 빛이여, 잘 떠나가시라." 그는 죄를 떠나기보다는 차라리 자기 눈을 잃는 것을 선호했던

---

6) 유토키아 황후가 크리소스톰에게 위협을 가하자 그는 가서 그녀에게 말했다. "나는 죄 외에는 아무것도 두려워하지 않노라"

것이다. 마찬가지로 죄에 홀린 사람은 죄와 결별하기보다는 하나님, 그리스도, 하늘, 자기 자신의 영혼을 잃는 것을 더 좋아한다. 오, 그러므로 사단의 황금 미끼를 만지작거리거나 야금야금 먹는 짓을 하지 않도록 여러분은 영원히 주의하여야 하리라.

두 번째 책략.

죄를 덕이라는 포장지로 포장한다. 사단은 만일 그가 죄를 그의 본성과 그의 옷으로 치장한다면 영혼들이 따라오기보다는 피해 도망갈 것임을 잘 알고 있다. 그러므로 그는 죄를 우리에게 제시할 때 자기의 본 색깔이 아니라 덕이라는 이름과 그림자를 빌려서 죄를 치장하고 다듬는다. 그리하여 우리가 보다 더 쉽게 죄에게 정복당하며 죄를 짓는 데서 보다 더 많은 즐거움을 느낄 수 있게 한다. 사단은 거만을 영혼에게 제시할 때 정결과 깔끔이라는 이름을 통해서 제시한다. 그리고 탐심을 규모 있는 살림살이로 제시하며 술 취함을 선한 우정으로 제시한다. 방탕을 자유분방이라는 이름과 의미로, 그리고 음탕을 젊음의 묘기로 소개한다.

첫 번째 대책. 죄는 결코 그것을 덕의 색깔로 칠하고 덧입힌다고 해서 그 더러움이 덜해지거나 그 불결함이나 혐오스러움이 덜해지지 않는다는 것을 유념하라. 독이 든 알약은 그것을 금으로 덧입힌다고 해서 그 독성이 덜해지는 것은 결코 아니다. 이리가 양의 가죽을 쓴다고 해서 결코 그 이리의 야성이 줄어드는 것은 아니다. 악마가 가끔 빛의 천사처럼 나타난다고 해서 그가 덜 악마적인 존재가 되는 것은 아니다. 마찬가지로 죄도 그것을 덕의 색깔로 덧칠한다고 해서 덜 더럽거나 덜 혐오스러워지는 게 아니다.

두 번째 대책. 죄를 덕이라는 옷을 입혀서 제시하면 할수록, 사람들의 영혼에게는 그 위험성이 더해진다. 우리는 오늘날 이것을 거룩한 길로부터 벗어난 많은 영혼들을 통해서 명백히 깨닫게 된다. 그들은 하나님과 더불어 달콤하고 영광스러운 교제를 해오다가 그 길을 벗어나서 가장 어리석고 헛된 길로 들어선 사람들이다. 사단이 죄를 깔끔하게 단장한 후 덕이라는 미명 하에서 제시하자 그들은 그만 속아 넘어갔다. 이런 경우가 얼마나 잘 알려져 있는지 내가 구태여 그것을 적시(摘示)할 필요조차 없다. 가장 위험한 독이 가장 아름답고 가장 달콤한 꽃에서 발견되는 경우가 얼마나 많은가. 가장 아름다운 장갑을 가장 더러운 손에다 끼는 경우가 종종 있으며, 가장 부티 나는 옷을 가장 불결한 몸에다 걸치는 경우도 종종 있다. 마찬가지로, 가장 우아하고 가장 달콤한 이름을 가장 끔찍한 악과 오류에다 부여하기도 한다. 아! 우리가 이런 예를 우리 중에서 좀 덜 발견하게 되었으면 좋겠다!

세 번째 대책. 우리가 조만간에 보게 될 장면을 눈에 그리며 죄를 쳐다보는 것이다. 아, 영혼들이여! 여러분이 사망의 침상에 누워 있으며 심판대 앞에 서게 될 때, 죄는 그의 얼굴을 드러낼 것이다. 그의 옷과 복장도 그때 벗겨질 것이다. 그렇게 되면 죄의 모습은 지옥보다 더 흉칙하고 지옥보다 더 불결하고 지옥보다 더 무시무시하게 보일 것이다. 그때가 되면, 이전에 가장 아름다운 모습으로 나타났던 죄가 그 가장 흉악한 모습으로 나타나게 될 것이며, 가장 쾌적하게 보였던 것이 가장 끔찍하게 보일 것이다. 아, 죄의 옷이 벗겨질 때 가련한 영혼 속에서 드러나게 될 그 수치, 고통, 담즙, 쓸개, 공포, 지옥이여! 죄는 그 옷이 벗어지고 나면 반드시 영혼에게 재난과 쓰라림을 가져다줄 것이다. 목석이 아니라면 사람은 누구나 죄에 대한 가책을 느끼게 될 것이다. 비록 현재는 사람이 죄에 대한 고소를 전혀 못 느낀다 할지라도 결국은 그의 양심이 움직이기 시작할 것이다. 라반은 헤어질 때 비로소 자신의 본색을 드러내었다. 죄가 결국 자신의 더러운 본성을 드러내게 될 때 죄는 영혼에게 쓰라림을 선사하고 말 것이다. 악마는 표범이 짐승들을 다루듯이 사람들을 다룰 것이다. 악마는 자신의 향긋한 냄새가 사람들을 유인하여 위험에 빠뜨리게 되기까지는 자신의 흉악한 머리를 감추고 있을 것이다. 우리가 죄를 범할 때까지, 사단은 기생충처럼 들러붙어 있을 것이다. 우리가 죄를 범하고 나면 사단은 비로소 폭군으로 변한다.[7]

오 영혼들이여! 악마가 죄 위에 덧입힌 페인트가 벗겨질 날이 가까웠도다. 그 괴물 같은 죄가 끔찍한 모습을 드러낼 날이 가까웠도다. 그렇게 되면 여러분의 생각이 혼란에 휩싸이게 될 것이며, 여러분의 안색이 변하게 될 것이며, 여러분의 허리 관절이 어긋나게 될 것이며, 여러분의 무릎이 서로 부딪치고 떨릴 것이며, 여러분의 심장이 공포에 질리게 될 것이다. 그러다가 여러분은 아히도벨이나 유다처럼 지상에서는 몸이 목매달아 죽을 것이며 지옥에서는 영혼이 목매달아 죽게 될 것이다. 8) 만일 주께서 여러분에게 보다 더 큰 긍휼을 베풀지 않으신다면 그렇게 될 것이다. 오! 그러므로 죄를 영원에 비추어 볼 때 보일 죄의 모습 그대로를 여러분은 볼 수 있어야 한다. 하나님, 양심, 사단이 어느 날엔가 여러분에게 보여줄 죄의 모습 그대로를 지금 볼 수 있어야 한다!

네 번째 대책. 사단이 은폐하고 새로운 이름과 색깔로 치장하는 그런 죄 때문에 주 예수님께서 가장 선한 피, 가장 고상한 피, 생명의 피, 심장의 피를 흘리셨다는 것을 심각하게 고려하라. 9) 그리스도는 아버지의 영원한 품으로부터 나와서 슬픔과 사망의 영역으로 들어오셔야 했다. 하나님이 육신으로 나타나셔야 하였으며 조물주가 피조물이 되셔야 했다. 영광으로 옷 입고 계셨던 분이 육신의 넝마에 싸이셔야 했

---

7) 당신을 죄 짓게 하는 사단은 결국 당신으로 하여금 죄가 하나님께 속한 것들을 죽이는 것임을 보게 할 것이다. 이것은 당신을 한번에 두번 죽게 한다. 여호와께서 자비의 손길로 붙들어 주지 않는 한 우리의 영혼과 몸은 죽게 된다.

8) 삼하 17:23; 마 27:5

9) 그리스도의 작은 피 한 방울조차도 천지보다 더 가치있는 것이다(루터).

다. 하늘과 땅을 자신의 영광으로 채우셨던 분이 말구유 위에 누우셔야 했다. 하나님의 권능이 연약한 인간으로부터 피하여 도망가야 했으며, 이스라엘의 하나님이 애굽으로 들어가셔야 했다. 율법의 하나님이 율법에게 복종하셔야 하였으며 할례의 하나님이 할례를 받으셔야 했다. 하늘을 만드신 하나님이 요셉의 집안 살림을 맡아보셔야 했다. 악마를 사슬로 묶는 분이 유혹을 받으셔야 했다. 세상의 주인이시며 세상을 충만으로 채우시는 분이 배고픔과 목마름을 겪으셔야 했다. 능력의 하나님이 연약을 체휼하셔야 했으며 모든 육체의 재판장께서 정죄를 당하셔야 했으며 생명의 하나님이 죽임을 당하셔야 했다. 아버지와 하나이신 분이 참담한 가운데서 "나의 하나님, 나의 하나님, 어찌하여 나를 버리셨나이까"(마 27:46)라고 소리치셔야 하였다. 음부와 사망의 열쇠를 띠 띠고 계시는 분이 남의 묘 안에 갇혀 계셔야 했다. 그분은 살아생전에 머리 둘 곳이 없으셨는데, 죽은 다음에도 자기 몸 하나 뉠 곳을 갖지 못하셨다. 천사들이 그 앞에서 면류관을 벗어 던질 그 머리에 가시관이 씌워졌으며 태양보다 더 순결한 그 눈이 사망의 어두움에 의해 가려졌다. 성도들과 천사들의 할렐루야 외에는 듣지 못하던 그 귀가 군중들의 참람한 말을 듣게 되었다. 사람들의 아들보다 더 아리따운 얼굴이 짐승같이 야비한 사람들에 의하여 침 뱉음을 당하였다. 그 어느 누구보다도 귀한 말씀을 전한 그 입과 혀가 참람한 말을 했다는 고소를 당하였다; 하늘의 홀을 마음대로 휘두르던 그 손이 십자가에 못 박혔다. '빛난 주석과 같은' 그 발이 사람들의 죄 때문에 십자가에서 못에 박혔다; 모든 감각 기관에 고통이 가해졌다. 그분의 촉감은 창과 못으로 인해 마비되었고 그분의 후각은 썩는 냄새로 인해 마비된 채 해골의 곳인 골고다 근처에서 십자가에 달리셨다. 그분의 미각은 식초와 담즙으로 마비되었으며 그분의 청각은 비난 소리로 인해 마비되었으며 그분의 영혼은 위로 받지 못하고 오히려 버림을 받았다. 이 모든 것은 사단이 덧입힌 겉치장과 화려한 외양으로 장식된 바로 그 죄 때문에 발생한 사건이었다! 오, 이런 것을 생각할 때 영혼이 얼마나 죄를 증오해야 할 것인지! 영혼은 죄로부터 황급히 벗어나야 할 것이며, 죄를 억압하고 파괴하는 데 사용할 수 있다면 그 어떤 수단이든지 사용해야 할 것이다!

줄리어스 시저가 살해되었을 때, 안토니우스는 온통 찢기고 피투성이가 된 자기 겉옷을 가지고 와서 사람들 앞에다 놓으며 이렇게 말했다: "보라, 여기에 이렇게 찢기고 피 묻은 황제의 옷이 있다." 그러자 사람들은 즉각적으로 소요에 휩싸였으며 그 살인자들을 죽이라고 소리쳐 댔다. 군중들은 거기 있던 책상들과 의자들을 가지고 와서 불을 질렀으며 시저를 죽인 사람들의 집으로 달려가서 그 집들을 태워 버렸다. 그렇다면 죄가 우리 주 예수님을 죽였다는 것을 고려할 때, 아, 죄에 대해 보복을 해야 하겠다는 강력한 생각이 우리 마음에 들어야 하지 않겠는가. 지금까지 지옥에 있는 그 어떤 악마도 해낼 수 없었던 그런 악독한 짓을 죄가 행하여 영광의 주를 죽였다니 말이다. [10]

어떤 사람이 이런 좋은 조언을 한 적이 있다. "십자가에 달리신 그리스도에 대한 생각을 여러분의 마음으로부터 결코 지우지 말라." [11]

그 생각을 여러분의 음식과 음료로 삼아라. 그것으로 여러분의 감미로움과 위로, 여러분의 꿀과 갈망, 여러분의 독서와 명상, 여러분의 생명, 사망, 부활을 삼도록 하라.

세 번째 책략.

죄를 경시하고 약화시켜 생각하도록 만든다. 사단은 이런 식으로 말을 한다. "죄는 약간 거만하고 약간 세상적이고 약간 불결하고 약간 술에 취한 것에 지나지 않는다." 이는 롯이 소알에 대해 한 말과 유사하다. "보소서 저 성은 도망하기 가깝고 작기도 하오니 나로 그 곳에 도망하게 하소서 이는 작은 성이 아니니이까 내 생명이 보존되리이다"(창 19:20). 아아! 사단은 이렇게 말한다. "당신이 그리도 신경을 쓰는 것은 아주 작은 죄에 지나지 않는다. 죄를 지어도 당신의 영혼에게는 지장이 없을 것이다. 그것은 작은 죄일 뿐이다. 당신이 그런 죄를 범한다 해도 당신의 영혼은 살게 될 것이다."

첫 번째 대책. 우선 이 점을 엄숙하게 고려하라. 우리가 하찮게 간주

---

10) 다음은 버나드 주교의 뛰어난 표현이다. "그리스도께서 우리를 위해 더 수치스러움 당할 수록 우리에게 더욱 귀한 분으로 다가온다.
11) "오, 나의 하나님이여, 주님의 상처를 보는 동안 나는 결코 상처 받음 없이는 살지 않을 것입니다."(보나벤투라)

하기 쉬운 그 죄들이 사람들에게 하나님의 가장 커다란 진노를 가져왔다는 점이다. 금단의 열매를 따먹는다거나, 안식일에 나뭇가지 몇 개를 줍는다거나, 법궤에 손을 대는 것과 같은 죄 말이다. 오! 이런 죄들이 사람들의 머리와 심장에게 얼마나 무시무시한 진노를 초래하였는지! 제 아무리 미미한 죄라도 죄는 하나님의 율법, 하나님의 본성, 하나님의 존재, 하나님의 영광을 거스른다. 그러므로 하나님이 종종 죄를 심각하게 징벌하시는 것이다. 사람들 눈에 사소한 것으로 보여지는 죄 때문에 매일 전능자의 분노가 사람들의 몸, 이름, 상태, 가족, 영혼에게 퍼부어진다는 것을 우리가 알지 못하는가? 우리가 사단에 의해 하나님으로부터 완전히 끊어지고 눈이 멀게 된 사람이 아니라면, 그런 현상이 우리 눈에 보이지 않을 리가 없다. 오! 그러므로, 사단이 그것은 작은 죄에 지나지 않는다고 말할 때 여러분은 이렇게 말하도록 하라: 오! 그러나 네가 작다고 부르는 그 죄들 때문에, 하나님이 소돔 사람들에게 행하셨던 대로, 죄인들에게도 하늘로부터 지옥을 퍼부으시게 될 것이니라.

두 번째 대책. 이것을 심각하게 고려하라. 작은 죄에 굴복하면 보다 더 큰 죄를 저지르는 길이 열리게 된다는 사실이다. 보다 더 큰 죄를 피하기 위하여 일천 배나 더 열등한 죄에 굴복하는 사람을 공의로우신 하나님은 더 큰 죄에 빠지도록 내버려두실 것이다. 만일 우리가 어떤 죄를 피하기 위하여 다른 죄를 짓는다면, 우리는 그 중 어느 죄도 피할 수가 없게 될 것이니 이는 우리 맘대로 죄를 기피할 수 있는 법이나 권능이 우리에게는 없기 때문이다. 우리는 보다 더 열등한 죄에 굴복할 때, 우리는 유혹자를 보고 우리를 유혹하여 보다 더 큰 죄를 짓도록 해 보라고 허락하는 것이나 다름없다. 죄는 잠입하는 성격을 가지고 있다; 그것은 조금씩 영혼에게 다가온다. 한 발자국씩 다가와서 마침내 그 영혼으로 하여금 가장 큰 죄에 사로잡히도록 만든다.[12] 다윗은 여기저기다가 헛된 눈길을 주었으며, 그렇게 하자 그는 저 더러운 죄를 짓게 되었고, 하나님은 그의 뼈들을 부러뜨리시고 낮이 밤이 되도록 하셨으며 그의 영혼이 큰 어두움에 갇히게 하셨다. 야곱과 베드로 그리고 다른 성도들도 저주스러운 경험을 통해서 이것이 사실임을 발견하였다. 더 작은 죄를 허용하면 보다 더 큰 죄가 들어오게 된다. 작은 도적 하나가 문을 열게 되면 보다 더 큰 도둑이 들어오게 된다. 작은 쐐기를 때려 박으면 보다 더 큰 쐐기도 들어갈 수가 있게 된다. 사단은 여러분을 유인하여 술주정뱅이와 자리를 함께하도록 한 다음에는 그 술주정뱅이와 함께 마시도록 만들 것이다. 그런 다음에 마침내 술주정뱅이와 함께 만취하도록 만들 것이다. 사단은 처음에는 여러분을 끌어들여 생각이 불결하게만 만들 것이다. 그런 다음에 여러분의 외모까지 불결하게 만들고 그 다음에는 말이 불결하게 만들고 마지막에는 행동도 불결하게 만

---

12) 시 137:9. 휴고의 경건한 해설을 보라. "여러분 속에 바벨론을 생각하게 하는 그 어떤 것도 두지 마라. 성인만이 아니라 어린아이들도 전속력으로 달려가 큰 죄들과 작은 죄악들을 죽이도록 하라. 그렇지 않으면 그 죄들이 여러분을 영원히 죽일 것이다."

들 것이다. 그는 처음에는 여러분을 끌어들여 황금덩이를 보게 하고, 다음에는 그것을 좋아하게 만들고, 그 다음에는 그것을 만져보도록 하고, 마지막에는 간사한 방법으로 그 황금덩이를 취하도록 만들 것이다. 하나님을 영원히 잃을지도 모르며 여러분의 영혼을 영원히 잃을지도 모르는데도, 사단은 여러분으로 하여금 그런 위험을 무릅쓰도록 할 것이다. 게하시, 아간, 유다에게서 그리고 오늘날의 많은 사람들에게서 그런 실례를 찾아볼 수가 있다. 죄는 언제까지나 그 자리에 머물러 있는 게 아니다(시 1:1). 처음에는 불경한 자가 되었다가 그 다음에는 죄인이 되게 하고 또 그 다음에는 조소자가 되도록 한다. 사람들은 이러저러한 죄를 짓다가 마침내는 가장 큰 죄까지 짓게 된다. 다시 말하면, 죄를 비웃는 자의 자리에 앉게 된다는 말이다. 70인역에 의하면, 이는 염병에 걸리게 된다는 의미이다.

어거스틴은 요한에 대해서 집필하면서 한 사람에 대한 이야기를 한다. 그 사람은 하나님이 아니라 악마가 파리를 만들었다는 견해를 갖고 있었다. 만일 악마가 파리를 만들었다면 악마는 벌레들도 만들었을 것이고 하나님은 벌레들을 만들지 않으셨을 것이다. 벌레들 역시 파리들처럼 생물이기 때문이다. "악마가 벌레들을 만든 게 사실이다"라고 그는 말했다. 그러나 다른 사람은 이렇게 말했다. "만일 악마가 벌레들을 만들었다면 악마는 새들, 짐승들, 사람까지 만들었을 것이다." 그는 그 모든 것을 인정하였다. 그러므로 파리와 관련하여 하나님을 부인하면 사람과 관련해서도 하나님도 부인하게 되고 마침내는 하나님이 모든 피

조물을 만들지 않으신 것처럼 말하게 된다고 어거스틴은 말한다. [13]

이로 미뤄 보건대, 우리는 보다 더 열등한 죄들에게 굴복하면, 그 영혼은 더 죄에 빠지게된다. [14] 처음에는 성경과 규례를 가볍게 보다가 그 다음에는 성경과 규례를 무시하게 되고, 그런 다음에는 성경과 규례를 던져버리게 되고, 그러다가 마지막에는 자만하게 되어 그리스도의 명예를 손상시키고 영혼을 저주하는 자신의 견해를 성경 및 규례보다 더 귀중히 여기게 될 것이다. 죄는 알지 못하는 사이에 사람의 영혼을 좀먹게 된다. "그 입의 말의 시작은 우매요 끝은 광패니라"(전 10:13) 마음이 부패하였다가 곪아터지는 것은, 좁은 물길에서부터 시작하여 바다가 갈라지는 것과 같아서 모든 것을 먹어치우며 자기 앞에 있는 모든 것을 난파시킨다. 영혼의 논쟁은 신속히 진행되어 곧 끝이 나게 될 것이며, 한 순간에 끝이 나서 사람을 영구적으로 파멸시키게 될 것이다. 사람이 죄를 짓기 시작하면 그는 언제 어디서 어떻게 그 죄를 멈춰

---

[13] 대적자를 만난 한 이태리 사람은 만약 믿음을 포기하면 목숨은 살려주겠다는 말을 들었다. 그는 살기 위해 믿음을 부정했다. 그러자 원수는 그를 찌르며 기쁘게 외쳤다. "나는 그에게 단번에 육신과 영혼을 죽이는 복수를 했노라."

[14] 아버지를 죽이라는 유혹과 어머니와 잠자리를 같이 하라는 유혹과 술 취하라는 유혹을 받은 한 청년은 가장 큰 죄들을 피하기 위해 딜해 보이는 술 취함의 죄를 택하였다. 그러나 그가 술에 취하자 아버지도 죽이고 어머니와 동침하는 죄를 범하였다.

야 하는지를 알지 못하게 된다. 대개 영혼은 악에서 악으로 나아가며 어리석음에서 어리석음으로 나아가다가 마침내 영구적인 비참에 도달하게 된다. 사람들은 대개 고약함에서 매우 고약함으로 나아가게 되고 매우 고약함에서 엄청나게 고약함으로 나아가게 되는데, 그렇게 되면 하나님은 그들이 영구적인 고약함에 처하도록 내버려두신다.

세 번째 대책. 사단이 영혼을 유인하여 죄를 짓게 하는 세 번째의 책략에 대한 세 번째의 대책은 사소한 것을 얻고자 하여 하나님과 다투는 것은 서글픈 일임을 명심하는 것이다. 부자는 부스러기를 주으려 하지 않을 것이므로, 떨어지는 것을 얻으려 해서는 안 된다(눅 16:21). 작은 것을 얻고 그 대신 지옥으로 가고자 하는 것은 세상에서 가장 어리석은 일이다. 요나단은 이렇게 말했다. "내가 다만 내 손에 가진 지팡이 끝으로 꿀을 조금 맛보았을 뿐이오나 내가 죽을 수밖에 없나이다"(삼상 14:43). 작은 것을 얻기 위하여 하나님과 불화하게 된다는 것은 가장 불행하고 가장 불충한 일이다. 작은 죄들은 작은 죄로 이끄는 유혹만을 가져오지만, 사람이 그 작은 유혹을 받아 죄를 짓게 되면 그는 가장 패역하고 가장 고약한 모습을 드러내게 된다. 유혹이 없는데도 죄를 짓는 것은 극악한 일이다. 그런데, 사소한 일을 가지고 죄를 짓는 것도 그에 못지않게 고약한 일이다. 죄로 이끄는 유혹이 약할수록, 그때 짓는 죄는 더 큰 것이다. [15] 사울의 죄는 사무엘을 기다린 데 있었던 게 아니다. 그의 죄는 그 기다림 자체에 있었다기보다는 기다리는 가운데 품었던 범의(犯意)에 있었다고 할 수 있다. 사무엘이 오지 않았는데도 사울이 희생제물을 드렸으니 말이다. 그로 인하여 사울은 자신의 귀중한 것 즉 그의 영혼과 왕국을 잃게 되었던 것이다.

미미하고 보잘것없는 것을 가지고 탄식하고 피를 흘리며 근심하는 것은 자기 친구에게 가장 고약한 모습을 보여주는 것이다. 마찬가지로, 한 영혼이 작은 죄에게 굴복함으로써 하나님으로 하여금 탄식하게 하며 그리스도로 하여금 피를 흘리게 하며 성령으로 하여금 근심하게 만드는 것은 성삼위께 행할 수 있는 가장 고약한 행위인 것이다. 그러므로 사단이 이것은 작은 일이라고 말할 때 이처럼 대답하도록 하라. "종종 가장 사소한 우를 범하다가 하나님의 영광스러운 위엄을 가장 해치게 될 수가 있는 법이란다." 그렇게 하면 여러분은 여러분의 가장 좋은 그리고 가장 위대한 친구를 실망시키지 않을 수 있을 것이다. 여러분은 그분의 불구대천지 원수에게 절대로 굴복해서는 안 된다.

네 번째 대책. 사단의 책략에 대한 네 번째의 대책은 이것을 심각하게 고려하는 것이다. 큰 위험(흔히, 대부분의 위험이)이 가장 작은 죄로부터 초래된다. "적은 누룩이 온 덩어리에 퍼지는 것을 알지 못하느냐" (고전 5:6). 만일 뱀이 여러분의 머리를 감기 시작한다면, 나중에는 그

---

15) 물 한모금 마시기 위해 잠시 멈춰섰다가 나라를 잃게 된 안타까운 리시마쿠스 왕이 있었다. 마찬가지로 사소한 죄 때문에 영원히 영혼을 상실하게 됐을 것이다. 하나님도 천국도 영혼도 다 잃게 된다(플루타크).

가 여러분의 온몸을 다 감게 될 것이다. 작은 죄들도 큰 죄 못지않게 영혼을 각성시키고 경악하게 하고 일깨워 회개케 해야 할 것이다. 영혼 속으로 살짝 들어온 작은 죄들은 종종 그 영혼 안에서 비밀리에 자라고 눈에 띄지 않게 움직이다가 마침내 강력한 힘을 가지게 된다. 그리하여 그 영혼을 짓밟고 그 영혼의 목을 조이게 된다. 우리에게 들러붙어 있는 가장 미미한 질병이 우리의 몸에 가장 큰 위험을 초래하는 경우가 종종 있는데, 이는 우리가 그런 작은 것들을 경시하는 경향이 있기 때문이다. 우리는 시의적절한 처방을 사용하여 그런 질병들을 제거하여야 하는데, 그렇게 하지 않고 있다가 마침내 그것들이 강성하게 되고 치명적이게 되는 경우가 종종 있다. 그러므로 대부분의 위험은 가장 작은 죄 속에 들어 있는 경우가 흔하다고 할 것이다. 우리는 그런 것들을 거들떠보지 않으며 하늘이 주는 도움도 가벼이 여기기가 쉽다. 그리하여 그런 것들을 약화시키고 파멸하지 않고 그냥 내버려두다가 마침내 그것들이 강력한 힘을 얻게 되니, 그 때는 우리가 제 아무리 소리쳐도 그 질병을 치료하기에 백약이 무효인 것이다. 내가 이제는 기도도 드리고 사람들의 조언도 받으려고 하나, 죄가 조금씩 자라다가 마침내 제어할 수 없을 만큼 크게 되었으니 그게 걱정인 것이다. 나는 내가 처음 타락하기 시작할 때와 똑같은 방식으로 완전히 타락하게 되리니, 그리하여 마침내 파멸에 이르게 될 것이다. 그리스도께서 거저 주시는 은혜와 권능이 영광스럽게 역사하지 않는다면, 내가 지금 예상하는 것보다 더 강력하게 역사하지 않는다면 아마도 나는 그렇게 될 것이다. 독사는 자기 뱃속에서 키운 작은 새끼들에 의하여 살해된다. 마찬가지로, 많은 사람들은 그들의 품에서 자라난 작은 죄들에 의하여 영구적으로 살육되고 배척을 받게 된다. 16)

가장 큰 죄를 짓기보다는 가장 작은 죄들을 용인하는 것이 더 낫지 않겠느냐고 말하는 이가 있다. 연약하여 짓는 작은 죄들은 어쩔 수 없지 않느냐고 그는 고집스럽게 주장한다. 배 안에 작은 구멍이 나면 그 배가 가라앉고 말 것이다. 방조제에 작은 구멍이 하나 나면 결국은 모든 것이 휩쓸려나가게 될 것이다. 심장에 작은 창 자국이 나면 그 사람은 죽게 된다. 커다란 궁휼이 주어지지 않는다면, 작은 죄를 지은 사람은 마침내 큰 저주를 받게 될 것이다. 17)

다섯 번째 대책. 사단의 책략에 대한 다섯 번째 대책은 이것을 엄숙하게 고려하는 것이다. 다른 성도들은 세상 사람들이 가장 작은 죄라고 부르는 죄를 저지르기보다는 가장 힘든 핍박과 고난을 택하였다. 그들은 느부갓네살이 세운 우상에게 절하기보다는 차라리 불에 타죽고 사자에게 던져지는 편을 택하였다. 그와 같은 사소하게 보이는 과오를 저

---

16) 전갈은 작지만 사자도 물어 죽일 수 있다. 쥐는 작지만 만일 코끼리 코 속에 들어가면 코끼리도 죽인다. 표범은 큰 동물이지만 생강 끝에 묻어 있는 독약에 의해 죽는다. 이렇게 아주 사소한 것들이 큰 위험을 초래한다.

17) 세상 사람의 눈에 비치는 하나의 작은 죄가 성도에게 있는 모든 은혜를 앗아갈 수 있다. 마치 작은 구름이 태양 전체를 가리워버리듯 말이다.

지르는 것과 불 풀무에 던져지는 것 중에서 하나를 선택하여야 했을 때, 그들은 하나님의 명예와 영광을 얼마나 중히 여기고 죄를 얼마나 증오하게 싫어했는지 죄를 짓기보다는 차라리 불에 타 죽기를 원했다. 그들은 죄를 짓지 않고자 해서 불에 타는 것이 죄를 지은 후 하나님과 양심을 통해 지옥을 경험하게 되고 가슴속의 불에 휩싸여 고생하는 것보다는 훨씬 더 낫다는 것을 알고 있었던 것이다.

나는 저 경건한 하나님의 종 마르쿠스 아레두시우스의 책을 읽어본 적이 있다. 그는 콘스탄티누스 시대에 한 교회에서 목회를 하고 있었다. 콘스탄티누스 시대에 마르쿠스는 한 우상의 전각을 둘러엎도록 선도하였으나, 율리아누스가 황제로 등극하자 그 황제는 그 지역민들에게 그 전각을 재건하도록 명하였다. 사람들이 그렇게 하고자 할 즈음에 마르쿠스는 거기에 반대했다. 그러자 그가 목양(牧羊)을 했던 바로 그 사람들이 그를 붙잡아 가서 옷을 벗기고 능욕하였으며 그 나신(裸身)을 아이들에게 내어주어 아이들의 주머니칼에 찔리도록 허락하였다. 그런 다음에 그 나신을 바구니에 담고 그 나신에다 꿀을 발라 태양 볕 아래 두어 말벌에 쏘이게 했다. 그 우상의 신전을 짓는 데 그가 전혀 도움을 제공하지 않았기 때문에 그런 일을 당한 것이다. 그렇다. 그가 만일 그 일을 조금이라도 도왔더라면, 만일 그가 그 일을 하는 데 반 푼이라도 보탰다면, 그들은 아마도 그를 살려두었을 것이다. 그러나 그는 그 모든 제안을 거절하였다. 단 반 푼이라도 그들에게 주었다면 목숨을 부지할 수 있었을 텐데 말이다. 그는 이렇듯 자기의 원칙에 충실하게 살다가 간 사람이었다. 대부분의 그리스도인들은 그런 원칙에 대해 입으로만 말을 하고 그 원칙을 따라 살지는 않는다. 그러므로 우리도 아무리 작은 죄라도 범하기보다는 차라리 사단이 고안하여 가하는 모든 극악한 고난을 선택해야만 할 것이다. 우리가 그 작은 죄라도 짓는다면, 하나님이 수치를 당하게 되실 것이며 우리의 양심은 상처를 받게 될 것이며 우리의 종교는 비난을 당하게 될 것이며 우리 자신의 영혼은 위험에 처해질 것이기 때문이다.

여섯 번째 대책. 사단의 책략에 대한 여섯 번째의 대책은 이것을 심각하게 고려하는 것이다. 영혼은 제 아무리 작은 죄라도 하나님께서 그 죄를 통렬하게 책망하실 때는 그 죄의 죄책과 무게를 결코 견딜 수가 없다. 하나님께서 죄인의 눈을 열어 그로 하여금 죄 안에 들어 있는 추악함과 끔찍한 악을 보게 하실 때는, 가장 작은 죄라도 가장 강건한 죄인을 짓눌러 지옥까지 내려가게 할 수가 있다. 모기나 파리가 얼마나 보잘것없고 미천한 존재인가. 그러나 하나님께서 이런 별 볼일 없는 것들을 사용하셔서 바로를 징책하셨을 때에는 제 아무리 강퍅한 심장의 소유자라 할지라도 항복을 하지 않을 수가 없었던 것이다. [18] 그들은 이렇게 소리쳤다: "이는 하나님의 권능이로다"(출 8:16, 10:19). 작은 피조물들이, 아니 가장 작은 피조물들이 하나님이 내려주시는 능력으

---

[18] 그리스도와 기독교를 완전히 말살시키겠다는 포고문을 새긴 폭군 막시미누스 황제는 기생충에 먹혀 죽었다.

로 무장을 할 때는, 살아 있는 가장 위대하고 가장 거만하고 가장 포학한 폭군이라도 내리눌러 가라앉히게 할 수 있을 것이다. 그러므로 하나님께서 작은 죄의 손에다 칼을 들려주시고 그것으로 영혼을 공격하도록 허용하실 경우, 그 영혼은 도저히 그 칼날을 견딜 수 없을 것이다. 어떤 이들은 간음을 계획하였을 뿐 그것을 실제로 실행에 옮긴 적은 없다. 다른 이들은 사소한 잘못을 발견한 후에도 그것을 고치려고 의식적으로 노력을 하지 않는다. 타고난 양심에 비춰 볼 때 그들은 그런 노력을 했어야 했는데도 말이다. 또 다른 이들은 하나님에 대해 합당하지 않은 생각들을 하다가는 그런 죄들이 얼마나 끔찍하며 놀라우며 소름끼치는 것인지를 깨닫고는 (사람의 눈에는 별것 아니지만) 차라리 자신들이 이 세상에 태어나지 않았으면 하고 바란다. 그들은 세상에서는 전혀 위로를 받거나 기쁨을 느낄 수 없다고 생각하며, 당혹감을 느낀 나머지 도망갈 준비를 갖추고는 스스로 사라져 버리게 되기를 바란다.[19]

그에 비하여, 윌리암 퍼킨스는 선하기는 하지만 매우 가난했던 한 사람의 얘기를 한 적이 있다. 그는 너무 굶주린 나머지 양 한 마리를 훔쳐서 자식들과 함께 먹으려고 했다. 평소의 습관대로 그는 감사 기도를 올리려 하였으나 차마 그럴 수가 없었다. 양심에 큰 혼란을 겪은 그는 그 양 주인에게로 가서 자신의 과오를 고백하고 사정이 허락하는 대로

---

[19] 악의 한 모금을 마신 양심은 세상 쾌락의 바닷물을 몽땅 마시게 된다. 한 작은 가시에 찔린 손에 얼마나 큰 고통이 따라오는지를 생각하라.

그 양 값을 치르겠다고 약속하였다고 한다.

일곱 번째 대책. 이런 책략에 대한 일곱 번째의 대책은 이것을 엄숙하게 고려하는 것이다. 아무리 작은 죄라 할지라도 그 안에 들어 있는 악은 가장 큰 불행 가운데서 만날 수 있는 악보다도 더 크다. 이런 사실은 하나님이 자기의 사랑하는 아들을 엄정(嚴正)하게 다루신 것을 보면 명약관화하게 드러난다. 하나님은 자신의 진노를 아들에게 아낌없이 쏟아 부으셨는데, 이는 큰 죄 때문만이 아니라 작은 죄 때문이기도 하였다.

"죄의 삯은 사망이다"(롬 6:23). 여기서 죄라는 것은 한정된 것이 아니어서 큰 죄나 작은 죄를 모두 망라한 개념이다.[20] 오! 이런 말을 듣고 우리가 얼마나 떨어야 할지. 우리는 정욕의 불똥 하나를 보고도 지옥에 빠진 것처럼 두렵게 여겨야 하리라. 하나님 아버지는 자기가 끔찍이 사랑하는 아들도 용서하지 않으셨다는 점을 생각해야 하리라. 지극히 작은 죄 하나도 용서하지 않으시고, 자신의 진노의 잔을 그 아들로 하여금 다 마시도록 하셨다는 점을 생각해야 하리라!

사단이 이 세 번째 책략을 이용하여 우리의 영혼을 유혹하며 죄를 짓게 할 것이니, 우리는 위와 같은 대책들을 마련하여 울타리를 치고

---

[20] 사망은 작은 죄의 유업이다. 작은 죄가 치르는 최고의 삯은 죽음이다. 고로 엄밀히 말해서 작은 죄는 없다. 왜냐하면 작은 죄를 방치하는 작은 하나님이 없기 때문이다.

우리의 영혼을 보호하여야 할 것이다.

네 번째 책략.

가장 선한 사람들이 저지른 죄를 영혼에게 제시할 뿐 그들의 덕목을 감춘다. 그들의 죄를 보일 뿐 그들의 슬픔과 후회는 숨기는 것이다. 다윗의 간음죄, 히스기야의 교만, 욥의 초조함, 노아의 술 취함, 베드로의 신성모독죄 등을 제시하기는 하지만 이런 귀중한 영혼들의 눈물, 한숨, 애통, 겸비, 회개는 숨긴다.

첫 번째 대책. 이런 사단의 책략에 대한 첫 번째의 대책은 다음의 것을 심각하게 고려하는 것이다. 주님의 영은 성도가 죄짓는 것을 주시해 보는 것만큼 회개를 통해 다시 소생함을 받게 되는 것을 주목하신다. 다윗은 무시무시하게 타락했으나 회개함으로써 거뜬히 재기하였다. "하나님이여 주의 인자를 좇아 나를 긍휼히 여기시며 주의 많은 자비를 좇아 내 죄과를 도말하소서 나의 죄악을 말갛게 씻기시며 나의 죄를 깨끗이 제하소서 대저 나는 내 죄과를 아오니 내 죄가 항상 내 앞에 있나이다… 우슬초로 나를 정결케 하소서 내가 정하리이다 나를 씻기소서 내가 눈보다 희리이다…하나님이여 나의 구원의 하나님이여 피 흘린 죄에서 나를 건지소서 내 혀가 주의 의를 높이 노래하리이다." 히스기야의 마음이 하나님께서 그에게 퍼부어 주신 긍휼의 풍성함을 인하여

들려졌다는 것은 사실이다. 그리고 히스기야가 그 마음의 교만을 회개하고 비천하게 낮아진 것도 사실이다. 그러므로 히스기야가 사는 날 동안에는 주님의 진노가 그에게 임하지 않았으며 예루살렘에도 임하지 않았던 것이다. 욥이 자기의 생일을 저주한 것은 사실이다. 그리고 그가 회개함으로 인해 재기한 것도 사실이다. 그는 이렇게 말했다. "나는 미천하오니 무엇이라 주께 대답하리이까 손으로 내 입을 가릴 뿐이로소이다 내가 한두 번 말하였사온즉 다시는 더하지도 아니하겠고 대답지도 아니하겠나이다… 내가 주께 대하여 귀로 듣기만 하였삽더니 이제는 눈으로 주를 뵈옵나이다 그러므로 내가 스스로 한하고 티끌과 재 가운데서 회개하나이다"(욥 40:4,5, 42:5,6). [21] 베드로는 무섭게 타락했다. 그러나 회개할 때에 그는 기쁨으로 일어날 수 있었다. 그리스도께서 사랑으로 그를 한 번 쳐다보시니 그는 녹아내려 눈물에 젖고 말았다. 그는 회개가 은혜의 왕국을 여는 열쇠라는 것을 알았다. 전에 그는 믿음이 아주 대단해서 바다로 뛰어내려 그리스도께로 다가가기도 했다. 지금은 그의 회개가 대단한 나머지 그가 눈물의 바다로 뛰어든 격이다. 그는 자기가 그리스도를 떠났던 것에 대해서 한없이 눈물을 흘렸다. 어떤 이들은 이렇게 말한다. 안타깝게 타락한 후 그는 종종 눈물을 흘렸다. 그의 얼굴은 계속 눈물에 젖어 있어 쭈그러지기까지 했다. 그

---

21) 터툴리안은 욥은 회개하는 것을 위해서 태어난 자였다고 했다.

는 독을 마시기는 했지만 그것이 치명적인 독으로 변하기 이전에 내뱉었던 것이다. 그는 뱀에 손을 대기는 했지만 이내 그것을 채찍으로 만들어 자기 영혼을 때렸다. 그렇게 분명한 빛에 대하여, 그렇게 강력한 사랑에 대하여, 그를 향한 그리스도의 심장을 그렇게 달콤하게 발견한 일에 대하여 죄를 저지른 것을 회오하면서 말이다. 22)

클레멘트는 베드로가 어찌나 회개를 많이 했던지 그후 평생 동안 밤마다 닭 우는 소리가 들릴 때마다 그는 무릎을 꿇고 비통하게 울면서 자기 죄에 대해 용서를 구하였다고 전한다. 아, 영혼이여, 여러분도 그런 성도들처럼 쉽게 죄를 지을 수가 있다. 그런데 여러분은 그 성도들처럼 회개할 수 있는가? 많은 이들이 다윗이나 베드로처럼 죄를 지을 수 있다. 그러나 그들은 다윗이나 베드로처럼 회개를 하지 못한다. 그러므로 그들은 영구적인 파멸에 떨어지는 것이다.

데오도시우스 황제는 자기가 성찬식에 참여하여야 한다고 주장하면서 자신의 더러운 행위를 다윗의 더러운 행위에 비기어 변명하였다. 그러자 암브로스는 이렇게 응수했다. "당신은 범죄한 다윗을 좇았습니다. 그렇다면 회개한 다윗도 좇도록 하십시오. 그러면 당신이 주님의 성찬에 참예할 수 있을 것입니다."

두 번째 대책. 이런 사단의 책략에 대한 두 번째의 대책은 아래의

---

22) 루터는 고백하기를 회심하기 전에 자신은 신학공부에 있어서 회개라는 단어보다 더 불쾌한 것은 없었다고 했다. 그러나 회심 후에는 그 단어를 기쁘게 받았다고 했다.

사항을 엄숙하게 고려하는 것이다. 이런 성도들은 죄 짓는 것을 업으로 삼지 않았다. 그들은 한두 번 넘어졌으나 회개함으로 다시 일어났다. 그들은 그럴 때마다 그리스도께로 더 가까이 다가갔다. 그들은 부지중에, 가끔은 어쩔 수 없는 상황에서 타락했다. [23] 당신은 고의적으로, 지속적으로, 즉시, 흔쾌히, 그리고 습관적으로 죄를 짓는다. 당신은 죄짓는 것을 업으로 삼았으므로 당신의 영혼에게 반드시 죄를 주어 저주를 받게 하고야 말 것이다. 당신은 죄 짓는 일을 그칠 수 있으며, 그렇게 사는 길을 벗어날 수도 있는데도 계속 죄를 짓고 있다. 죄는 일단 습관이 되면 당신에게 또 다른 본성이 되고 만다. 당신은 그런 본성으로부터 벗어날 수 없으며 벗어나려고도 하지 않는다. 당신이 죄를 멀리하지 않으면 하나님이 당신의 영혼을 영구적으로 멀리 한다는 사실을 알면서도 그렇게 한다. 죄와 당신이 서로 갈라서지 않으면 그리스도와 당신의 영혼은 결코 서로 대면할 수 없다는 것을 알면서도 말이다. 여러분은 지금 죄와 거래하면서 다윗도 그런 식으로 죄를 짓지 않았느냐고 큰 소리 치는가? 노아도 베드로도 그랬지 않았느냐 하고 큰 소리 치는가? 아니다! 그들의 마음은 어느 한 날 어리석음에 빠졌지만, 당신의 마음은 매일 어리석음에 떨어지고 있다(벧후 2:14; 잠 4:16). 그들은 타락했지만, 회개함으로 다시 일어났으며 십자가에 달리신 그리스도를 믿음으

---

23) 성도는 온전한 의지로는 죄를 짓지 않고 반쪽 의지로 혹은 무의식 중에 범한다. 전적인 동의에 의해서라기보다는 반대의견을 가진 상태로 범한다.

로 행동했다. [24] 그러나 여러분은 타락한 후에 다시 일어날 힘도 의지도 없다. 그냥 죄 가운데서 뒹굴고 있다. 그러다가 여러분은 영구히 그 죄 가운데서 죽게 될 것이다. 주께서 여러분의 영혼에게 더 많은 긍휼을 베풀지 않으신다면 그렇게 될 것이다. 오 영혼이여, 여러분은 이것이 좋은 구실이 되겠다고 생각하는가? 여러분은 '그런 사람들은 독을 한 번만 맛보고 간신히 피했지만 나는 매일 독을 마시면서도 형벌을 피하게 될 것이다.'라고 생각하는가? 하지만 이것은 헛된 영혼의 미친 논리이다. 다윗과 베드로는 한 번 심히 무시무시하게 범죄하였다. 그들은 독을 한 번 맛보고는 구역질이 나서 죽는 줄 알았다. 그러나 나는 그것을 매일 맛보면서도 영원한 죽음을 맛보지 않게 될 것이라고 생각하는가? 기억하라, 오 영혼이여! 스스로를 추켜세우는 자는 스스로 속이는 자요 스스로를 살해하는 자라는 것이 드러날 날이 가까이 다가왔다.

세 번째 대책. 이런 사단의 책략에 대한 세 번째의 대책은 아래의 사항을 진지하게 고려하는 것이다. 비록 하나님이 자기 백성들을 그들의 죄로 인하여 호적에서 빼버리지는 않으셨지만(결코 그럴 의향도 없으시겠지만), 그분은 그들의 죄로 인해 그들을 엄히 벌하셨다. 다윗이 죄를 짓자 하나님은 그 죄로 인해 그의 뼈를 부러뜨리셨다. "나로 즐겁고

---

[24] 비록 중생한 자에게도 죄는 거하지만 그러나 통치하지는 않는다. 성도는 회개함으로 다시 일어선다(어거스틴).

기쁜 소리를 듣게 하사 주께서 꺾으신 뼈로 즐거워하게 하소서"(시 51:8). "이제 네가 나를 업신여기고 헷 사람 우리아의 처를 빼앗아 네 처를 삼았은즉 칼이 네 집에 영영히 떠나지 아니하리라"(삼하 12:10). 하나님께서 그들로부터 그분의 인애를 몰수하지도 않으셨고 그분의 신실하심을 거두지도 않으셨고 그분의 언약을 어기지도 않으셨으며, 그분이 입에서 나온 말씀을 변개치도 않으셨지만, 그분은 이렇게 말씀하셨다. "만일 그 자손이 내 법을 버리며 내 규례대로 행치 아니하며… 내가 나의 거룩함으로 한 번 맹세하였은즉 다윗에게 거짓을 아니할 것이라"(시 89:30,35). 성경에는 이런 예들이 수두룩하게 들어 있다. 진리에 대해서 조금이라도 아는 사람들이라면 누구나 다 이런 진리를 너무도 잘 알고 있으므로, 그것을 증명하려고 성구를 더 인용하는 것을 대낮을 밝히고자 촛불을 켜는 것과 같다고 말할 것이다. [25]

유대인들에게는 이런 잠언이 있다. "이스라엘에게 형벌이 내려졌다면 거기에는 반드시 금송아지가 조금이라도 섞여 있었기 때문이다." 이 말의 의미는 이스라엘이 당한 재난에 영향을 미친 죄라면 모두 다, 그 죄가 크든 작든 간에, 하나님이 내리셨던 어떤 재앙의 원인이 되었던 어떤 죄에 못지않게 큰 죄라고 보아야 한다는 것이다. 모든 사람은 고

---

[25] 요세푸스의 기록에 의하면 유대인들이 그리스도를 십자가에 못 박아 죽인 지 얼마 되지 않아서 그에 가담한 수많은 사람들이 십자가 처형을 당했다고 한다. 그 숫자가 너무 많아 그들을 달 십자가가 부족했을 뿐 아니라 설치할 장소도 충분치 않았다고 한다.

난을 당할 때 아폴로도루스가 솥에 갇혔을 때 한 말을 마음속으로 되뇌이는 게 좋을 것이다. '이 일은 내가 자초한 것이다.' 하나님은 화를 내지 않으실 때 가장 화가 나 계신 것이다. 하나님이 나를 불쌍히 여겨 나에게 계속해서 화를 내지 않으신다면, 이런 종류의 긍휼은 가장 고약한 긍휼이다.

어떤 이가 죽은 한 친구에게 쓴 서신에 이런 표현이 있었다. "나는 역경을 알지 못하는 것을 불행의 일부로 간주합니다. 당신은 비참한 일을 당해 본 적이 한 번도 없으므로 나는 당신이 비참한 사람이라고 판단합니다."[26] 우리의 고난이 형벌이 아니라 우리를 교정하기 위한 것이라는 사실은 우리가 받은 긍휼이다.[27] 교수형을 받아야 할 사람이 채찍질만 당하고 놓였다면 그는 즐거워해야 할 것이다. 하나님의 교정은 우리의 교훈이 되며 그분의 징계는 우리의 교육이 된다. 그분의 채찍질은 우리의 스승이며 그분의 징책은 우리에게 주시는 일종의 통고(通告)장이다. 이런 사실에 주목하여, 히브리인과 헬라인은 징벌과 교육을 동일한 한 단어(무사르, 파이데이아)로 표현하였다.[28] 다음의 잠언을 보면, 교육이 징벌의 진실한 종착역임을 알 수 있을 것이다. "아픔은 지혜를 가져오고 고통은 명철을 더해준다." 루터가 고난을 '기독교인의 신학'이라 칭한 것은 적절한 말이었다. 그러므로 욥도 이렇게 말했던 것

---

26) 십자가를 져보지 않은 자는 성도가 아닙니다(루터).

27) 시 94:12; 잠 3:12, 13, 16; 욥 6, 13; 사 9:1

28) 잠 3:11; 히 12:5, 7, 8, 11

이다. "사람은 무관히 여겨도 하나님은 한 번 말씀하시고 다시 말씀하시되 사람이 침상에서 졸며 깊이 잠들 때에나 꿈에나 밤의 이상 중에 사람의 귀를 여시고 인치듯 교훈하시나니 이는 사람으로 그 꾀를 버리게 하려 하심이며 사람에게 교만을 막으려 하심이라 그는 사람의 혼으로 구덩이에 빠지지 않게 하시며 그 생명으로 칼에 멸망치 않게 하시느니라 혹시는 사람이 병상의 고통과 뼈가 늘 쑤심의 징계를 받나니"(욥 33:14-19). 사단이 "다른 사람들의 죄를 보면 너도 죄를 지을 수가 있다."라고 말할 경우 여러분은 이렇게 응수하라. 바로 그 사람의 고난이 나로 하여금 죄를 짓지 못하게 한다." 가슴에다 손을 얹고 이렇게 말하라. "오, 나의 영혼이여, 만일 네가 다윗처럼 죄를 짓는다면 너는 다윗처럼 고난을 받아야 할 것이니라."

네 번째 대책. 이런 사단의 책략에 대한 네 번째의 대책은 아래의 사항을 엄숙하게 고려하는 것이다. 성도들의 타락을 하나님이 기록해두시는 중요한 목적은 두 가지밖에 없다.

그 하나는, 연약에 의하여 타락한 이들이 그들의 죄 짐으로 인하여 낙담하고 가라앉고 좌절하게 되지 않도록 하기 위함이다.

다른 하나는, 그들의 타락이 서 있는 다른 사람들에게 경계표가 되어, 저들로 하여금 타락하지 않도록 주의를 기울이게 하기 위함이다. 하나님께서 자기 자녀들의 죄를 마음에 기록하여 두시는 것은 다른 사람들이 격려를 받아 죄를 짓게 하고자 함이 결코 아니고, 다른 사람들로 하여금 자기의 일어섬에 주의를 집중시키며 보다 더 강력하게 그리스도의 옷자락을 잡고 늘어지도록 하며, 그 영혼을 타락하게 만드는 모든 유혹과 기회를 피하도록 하기 위함이다. 다른 사람들도 그리스도께서 그냥 내버려두신다면 그대로 넘어질 것이기 때문이다. 주님은 그들의 죄를 표적으로 삼아, 자기 백성에게 어떻게 그 모래톱과 바위산에 다가가게 되는지, 그 덫과 미끼에 어떻게 다가가게 되는지 주의를 기울이라고 경고하시는 것이다. 그런 덫과 미끼는 가장 귀중한 보화에 치명적인 해가 되기 때문이다. 이 죄 많고 탈 많은 세상을 지금까지 잘 항해해 온 가장 용감하고 가장 고상한 영혼들의 지혜, 기쁨, 평화, 위로, 영광에 치명타가 되기 때문이다. 여러분은 그런 예를 다윗, 욥, 베드로에게서 찾을 수 있을 것이다. 성도들의 죄를 기록해 두신 하나님의 그 위대한 목적을 깔아뭉개 버릴 수 있게 하는 악명높은 죄악은 그러한 죄를 보고도 용감하게 죄를 짓는 것보다 더 큰 것이 없다. 그런 영혼을 만난다면 여러분은 그를 그리스도가 없는 사람, 은혜를 받지 못한 사람, 하나님으로부터 버림받은 영혼, 사단이 붙잡고 있는 사람이라고 칭해도 좋을 것이다. 영원하신 하나님은 사단이 그를 어디로 인도할지를 알고 계시다.

다섯 번째 책략.

하나님을 모든 궁휼을 베푸시는 분으로 소개한다. 사단은 다음과 같이 말할 것이다. 오! 너는 죄를 그렇게 크게 생각할 필요가 없다. 너는 죄를 그렇게 두려워하거나 죄짓지 않으려고 애쓸 필요가 없다. 하나님은 궁휼의 하나님이시며, 궁휼로 충만한 분이시며, 궁휼을 베풀기 좋아하는 분이시며, 궁휼을 베푸실 준비가 되어 있는 분이시며, 궁휼을 베풀기를 지겨워하는 분이 결코 아니시며, 자기 백성을 형벌하시기보다는 용서하시고자 하는 마음이 강하신 분이다. 그러므로 그분은 영혼을 곤경에 빠뜨리지 않으실 것이다. 그렇다면 너는 왜 죄를 그렇게 문제 삼아야 하는가? 이렇게 사단은 말할 것이다.

첫 번째 대책. 그에 대한 첫 번째의 대책은 이 사실을 심각하게 고려하는 것이다. 그 어떤 구실을 대서라도 계속해서 죄를 짓도록 내버려두는 것은 이 세상에서 가장 고통스러운 심판이다. 오 불행한 사람이여! 하나님이 여러분을 그대로 내버려두시며 죄를 짓더라도 막지 않으시는 사람이여.[29] 여러분이 짓는 죄에 대해 하나님께서 눈을 감아주시는 사람이여, 여러분에게 재난이로다, 재난이로다. 여러분이 지옥으로 가도록 그 길을 하나님이 빠르고 신속하게 닦아놓으신 사람이여, 이것은 그

---

[29] 어거스틴은 말하기를 죄 짓는 것은 인간의 일이요, 죄 가운데 거하게 하는 것은 마귀적인 것이요 그로부터 일어나게 하는 것은 천사적(초자연적)인 일이라고 했다.

야말로 지독한 지옥이며, 하나님이 여러분에게 분개하신다는 무시무시한 표시이며, 그분이 여러분을 거부하셨다는 증거이며, 여러분에게 선을 베풀지 않으신다는 강력한 표시이다. 이런 선언은 참으로 서글픈 것이다. "에브라임이 우상과 연합하였으니 버려 두라"(호 4:17). 그는 권고해서 들을 사람이 아니며 채찍을 든다고 들을 사람도 아니다. 그는 악과 혼인한 사람이니 실컷 악을 맛보도록 내버려둬라. 그는 눈을 뜨고도 넘어지는 사람이다. 그로 하여금 자기가 파놓은 위험에 빠지게 하라. 아, 이것은 끔찍한 말씀이다. "그러므로 내가 그 마음의 강퍅한 대로 버려 두어 그 임의대로 행케 하였도다"(시 81:12). 죄에게 넘겨진 영혼은 지옥을 위한 무르익은 영혼이며 서둘러 파멸로 향하는 영혼이다. 아, 주님이시여! 제가 이 긍휼을 겸비하게 구하옵니다. 제가 어떤 일을 하도록 내버려두어도 좋지마는, 제 자신이 원하는 길로 맘대로 가게 내버려두지는 마옵소서. 만일 당신이 저를 고난과 유혹과 꾸지람에 넘겨 버리신다면, 저는 인내심을 갖고 앉아서 이렇게 말하겠나이다. "이는 주님의 행하신 일이다. 그분으로 하여금 그분이 좋으실 대로 내게 행하시게 하자." 제게 어떤 일이든 하십시오. 당신이 원하신다면 어떤 짐이라도 얹으십시오. 그러나 다만 저로 하여금 제 마음대로 행하지 못하도록만 해주십시오.30)

---

30) '오 주님 나를 내 자신의 악으로부터 건지소서' (어거스틴)

두 번째 대책. 이런 사단의 책략에 대한 두 번째의 대책은 이 사실을 엄숙하게 고려하는 것이다. 하나님은 긍휼이 풍성하기도 하시지만 공의롭기도 하시다. 성경은 하나님을 매우 긍휼이 풍성하신 분으로 소개하는 만큼 매우 공의로운 분으로 제시하기도 한다. 그것을 증거하는 구절은 다음과 같은 사실을 기술(記述)한다. 천사들을 하늘로부터 쫓아내신 일(벧후 2:4), 그들을 심판의 큰 날이 될 때까지 어둠의 사슬에다 묶어두신 일, 아담을 낙원에서 쫓아내신 일, 노아 홍수의 심판, 소돔과 고모라 심판, 세상에 만연하는 온갖 십자가, 손실, 질병, 사고들, 예로부터 준비되어 온 도벳, "다만 네 고집과 회개치 아니한 마음을 따라 진노의 날 곧 하나님의 의로우신 판단이 나타나는 그 날에 임할 진노를 쌓는 일"(롬 2:5). 그러나 무엇보다도 자기의 끔찍이 아끼는 아들에게 모든 진노를 쏟아 부으신 일이 그것을 증거한다. "제구시 즈음에 예수께서 크게 소리 질러 가라사대 엘리 엘리 라마 사박다니 하시니 이는 곧 나의 하나님, 나의 하나님, 어찌하여 나를 버리셨나이까 하는 뜻이라"(마 27:46).

세 번째 대책. 이런 사단의 책략에 대한 세 번째의 대책은 이것을 심각하게 고려하는 것이다. 긍휼을 경시하고 죄를 짓는 것은 사람의 지성과 감성에 가장 크고 가장 고약한 심판을 초래하는 것이다. 긍휼이 알파라면 공의는 오메가이다. 다윗은 이런 속성들에 대해 말하면서 인자를 앞에다 놓고 공의를 뒤에다 놓았다. "내가 인자와 공의를 찬송하겠나이다 여호와여 내가 주께 찬양하리이다"(시 101:1). 긍휼이 무시를 당할 때, 공의가 보좌를 차지한다.³¹⁾ 하나님은 역도(役徒)들에게 군대를 보내기 전에 반드시 먼저 용서를 제시하는 임군이시다. 전령으로 하여금 먼저 용서를 선포하게 하신다. 그분은 우선 긍휼이라는 백기를 내어 다신다. 그로 인해 사람들을 얻게 된다면 그들은 영구적인 행복을 누리게 될 것이다. 그러나 만일 그들이 계속해서 버틴다면 하나님은 공의와 심판이라는 붉은 기를 내걸도록 하실 것이다. 하나가 무시를 당할 경우, 다른 것을 내세워 증거로 삼도록 하실 것이다. ³²⁾

이스라엘 사람들의 행태 속에서 이것을 인식하도록 하라. 그분은 그들을 사랑하셨으며 그들이 핏덩이일 때, 볼품이 전혀 없을 때 그들을 선택하셨다. 그분은 그들의 수를 늘리시되 자연적인 방식이 아니라 기적인 방식으로 그리하셨다. 70여 명 되는 사람들이 수년 사이에 60만 명으로 불어났으니 이것은 기적이었다. 압박을 받으면 받을수록 그들은 더욱 번창하였다. 사람이 발로 밟으면 밟을수록 더 넓게 퍼져나가는 카모마일처럼 말이다. 압력을 가하면 가할수록 더 신장되는 야자수처럼, 긁으면 긁을수록 더 번지는 요원의 불길처럼 말이다. 욥에게 들이

---

31) 우리가 보다 높은 자리에 있을수록 우리의 타락과 비천함은 더더욱 슬픈 일이 된다.

32) 하나님은 노하기를 더디하시지만 그의 더딤은 형벌의 가혹함으로 깊으신다. 우리의 욕망을 섬기기 위해 하나님의 긍휼히여김을 무시한다면 하나님이 찾아 주시기 보다 하늘로부터 지옥이 내려 올 것이다.

닥쳤던 사자들처럼, 그들에게는 궁휼이 연이어 임하였다. 그분은 그들의 베옷을 벗기시고 기쁨으로 옷 입히셨으며 "구원의 노래로 그들을 덮으셨다." 그분은 "독수리 날개로 그들을 인도하셨다." 그분은 그들을 "눈동자같이" 지키셨다. 그러나 그들은 그분의 궁휼을 업신여기다가 그분의 가장 큰 진노를 받게 되었다. 그들이 궁휼의 횟수를 열거할 사람이 없듯이, 그들의 죄로 인하여 그들에게 임한 궁휼의 수효를 계산할 수 있는 사람도 없을 것이다. 우리의 구세주께서 예루살렘에 대하여 "돌 하나도 돌 위에 남게 되지 아니하리라"고 예언하셨는데, 그 예언은 그분이 승천하신 지 40년 만에 성취되었다. 베스파시안 황제와 그의 아들 디도가 예루살렘을 포위 공격하였던 것이다. 유대인들은 엄청난 기근으로 고난을 당하게 되었으며, 그들은 오래된 신발, 가죽, 오래된 건초, 짐승의 똥 등으로 연명해야만 하였다. 그 지독히도 가련한 사람들 중에서 110만 명이 죽었는데, 일부는 칼에 맞아 죽고 일부는 기근으로 죽었다. 하룻밤 사이에 2천 명이 내장이 터져 죽었으며, 6천 명이 성전 현관에서 불에 타 죽었다. 온 도성이 유린되었으며 불에 탔고 모두 폐허가 되었다. 유세비우스와 요세푸스의 기록에 의하면 97,000명이 포로로 잡혀가 비천하고 비참한 노예로 전락하였다.[33] 오늘날까지 그들

---

[33] 유세비우스나 요세푸스의 사기 참조. 베스파시안 황제는 유대인들이 그리스도를 잡아간 그 유월절 절기에 그리스도를 잡아간 그 장소인 기드온에서 공격했다. 그는 유대인들이 은 30냥에 그리스도를 판 것처럼 유대인 20명을 한 냥에 팔았다.

은 세계 도처에서 사회의 버림받은 자로 취급되고 있지 않는가? 그들보다 더 증오를 받은 사람들도 없었고 그들보다 더 미움을 당한 자들도 없었다.34)

그러므로 하늘까지 높아진 가버나움은 지옥까지 낮아지게 되리라는 경고를 받았던 것이다. 만일 긍휼의 손길로 인하여 가장 하늘나라 가까이 올림을 받은 그들이 타락했다면 그들만큼 지옥 밑바닥에 떨어지는 영혼들은 없을 것이다. 긍휼을 쉽게 여기고 업신여기는 경박한 영혼들이여, 이것을 생각하라. 복음 시대에 하나님의 긍휼을 비웃고 업신여기는 자들에게 임하게 하신 재난들은 대개 영적인 재난이었다. 지성의 눈이 멀게 하고, 감성이 완악하게 되고 양심이 마비되는 것 등인데, 이것들은 사람에게 임할 수 있는 외형적인 재난보다 수만 배나 더 고약한 것이다. 그러므로 비록 여러분이 잠시 동안의 외형적 심판은 피할 수 있다고 하더라도 여러분은 영적인 심판은 피하지 못할 것이다. "우리가 이같이 큰 구원을 등한히 여기면 어찌 피하리요 이 구원은 처음에 주로 말씀하신 바요 들은 자들이 우리에게 확증한 바니"(히 2:3)라고 사도는 말했다. 오! 그러므로 사단이 하나님을 영혼에게 긍휼을 무한정 베푸시는 분으로 제시할 때, 그리하여 사단이 여러분을 이끌어 사악한

---

34) 보다 행복할 수 있는데 거역하기 때문에 재난에 빠지는 것이 인간이다. 천국이 유대인에게 제공되었음에도 불구하고 듣지 않음으로 음부 깊은 곳으로 떨어진 것이다. 하나님은 무시무시한 불친절로 다가오셨고 인간의 대적은 더욱 상승되었을 뿐이다.

일을 하도록 할 때, 그에게 이렇게 말하라. 긍휼에 반하여 죄를 짓는 것은 그 영혼에게 가장 커다란 비참을 초래할 것이다. 그러므로 여러분에게 무슨 일이 닥치든 간에 절대로 긍휼에 배반하여 범죄치 않도록 하라.

네 번째 대책. 이런 사단의 책략에 대한 네 번째의 대책은 아래의 사항을 심각하게 고려하는 것이다. 하나님의 일반적인 긍휼은 그분의 모든 피조물에게 임하지만, 그분의 특별한 긍휼은 신령한 자격을 갖춘 자들에게만, 즉 그분을 사랑하고 그분의 계명을 지키고 그분을 신뢰하는 사람들에게만 임한다.[35] 출애굽기 34:6,7에서와 같이, "여호와께서 그의 앞으로 지나시며 반포하시되 여호와로라 여호와로라 자비롭고 은혜롭고 노하기를 더디하고 인자와 진실이 많은 하나님이로라 인자를 천대까지 베풀며 악과 과실과 죄를 용서하나 형벌 받을 자는 결단코 면죄하지 않고 아비의 악을 자여손 삼사 대까지 보응하리라." 그리고 출애굽기 20:6도 보라. "나를 사랑하고 내 계명을 지키는 자에게는 천대까지 은혜를 베푸느니라." 시편 25:10, "여호와의 모든 길은 그 언약과 증

---

[35] 아우구스투스 황제는 축제일에 어떤 이에게는 일상적인 상을 하사하고 그의 마음에 가장 흡족하게 생각되는 자에게는 황금을 수여했다. 마찬가지로 하나님은 일반은총 가운데서 평범한 것들, 외형적인 복들을 주시지만 하나님의 마음에 드는 자들에게는 하나님의 황금보화, 특별한 자비를 베푸시는 것이다.

거를 지키는 자에게 인자와 진리로다." 시편 32:10, "악인에게는 많은 슬픔이 있으나 여호와를 신뢰하는 자에게는 인자하심이 두르리로다." 시편 33:18, "여호와는 그 경외하는 자 곧 그 인자하심을 바라는 자를 살피사." 시편 103:11, "이는 하늘이 땅에서 높음같이 그를 경외하는 자에게 그 인자하심이 크심이로다." 17절, "여호와의 인자하심은 자기를 경외하는 자에게 영원부터 영원까지 이르며 그의 의는 자손의 자손에게 미치리니." 사단이 하나님을 온갖 긍휼이 풍성하신 분으로 제시하면서 여러분을 이끌어 죄를 짓게 하거든, 이렇게 대답하라. 비록 하나님의 일반적인 긍휼은 그분이 손으로 만든 모든 피조물에게 임하지만, 그분의 특별한 긍휼은 신령하게 자격이 갖춰진 사람들에게만 임한다. 그분을 사랑하고 그분의 계명을 지키고 그분을 신뢰하는 사람들에게만 임한다. 그분에게 소망을 두고 그분을 두려워하는 자들에게만 임한다. 그러니, 여러분은 이 세상에서 그런 사람이 되어야 한다. 그렇지 않으면 여러분은 저 세상에서 결코 행복하게 살 수 없을 것이다. 여러분은 그분의 특별한 긍휼에 참예하는 자가 되어야 한다. 그렇지 않으면 하나님이 베푸시는 일반적인 긍휼에도 불구하고 여러분은 영구적인 비참 가운데서 영원히 파멸로 떨어질 것이다.

다섯 번째 대책. 이런 사단의 책략에 대한 다섯 번째의 대책은 아래의 사항을 엄숙하게 고려하는 것이다. 땅에서 한때 명예롭게 살다가 지금은 하늘에서 승리를 만끽하는 사람들은 하나님의 긍휼을 빗대어 더욱 죄를 지었던 이들이 아니다. 그들은 긍휼을 받을 때마다 더욱 결심하고 죄로부터 멀리하였으며 그들의 영혼이 죄에 물들지 않도록 힘쓴 사람들이다. 시편 26:3-5을 보라. "주의 인자하심이 내 목전에 있나이다 내가 주의 진리 중에 행하여 허망한 사람과 같이 앉지 아니하였사오니 간사한 자와 동행치도 아니하리이다 내가 행악자의 집회를 미워하오니 악한 자와 같이 앉지 아니하리이다." 긍휼을 기억하고 용기를 내어 죄로부터 자신을 지킨 요셉과 같이, "그런즉 내가 어찌 이 큰 악을 행하여 하나님께 득죄하리이까"(창 39:9)라고 말할 수 있어야 한다. 그의 눈은 긍휼을 주시하고 있었으니, 어찌 죄가 그에게 침입할 수 있었겠는가. 비록 쇠는 그의 영혼 속으로 들어올 수 있었어도, 죄는 그렇게 할 수 없었다. 그의 영혼은 긍휼로 지배를 당하고 있었으므로, 그의 여주인의 몰염치에 의해서 움직이질 않았다. 사단이 종종 문을 두드리기는 했지만, 그는 긍휼을 쳐다보는 순간 응답을 하거나 문을 열어줄 수가 없었다. 요셉은 진흙 속의 진주처럼 자신의 고상함을 지켜냈다.[36] 바울도 마찬가지였다. "그런즉 우리가 무슨 말 하리요 은혜를 더하게 하려고 죄에 거하겠느뇨 그럴 수 없느니라 죄에 대하여 죽은 우리가 어찌 그 가운데 더 살리요"(롬 6:1,2). 긍휼로부터 핑계를 얻어 자유롭게 죄를 짓는 것보다 더 이 세상에서 사람을 사단의 추종자로 만들며 성도로부

---

[36] 그리스도 안에 있는 하나님의 자비는 이 세상에서 우리의 영혼에게 가장 귀한 보석이요 진주이다. 죄로 오염된 자신으로부터 우리를 지켜주는 보물이다.

터 멀어지게 하는 것은 없다. 신의 선으로부터 멀리 떠나 음탕 쪽으로 가까이 가게 하는 것은 없다. 긍휼을 핑계 삼아 범죄하려는 것은 사단의 논리이니, 어느 누구에게서 그런 행위를 발견하든지 간에 여러분은 "이 영혼은 길을 잃었다"라고 판단해도 좋을 것이다. 바다가 불에 탄다든지 불이 식어졌다든지라고 말할 수 있다면, 값없이 은혜와 긍휼을 받은 참으로 은혜로운 영혼이 사악하게 행동할 수 있다고도 말하게 될 것이다. 사도는 또 이렇게 말한다. "그러므로 형제들아 내가 하나님의 모든 자비하심으로 너희를 권하노니 너희 몸을 하나님이 기뻐하시는 거룩한 산 제사로 드리라 이는 너희의 드릴 영적 예배니라"(롬 12:1). 요한도 이렇게 말한다. "나의 자녀들아 내가 이것을 너희에게 씀은 너희로 죄를 범치 않게 하려 함이라 만일 누가 죄를 범하면 아버지 앞에서 우리에게 대언자가 있으니 곧 의로우신 예수 그리스도시라 저는 우리 죄를 위한 화목제물이니 우리만 위할 뿐 아니요 온 세상의 죄를 위하심이라"(요일 2:1,2). 그가 쓴 내용이 무엇인가? 그는 이런 내용의 서신을 썼다. "우리가 보고 들은 바를 너희에게도 전함은 너희로 우리와 사귐이 있게 하려 함이니 우리의 사귐은 아버지와 그 아들 예수 그리스도와 함께 함이라… 저가 빛 가운데 계신 것같이 우리도 빛 가운데 행하면 우리가 서로 사귐이 있고 그 아들 예수의 피가 우리를 모든 죄에서 깨끗하게 하실 것이요… 만일 우리가 우리 죄를 자백하면 저는 미쁘시고 의로우사 우리 죄를 사하시며 모든 불의에서 우리를 깨끗케 하실 것이요… 나의 자녀들아 내가 이것을 너희에게 씀은 너희로 죄를 범치 않게 하려 함이라 만일 누가 죄를 범하면 아버지 앞에서 우리에게 대언자가 있으니 곧 의로우신 예수 그리스도시라." 사도는 이런 최고의 특별 은 총과 긍휼을 받은 자기의 영혼을 죄에 물들지 않게 지켜야 하며 죄로부터 가장 멀리 떨어져 있어야 한다고 말한다. 그리고 만일 그렇게 되지 못할 경우, 여러분은 그 사람에게는 그리스도와 은혜가 없으며 영구히 파멸 당한 사람이라고 말해도 좋을 것이다.

여섯 번째 책략.

회개하는 일은 쉬운 일이며 따라서 죄를 그렇게 심각하게 생각할 필요가 없다고 영혼에게 속삭인다. 참으로 경악할 일이다! 여러분이 죄를 지을 때, 사단은 찾아와서 이렇게 말한다. "돌아와서 죄를 고백하고 슬픔에 잠겨 용서를 구하는 일은 그리 어려운 일이 아니다. 이렇게 부르짖기만 하면 된다. '주님, 제게 긍휼을 베풀어주소서!' 만일 네가 이렇게만 한다면 하나님은 은전을 베풀어 너의 죄를 용서해 주시며 너의 영혼을 구원해 주실 것이다."

이런 책략을 통해 사단은 많은 영혼을 죄로 이끌고 있으며 수많은 영혼들을 종으로 만들거나 죄의 노예가 되게 한다.

첫 번째 대책. 이런 사단의 책략에 대한 첫 번째의 대책은 아래의 사항을 심각하게 고려하는 것이다. 회개는 고된 일이며 힘든 작업이며 우리의 힘으로 할 수 없는 일이다. 그리스도를 죽은 자들 가운데서 살린 그런 힘이 아니고는, 세상을 만든 그런 힘이 아니고는 죄인의 마음을 깨뜨리거나 돌이킬 수가 없다. 여러분이 만일 여러분 자신의 마음을 녹일 수 있다면 여러분은 금강석도 녹일 수 있을 것이다. 부싯돌을 부드러운 살로 변화시킬 수 있다면 여러분의 마음을 돌이켜 주님께로 향하게 할 수 있을 것이다. 죽은 자를 살려내고 세상을 창조할 수 있다면, 회개도 할 수 있을 것이다. 하지만 회개는 자연의 정원에서 자라나는 꽃이 아니다. "구스인이 그 피부를, 표범이 그 반점을 변할 수 있느뇨 할 수 있을진대 악에 익숙한 너희도 선을 행할 수 있으리라"(렘 13:23). 회개는 위로부터 내려오는 선물이다.[37] 사람이 입 속에 혀를 가지고 있다고 해서 마음대로 다 회개할 수 있는 게 아니다. "이스라엘로 회개케 하사 죄 사함을 얻게 하시려고 그를 오른손으로 높이사 임금과 구주를 삼으셨느니라?"(행 5:31). "거역하는 자를 온유함으로 징계할지니 혹 하나님이 저희에게 회개함을 주사 진리를 알게 하실까 하여"(딤후 2:25). 사람은 임의로 회개하게 할 수 있는 게 아니다. 무지하고 현혹된 몇몇 영혼들은 이 네 마디의 말을 헛되이 과신한다. "주여, 제게 긍휼을 베푸소서!" 그렇게만 하면 무조건 천국으로 갈 수 있는 줄로 안다. 그러나 많은 이들이 가짜 보석을 샀다가 망한 것처럼 많은 이들은 회개에 대하여

---

[37] 타락한 인간은 자신에게 할 수 있었던 명령을 상실했다. 피조물들에게 할 명령도 잃었다. 자신에게 명령할 수 없는 존재라면 회개도 할 수 없는 것이다.

오해를 하다가 지옥으로 떨어지고 만다. "죄짓기보다는 회개하기가 더 고약하다"라는 말을 들었을 터임에도 불구하고 많은 사람들은 회개의 그림자만을 붙잡고 그것을 의지하고 산다.

두 번째 대책. 이런 사단의 책략에 대한 두 번째의 대책은 진정한 회개의 본질이 무엇인가를 엄숙하게 고려하는 것이다. 회개는 허망한 사람들이 생각해낼 수 있는 게 아니다.[38] 보다 더 엄격하고 협소한 의미에서 볼 때, 회개는 가끔 경건한 슬픔을 동반한다. 광의에서 보면, 가끔 회개는 인생을 수정(修訂)시키기도 한다. 회개는 세 가지 요건을 가지고 있다. 행동, 주체, 조건이다.

(1) 회개의 외형적 행위는 변화와 돌이킴이다. 성경에서 그것은 종

---

[38] 히브리어의 회개는 사람이 하던 일로부터 돌이키는 것을 담고 있는 방향 전환을 말한다. 즉 가던 길을 멈추고 돌아서는 것, 죄로부터 하나님께로 돌아가는 것이다. 헬라어는 회개의 본질을 표현하는 두 가지 단어가 있다. 하나는 어떤 일을 범한 후 주의하고, 두려워하며 근신하는 것이요 또 다른 단어는 지식을 좇는 것이다. 즉 지혜로운 사람으로 성장하는 것이다. 참된 회개는 마음의 변화가 행동의 전환을 담고있다. 죄를 위한 회개는 죄로부터 돌이키는 회개 없이는 아무것도 아니다. "회개에 있어서 모순됨을 보이면 하나님의 용서도 모순되게 올 것이다. 즉 회개하면서 여전히 죄 가운데 있으면 하나님은 용서하시지만 지옥으로 보내버릴 것이다"라고 터툴리안은 말했다.

종 '돌아서는 것'으로 나타난다. "에브라임이 스스로 탄식함을 내가 정녕히 들었노니 이르기를 주께서 나를 징벌하시매 멍에에 익숙지 못한 송아지 같은 내가 징벌을 받았나이다 주는 나의 하나님 여호와시니 나를 이끌어 돌이키소서 그리하시면 내가 돌아오겠나이다 내가 돌이킴을 받은 후에 뉘우쳤고 내가 교훈을 받은 후에 내 볼기를 쳤사오니 이는 어렸을 때의 치욕을 진고로 부끄럽고 욕됨이니이다 하도다"(렘 31:18,19). 그것은 어두움에서 빛으로 돌아가는 것을 의미한다.

(2) 변화하고 돌이키는 주체는 전 인격이다. 죄인의 마음과 인생이 변화하여야 한다. 그의 마음이 먼저 변화하여야 하고 다음에는 그의 삶이 변화해야 한다. 먼저는 그의 인격이고 다음에는 그의 습관과 말이다. "네 자신을 씻어 깨끗하게 하라." 인격의 변화가 있어야 한다. "너희는 스스로 씻으며 스스로 깨끗케 하여 내 목전에서 너희 악업을 버리며 악행을 그치고 선행을 배우며 공의를 구하며 학대받는 자를 도와 주며 고아를 위하여 신원하며 과부를 위하여 변호하라 하셨느니라"(사 1:16,17). 습관의 변화가 있어야 한다. 그러므로 에스겔은 이렇게 말한다. "너희는 범한 모든 죄악을 버리고." 그리고 삶의 변화가 있어야 한다. "마음과 영을 새롭게 할지어다 이스라엘 족속아 너희가 어찌하여 죽고자 하느냐"(겔 18:31). 마음의 변화가 있어야 한다.

(3) 이런 변화와 변천의 양태(樣態)는 무엇인가? 마음과 삶이 어디서 어디로 변화되어야 한다는 말인가? 죄로부터 하나님께로 돌아와야 한다. 마음이 죄의 상태와 권세로부터 돌이켜야 하며, 삶이 죄의 행위

로부터 변화되어야 하며, 둘 모두가 하나님께로 나아가야 한다. 마음은 은혜의 상태 하에서는 그분의 권세 아래 놓여 있다. 삶은 전적으로 새롭게 순종하면 그분의 통치 아래 놓이게 된다. 사도가 말했듯이, "그 눈을 뜨게 하여 어두움에서 빛으로, 사단의 권세에서 하나님께로 돌아가게 하고 죄 사함과 나를 믿어 거룩케 된 무리 가운데서 기업을 얻게"(행 26:18) 되어야 한다. 그러므로 선지자 이사야는 이렇게 말했다. "악인은 그 길을, 불의한 자는 그 생각을 버리고 여호와께로 돌아오라 그리하면 그가 긍휼히 여기시리라 우리 하나님께로 나아오라 그가 널리 용서하시리라"(사 55:7).

복음적 회개의 본질이란 대체로 그런 것이다. 이제 영혼들이여, 나에게 말하라. 회개한다는 게 사단이 암시하듯이 그렇게 쉬운 일인가 아닌가? 앞에서 말한 내용 이외에도 나는 여러분이 다음의 사실에도 주의를 기울이기 바란다. 회개에는 가장 마음이 끌리는 죄로부터 돌아서는 일도 포함이 된다. 에브라임은 이렇게 고백해야 했다. "내가 다시 우상과 무슨 상관이 있으리요?"(호 14:8). 그렇다. 회개는 모든 죄를 떠나 하나님께로 돌아가는 것이다. "나 주 여호와가 말하노라 이스라엘 족속아 내가 너희 각 사람의 행한 대로 국문할지라 너희는 돌이켜 회개하고 모든 죄에서 떠날지어다 그리한즉 죄악이 너희를 패망케 아니하리라"(겔 18:30). 헤롯은 많은 것으로부터 돌이켰지만 헤로디아로부터는 돌이키지 못했으며, 결국 그로 인하여 그는 파멸에 이르렀다. 유다는 모든 가시적인 사악으로부터는 돌이켰지만, 그 저주스런 금전에 대한 탐욕을 던져버리지는 못했으며, 그로 인하여 그는 지옥의 아랫목으로 떨어졌다. 모든 죄로부터 돌아서지 않는 사람은 죄 하나도 올바로 회개하지 못하는 사람이나 마찬가지다. 모든 죄는 하나님의 영예를 더럽히며 하나님의 존재를 욕보이며 그리스도의 마음을 아프게 하며 성령을 근심하게 하며 사람의 양심으로부터 평안을 빼앗아간다. 그러므로 진실로 회개하는 영혼은 모든 죄를 쳐부수며 모든 죄를 증오하며 모든 죄와 더불어 싸우며, 십자가에 달리신 그리스도로부터 힘을 받아 모든 죄를 십자가에 박으려고 애를 쓸 것이다. 진실히 회개하는 사람이라면 아비도 어미도 알지 못하며 오른쪽 손이나 오른쪽 눈이 알지 못하는 사이에 다른 손을 잘라 버리며, 다른 눈을 빼 버리고자 할 것이다. 사울은 아각 한 사람 외에는 모두 처분하였으나, 아각으로 인하여 그의 영혼과 그의 왕국이 버림을 받았다(삼상 15:9). 또한, 회개는 모든 죄로부터 돌아서는 것일 뿐 아니라 모든 선으로 향하는 것이기도 하다. 모든 선을 사랑하며 모든 선을 귀하게 여기며 모든 선을 추구하는 것이기도 하다. "그러나 악인이 만일 그 행한 모든 죄에서 돌이켜 떠나 내 모든 율례를 지키고 법과 의를 행하면 정녕 살고 죽지 아니할 것이라"(겔 18:21). 다시 말하면, 소극적인 의와 거룩만으로는 의도 거룩도 이룩되지 않는다는 얘기다. 39) 다윗은 하나님의 모든 뜻을 성취하였으며 그분의 모든 계명에

---

39) 악한 종은 자신의 한 달란트를 버린 것이 아니다(마 25:18). 버림받은 사람들은(마 25:41-45) 성도들을 강탈한 것이 아니라 그들을 공궤하지 않았을 뿐이다. 그런데 그것 때문에 영원히 저주받은 것이다.

주의를 기울였고 스가랴와 엘리사벳도 그리하였다. 어떤 나무가 나쁜 과실을 맺지 않는 것만 가지고는 충분치 못하다. 그 나무는 좋은 열매를 맺어야 한다. 그렇지 못하면 그것은 "찍어 버려야"(눅 13:7) 할 것이다. 그러므로 여러분이 이러저러한 면에서 사악하지 않다는 것만 가지고는 안 된다. 여러분은 그러저러한 면에서 은혜롭고 선해야 한다. 그렇지 않으면 신의 공의가 거룩한 복수의 도끼를 휘둘러 여러분 영혼의 뿌리를 자를 것이며 여러분을 영구히 제거할 것이다. "이미 도끼가 나무 뿌리에 놓였으니 좋은 열매 맺지 아니하는 나무마다 찍혀 불에 던지우리라"(마 3:10). 더욱이 회개에는 죄가 죄라는 것을 인식하며 그것이 찬양 받으실 하나님을 얼마나 거역하고 거스른다는 것을 인지하는 일이 포함된다. 하나님은 빛이시나, 죄는 어두움이다. 하나님은 생명이시나 죄는 사망이다. 하나님은 하늘이시나 죄는 지옥이다. 하나님은 아름다움이시나 죄는 추한 몰골이다.

또한 진실한 회개에는 죄의 고약한 모습을 감지하는 일이 포함된다. 그것이 어떻게 해서 천사들을 하늘로부터 쫓아내었으며 아담을 낙원으로부터 쫓겨나게 했는지, 그것이 어떻게 해서 지옥에 첫 모퉁이 돌을 놓았으며 이 세상에 있는 그 모든 저주들, 십자가들, 비참함들을 초래하였는지를 인식하여야 한다. 어떻게 그것이 사람으로 하여금 이 모든 세상의, 영적인, 영구적인 진노에 대해 책임을 지게 했으며, 어떻게 그것이 사람들로 하여금 불경건하게, 그리스도 없이, 소망 없이, 천국 없이 살아가도록 만들었는지를 인식하여야 한다.

더 나아가서, 진정한 회개에는 죄에 대한 슬픔, 마음의 회오가 포함된다. 진정한 회개는 한숨, 흐느낌, 신음으로 마음을 찢는 것이다. 사랑하시는 하나님 아버지께서 우리의 죄로 인하여 섭섭해하시며, 찬양 받으실 구세주께서 또 다시 십자가에 달리시며, 우리를 도우시는 보혜사 성령께서 근심하시며 괴로워하시는 것에 대해 우리는 우리의 마음을 찢어야 한다.

다시 말하면, 회개에는 죄를 지긋지긋하게 생각하는 것뿐만 아니라 죄를 향하는 우리 자신의 경향에 대해서도 지겹게 느끼는 일이 포함된다. 사람이 독을 싫어할 뿐 아니라 독의 냄새가 담긴 그릇이나 접시조차도 싫어하듯이, 그렇게 진실한 회개자는 자신의 죄를 증오할 뿐 아니라 자기 자신까지도 증오하여야 한다. 자기 자신은 죄의 냄새를 담고 있는 그릇이기 때문이다. 그러므로 에스겔 20:43에 이런 말씀이 적혀 있는 것이다. "거기서 너희의 길과 스스로 더럽힌 모든 행위를 기억하고 이미 행한 모든 악을 인하여 스스로 미워하리라." 진실한 회개는 여러분의 마음으로 하여금 여러분의 죄를 증오하게 할 뿐 아니라 여러분 자신도 증오하도록 만들 것이다.[40]

더 나아가, 진실한 회개는 사람으로 하여금 그 죄를 인하여 자기 자신을 증오하게 할 뿐 아니라 그로 하여금 자기의 죄를 부끄럽게 생각하

---

40) 참된 회개는 죄가 하나님을 공격하는 것이요 대적하는 것이기 때문에 죄 때문에 애통해하는 것이다. 회개는 하나님으로부터 오며 죄인을 하나님께로 나아가게 한다.

게 만들기도 한다. "너희가 그 때에 무슨 열매를 얻었느뇨 이제는 너희가 그 일을 부끄러워하나니 이는 그 마지막이 사망임이니라"(롬 6:21). 에스겔도 이렇게 말한다. "이는 내가 네 모든 행한 일을 용서한 후에 너로 기억하고 놀라고 부끄러워서 다시는 입을 열지 못하게 하려 함이니라 나 주 여호와의 말이니라 하셨다 하라"(겔 16:63). 회오하는 영혼은 자기 죄가 용서받은 것을 볼 때, 하나님의 진노가 가라앉게 되며 신의 공의는 만족되는 것을 볼 때, 앉아서 얼굴을 붉힐 것이다. 수치를 느낄 때 히브리인들이 하듯이 말이다. 그렇다. 진실한 회개는 사람으로 하여금 자기의 죄 된 자아를 십자가에 못 박게 하고 죄 된 자아를 거역하게 하며, 죄에 대해 거룩하게 앙갚음을 하도록 할 것이다. 여러분은 바울, 간수, 막달라 마리아, 므낫세의 경우에서 그런 모습을 찾아볼 수 있을 것이다. 사도는 그런 모습을 고린도후서 7:10,11에서 묘사한다. "하나님의 뜻대로 하는 근심은 후회할 것이 없는 구원에 이르게 하는 회개를 이루는 것이요 세상 근심은 사망을 이루는 것이니라 보라 하나님의 뜻대로 하게 한 이 근심이 너희로 얼마나 간절하게 하며 얼마나 변명하게 하며 얼마나 분하게 하며 얼마나 두렵게 하며 얼마나 사모하게 하며 얼마나 열심 있게 하며 얼마나 벌하게 하였는가 너희가 저 일에 대하여 일절 너희 자신의 깨끗함을 나타내었느니라"(고후 7:10,11).[41] 이제 영

---

[41] 하나님이 죄의 어둠을 매우 불쾌하게 생각하시는 것처럼 죄인의 낯 붉힘을 매우 기뻐하신다(버나드). 죄를 대항하여 지금 불태워버리지 않는자는 지옥에서 죄 때문에 영원히 타버릴 것이다.

혼들이여, 이 모든 얘기를 듣고 났으니 나에게 말해 보라. 사단이 사람에게 믿게 하려고 애쓰듯이 그렇게 회개하는 일이 손쉬운 일인지 말해 보라. 내가 확신하건대, 여러분의 마음은 이렇게 대답할 것이다. 회개한다는 것은 세상을 만드는 일이나 죽은 자를 살려내는 일만큼 어려운 일입니다."

나는 이 두 번째의 대책을 어느 귀중하고 거룩한 사람의 가치 있는 말로 마무리하고자 한다. 그는 이렇게 말했다. "회개는 우리로부터 옛 아담의 모든 옷들을 완전히 벗겨내는 것이며 속옷 하나도 남겨놓지 않는 것이다." 회개는 이 썩어 빠진 건조물 안에서 돌 위에 돌 하나도 놓이지 않게 부숴 버리는 것이다. 홍수가 나서 노아의 친구들과 종들이 잠겨 버렸듯이, 그렇게 회개라는 홍수는 눈물로 우리의 가장 친하고 가장 이익이 되던 죄들을 잠가 버리는 것이다.

세 번째 대책. 이런 사단의 책략에 대한 세 번째의 대책은 회개는 지옥적인 행위임을 심각하게 고려하는 것이다. 회개는 지속적인 행위이다. 회개라는 단어가 암시하는 것은 회개를 지속하는 것이다.[42] 진실한 회개는 사람의 마음을 움직여 하나님의 규례를 언제나 그리고 끝까지

---

42) 안셀름 그의 묵상에서 "그의 모든 생애가 죄 때문에 저주스럽든지 아니면 행치 않은 선 때문에 무익한 것이 되었다"고 했다. 그리고 결론짓기를 "그렇다면 내 전 생애의 죄악들을 애통해하는 것 외에 내 남은 생애에 할 것이 무엇이 있겠는가?" 라고 했다.

시행하도록 할 것이다. 진실로 회오하는 사람은 계속 믿음에서 믿음으로, 능력에서 능력으로 행해야 한다. 그는 결코 한 자리에 가만히 서 있거나 되돌아가서는 안 된다. 회개는 하나의 은사이며, 따라서 다른 은사들처럼 매일 작동하여야 한다. 진실한 회개는 지속적인 샘이어서, 거기로부터 경건한 슬픔이 언제나 솟아 나온다. "내 죄가 항상 내 앞에 있음이여"(시 51:3). 진실한 회개자는 종종 이전의 헛된 날들을 회고하곤 한다. 그로 인하여 그는 아침과 저녁으로 "자기 침상을 눈물로 적시게" 된다. "여호와여 내 소시의 죄와 허물을 기억지 마옵소서"라고 한 축복받은 회개자는 말했다. 또 다른 회개자는 "내가 전에는 훼방자요 핍박자요 포행자였도다"라고 말했다.[43] 회개는 계속해서 돌아서는 것이며, 회개한 것을 후회하지 않는 것이요, 다시금 어리석음으로 되돌아가려고 돌이키지 않는 것이다. 진실한 회개자는 언제나 자기 안에서 버릴 것을 찾을 수 있는 자요, 하나님께 이제 갈 수 있을 만큼 충분하지 못하다고 생각한다. 아니다. 과거에 갔던 만큼 가까이 다가갈 수 없다고 느낀다. 그러므로 그는 언제나 돌아서고 또 돌아서서 하나님께로 더 가까이 또 가까이 다가가고자 한다. 그리로 다가가는 것이 그의 가장 주된 목표이며 그의 유일한 행복이며 가장 위대하고 가장 좋은 상태이다. 그는 매일 이렇게 부르짖는다. "오호라 나는 곤고한 사람이로다 이 사망의 몸에서 누가 나를 건져내랴"(롬 7:24). 그는 죄를 여전히 의식하고

---

43) 시 6:6, 25, 7:1; 딤전 1:13

있으며 여전히 죄와 더불어 싸우고 있으며 여전히 죄를 서글퍼하고 있으며, 죄를 지은 자신을 여전히 미워하고 있다. 회개는 잠시 잠깐의 행동이 아니라 지속적인 행위이다. 나에게 말하라, 오, 유혹에 빠진 영혼이여! 사단이 속삭이는 만큼 그렇게 회개라는 것이 쉬운 것이더냐? 매일 죄로부터 더 멀리 떨어지고 하나님께로 더 가까이 다가가는 것(이것만이 지상 최대의 축복이다)이 그렇게 쉬운 일이던가 말이다. 참된 회개자가 신앙의 한 행위나 사랑의 한 행위로 인해 자족할 수 있다면, 그는 회개의 한 행위로 인해서도 자족할 수 있을 것이다.

한 유대인 랍비가 자기 제자들에게 회개하는 습관을 강조하면서 그들에게 죽기 전날 반드시 회개하라고 권면하자, 제자 중 하나가 이렇게 말했다. "사람이 죽는 날을 어떻게 확신할 수 있습니까?" 그 랍비는 이렇게 말했다. "그러므로 매일 회개하라. 그렇게 하면 너희는 죽기 바로 전날 반드시 회개할 수 있으리라." 여러분은 현명한 사람들이니 이 말을 여러분 자신의 유익을 위해 어떻게 적용하면 좋을지 알고 있을 것이다.

네 번째 대책. 이런 사단의 책략에 대한 네 번째의 대책은 아래의 사항을 엄숙하게 고려하는 것이다. 회개한 일이 사단이 말하는 것처럼 쉬운 일이라면, 그렇게 많은 사람들이 회개하지 않음으로 인해서 생기는 양심의 공포와 무서움을 느끼고 진노와 영구적인 파멸이 두려워서 신음하며 고함치지는 않을 것이다. 그렇다. 분명한 것은, 회개가 그렇게 쉬운 일이었다면, 수백만 명의 사람들이 회개하지 않음으로 인해서 지옥으로 가진 않았을 것이라는 사실이다.44) 아, 양심에 공포를 느끼는 가련한 영혼들이 이렇게 울부짖지 않는가?. "이 온 세상이 금덩이라면 그리고 우리 손 안에 그것을 처분할 권한이 있다면, 우리는 그것을 다 내주고라도 한 줄기의 진실한 회개를 얻고 싶다!" 그런데도 여러분은 회개하는 것이 쉬운 일이라고 말하려는가? 가련한 죄인은, 그의 양심이 각성될 경우, 온 세상을 내주고라도 한 가닥의 회개를 얻는 것이 죄인이 할 수 있는 일 중에서 가장 잘 하는 일이라고 판단하지 않겠는가? 오 영혼이여, 나에게 말하라! 지옥으로 가는 것이 좋은가? 삼키는 불과 함께 거하는 것이 좋은가? 영구적인 불사름 속에 거하는 것이 좋은가? 찬양 받으실 영광스런 하나님 및 성도들로부터 영구적으로 분리되고, 영생의 그 선한 것들로부터 영원히 격리되는 것이 좋은가? 그 선한 것들은 그 수가 너무 많아 셀 수 없으며 너무 커서 측량할 수도 없다. 너무 귀중하여 전혀 추정할 수도 없다. 우리는 그런 것들로부터 격리되는 것이 인간에게 임할 수 있는 가장 큰 비참이라는 것을 안다. 사단이 말하는 대로 회개하는 것이 그렇게 쉬운 일이라면, 왜 사람들은 회개함으로

---

44) 회개와 지옥을 고려한다면 지옥의 불길을 끌 수 있는 것은 회오하는 이의 눈에서 흐르는 눈물뿐이다(터툴리안). '어떻게 울며 마음을 찢을 것인가? 회개의 열매가 없는 것을 얼마나 애통해야 하는지! 내게 화로다 내가 죄의 짐을 던져버리지 못했구나! 내 허물을 다 씻지 못했으니 화로다! 내 허물이 내 심장을 찔렀도다. 내가 천사들의 기쁨을 잃었도다'(바실)

써 그런 비참이 그들에게 임하지 못하도록 하지 않는 것인가? 그러므로 사단의 이 궤휼에 귀를 기울임으로써 하나님, 그리스도, 하늘, 여러분의 영혼을 영구히 잃어버리는 위험을 감수하지 않도록 하라. 다시 말하면, 회개하는 것이 쉽다고 하는 사단의 말을 듣지 말라. 만일 그게 쉬운 일이라면, 성경이 제공하는 가장 강력하고 가장 우수한 논리를 가지고 회개의 교리를 가장 온유하게 권고하는 사람들에게 사악한 사람들이 왜 그리도 심하게 항거를 한단 말인가? 왜 그들은 한꺼번에 두 가지를 살해하고 있는가? 신실한 일꾼들의 명예와 그들 자신의 영혼을 그들의 사악한 말과 행위로 살해하는가? 이것들은 모두 사단이 그들에게 말하는 그 쉬운 일인 '회개'에 달린 것들인데 말이다. 분명한 것은, 회개가 그렇게 쉬운 것이라면, 사악한 사람들은 복음전도자들이 그들에게 회개하라고 촉구할 때에 그렇게 대단히 화를 내지는 않았을 것이라는 점이다.

다섯 번째 대책. 이런 사단의 책략에 대한 다섯 번째의 대책은 죄를 회개하는 것은 죄를 안 짓는 것만큼 위대한 은혜의 역사라는 것을 심각하게 생각하는 것이다.[45] 우리의 죄악 된 타락으로 인해 영혼의 권능이 연약해지며 은혜의 힘이 퇴락하며 하늘에 대한 우리의 증거가 희미해

---

45) 병을 치료하는 것보다 병에 걸리지 않는 것이 보다 나은 것처럼 회개하며 죄를 치유하는 것보다 죄 짓지 않는 것이 더 낫다.

지며 영혼에 대한 회의와 의심이 커질 것이다(하나님께서 과연 이 주홍 같은 죄를 다시 한 번 용서하시며 비참한 영혼에게 다시 한 번 긍휼을 보이시겠는가?). 그리하여 마음의 부패가 더 진척되며 확고하게 될 것이다. 사람의 양심은 타락 후에 더 진노 아래 놓이게 되며 더 마비 될 것이다. 이제 어떤 영혼이 이 모든 경고에도 불구하고 자신의 타락을 회개하지 않는다면, 이것은 죄를 회개하는 것은 죄를 짓지 않는 것만큼 위대한 은혜의 역사를 필요로 한다는 사실을 보여주는 것이다. 회개는 영혼을 토해내는 것이다. 그런데 모든 치료법 중에서 토하게 하는 것만큼 그렇게 어렵고 힘든 것은 없다. 영혼을 보존하여 죄를 짓지 않게 하는 그 동일한 수단이, 죄에 빠진 영혼으로 하여금 회개함으로써 재기하게 한다. 우리는 하나님의 긍휼과 인애가 영혼을 죄로부터 멀어지게 하는 하나의 특수한 수단이라는 것을 알아야 한다. 그러므로 다윗은 이렇게 말했던 것이다. "주의 인자하심이 내 목전에 있나이다 내가 주의 진리 중에 행하여 허망한 사람과 같이 앉지 아니하였사오니 간사한 자와 동행치도 아니하리이다 내가 행악자의 집회를 미워하오니 악한 자와 같이 앉지 아니하리이다"(시 26:3-5). 그 동일한 수단을 통해 영혼이 회개함으로써 죄로부터 일어나게 된다. 여러분은 그런 모습을 막달라 마리아에게서 찾아볼 수 있을 것이다. 그녀는 많이 사랑하고 많이 울었는데, 이는 그녀가 용서받은 바가 많았기 때문이다(눅 7:37-39). 호세아서에도 그런 내용이 나온다. "오라 우리가 여호와께로 돌아가자 여호와께서 우리를 찢으셨으나 도로 낫게 하실 것이요 우리를 치셨으나 싸매어 주실 것임이라 여호와께서 이틀 후에 우리를 살리시며 제삼일에 우리를 일으키시리니 우리가 그 앞에서 살리라"(호 6:1,2). 히브리인들의 말처럼, "그분이 은총을 베푸실 때"에 그렇게 될 것이다. 하나님의 긍휼과 사랑에 대한 확신, 그분이 자기 백성을 치유하실 것이며 그들의 상처를 싸매실 것이며 그들의 낙담한 영을 되살리며 그들로 하여금 그분의 은총 가운데서 살게 하실 것이라는 확신이 있었기에 그들은 마음으로부터 회개하고 그분께로 돌아올 수 있었던 것이다.

나는 여러분에게 이 진리를 다른 많은 세세한 예를 들어 설명할 수 있다. 그러나 이것으로 충분할 것이라고 생각한다. 일반적으로 이것을 꼭 기억하도록 하라. 즉, 어떤 사람으로 하여금 죄를 짓지 않도록 하는 데 필요한 만큼의 하나님의 권능, 하나님의 사랑, 하나님에 대한 믿음, 하나님에 대한 두려움, 하나님을 기쁘시게 하고자 하는 마음, 하나님의 영광을 구하는 열정(고후 7:11)이 한 사람의 죄를 회개하도록 만드는 데도 필요하다. 이로 미뤄 보건대 여러분은 쉽게 판단할 수 있을 것이다. 죄를 회개하는 것은 죄를 짓지 않는 것만큼 위대한 일이다. 오, 영혼이여, 이제 나에게 말하라 죄를 짓지 않은 게 그렇게 쉬운 일인가? 이러므로 우리가 확실히 아는 것은, 죄를 회개하는 것은 쉬운 일이 아니라는 점이다.

여섯 번째 대책. 이런 사단의 책략에 대한 여섯 번째의 대책은 아래의 사항을 심각하게 고려하는 것이다. "회개는 쉽다"는 논리로 여러분을 유혹하여 죄를 짓게 하는 자는 머지않아 여러분을 낙담하게 만들 것이다. 그리고 영구적으로 여러분 영혼의 목을 끊어놓을 것이며, 회개를 세상에서 가장 어렵고 힘든 일로 제시하게 될 것이다. 이런 목적으로 그는 여러분의 죄들을 여러분 앞에 제시할 것이며 그들로 하여금 이렇게 말하도록 시킬 것이다: "우리는 당신의 것이며 우리는 당신을 좇아야만 합니다."[46] 이제, 사단은 그 영혼으로 하여금 위를 쳐다보며 하나님의 진노하신 얼굴을 바라보게 할 것이다. 안을 들여다보면 양심이 고소하고 정죄하는 것을 발견하게 될 것이다. 내려다보면 지옥의 입이 회개하지 않은 영혼을 받아들이려고 열려 있는 것을 보게 될 것이다. 사단은 이 모든 것에도 불구하고 그 영혼이 회개하지 못하도록 할 것이다. 사단은 이렇게 말할 것이다. "너는 어떻게 생각하느냐? 우리가 이 세상에 있는 동안 받은 은혜의 그 모든 권능으로도 정복하지 못한 그 일이 쉬운 일이냐? 지금까지 네가 인이 박힌 그 죄의 외적인 행위로부터 돌아서는 것이 쉬운가? 너는 종종 이런저런 죄들에 대해서 호소하며 그것들을 떠나려고 맘먹었음을 기억하는가? 하지만 이 시간까지 너는 떠나지 않았으며 그렇게 할 수도 없었다. 그렇다면 모든 죄로부터 돌아서는 것이 무엇인가? 그렇다. 그 죄들을 죽이며 자르는 것, 그 사랑스런 정욕들을 자르는 것, 관절과 지체 같은 것들을 자르는 것, 오른손과 오

---

[46] 하나님은 인간이 은혜의 날을 종종 무시하는 고통을 받지 않을 것이다.

른눈 같은 것들을 잘라내는 것이 아닌가? 너는 네 죄들을 네 구세주보다 더 사랑하지 않았느냐? 너는 땅을 하늘보다 더 선호하지 않았느냐? 너는 은혜의 수단들을 내내 무시해 오지 않았느냐? 은혜의 제안들을 멸시하지 않았느냐? 은혜의 성령을 괴롭히지 않았느냐? 만일 네가 저지른 그 수 없는 사악들을 내가 열거하고 네가 생략한 무수한 선행들을 열거한다면, 네가 코웃음 친 양심의 그 많은 가책들을 열거한다면, 아마도 그 수가 한이 없을 것이다. 그러므로 너는 네가 회개할 수 없으며 결코 회개하게 되지 않을 것이라고 결론짓는 게 좋을 것이다." 이제, 사단은 이렇게 말한다. "다만 너의 그 무수한 죄들을 약간만 고려해 보라. 너의 죄들의 크다는 것을, 너의 죄들의 더러움을, 죄의 가증스러움을 약간만 고려해 보라. 그러면 네가 먼지라고 생각했던 그 죄들이 사실은 태산이라는 것을 너는 쉽게 알 수 있을 것이다. 이제 그것들을 회개하는 것이 헛된 일이 아니겠느냐?" 분명히, 사단은 이렇게 말할 것이다. "만일 네가 회개를 구하고 에서처럼 눈물로 은혜를 구한다 할지라도, 너는 그것을 찾지 못할 것이다. 너의 시한이 다 되었으며 너의 태양이 졌으며 긍휼의 문이 닫혔기 때문이다. 금홀이 거두어졌으니, 긍휼을 멸시해 온 너는 이제 영원히 공의에 의해 파멸을 당할 것이다. 너같이 비참한 존재가 회개하고자 하려는 것은 불가능한 일을 시도하는 것이다. 평생 동안 하나의 죄도 정복하지 못한 네가 그렇게 셀 수도 없이 많은 죄들을 극복하려 하는 것은 불가능한 이야기다. 네게 그리도 가깝고 그리도 귀하고 그리도 필수적이고 이익이 되었던, 그리하여 그렇게 오랫동안 너에게 인박혀 있고 기숙했던 죄들을, 너의 오랜 지기와 같게 된 죄들을 말이다. 너는 회개의 습관을 가져야 하겠다고 종종 다짐하고 약속하고 서원하고 결심하였으나 오늘까지 그렇게 할 수 없지 않았는가? 물결을 거슬러 올라가려고 애쓰는 것은 진정 헛된 일일 것이다. 그것을 극복하는 것은 불가능한 일일 것이다. 너는 영원히 버림을 받았으며 내쫓김을 당하였다. 너는 지옥으로 가야만 한다." 아 영혼이여! 회개하기가 쉬울 거라고 말하며 지금 여러분을 유혹하여 죄를 짓게 하는 사단은 종국에는 여러분을 그렇게 낙담하게 만들 것이며 회개를 이 세상에서 가장 어려운 일이라고 소개하게 될 것이다. 하늘이 지옥에서 높은 것처럼 그렇게 사람으로부터 높이 떨어져 있는 게 바로 그 회개하는 일이라고 말할 것이다. 어두움이 빛으로부터 먼 것처럼 그렇게 먼 것이라고 진술할 것이다. 오, 여러분이 현명하여 시의적절하게 회개함으로써 그 죄들을 끊어버릴 수 있기를 빈다.[47]

일곱 번째 책략.

영혼으로 하여금 죄의 기회에 용감하게 올라타도록 한다. 사단은 말한다. "음녀의 문으로 들어가도 그녀의 침상에만 올라가지 않으면 되는

---

[47] 회개는 그때 그때 이루어지지 않으면 영원히 기회를 잃게 될 것이다.

게 아니냐. 술좌석에 같이 앉아 있어도 그들과 함께 마시지만 않으면 되는 게 아니냐. 이세벨의 아리따움을 쳐다보며 들릴라와 함께 놀며 장난친다 할지라도 그들과 더불어 사악을 행치 않으면 될 게 아니냐. 네가 아간처럼 금덩이를 만지작거린다 할지라도 그 금을 훔치지만 않으면 될 게 아니냐."

첫 번째 대책. 이런 사단의 책략에 대한 첫 번째의 대책은 죄의 기회를 피하고 악은 그 모양이라도 버리라고 우리에게 명시적으로 명하는 성구들을 엄숙하게 묵상하는 것이다. "악은 모든 모양이라도 버리라"(살전 5:22). 이설(異說)이나 불건전한 것이나 불미스러운 것은 모두 피하라. 길가의 뱀을 피하듯이 또는 음식 속의 독을 피하듯이, 피하라.

데오도시우스는 아리우스가 그에게 글로 써서 보낸 논쟁 주제들을 찢어버렸다. 왜냐하면 그는 그것이 성경에 위배된다는 것을 발견하였기 때문이다. 어거스틴은 비꼬는 말에 지나지 않는 것도 회피하였다. 그것들이 거짓말의 형태를 취하고 있었기 때문이다.

하나님이 유대인들에게 돼지고기를 먹지 말라고 명하셨을 때, 그들은 돼지를 거론조차 하지 않으려 했을 뿐 아니라 평소 말하는 중에도 돼지를 다른 말로 지칭하곤 했다. 악의 모든 모양을 버린다는 것은 죄의 모양이 있는 것을 모두 버리는 것이며 죄의 그림자도 버리는 것이다. 버나드가 한 다음과 같은 말은 정말 잘 된 표현이다. "악의 모양이나 악한 평가가 따르는 것은 그 어느 것이나 피해야만, 양심이나 명예에 상처를 주지 않게 될 것이다." 우리는 죄의 그림자나 모양이라도 피하고 멀리 해야만, 대외적으로는 명예가 실추되지 않으며 집안에서는 평안을 유지할 수가 있다.

리비아가 자기 남편 아우구스투스에게 이렇게 말했는데, 그것은 좋은 조언이었다. "그릇된 일을 행하지 않는 것은 물론 그렇게 행할 태세도 보이지 않는 것이 당신에게 합당한 일입니다." 유다서에는 이런 말씀이 나온다. "또 어떤 자를 불에서 끌어내어 구원하라 또 어떤 자를 그 육체로 더럽힌 옷이라도 싫어하여 두려움으로 긍휼히 여기라"(유 1:23). 이것은 불결한 사람의 집, 그릇, 의복과 접촉해서 발생하게 되는 율법적인 불결을 나타내는 성구이다.[48] 율법 하에서는, 남자들이 월경의 피가 묻은 옷에 손을 대어서는 안 되었고 하나님도 흠이 있는 화목제물을 받지 않으셨다. 그러므로 우리는 중대한 죄를 증오하고 피할 뿐 아니라 죄의 냄새나 의심을 살 만한 모든 것을 피하여야 한다. 우리는 죄의 표징이나 모양까지 멀리하여야 한다. 잠언에 있는 말씀처럼 말이다. "네 길을 그에게서 멀리하라 그 집 문에도 가까이 가지 말라"(잠 5:8). 데지 않으려면 불을 멀리 하여야 한다. 종소리를 듣지 않으려면 줄을 잡아당기지 않으면 된다. 죄 지을 기회에게 무모하게 달려들면서

---

[48] 철학자가 아닌 교회사가였던 소크라테스라는 분은 허리끈을 풀고 달아난 두 젊은이에 대해서 이렇게 말했다. "우상 신전에 있을 때 욕망의 물방울이 그들에게 떨어졌을 때 '내 옷이 육적으로 더럽혀졌도다' 라고 소리치며 달아난 것이다."

"시험에 들지 않게 해주소서"라고 기도하는 것은 손가락을 불 속에다 집어넣으면서 데지 않게 해달라고 기도하는 것과 같다. 그러므로 잠언 4:14,15에서 여러분은 이런 계명을 발견하게 될 것이다. "사특한 자의 첩경에 들어가지 말며 악인의 길로 다니지 말지어다 그 길을 피하고 지나가지 말며 돌이켜 떠나갈지어다." 솔로몬이 사용하는 이 삼중적인 점층(漸層)법은 사람이 죄의 모든 모양을 피하는 것이 얼마나 필요한지를 아주 강력하게 강조한다. 뱃사람이 모래톱을 피하고 주민들이 역병(疫病)을 피하듯이 그렇게 죄로부터 피해야 한다. 잡초가 곡식을 위험하게 하듯이, 악성 피부염은 피를 위험에 빠뜨리며, 전염병으로 오염된 집은 이웃을 위험하게 한다. 마찬가지로 나쁜 동무들은 선한 사람들을 위험에 빠뜨린다. 사악한 동료와 우정을 맺는 것은 지옥에다 우리를 붙들어 매는 가장 강력한 밧줄 중의 하나로서, 우리를 죄와 형벌에 참여하도록 만든다.

두 번째 대책. 이런 사단의 책략에 대한 두 번째의 대책은 영혼이 죄의 기회로부터 돌아서는 것 말고는 죄를 정복할 수 있는 길이 없다는 것을 심각하게 생각하는 것이다. 죄의 기회와 장난치며 함께 노는 사람이 죄를 정복한다는 것은 불가능하다. 여러분이 그런 기회로부터 돌아서지 않는다면 하나님은 유혹을 제거해주지 않으실 것이다. 함정 주변에서 춤을 추고 노는 사람이 그 함정에 빠지는 것은 하나님께는 공의롭고 의로운 일이다. 죄의 기회로부터 도망가려고 하지 않는 사람이 죄의 종이 되는 것은 하나님께는 공의롭고 의로운 일이다. 우리 마음속에 유혹을 야기하는 것이 들어 있는 한, 우리는 안전할 수가 없다. 화약을 들고 있는 사람은 불꽃으로부터 충분히 멀리 떨어져 있는 게 좋을 것이다. 죄의 기회에 무모하게 달려드는 것은 우리 자신을 유혹에 빠뜨리고 사단으로 하여금 우리 영혼을 유혹하도록 만드는 것이다. 죄의 기회를 가지고 장난하는 영혼 치고 죄에 사로잡히지 않는 경우는 거의 없다. 하나님께서 죄의 기회로부터 멀찌감치 떨어져 있지 않으려는 영혼을 죄의 행위에 빠지지 않게 지켜주시는 예는 거의 없다. 죄의 기회를 가지고 무모하게 모험하는 자는 기름을 가지고 불을 끄려는 자와 같다. 기름은 불을 지속시키고 더 키우는 연료 역할을 할 뿐이다. 아 영혼이여, 여러분이 죄의 기회에게 담대하게 덤벼들었다가 여러분이 죄에 의하여 정복당한 경우가 얼마나 자주 있었는지 회고하라. 영혼들이여, 여러분의 헛된 날들을 되돌아보라. 그 때 여러분은 유혹을 받은 대로 쉽게 정복 당했으며 공격을 당할 때마다, 죄의 기회와 더불어 장난을 칠 때마다 패배를 당했다. 여러분이 죄의 행위로부터 더 멀리 격리되며 또 죄를 정복하고자 한다면, 아! 죄의 경우로부터 멀리 도망치도록 하라.

세 번째 대책. 이런 사단의 책략에 대한 세 번째의 대책은 아래의 사항을 심각하게 고려하는 것이다. 한때 지상에서 영광을 누리다가 지금은 하늘에서 승리를 만끽하고 있는 귀중한 성도들은 죄의 기회를 지옥 자체로 보고 돌이키듯 죄로부터 돌아선 사람들이다. 요셉을 보라. "여인이 날마다 요셉에게 청하였으나 요셉이 듣지 아니하여 동침하지 아니할 뿐더러 함께 있지도 아니하니라"(창 39:10).[49] 요셉은 네 가지의 기본적인 덕목을 갖춘 사람으로 유명하다. 죄의 기회를 회피한 이 한 가지 실례에서 여러분은 그의 꿋꿋함, 공명정대함, 절제, 신중함을 엿볼 수 있을 것이다. 그는 그 여인과 같이 있는 것조차도 싫어하였다. 한 사람이 참으로 유혹에 빠진다는 것은 부패에게 길을 터주는 것이나 마찬가지다. 나실인은 포도주를 마시지 않을 뿐 아니라 포도 맛도 보아서는 안 되었으며 포도 껍질을 맛보려고도 하지 않아야 했다. 문둥병자는 자기 머리카락을 자르며 손톱을 벗겨야 하였다. 악마는 적절한 기회를 만나면 절반은 정복한 것으로 간주한다. 그는 부패된 성품은 모든 죄를 위한 온상이라는 것을 알고 있기 때문이다. 그 온상은 죄를 지을 기회를 통해 다듬어진다. 그러면 곧 사망과 파멸을 산출하는 작업을 착수할 수 있게 될 것이다. 하나님은 우리가 유혹의 기회로부터 피하기까지는 유혹을 제거하지 않으실 것이다. 높이 날고 있는 동안에는 새가 안전하지만, 덫에 가까이 다가서면 반드시 위험을 당하게 된다. 죄의 기회를 피하는 것은 사람을 최고의 인물로 만들어 줄 것이다. 특이하게 은혜를 받은 사람이라면 달리는 기차로부터 멀리 떨어져 있고자 하지 거기에 달려들려고 하지는 않을 것이다. 그러므로 욥은 이렇게 말한다. "내가

---

49) 함정에 빠지지 않기 위해서 미인을 쳐다보지 않은 이교도들에 대한 이야기들이 있다. 데모크리투스는 부정함의 위험에 빠지지 않기 위해 자신의 두 눈을 뽑아버렸다.

영혼을 유혹하여 죄를 짓게 하는 사단의 책략 | 115

내 눈과 언약을 세웠나니 어찌 처녀에게 주목하랴"(욥 31:1).[50] 이 말의 의미는 이렇다. "나는 내 감각의 문에다 파수꾼을 세워 두어, 나의 영혼이 감각으로 인하여 오염되거나 위험에 처하지 않도록 했다. 눈은 영혼의 창문이다. 만일 그것이 열려 있다면 그 영혼은 그로 인하여 언젠가는 혼쭐이 나게 될 것이다." 어떤 것을 주목하여 바라보지 않는 사람은 그것을 전적으로 사랑하지 않는 사람이다. 제자들은 성전의 아름다움을 쳐다볼 때 흥분하였다. 가장 높고 가장 고상한 것들에게 눈길을 항상 고정시키는 것이 가장 좋고 가장 안전하다. 뱃사람의 손은 뱃전에 놓여 있더라도 그의 눈은 언제나 별을 바라본다. 그러므로 다윗도 죄의 기회를 회피하면서 이렇게 말했던 것이다. "내가 허망한 사람과 같이 앉지 아니하였사오니 간사한 자와 동행치도 아니하리이다 내가 행악자의 집회를 미워하오니 악한 자와 같이 앉지 아니하리이다"(시 26:4,5).

자기보다 앞서 간 명사들의 전리품들을 생각할 때 잠 못 이루는 사람들에 대한 얘기가 있다. 가장 고상하고 가장 빼어난 얘기들은 몇몇 사람들에게, 아니 아마도 모든 사람들에게 큰 자극이 되고 큰 동기부여가 될 것이다. 오, 그런 유명한 성도들 즉 다윗, 요셉, 욥의 예가 여러분의 영혼을 감동시켜 죄의 기회를 피하며 멀리하게 되기를 빈다! 모든 사람이 그들처럼 은혜를 받고자 애를 써야 할 것이며, 그들과 동등한

---

[50] 언약을 맺음에 있어서 유대인들은 종종 짐승을 자른다든지 다른 것을 둘로 쪼개는 것이 관습이었다. 그것은 그들이 언약을 어길 때 하나님께서 그들을 그렇게 멸하시기를 원한다는 마음을 나타내는 것이었다.

영광을 취하고 싶어해야 할 것이다. 태양을 보고 활을 쏘는 사람은 태양에는 훨씬 못 미치지만 수풀에다 대고 활을 쏘는 사람보다는 더 높게 쏠 수 있을 것이다. 가장 고상하고 가장 훌륭한 인사들을 바라보는 것이 가장 좋다. 그들은 우리에게 그리스도에 대해 많은 말을 해줄 것이다.

네 번째 대책. 이런 사단의 책략에 대한 네 번째의 대책은 아래의 사항을 엄숙하게 고려하는 것이다. 죄의 기회를 피하는 것은 은혜를 받은 증거이며, 은혜 받은 사람을 세상의 다른 대부분의 사람들보다 더 높이 여김을 받게 한다.[51] 은혜를 받은 사람은, 죄의 기회들이 영혼 앞에 제시될 때, 진리를 그리고 은혜의 힘을 큰 소리로 불러 도움을 청한다. 그리하여 롯과 같이 사람은 소돔에서도 정숙하게 살 수 있었으며, 디모데 같은 사람은 아시아에서, 사치에 빠진 에베소 사람들 중에서도 절도 있게 살 수 있었던 것이다. 그런 사람은 욥처럼 우스 땅에서도 올바로 행할 수 있다. 대부분의 사람들이 비속한 삶을 사는 곳에서도 그리고 미신적으로 예배하는 곳에서도 그는 바른 길로 행할 수 있다. 그는 다니엘처럼 바벨론 가운데서도 경건하게 살 수가 있다. 아브라함처럼 갈대아에서도 의롭게 살 수 있다. 느헤미야처럼 다메섹에서도 열심을 품고 살 수 있다. 이런 예들은 수없이 많다. 완전하게 타락한 삶을 사는 많은

---

51) 플루타크가 데모스테네스에 대해 말하기를 그는 자기 조상들의 뛰어난 일들을 높이 칭송하면서도 그것들을 본받으려고는 하지 않았다고 했다. 이것이 오늘 우리들에게 해당되지 않기를 원한다.

사악한 이들은 타락의 기회가 적지 않았다는 것을 보여줄 것이다. 하지만, 길을 행하는 중에 비록 유혹의 기회가 주어졌음에도 불구하고 나쁜 길로 가지 않는 사람은 분명히 선한 사람이다. 그리스도가 없는 영혼은 죄의 기회들이 길에 놓여 있을 때 그것을 거부할 힘이 거의 없다. 그는 그런 기회들을 그냥 지나치지 않고 따라가게 된다. 그것을 받아들이게 된다. 사랑과 돈을 가지고 사게 된다. 결국 그는 자기 영혼을 잃어버리는 대가를 치르게 된다. 은혜 외에는 그 어느 것도 죄의 기회로부터 피하여 울타리를 둘러칠 수가 없다. 사람이 너무도 강력하게 유혹을 받아 거기에 이끌리기 때문이다. 그러므로 여러분이 여러분의 품속에 귀중한 증거를 품으며 은혜의 진리와 힘을 안으려 한다면, 모든 죄악 된 기회들을 피하도록 하라.

여덟 번째 책략.

죄의 길로 행하는 허망한 사람들이 향유하는 외적인 궁휼과 그들이 면제를 받은 외적인 비참들을 영혼에게 제시한다. 사단은 말한다. "오, 영혼이여, 너는 이런저런 사람들이 향유하는 많은 궁휼들을 보았는가? 그들은 너의 영혼이 생각만 해도 소스라쳐 놀랄 만한 길로 행하고 있는 사람들이다. 그러면서도 그들은 많은 십자가들로부터 면제를 받았다. 다른 사람들은 감히 그런 길로 행할 엄두조차 내지 못하고, 오히려 한숨, 울음, 신음, 통곡 속에서 세월을 보내는데도 말이다." 그러므로, 사단은 또 말한다. "만일 네가 역경의 그 어둔 밤으로부터 해방되어 번영의 햇살을 향유하고자 한다면, 너도 그들이 행하는 길로 가야 할 것이다."52)

예레미야 44:16-18에서 악마는 이런 전략을 가지고 사람들에게 다가갔다. "네가 여호와의 이름으로 우리에게 하는 말을 우리가 듣지 아니하고 우리 입에서 낸 모든 말을 정녕히 실행하여 우리의 본래 하던 것 곧 우리와 우리 선조와 우리 왕들과 우리 방백들이 유다 성읍들과 예루살렘 거리에서 하던 대로 하늘 여신에게 분향하고 그 앞에 전제를 드리리라 대저 그 때에는 우리가 식물이 풍부하며 복을 받고 재앙을 만나지 아니하였더니 우리가 하늘 여신에게 분향하고 그 앞에 전제 드리던 것을 폐한 후부터는 모든 것이 핍절하고 칼과 기근에 멸망을 당하였느니라." 이것은 런던과 잉글랜드에 사는 무지하고 천박하고 미신적인 영혼들이 사용하는 언어에 지나지 않는다. 이런 말을 하는 사람들은 그들 중에 한 장관을 세우고 종살이로 돌아가게 될 것이다. 그렇다. 이스라엘 사람들이 경험했던 것보다 더 심한 종살이로 돌아가게 될 것이다. 그들은 말한다. 오, 이런저런 사람들이 죽고 사라졌으니 우리는 사람들을 약탈하고 강도짓하고 죽이고 하는 수밖에 없다. 그러므로 우리는 우리가 이전에 하던 식대로, 우리의 왕들과 귀인들과 조상들이 하던 식대로 행하자. 그 때에는 우리에게 안으로는 재물이 풍성히 있었고 밖으

---

52) 반역을 결코 느끼지 않는 사람보다 더 불행한 것은 아무것도 없다(세네카). 주님을 닮지 않는 것은 주님을 욕되게 하는 것이다.

는 평화가 있었으며 우리를 두렵게 할 자가 없었도다."⁵³⁾

첫 번째 대책. 이런 사단의 책략에 대한 첫 번째의 대책은 아래의 사항을 엄숙하게 고려하는 것이다. 하나님의 마음과 그분의 손이 어떻게 움직이고 있는지 아는 사람이 없다. 그분의 긍휼의 손이 어떤 사람에게 향하고 있을지라도, 그분의 마음은 그 사람으로부터 멀어져 있을 수가 있다. 사울이나 다른 사람들의 경우에서 여러분은 그런 사례를 찾을 수 있을 것이다. 반대로 하나님의 손이 어떤 사람에게 임하여 재앙을 내리고 있으나 그분의 마음은 그 사람을 소중히 생각하고 있을 수가 있다. 욥이나 에브라임의 경우에서 그런 사례를 찾을 수 있다.⁵⁴⁾ 하나님의 손은 그들에게 아주 심하게 임하고 있었으나, 그분의 마음과 심장은 그들을 위하여 강력하게 움직이고 있었다. 그 누구도 외적인 긍휼이나 비참

---

53) 로마제국 때 전쟁이 없었던 시기의 황제들에 대한 이야기들이 있다. 그 이유는 전쟁을 할 수 없는 전염병의 창궐했기 때문이었다. 여러분은 현명하여서 이것을 어찌 적용할지를 알 것이다.

54) 시세로는 유대인의 종교를 아무것도 아니라고 했다. 왜냐하면 그들이 너무나 자주 정복당하고 비탄과 고통을 많이 당했기 때문이다. 그러나 로마 종교가 진짜라고 믿은 것은 로마제국이 번성했고 세상을 통치하는 나라가 되었기 때문이다. 그러나 로마인들이 하나님의 손을 가졌을지라도 유대인들은 하나님의 마음을 지녔다. 고난과 역경에 처했을지라도 유대인들은 하나님의 사랑을 받았다.

함을 보고는 하나님의 사랑과 증오를 구분할 수 없다. 모든 것이 모든 사람에게 동일하게 임하고 있기 때문이다. 의인이나 불의한 자나, 선인이나 악인이나, 정결한 자나 불결한 자에게 동일하게 임한다. 번영의 햇살은 과수원의 과수뿐 아니라 광야의 가시덤불에도 비췬다. 역경의 눈과 눈보라는 냄새나는 거름무더기나 버려진 황야뿐 아니라 아주 좋은 정원 위에도 몰아친다. 아합과 요시야의 종말은 그 상황이 동일하였다. 사울과 요나단은 그들의 성격, 공적, 처신은 달랐지만 죽을 때는 서로 다르지 않았다. 건강, 부요, 영예, 십자가, 질병, 손실이 선인과 악인에게 무차별적으로 임한다. "투르크 왕국 전체는 하늘의 위대한 주인께서 자기 개들에게 던져주시는 부스러기에 지나지 않는다." 모세나 반항하던 사람들이나 모두 다 광야에서 죽었다. 아브라함도 부요하였지만 나발도 부요하였다. 솔로몬이 지혜가 있었지만 아히도벨도 지혜가 있었다. 요셉이 바로로 인해 영달을 얻었듯이 도엑은 사울로 인해 그렇게 되었다. 대개, 가장 고약한 사람들은 이런 외적인 것들을 가장 많이 가지고 있다. 가장 선한 사람들은 비록 하늘의 것은 가장 많이 가지고 있을지라도 땅의 것은 가장 적게 가지고 있다.

두 번째 대책. 이런 사단의 책략에 대한 두 번째의 대책은 아래의 사항을 심각하게 고려하는 것이다. 사람들이 하나님의 선하심과 긍휼로부터 용기를 얻어 가지고 사악하게 행하는 것은 이 세상에서 하나님을 가장 진노하고 격노하게 만드는 것이다. 이 사실은 옛 세상 위에 떨어진 진노를 보면 알 수 있을 것이다. 하나님은 하늘로부터 소돔과 고모라에 심한 벌을 내리셨다. 이것은 예레미야 44: 20-28절에 분명하게 나와 있다. 이 말씀은 묵상하기에 가장 적절한 말씀이다. 오, 그 구절들이 여러분의 마음에 새겨지고 여러분의 생각을 제어하게 되기를 기원한다! 그것들은 내가 옮겨 쓰기에는 너무 많지만, 나는 충분히 그 내용을 기억하고 있다. 궁휼로부터 죄짓는 자유를 도출해 내는 것은 악마의 논리다. 그런 이론가들은 언제 폭발할지 모르는 화약고 위를 걸어가고 있는 것이다. 그런 영혼은 하나님의 진노를 피하거나 벗어날 수가 없다. 하나님은 매우 선하신 분이라는 것을 이용하여 사람이 매우 악한 짓을 할 때, 그것은 가장 고약한 사악이다. 이보다 더 나쁜 영은 지옥에도 없다. 아, 주여! 이런 사람의 문간에 진노가, 가장 큰 진노가 머물러 있지 않겠습니까? 어두움의 가장 강력한 사슬이 그런 사람을 위하여 예비된 것이 아닙니까? 궁휼에 반하여 죄를 짓는 것은 인간 본성에 반하여 죄를 짓는 것이다. 그것은 짐승 같은 짓이다. 아니다. 그것은 그보다도 더 나쁜 것이다. 선을 선으로 갚는 것은 인간적이다. 악을 악으로 갚는 것은 짐승 같은 행위이다.[55] 그러나 선을 악으로 갚는 것은 악마적인 행위이다. 이런 악으로부터 나의 영혼을 건져내 주소서, 오 하나님이시여!

---

[55] 그런 인간은 하나님을 아무것도 할 수 없는 인형 같은 존재로 전락시키는 것이다. 결국은 자신에게는 가혹한 심판의 하나님으로 다가옴을 겪는 것이다. 다른 사람들(신앙인)에게 용서하시는 자비의 하나님으로 임할 때 말이다.

세 번째 대책. 이런 사단의 책략에 대한 세 번째의 대책은 아래의 사항을 엄숙하게 고려하는 것이다. 비참에 처해 보지 못한 것보다 더 비참한 일은 이 세상에 없다. 고난을 당해 보지 못한 것보다 더 큰 고난은 없다. 하나님께서 채찍으로 때리지 않으시는 영혼에게 화, 화가 있으리로다! 하나님께서 전혀 매를 들지 않으시는 것은 모든 것 중에서 가장 서글픈 채찍이다. "에브라임이 우상과 연합하였으니 버려 두라"(호 4:17). 의사가 환자를 단념할 때 사람들은 "조종을 울려라. 이 사람은 죽었다"라고 말할 것이다. 그러므로 하나님이 한 영혼을 제멋대로 내버려둘 때, 여러분이 이렇게 말해도 정당할 것이다. "이 영혼은 영구히 버림을 받았도다." 여러분은 그를 위하여 조종을 울려도 좋을 것이다. 그는 두 번 죽어 뿌리까지 뽑히게 되었으니 말이다. 형벌로부터의 자유는 방심의 어머니이며 선행의 계모이며 종교의 독약이며 거룩을 좀먹는 것이며 사악을 소개하는 자이다. 어떤 이가 말했다. "아무런 역경도 겪어 보지 못한 사람보다 더 불행한 사람은 없을 것이다." 외적인 궁휼은 종종 우리의 영혼에게 올무가 된다. "내가 그 앞에 거치는 것을 두리라"(겔 3:20). 바타블루스의 노트에 이런 내용이 나온다. "내가 모든 일에 있어서 그를 형통하게 해주리라. 그러나 고난을 통해서 그로 하여금 죄를 짓지 못하도록 하지는 않으리라." 번영은 거치는 돌이다. 그에 걸려서 수만 명의 사람들이 넘어졌고 실족하였으며 영구적으로 자기 영혼의 목을 부러뜨렸다.[56]

네 번째 대책. 이런 사단의 책략에 대한 네 번째의 대책은 아래의 사항을 심각하게 고려하는 것이다. 모든 외적인 궁휼을 받고 있으나 역경에는 처하지 않은 사악한 사람들의 궁핍은 그들의 모든 외적인 궁휼보다 훨씬 더 크다. 그들은 많은 궁휼을 받고 있으나 누리고 있는 것보다는 궁핍한 것이 더 많다. 그들이 누리는 궁휼은 그들이 더 받아야 할 궁휼에 비하면 아무 것도 아니다. 이것은 사실이다. 그들은 명예, 부요, 쾌락, 친구들을 가지고 있고 권세도 크다. 그들의 씨는 그들이 보는 앞에서 건재하고 그들의 후손은 그들의 눈앞에서 건재하다. 다윗과 욥이 말하듯이 말이다. "저희는 죽는 때에도 고통이 없고 그 힘이 건강하며 타인과 같은 고난이 없고 타인과 같은 재앙도 없나니." "그 집이 평안하여 두려움이 없고 하나님의 매가 그 위에 임하지 아니하며." "그들은 아이들을 내어 보냄이 양 떼 같고 그 자녀들은 춤추는구나 그들이 소고와 수금으로 노래하고 피리 불어 즐기며." "그 날을 형통하게 지내다가 경각간에 음부에 내려가느니라." "살찜으로 저희 눈이 솟아나며 저희 소득은 마음의 소원보다 지나며." [57]

하지만 이것은 그들이 필요로 하는 것에 비하면 아무 것도 아니다. 그들은 하나님, 그리스도, 성령, 약속들, 은혜의 언약, 영원한 영광에게 관심을 가질 필요가 있다. 그들은 하나님으로부터 용납을 받고 화해를 받

---

56) 종교는 부를 가져다 주었다. 그러나 딸이 어미를 삼켜 버렸다(어거스틴).
57) 시 49:11, 73:7; 욥 21:12

을 필요가 있다. 그들은 의, 칭의, 성결, 양자 됨, 구속을 받을 필요가 있다. 그들에게는 죄의 용서, 죄를 이길 힘, 죄의 영역으로부터의 자유가 필요하다. 그들은 생명보다 더 나은 은총을 받아야 하며, 말할 수 없는 그리고 영광으로 가득 찬 환희가 필요하며, 지식을 초월한 평강이 필요하며, 하늘과 땅보다도 더 값이 나가는 은혜가 필요하다. 그들은 기초가 있는 집, 하나님이 지으시고 만드신 집이 필요하다. 그들은 썩지 않는 재물, 시들지 않는 영광, 흔들리지 않는 왕국이 필요하다. 사악한 사람들은 세상에서 가장 가난한 사람들이다. 그렇다. 그들은 그들의 축복을 대체할 두 가지 것들이 필요하다. 즉, 하나님의 축복과 그들의 환경에 대한 만족이 필요하다. 이것들이 없으면 하늘도 지옥이나 마찬가지다.[58] 그들의 마음이 그들의 풍성한 것을 바라보고 교만하며 자만할 때, 만일 양심이 이런 말 한 마디만 발한다면 어떻게 될 것인가? "여기 이런저런 외적 궁휼이 있는 것은 사실이다. 오, 그러나 그리스도에 대한 관심은 어디에 있는가? 하나님의 은총은 어디 있는가? 성령의 위로는 어디 있는가? 하늘에 대한 증거는 어디 있는가?" 양심으로부터 나오는 이런 말은 그 사람의 얼굴색을 변하게 하며 그의 생각을 혼란스럽게

---

[58] 그리스도도 천국도 과장되게 할 수 없다. 금 면류관은 두통을 치유할 수 없다. 명예나 부가 양심을 고요하게 할 수 없다. 인간의 마음은 3개의 광장을 지닌 삼각형이다. 이 광장은 이 세상 무엇으로도 채워지지 않는다. 공허함이 부르짖으며 어떤 무엇에 의해 채워지기를 갈망한다.

하며 그의 마음을 놀라게 하며 오른편 왼편에 있는 그의 모든 궁휼을 죽고 시든 것으로 만들어버릴 것이다. 아, 사악한 사람들의 눈이 열려 그들의 풍요 가운데서도 그들이 궁핍하다는 것을 보게 되기만 한다면, 그들이 압살롬처럼 이렇게 큰 소리로 외치지 않겠는가? "내가 왕의 얼굴을 뵈올 수 없다면 이 모든 것이 내게 무엇이리요?"(삼하 14:23,32). 내게 하나님의 은총, 죄의 용서, 그리스도에 참여함, 영광스러운 소망이 없는 한, 명예, 부요, 피조물들의 호의가 다 무슨 소용이리요! 오 주여, 제게 이런 것들을 주소서. 아니면 제가 죽겠나이다. 제게 이런 것들을 주소서. 그렇지 않으면 저는 영구히 파멸될 것이옵니다.

다섯 번째 대책. 이런 사단의 책략에 대한 다섯 번째의 대책은 외적인 것들은 겉으로 보이는 것과 같지 않으며 겉의 평가와도 다르다는 것을 진지하게 고려하는 것이다. 참으로 그것들은 외적으로는 호화스럽다. 그러나 만일 그 안을 들여다본다면, 그것들이 머리를 근심과 염려로 채우며 마음을 두려움으로 채우고 있다는 것을 쉽게 발견하게 될 것이다. 불이 나서 내 재산의 일부가 타 버리면 어떻게 될까. 그리고 바닷물이 넘쳐서 남은 내 재산을 다 삼켜버리면 어떻게 하나! 나의 일꾼들이 밖으로 나가서 불성실하게 일하면 어떻게 하나. 내 자식들이 집안에서 나를 속이면 어떻게 하나! 아, 그 감춰진 초조, 불안, 안달, 고민은 매일, 아니 시간마다 세상적인 것들을 가득 들고 있는 사람들의 영혼을 공격해 온다!

한 황제가 이렇게 말했는데, 참으로 좋은 경구(警句)이다. "너희는 나의 자색 옷과 황금 면류관을 응시하고 있는데, 만일 너희가 그 속에 감춰진 염려들을 안다면 너희는 그런 것을 이 땅에서 취하여 가지고 싶어 하지 않을 것이다." 어거스틴이 시편 26편에 대해서 말한 것은 사실이다. "상처를 줄 것들을 사랑함으로써 비참하게 되는 사람들이 많다. 그러나 그들은 그것들을 소유함으로써 더욱 더 비참하게 된다." 사람을 행복하게 만드는 것은 그가 무엇을 향유하고 있느냐가 아니라 그것이 어디로부터 왔느냐 하는 것이다. 이런 외적인 것들의 다수는 결국은 그것을 소유하는 사람들에게 큰 혼돈, 큰 고통, 큰 정죄를 초래하게 될 것이다. 만일 그런 외적인 축복이 하나님이 진노 중에 그들에게 수여하시는 것이며 그분의 사랑 가운데서 그들을 거룩하게 만드시기 위한 것이 아니라면, 그것들은 마침내 사람을 치게 될 것이며 사람을 영구적으로 가라앉게 하는 연자 맷돌이 될 것이다. 그런 축복을 사용한 것에 대해서가 아니라 남용한 것에 대해서 사람들이 하나님 앞에서 결산을 하게 되는 날 그렇게 될 것이라는 얘기다.

여섯 번째 대책. 이런 사단의 책략에 대한 여섯 번째의 대책은 아래의 내용을 심각하게 고려하는 것이다. 하나님이 사악한 자들의 머리에다 궁휼을 쌓아놓으신 것에 대해서 그리고 다른 사람들이 당하는 슬픔과 고통을 그들은 받지 않고 조용하며 편안하게 살 수 있게 된 섭리와 종국에 대해서 진지하게 생각해 보라. 다윗은 시편 73:17-20에서 이렇게 행하시는 하나님의 섭리와 종말을 보여주고 있다. 그는 이렇게 말한다. "하나님의 성소에 들어갈 때에야 저희 결국을 내가 깨달았나이다 주께서 참으로 저희를 미끄러운 곳에 두시며 파멸에 던지시니 저희가 어찌 그리 졸지에 황폐되었는가 놀람으로 전멸하였나이다 주여 사람이 깬 후에는 꿈을 무시함같이 주께서 깨신 후에 저희 형상을 멸시하시리이다." 또한 시편 92:7에도 이런 말씀이 있다. "악인은 풀같이 생장하고 죄악을 행하는 자는 다 흥왕할지라도 영원히 멸망하리이다." 하나님이 그들을 일으키시는 것은 단지 그들을 내려치시기 위함일 뿐이다. 그분이 그들을 높이 세우는 것은 그들을 낮추시기 위함일 뿐이다. 출애굽기 9:16을 보라. "네가 너를 세웠음은 나의 능력을 네게 보이고 내 이름이 온 천하에 전파되게 하려 하였음이니라." 이는 이런 뜻이다. "나는 너를 과녁으로 세웠을 뿐이다. 내가 네게 뛰어들어서 바짝 뒤쫓아 고난에 고난을 더하다가 마침내 네 몸으로부터 숨을 거두어 가지고 내가 내 이름을 떨치고자 함이다. 아주 거만하고 자만하며 능력을 자랑하고 뽐내는 네 목은 내 발로 밟아 꺾기 위함이다." 아 영혼이여, 자기 꾀에 빠져 높아졌다가 내려쳐짐을 당하는 사람이 누구인가? 다른 사람들보다 높아졌다가 오히려 다른 이들보다 더 낮아지는 사람이 누구인가? 그는 루시퍼처럼 세상에서 하늘까지 높아졌다가 반드시 루시퍼처럼 지옥까지 낮아지게 될 것이다. 오 영혼이여, 이것을 여러분은 심각하게 생각할 수 있는가? 그리고 하나님께 이렇게 말씀드릴 수 있는가? "오 주여, 제가 겸비하게 간구하옵나니 저를 이 세상에서 무명한 자가 되게 해주시되 내세에서는 위대한 자가 되게 해주소서. 여기서는 낮아져도 좋으나 이후에는 영구적으로 높아지게 해주소서. 저로 하여금 낮아지고 비천한 음식을 먹으며 초라하게 살게 하셔도 좋으나 당신과 함께 영원히 살 수만 있게 해주소서. 지금은 제게 누더기를 입히셔도 좋으나 마지막에는 당신의 옷을 제게 입혀 주소서. 지금은 제가 거름무더기 위에 앉아 있어도 좋으나 마지막에는 제가 당신과 함께 보좌 위에 앉을 수 있게 하소서. 주여, 저로 하여금 위대하기보다는 은혜롭게 해 주시고 외적으로 행복하기보다는 내적으로 거룩하게 하시며, 저를 잠시 동안 높이셨다가 영구적으로 낮추시기보다는 저를 처음부터 보잘것없는 자가 되게 아니, 보잘것없는 것보다 더 못한 자가 되게 해 주소서."

일곱 번째 대책. 이런 사단의 책략에 대한 일곱 번째의 대책은 아래의 사항을 엄숙하게 고려하는 것이다. 하나님이 가장 아끼시고 가장 사랑하시는 것처럼 보이는 자들에게 하나님은 종종 가장 큰 고난을 주시고 가장 큰 형벌을 주고 계신다. 다시 말하면, 하나님은 그들을 영적인 심판으로 가장 고통스럽게 하시는 것이며 가장 크고 가장 아프고 가장 무거운 심판을 내리시는 것이다. 그들이 이 세상에서 받는 심판은 가장 작을 것이다.59) 그러나 외적인 고통을 가장 적게 받는 사람만큼 내적인 고통이 큰 사람도 없을 것이다. 오, 마음의 눈이 멀고 마음이 완악하고 양심이 마비되고 세상 사람들의 눈으로 보기에 가장 행복해 보이는 이들은 다른 사람들처럼 외적으로는 고난을 당하거나 고통을 당하지 않는다. 그러나 그들은 실은 재난에 넘겨진 자들이다. 아 영혼이여, 아담의 타락 이후 사람들에게 내렸던 그 모든 재앙들이 다 한꺼번에 여러분의 영혼 위에 내린다 해도, 영적인 재난, 영적인 소경, 영적인 마음의 완악보다는 그 고통이 덜할 것이다. 그 어느 것도 영적인 심판에 떨어지는 것보다 더 고약하지는 않을 것이다. 영적인 심판에 떨어진 사람은 하나님이 웃으시든 눈살을 찌푸리시든, 때리시든 치시든, 자르든 죽이든 관심도 없고 상관도 하지 않는다. 자기 앞에 생명이 놓이든 사망이 놓이든, 하늘이 놓이든 지옥이 놓이든 그는 끄덕도 하지 않는다. 오직 죄를 짓기에만 열심이다. 하나님은 그런 사람의 영혼에게 공의를 집행하실 준비가 충분히 되어 있으시다. 이런 사람을 그냥 내버려두는 것은 보다 더 큰 정죄를 하기 위함일 뿐이다. 이 사람은 자기 자신을 전혀 통제하지 않는다. 그는 무한한 멸망의 자식이 되어버린 것이다. 그는 어디로 가든 죄책을 안고 다니며 진노를 지고 다닌다. 목회 사역(使役)도 비참도, 기적도 궁휼도 그의 마음을 녹이기에는 역부족이다. 만일 이런 영혼이 지옥에 떨어지지 않는다면 도대체 누가 지옥으로 가겠는가?

여덟 번째 대책. 이런 사단의 책략에 대한 여덟 번째의 대책은 아래

---

59) 시 81:12, 78:26-31, 106:15. 하나님은 사람들의 요구에 응답해 주셨으나 그들의 영혼 속에는 곤고함을 주었다. 목이 비대해지고 영혼이 파리해짐은 무거운 재난이다. 집에는 금덩어리가 수두룩하나 마음은 죄로 넘치는 일은 큰 재앙이다.

의 사항을 엄숙하게 고려하는 것이다. 허망한 사람들이 지금 향유하는 좋은 것들에 대해 정산을 해야 하는 그 엄한 날에 대해서 보다 더 깊이 상고하는 것이다.60) 아! 그들이 향유한 그 모든 긍휼에 대하여 머지않아 정산을 해야 한다는 것을 사람들이 더 깊이 상고한다면, 그들이 남용한 그 모든 은총에 대해, 그들이 저지른 그 모든 죄에 대해 상고한다면, 그들의 마음이 아마 요동치고 입술이 떨리며 뼈가 녹아드는 것 같을 것이다. 아마도 그들의 영혼은 이렇게 소리지르게 될 것이다. "오 우리가 받은 긍휼들이 그 수가 더 적고 그 양이 더 적었더라면! 그랬다면 우리의 결산이 보다 더 쉬울 것이며, 그렇게 큰 긍휼을 무시한 것에 대하여 우리가 받게 될 고통과 비참이 그렇게 크지는 않을 것을! 오, 세상적 영예의 면류관이 우리의 머리 위에 얹혀진 그 날, 이 세상의 보화가 우리의 무릎에 놓여진 그 날이 저주를 받았더라면! 오, 번영의 태양이 우리를 그렇게도 강렬하게 비추던 그 날, 이 아양을 떨던 세상이 우리를 보고 그렇게도 웃어대던 그 날, 그리하여 우리로 하여금 하나님을 잊게 하고 예수 그리스도를 가볍게 여기게 하고 우리의 영혼을 경시하게 하고 우리가 정산해야 할 날이 멀리 떨어진 것처럼 보이게 한 그 날이 저주를 받았더라면!"

---

60) 그날에 사람들은 선하게 행한 것들, 선하게 행치 못한 것들, 악하게 행한 것들, 악인들에게 고난을 당한 것들에 대해서 일일이 정산하게 될 것이다. 선한 양심의 사람들은 세상의 좋은 것들보다 월등한 가치 있는 것으로 나타날 것이다(버나드).

스페인의 필립 3세는 살아오는 동안 큰 악을 저지른 적이 없던 사람이었는데, 이렇게 고백했다. "하나님을 고의적으로 거역하기보다는 차라리 내 왕국을 잃는 게 더 나았을 것이다." 그가 사망의 고통 속에서 하나님께 해명해야 할 것들을 보다 더 곰곰이 생각해 볼 때 두려움이 그에게 휘몰아쳤으며, 결국 그는 이런 말을 토로하게 되었다. "오, 내가 임금이 아니었더라면 좋았을 것을. 오, 내가 왕궁에서 보낸 그 세월을 광야에서 혼자 보내었더라면 좋았을 것을! 오, 하나님과만 더불어서 살았으면 좋았을 것을! 그렇게 했더라면 내가 지금 얼마나 더 편안하게 죽을 수 있을까 말이다! 내가 얼마나 더 확신을 가지고 하나님의 보좌 앞으로 나아갈 수 있을 것인가 말이다! 내가 죽어서 그만큼 더 고통을 당한다고 한다면, 이 모든 나의 영광이 내게 무슨 유익이 있단 말인가?" 하나님은 사람들에게 베푸신 것에 대하여 조금도 에누리 없이 반드시 계산을 하실 것이다. 비록 지금은 그들이 간과하고 이해하지 못하겠지만, 그 정산의 날에는 사람들이 이것을 알고 느끼게 될 것이다. 당장 보복이 이뤄지지 않으니 죄가 만연하게 된다. 하지만 죄의 만연은 보복을 초래하게 한다. 긍휼을 업신여기면 반드시 진노가 다가올 것이다. 하나님의 참으심이 곧 무죄 방면을 의미하는 게 아니다. 사악한 사람들에게 그들이 무시한 오래되고 새로운 긍휼들에 대해 하나님이 보응하실 날이 가까이 왔다. 그분은 더디 오시는 것 같지만 반드시 오신다. 그분의 발꿈치는 우둔하지만, 그분의 손은 날렵하다. 그분이 활을 오래 당기실수록 그리고 손을 더 깊이 오므릴수록 보응의 날에 그 상처가 더 깊이 패일 것이다. 사람들의 행위가 모두 하늘에 기록되어 있으며, 하나님은 정산하시는 날에 그것들을 큰 소리로 읽어 온 세상으로 하여금 다 듣게 하실 것이다. 그리하여 세상 사람들로 하여금 긍휼을 무시하고 멸시한 모든 사람들에게 그분이 내릴 그 의로운 심판에 대하여 "아멘!" 이라고 화답하게 하실 것이다.[61]

아홉 번째 책략.

거룩의 길로 행하는 사람들에게 매일 닥치게 될 십자가, 손실, 비난, 슬픔, 고통을 영혼에게 제시한다. 사단은 이렇게 말한다. 다른 사람보다 더 조심성 있고 더 거룩하게 행하는 사람이 이 세상에서 가장 괴로움을 당하고 가장 신경이 예민하며 가장 잠을 못 이루는 사람이라는 것을 너는 알지 못하느냐? 그들은 집안에서는 웃음거리가 되며 나가서는 비난거리가 된다. 그들에게는 비참이 욥의 사자들이 행한 것처럼 연달아 임하고 있다. 그들의 슬픔과 고난에는 끝이 없다. 사단은 말한다. "그러므로 너는 보다 덜 고생스럽고 덜 고통스러운 길로 행하는 게 나을 것이다. 비록 그런 길들이 보다 더 죄악 되기는 하지만 말이다. 미친 놈이 아니고야 그 누가 인생을 슬픔, 고난, 고통 속에서 보내려 하겠는

---

61) 제롬은 여전히 그의 귓전을 때리는 소리를 생각했다. '죽은 자여 일어나 심판을 받으라.' 그날을 생각할수록 내 온몸이 전률하며 내 심장이 떨린다.

가? 내가 네게 제시하는 길로 행하기만 하면 그런 재난을 막을 수 있다."

첫 번째 대책. 이런 사단의 책략에 대한 첫 번째의 대책은 아래의 사항을 엄숙하게 고려하는 것이다. 하나님의 백성에게 임하는 모든 고난은 그들에게 있어서 영광스러운 유익과 이익으로 변하게 될 것이다. 고난은 그 영혼이 아직 발견해 내지 못한 더러움과 불결한 것들을 드러낼 것이다.

한 독일 성직자가 병들었을 때 이렇게 말했다.[62] "이 병으로 인해서 나는 하나님이 얼마나 위대한 분인지, 죄의 사악함이 무엇인지를 알게 되었다. 나는 하나님이 무엇을 의도하시는지 과거에는 알지 못했으며 죄가 무엇을 의미하는지 지금까지도 알지 못했다." 고난은 수정 유리잔이다. 그것을 통하여 영혼은 죄의 추한 몰골을 극명하게 들여다 볼 수가 있다. 이 잔 안에서는 죄가 사탕 발린 쑥에 지나지 않는다는 것을 영혼은 깨닫게 된다. 그렇다. 이 잔 안에서는 죄가 악에 지나지 않을 뿐 아니라 이 세상에서 가장 사악한 것임을, 지옥 자체보다도 훨씬 더 고약한 악임을 영혼은 깨닫게 될 것이다.

다시 말하는데, 고난은 죄들을 죽이고 숙청하는 데 기여하게 될 것이다(사 1:15, 27:8,9). 고난들은 하나님의 용광로이다. 그것을 통해서

---

[62] Gaspar Olevianus(1586)
[63] 평화시 우리의 갑옷은 어둑한 것 같아도 전쟁시에는 빛이난다.

그분은 자기 백성을 찌끼로부터 정결하게 하신다. 고난은 우리의 찌꺼기를 청소하는 불이며 덕목을 빛나게 하는 불이다. 그것은 악한 기질을 제거하는 약제인데, 의사들이 권장하는 그 어떤 약보다도 더 낫다.[63] 알로에는 벌레를 죽이고 서리는 해충을 박멸한다. 마찬가지로 고난은 우리 맘속에 있는 부패를 없애 버린다. 유대인들은 모든 선지자들의 경고를 받으면서도 우상을 간직하고 살았다. 그러나 바벨론으로 잡혀가 고난 후에는 그들 가운데서 우상이 모두 사라져버렸다.

다시 말하지만, 고난은 성도들을 죄 짓지 않게 보호하는 방부제이다. 죄는 지옥 자체보다 더 악한 것이다. "누가 하나님께 아뢰기를 내가 징계를 받았사오니 다시는 범죄치 아니하겠나이다 나의 깨닫지 못하는 것을 내게 가르치소서 내가 악을 행하였으면 다시는 아니하겠나이다 한 자가 있느냐… 내가 한두 번 말하였사온즉 다시는 더하지도 아니하겠고 대답지도 아니하겠나이다"(욥 34:31,32, 40:5). 불에 덴 아이는 불을 무서워한다. 채찍을 맞은 영혼은 이렇게 말한다. "아! 죄는 달콤한 듯하지만 쓴 것이다. 앞으로는 내가, 그리스도의 도우심으로, 그렇게도 값비싼 대가를 치르고 회개를 사지는 않을 것이다."[64]

라빈 학파(家)에서는 죄를 짓지 않게끔 경각심을 불러일으키기 위하여 그 학파 사람들에게 이렇게 말하곤 했다. "저 죄는 하나님을 골치

---

64) 소금물이 부패를 방치하듯 고난도 성도를 죄로부터 보호한다. 주께서 고난 중에 나를 더 곤경에 있게 하면 할수록 나는 하늘나라와 신령한 것들을 더욱 갈망하게 될 것이다.

아프게 만드는 것이다." 채찍을 맞은 경험이 있는 성도들은 비통한 경험을 통하여 죄가 그들의 머리뿐 아니라 가슴까지 아프게 만든다는 사실을 발견하게 되었던 것이다.

어거스틴이 길이 막혔을 때 그는 그로 인하여 죄와 해를 피할 수 있었다. 고난이 우리의 길을 막지 않았다면, 우리는 여러 번에 걸쳐서 이런저런 죄들을 만나 우리의 귀중한 영혼에 해를 입게 되었을 것이다.

다시 말하는데, 성도들은 고난을 통해서 거룩 안에서 더 많은 열매를 맺게 될 것이다. "저희는 잠시 자기의 뜻대로 우리를 징계하였거니와 오직 하나님은 우리의 유익을 위하여 그의 거룩하심에 참여케 하시느니라 무릇 징계가 당시에는 즐거워 보이지 않고 슬퍼 보이나 후에 그로 말미암아 연달한 자에게는 의의 평강한 열매를 맺나니"(히 12:10,11). 꽃은 소나기가 온 직후에 그 향기가 가장 짙어진다. 포도나무는 피(진)를 흘리고 나면 더 나은 열매를 맺는다. 호두나무는 가장 많이 두드려 맞을 때 가장 많이 열매를 맺는다. 성도들은 외적으로 가장 큰 고난을 당할 때 내적으로 가장 번영하고 싱싱하게 성장한다. 어떤 이들은 고난을 '덕목의 어머니'라고 부른다. 므낫세의 경우 왕관보다는 쇠사슬이 그에게 더 유익이 되었다. 루터는 고난을 당하기 전에는 몇몇 성경 구절을 이해할 수 없었다. 그리스도의 십자가는 글자는 아니지만 그에게 그 어떤 글자보다도 더 많은 것을 가르쳐주었다. 하나님의 훈련소는 그분이 사람을 교정(矯正)시키는 장소이다. 스데반에게 던져진 돌들은 모두 그로 하여금 머릿돌 되시는 그리스도께로 더 가까이 가게 하였을 뿐이다. 파도가 들이쳤지만 그것은 노아의 방주로 하여금 하늘로 더 가까이 다가가게 하였을 뿐이다. 물결이 높으면 높을수록 그 방주는 더 높이 떠올라 하늘로 가까이 다가갔다. 고난은 영혼을 떠받쳐 올려 하나님을 더욱 더 부요하게, 분명하게, 충분하게 향유할 수 있도록 만든다.

"그러므로 내가 저를 개유하여 거친 들로 데리고 가서 말로 위로하리라"(호 2:14). (히브리 원어대로 하면) "내가 저들의 마음에다 진지하고 간절하게 호소하리라." 하나님은 고난을 통해 영혼이 하나님을 보다 더 달콤하고 충분하게 향유할 수 있도록 만드신다. 하늘이 열리고 그리스도께서 하나님의 우편에 서 계신 것을 스데반이 보게 된 때가 언제인가? 돌들이 그의 귓가에 날아들고 그의 생명이 경각지간에 달려 있던 때가 아니었는가? 하나님께서 영광 가운데서 야곱에게 나타나신 때가 언제인가? 그가 고난을 당할 때, 돌베개를 베고 땅을 침대 삼고 잡풀을 커튼 삼고 하늘을 지붕 삼아 자던 때가 아니었는가? 그 때 그는 하나님의 천사들이 번쩍이는 옷을 입고 오르락내리락 하는 것을 보았다. 나지안젠에 있는 나무(나지안주스의 그레고리가 쓴 책에 나오는 나무)는 자를수록 더 잘 자란다고 한다.[65] 자르면 더 번성하고 도끼를 대면 더 잘 자란다고 한다. 그 나무는 죽음을 통해 살고 잘라짐을 통해 성장한다.

---

65) 동방교회의 위대한 4대 성인 중 한 사람(329-89)

66) 마찬가지로 성도들은 고난을 당함으로 인하여 성장한다. 고난을 당할 때 그들은 그들을 떠받치고 있는 하나님의 권능을 더 경험하게 되며, 그들을 지도하시는 하나님의 지혜, 그들을 권고하시고 그들에게 용기를 주시는 하나님의 은혜, 그들을 안정시키고 생기를 주시는 하나님의 선하심을 더 많이 경험하게 된다. 그럴 때 그들은 보다 더 큰 사랑을 받아 거룩하게 되고, 거룩 안에서 보다 더 큰 기쁨을 소유하게 되며, 거룩을 보다 더 강렬하게 추구하게 된다.

나는 한 샘에 대해 읽은 적이 있는데, 그것은 정오에는 서늘해졌다가 한밤중에는 따듯해진다고 한다. 너무도 많은 고귀한 영혼들이 번성할 때에 하나님을 향해서, 하늘을 향해서, 거룩을 향해서 싸늘해지게 된다. 그러나 그들도 한밤중 역경 시에는 하나님을 향해서, 하늘을 향해서, 거룩을 향해서 따뜻해진다.

다시 말하지만, 고난은 성도들의 마음을 겸비하게 하고 온유하게 지켜준다. "내 고초와 재난 곧 쑥과 담즙을 기억하소서 내 심령이 그것을 기억하고 낙심이 되오나"(애 3:19,20). 원문대로 하면, 여기 "낙심이 되다"는 "내 안에서 고개를 숙이게 되다"라는 의미이다. 마찬가지로, 다

---

66) 티베리우스 황제가 어느날 대리석 바닥 위에 놓인 십자가가 서 있는 곳을 지나가게 되었다. 그 십자가 밑을 파게 하자 거기서 큰 보물을 발견하였다고 한다. 이와 마찬가지로 존귀한 성도들도 그들이 경험한 십자가 고난 밑에 감추어진 신령한 하늘의 보물들을 수없이 많이 발견했던 것이다.

윗도 채찍을 맞을 때 이렇게 말하게 되었다: "여호와여 나의 종말과 연한의 어떠함을 알게 하사 나로 나의 연약함을 알게 하소서"(시 39:4).

나는 한 사람(그레고리 나지안젠)에 대한 얘기를 읽은 적이 있다. 그는 뭔가 잘 되어 가는 일이 생기면 예레미야 애가를 읽곤 했는데, 그것은 그의 마음을 겸비하고 온유하고 부드럽게 해주었다고 한다. 번영이 영혼을 자만하게 하는 데 기여하는 것보다는 역경이 영혼을 겸비하게 만드는 게 기여하는 바가 더 크다. 이것은 성도들이 경험을 통해서 발견한 사실이다. 그러므로 세상 사람들은 왕관을 끌어안고 입을 맞추지만, 성도들은 십자가를 끌어안고 입을 맞출 수가 있는 것이다.[67]

다시 말하는데, 고난은 성도들로 하여금 하나님께 더 가까이 가게 하고, 그들로 하여금 하나님께 보다 더 끈질기고 진지하게 기도하도록 만든다. "고난 당하기 전에는 내가 그릇 행하였더니 이제는 주의 말씀을 지키나이다"(시 119:67). "고난 당한 것이 내게 유익이라 이로 인하여 내가 주의 율례를 배우게 되었나이다"(시 119:71). "내가 에브라임에게는 사자 같고 유다 족속에게는 젊은 사자 같으니 나 곧 내가 움켜갈지라 내가 탈취하여 갈지라도 건져낼 자가 없으리라 내가 내 곳으로 돌아가서 저희가 그 죄를 뉘우치고 내 얼굴을 구하기까지 기다리리라

---

[67] 보다 귀하고 순수한 향일수록 얻어맞고 짓이겨진다. 그때 더 달콤하고 향기로운 냄새를 사방에 풍기는 것이다. 마찬가지로 성도들은 시련을 당할 때 빛이 더욱 두드러지는 것이다.

저희가 고난을 받을 때에 나를 간절히 구하리라"(호 5:14,15). 그들은 이렇게 말했다. "오라 우리가 여호와께로 돌아가자 여호와께서 우리를 찢으셨으나 도로 낫게 하실 것이요 우리를 치셨으나 싸매어 주실 것임이라 여호와께서 이틀 후에 우리를 살리시며 제 삼 일에 우리를 일으키시리니 우리가 그 앞에서 살리라"(호 6:1,2). 하나님이 그들이 가는 길을 가시로 둘러싸실 때, 그들은 이렇게 말했다. "내가 본남편에게로 돌아가리니 그 때의 내 형편이 지금보다 나았음이라"(호 2:6,7). 아! 우리가 하나님과 친밀한 교제를 유지할 때 우리에게 임했던 그 기쁨, 평화, 위로, 즐거움, 만족이 우리에게 하나님께로 돌아가라고 권고하는도다. "내가 본남편에게로 돌아가리니 그 때의 내 형편이 지금보다 나았음이라."

한 고상한 페르시아 인인 티리바주스가 사로잡힐 때, 그는 자기 칼을 빼어 방어를 하였다. 그러나 그들이 그를 왕에게로 데려가려고 왔다고 말하자 그는 순순히 항복하였다. 마찬가지로, 성도가 처음에는 약간 항거할지 모르나, 그가 고난이 그로 하여금 하나님께로 더 가까이 가게 한다는 것을 알 때 그는 그만 항복하고 채찍에다 입을 맞추게 될 것이다. 고난은 나이팅게일의 가슴을 찌르는 것과 같다. 나이팅게일은 가슴을 찔리면 깨어나서 달콤하고 명랑한 목소리로 노래를 부른다.

다시 말하는데, 고난은 쇠락한 은혜를 재생시키고 회복시키는 역할을 한다. 고난은 싸늘해진 사랑에 불을 지피며 시들어져 가는 믿음을 되살리며 사그라져 가는 소망에게 생기를 불어넣으며 고민하는 영을 즐거움과 위로로 채워준다.[68] 어떤 이가 이런 말을 했다. 사향(麝香)이 그 향기로움을 잃었을 때 만일 더러운 수채통에다 그것을 갖다놓으면 그 향기가 회복된다. 마찬가지로 부패된 은혜도 고난 속에서 회복되고 복구된다. 고난의 망치로 맞으면 맞을수록, 성도들은 하나님을 더 찬양하는 나팔이 되며 그들의 은혜는 더 되살아나고 회복된다. 역경은 우리를 매혹하는 세상의 마력(魔力)을 감소시킨다. 그것은 우리를 유혹하여 어리석음과 허망한 것에 빠지게 할 육신의 호색을 감소시킨다. 그것은 영을 분개시켜 어리석고 허망한 것에 대항하여 싸우게 한다. 그리하여 부패한 은혜가 크게 되살아나고 회복된다. 고난과 재난이 거룩의 길에 놓여 있다고 가정해 보자. 그것들은 합력하여 성도들에게 큰 이익과 기이한 유익을 가져올 뿐이다. 그러므로 성도들은 낙담하여 거룩의 고통스러운 길을 떠나 사악의 부드러운 길을 걸어서는 안 된다.

두 번째 대책. 이런 사단의 책략에 대한 두 번째의 대책은 아래의 사항을 엄숙하게 고려하는 것이다. 성도들에게 닥치는 모든 고난은 성도들의 고약한 부분에 타격을 가할 뿐이다. 그것들은 성도들의 고상한 부분, 가장 좋은 부분에는 미치지 못하고 해하지 못한다. 모든 화살은 표

---

[68] 루터는 말하기를 "우리가 환난중에 있을 때 성경을 더 잘 이해하게 된다. 그러나 풍부에 처하게 될 때 오비드에 있는 한 구절로 읽게 된다. 벌은 꿀과 함께 죽지만 식초로 인해 정신이 번쩍든다. 번영의 꿀은 은혜를 죽이지만 고난의 식초는 은혜를 일깨운다"고 했다.

적에 가서 박힐 뿐 양심에는 미치지 못한다. "또 너희가 열심으로 선을 행하면 누가 너희를 해하리요"(벧전 3:13). 다시 말하면, 여러분을 해할 자는 아무도 없다는 얘기다. 고난이 이런저런 방식으로 여러분을 괴롭게 할 수 있을지는 몰라도 결코 여러분을 해치지는 못할 것이다.[69]

어느 폭군이 한 이교도를 절구에 빻고 쇠공이로 잘게 부수라고 명령하자 그 이교도는 자기를 핍박하는 자들에게 이렇게 소리쳤다. "너희는 아낙사르쿠스의 그릇, 상자, 껍질을 부술 뿐 나를 부수지는 못할 것이다." 그에게 있어서 그의 몸은 상자와 껍질에 지나지 않았다. 그는 자기의 영혼을 자기 자신으로 간주했던 것이다. 핍박자들은 그의 영혼에게는 영향을 끼치지 못했다. 여러분은 현명하니 이것을 어떻게 적용해야 하는지 알고 있을 것이다.

소크라테스는 자기 원수들에 대해 이렇게 말했다. "그들은 나를 죽일 수 있을지 모르나 나를 해할 수는 없다." 마찬가지로, 고난은 우리를 죽일 수 있을지 몰라도 우리를 해할 수는 없다. 고난이 나의 생명을 빼앗아갈 수는 있을지 몰라도 나의 하나님, 나의 그리스도, 나의 왕관을 빼앗아 가지는 못할 것이다.

세 번째 대책. 이런 사단의 책략에 대한 세 번째의 대책은 아래의 사항을 심각하게 고려하는 것이다. 거룩의 길로 행하는 성도들에게 임하

---

[69] 크리스천 병사는 죽임을 당할지언정 결코 정복당하지 않는다(키프리안).

는 고난은 짧고 순간적인 것이다. "그 노염은 잠깐이요 그 은총은 평생이로다 저녁에는 울음이 기숙할지라도 아침에는 기쁨이 오리로다"(시 30:5). 이 짧은 폭풍은 영구적인 평온 속에서 끝이 날 것이며 이 짧은 밤은 한없이 지속되는 영광스러운 날에서 끝이 날 것이다.70) 은혜와 영광 사이의 기간은 매우 짧다. 면류관에 대한 소유권과 우리가 그것을 쓰는 날 사이의 기간은 매우 짧다. 하늘의 유업에 대한 권리와 우리가 그것을 소유하는 날 사이의 기간은 매우 짧다. 주님께는 14,000년의 기간도 하루와 같다. 우리 인생이 무엇인가? 그림자, 거품, 꽃, 보발군, 경각간, 꿈이 아니던가? 그렇다. 주님의 손이 우리 위에 머무는 시간은 너무도 짧아서 루터는 그것을 축소시켜 달라는 간구조차 할 수 없었다. 그는 그것을 우리가 지고 가는 아주 작은 십자가라고 불렀다. 이사야 선지자는 이렇게 말했다. "분노는 통과하는 게 아니라 간과해 버리라"(사 26:20). 그 예리함, 단시적임, 갑작스러움은 여인의 해산의 고통에 비유되었다(요 16:21). 하지만, 이런 성경 구절들은 달콤한 것이다. "너희에게 인내가 필요함은 너희가 하나님의 뜻을 행한 후에 약속을 받기 위함이라 잠시 잠깐 후면 오실 이가 오시리니 지체하지 아니하시리라"(히 10:36,37). 잠시 잠깐 후면 정말로 오실 것이다.

---

70) 멈춤이나 중지됨 혹은 호흡할 만한 기회가 전혀 없는 고난은 하나도 없다. 모든 고난은 잠깐이요 일시적이다. 하나님의 손이 당신의 목에 있을 때 당신의 손을 입에 대라. 비록 환난이 심할지라도 금방 끝날 것이기 때문이다.

아다나시우스의 친구들이 그의 비참과 추방과 관련하여 그를 위로하기 위하여 왔을 때, 그는 이렇게 말했다. "이것은 잠시 잠깐의 먹구름이니 곧 걷힐 겁니다." 단 하루만 지나면 하나님께서 자기의 고통 당하는 자들에게 재 대신에 아름다움을, 침울 대신에 즐거움의 기름을 주실 것이다. 하루도 못 되어 그분은 여러분의 모든 한숨을 노래로, 애통을 위로로, 베옷을 비단옷으로, 재를 기름 바름으로, 금식을 영원한 잔치로 바꿔주실 것이다.

네 번째 대책. 이런 사단의 책략에 대한 네 번째의 대책은 아래의 사항을 심각하게 고려하는 것이다. 성도들에게 임하는 고난은 하나님의 가장 큰 사랑으로부터 나오는 것이다.[71] "무릇 내가 사랑하는 자를 책망하여 징계하노라"(계 3:19). 하나님은 말씀하신다. "성도들아, 내가 이렇게 너희를 징계한다고 해서 내가 너희를 미워한다고 생각하지 말라." 꾸지람을 듣지 못하는 사람은 자기가 양자인지를 의심해 보는 게 좋다. 하나님께는 징계하지 않는 아들이 하나도 없으시다. 그 어떤 아들도 다 징계를 받는다. 은혜를 받은 영혼은 가장 어두운 구름을 들여

---

[71] 어거스틴은 "내가 사랑받는 자녀라면 어찌 병에 걸리게 하는가?"라고 물었다. 마찬가지로 악인들도 고난 중에 있는 성도들에게 그렇게 물을 것이다. 왜냐하면 그들은 징계가 우리의 양자 됨의 표시요, 아들 됨을 나타내는 증표임을 알지 못하기 때문이다. 하나님은 죄가 없는 아들 한 분을 가지고 계시지만 고난을 겪지 않은 아들은 하나도 없다.

다 볼 때 그를 향해 웃으시는 하나님을 발견하게 된다. 우리는 그분의 교정(矯正)하시는 진노 저 너머에서 그분의 얼굴이 환하게 웃고 계심을 인식해야 한다. 무지개를 쳐다볼 때 우리가 어둡고 습기에 찬 구름 가운데서 태양 빛의 아름다운 영상을 경험할 수 있지 않은가?

뮌스터가 앓아 누었을 때 그의 친구들이 와서 그간 어떻게 지냈으며 어떻게 느끼느냐고 물었다. 그는 자기 온몸에 퍼진 상처와 궤양을 가리키며 말했다. "이것들은 하나님이 주신 보석과 귀금속들입니다. 그분은 이런 것들을 가지고 자기의 가장 귀한 친구들을 장식하지요. 내게는 이것들이 이 세상의 그 어떤 금이나 은보다 더 귀중합니다." 영혼이 처음 회심할 때는 거칠게 빚은 그릇에 지나지 않는다. 그러나 하나님은 고난을 통해서 그것을 하늘의 영광에 알맞고 적절하게끔 조성하신다. 그 영광은 고난들이 귀중한 사랑으로부터 연유하는 것이라고 확언한다. 그러므로 하나님의 백성들에게 임하는 고난은 거룩에 대한 장애물도 아니고 그 영혼을 사악의 길로 이끄는 동인(動因)도 아니다.

다섯 번째 대책. 이런 사단의 책략에 대한 다섯 번째의 대책은 아래의 사항을 엄숙하게 고려하는 것이다. 우리는 고난을 그 고통에 의해서가 아니라 그 종말을 보고 측량해야 한다. 이스라엘이 애굽에서 쫓겨나올 때, 그들은 금과 귀고리들을 가지고 나왔다 (출 11:3). 마찬가지로 유대인들도 바벨론에서 나올 때 선물, 보석, 모든 필요한 기구들을 가지고 나왔다 (스 1:7-11). 그리스도인의 고난의 처음을 쳐다보기보다는 그 종말을 상고해 보라. 욥의 인내를 생각해 보라. 주님이 종국에는 그를 어떻게 대하셨는지 고려해 보라. 부자의 문간에 누워 있다가 마침내 아브라함의 품에 안기게 된 나사로를 생각해 보라. 요셉의 처음을 쳐다보지 말라. 그는 그 때 해와 달이 그에게 존경을 표했던 꿈과는 너무도 거리가 먼 상태에 있었다. 그는 2년 동안 태양도 달도 별도 볼 수 없는 곳에 갇혀 있었다. 그러나 결국은 애굽의 통치자가 된 그를 쳐다보라. 늘 생명의 위험을 느끼며 살았던 다윗을 쳐다보지 말라. 그를 흠모하는 이 없었으며 사람들은 오히려 그를 멸시하고 조롱했다. 그러나 왕좌에 앉은 그를 그리고 영예의 침상에서 죽어가는 그를 쳐다보라. 그의 아들 솔로몬과 그의 모든 고관대작들이 그를 임종하였다. 고난은 여러분의 아버지 집으로 들어가는 어두운 현관에 지나지 않는다. 고난은 왕국으로 인도하는 더러운 길에 지나지 않는다. 이제 영혼이여, 나에게 말하라. 거룩의 길에서 그런 고난을 만났다고 해서 거룩의 길을 피하고 사악의 길로 행하는 것은 참으로 어리석기 짝이 없는 일이 아닌가?72)

여섯 번째 대책. 이런 사단의 책략에 대한 여섯 번째의 대책은 아래

---

72) 고난은 우리 아버지가 사용하시는 대장간이다. 그곳에서 우리가 쓸 면류관에 진주를 더 다시는 것이다. 티베리우스는 풀무불 위를 걸었을 때 낙원을 보았다. 헤로도투스는 앗수르인들에 대해 말하기를 "종신토록 나무 벌레만 먹게 하라. 죽을 때 그들은 꿀통에서 헤엄칠 것이다"라고 했다.

의 사항을 심각하게 고려하는 것이다. 성도들에게 임하는 그 모든 고난에 대한 하나님의 계획은 그들을 연단하는 것뿐이다. 그들을 푸대접하거나 파멸시키시기 위함이 아니다. 무지한 영혼들은 그런 식으로 생각한다. 하지만 인내심이 강한 욥은 이렇게 말했다. "나의 가는 길을 오직 그가 아시나니 그가 나를 단련하신 후에는 내가 정금같이 나오리라"(욥 33:10) 신명기 8:2에도 그런 내용이 나온다. "네 하나님 여호와께서 이 사십 년 동안에 너로 광야의 길을 걷게 하신 것을 기억하라 이는 너를 낮추시며 너를 시험하사 네 마음이 어떠한지 그 명령을 지키는지 아니 지키는지 알려 하심이라." 하나님이 그들에게 그런 고난을 주심으로써, 그들의 마음속에 무엇이 들어 있는지가 알려지게 되었다. 푸른 나무에 불을 붙이면, 전에는 없는 것처럼 보이던 액체가 거기서 다량으로 흘러나오는 것을 보게 된다. 연못의 물이 말라야 진흙, 오물, 두꺼비 등이 보이게 된다. 눈이 거름무더기들을 덮고 있는 것처럼, 번영은 많은 썩은 심령을 뒤덮고 있다. 따뜻한 목욕통에서 목욕을 하는 것이나 햇빛이 나는 날에 새들이 노래하는 것은 쉬운 일이다. 그러나 짓궂은 날씨는 우리의 건강을 시험해 본다. 바람이 부는 날에는 시든 이파리들이 곧바로 떨어지며 썩은 가지들이 자기 무게를 견디지 못하고 신속히 부러진다. 여러분은 현명하니 이 말을 어떻게 적용해야 하는지 알고 있을 것이다.

고난은 찬 서리와 같아서 살 속을 파고든다. 우리가 건강하지 못할 때 우리는 곧바로 추위를 호소하게 될 것이며, 가장 심하게 상한 부위가 가장 움츠러들게 될 것이다. 우리는 두드려서 쇠를 단련한다. 만일 그것이 낭랑한 소리를 내면 우리는 그것을 좋아하게 된다. 마찬가지로 하나님은 자기 백성을 두드림으로써 단련하신다. 만일 두드려서 명랑한 소리가 나면 하나님은 그들의 밤을 낮으로 변화시키실 것이다. 그들의 비통을 기쁨으로, 그들의 십자가를 면류관으로 바꾸실 것이다. 그 때 그들은 이런 음성을 듣게 될 것이다. "일어나라 빛을 발하라 이는 네 빛이 이르렀고 여호와의 영광이 네 위에 임하였음이니라"(사 60:1).

일곱 번째 대책. 이런 사단의 책략에 대한 일곱 번째의 대책은 아래의 사항을 엄숙하게 고려하는 것이다. 사악의 길에 임하는 고난, 진노, 비참은 거룩의 길에 임하는 것보다 훨씬 더 크고 더 무섭다.[73] 오, 사악의 길로 행하는 영혼의 양심이 당하는 고통, 쓰라림, 답답함, 뜨거움, 고민이 얼마나 심한지! 이사야는 이렇게 말했다. "오직 악인은 능히 안정치 못하고 그 물이 진흙과 더러운 것을 늘 솟쳐내는 요동하는 바다와 같으니라"(사 57:20). "여호와께서 말씀하시되 악인에게는 평강이 없다 하셨느니라"(사 48:22). 악인이 받는 모든 긍휼에는 올무가 들어 있으며 그들이 받는 모든 위로에는 집 안팎에서 만나게 될 저주와 십자가가 동반된다. 그 안에 가시가 들어 있는 화려한 양복이 무슨 소용이 있

---

[73] 죄는 종종 사람을 전능하신 하나님의 진노를 무감각하게 만든다. 죄는 수많은 사람들을 가장 예리한 가시로 찔러도 꿈쩍 않는 자가 되도록 만든다.

단 말인가? 그 바닥에 독이 깔려 있는 금잔이 무슨 필요가 있는가? 부러진 다리 위에 신겨진 비단 양말이 무슨 가치가 있는가? 사악한 길로 행하는 죄인에게는 언제나 하나님의 저주, 하나님의 진노, 하나님의 증오, 하나님의 극심한 분노가 임하는 법이다.

신명기 28장을 편 후 15절부터 끝까지 읽어 보라. 그리고 레위기 26장으로 가서 14절부터 그 장 끝까지 읽어 보라. 그러면 여러분은 하나님의 저주가 얼마나 사악한 자들을 괴롭히는지를 알게 될 것이다. 그가 가는 모든 길에 풍랑이 몰아칠 것이다. 도시에서도 재난이 그를 뒤따를 것이며 시골에서도 그를 덮칠 것이다. 들어올 때 그것이 따라올 것이며 나갈 때도 그를 좇을 것이다. 여행할 때도 동무가 될 것이다. 그것은 그의 창고를 골치 아픈 것으로 채울 것이며 가장 달콤한 음식을 먹을 때도 하나님의 진노가 함께 임할 것이다. 그것은 그의 장롱 속의 좀이 될 것이며 가축의 역병이 될 것이며 밭의 깜부기, 양 떼의 간장(肝腸)병이 될 것이다. 종종 그의 자식이 그의 가장 큰 괴로움과 혼란의 거리가 될 것이다. 죄 된 길로 행하는 죄인에게는 충실한 기쁨, 지속적인 평안, 순수한 위로가 전혀 없다.[74] 복수의 칼이 가는 실에 매어 그들의 머리 위에 언제나 달려 있을 것이기 때문이다. 양심의 눈이 열려 그 칼을 볼 수

---

74) 죄는 슬픔과 아픔을 가져온다. 아담이 금단의 열매를 맛보았을 때 그의 머리는 고통이 있었다. 살아 있을 때는 조심스럽게 노래해도 죽을 때는 공포의 소리를 지른다. 악인도 마찬가지이다.

있다면, 그런 영혼에게 무슨 기쁨과 무슨 만족이 있을 것인가? 아! 그런 영혼에게 임하는 공포와 당혹, 떨림과 전율이여!

열 번째 책략.

성도들로 하여금 그들 자신과 그들의 길을 그들보다 더 평판이 나쁜 사람들과 자주 비교하게 한다. 이런 책략을 통해 악마는 자만심이 등등했던 바리새인을 이끌어 저주받은 환경 가운데서도 자신을 찬양하게 만들었던 것이다. "하나님이여 나는 다른 사람들 곧 토색, 불의, 간음을 하는 자들과 같지 아니하고 이 세리와도 같지 아니함을 감사하나이다"(눅 18:11). 사단은 말한다. "너는 작은 일에도 '너의 신앙과 성실을 두고' 맹세를 하지만 이런저런 사람은 상처와 피를 가지고 맹세를 한다. 너는 가끔씩 약간 음탕하지만 어떤 이는 매일 실제적인 음란과 음욕으로 자기 자신을 더럽히고 오염시킨다. 너는 장난감이나 그런 시시한 것들을 가지고 네 이웃을 속이지만 어떤 이는 어마어마한 일을 가지고 타인들을 속이며 심지어는 그들을 파멸시키고 멸망시키기까지 한다. 너는 술주정뱅이와 함께 앉아서 잡담하며 한 모금씩 마시지만, 어떤 이는 주저앉아서 마시다가 그들과 함께 취해버린다. 너는 생각과 습관이, 언행이 약간 거만할 뿐이다."

첫 번째 대책. 이런 사단의 책략에 대한 첫 번째의 대책은 아래의 사항을 엄숙하게 고려하는 것이다. 어떤 사람이 위선자라는 것을 가장 분명하고 가장 확실하게 논증하는 길은 그가 남에 대해서는 눈을 날쌔게 움직이지만 자기에 대해서는 눈을 감아버린다는 것을 증명하는 것이다. 그가 "형제의 눈 속에 있는 티는 보고 네 눈 속에 있는 들보는 깨닫지 못한다"(마 7:3)는 것을 드러내는 것이다. 그는 다른 사람들의 죄는 안경을 끼고 살피지만 자기의 죄를 보기 위해서 거울을 사용하지는 않는다. 그는 자기 손가락을 다른 사람들의 상처 속에다 넣고 후벼 그들의 죄를 크게 하고 악화시키지만, 자기의 상처는 언제나 가리려고 할 것이다.

두 번째 대책. 이런 사단의 책략에 대한 두 번째의 대책은 여러분 자신을 여러분보다 더 나쁜 사람들과 비교하기보다 여러분의 내적·외적인 행동을 하나님의 규칙 및 말씀과 비교하는 데 더 많은 시간을 사용하는 것이다.75) 결국 여러분은 그런 것에 의해 심판을 받게 될 것이기 때문이다. 자기 자신을 보다 더 고약한 타인들과 비교하면 자신은 스스로와 다른 사람들에게는 천사처럼 보일 수 있을 것이다. 하지만 말씀과

---

75) 우리가 하나님과 그 말씀에 가까이 할수록 우리의 뼈가 얼마나 부패했는지를 발견할 것이다. 태양을 응시하면 할수록 땅을 내려다볼 때 잘 볼 수 없을 것이다. 마찬가지로 하나님과 그의 말씀을 가까이 하게 되면 죄를 죽이고 더욱 거룩하게 된다.

비교해 보면 악마처럼 보일 수가 있다. 그렇다. 바로 악마처럼 보인다는 말이다. "예수께서 대답하시되 내가 너희 열둘을 택하지 아니하였느냐 그러나 너희 중에 한 사람은 마귀니라 하시니"(요 6:70). 그런 사람들은 그분께서 입에서 토하여 내칠 그런 자들이다.

사단은 "이 세상의 신"이라고 불린다(고후 4:4). 왜냐하면 하나님이 태초에 말씀하시니 그대로 된 것처럼, 악마가 손가락을 올려 약간의 암시라도 준다면 세상 사람들은 곧바로 악마의 뜻을 행할 준비가 되어 있기 때문이다. 그 일이 비록 그들의 영혼을 영구히 파멸시키는 것이라 할지라도 말이다. 아, 그들이 만일 자기 자신을 가장 불의한 자가 아니라 가장 의로운 규칙과 비교해 본다면 그들이 어떤 괴물로 보일 것인가? 그들은 지옥 자체처럼 시꺼멓게 보일 것이다.

세 번째 대책. 이런 사단의 책략에 대한 세 번째의 대책은 아래의 사항을 심각하게 고려하는 것이다. 비록 여러분의 죄가 다른 사람들의 죄처럼 크지는 않다 할지라도 여러분 편에서 건전하게 회개하지 않고 하나님 편에서 긍휼로 용서하지 않는다면 여러분도 다른 사람들처럼 반드시 저주를 받게 될 것이다. 물론 그들과 꼭 같은 고통을 받지는 않겠지만 말이다.[76] 하나님의 영광스러운 은혜가 그리스도의 면전에서 여러분에게 비추지 않는다면, 여러분도 반드시 다른 사람들처럼 지옥으

---

76) 하늘에서 다른 이보다 더 영광스러운 자리에 있게 되는 것처럼 악인은 지옥에서 더 비참한 지경에 떨어질 것이다(어거스틴).

로 가게 될 것이다. 여러분의 지옥이 비록 다른 사람들이 가는 지옥만큼 뜨겁지는 않겠지만 말이다. 하나님은 사람들의 죄에 맞춰 그들에게 형벌을 내리실 것이다. 가장 큰 죄에 대해서는 가장 큰 형벌이 내리게 될 것이며 보다 더 작은 죄에 대해서는 보다 작은 형벌이 내리게 될 것이다. 만일 여러분이 죽게 될 경우, 그나마 여러분에게 위로가 된다면 바로 이런 사실일 것이다. 여러분이 하나님, 그리스도, 천사들, 성도들의 그 영광스런 면전으로부터 영구적으로 쫓겨나기는 하겠지만 여러분은 다른 사람들과 동일하게 고난을 받지는 않을 것이다. 어쨌든 여러분은 영생의 그 좋은 것들을 받지 못하게 될 것이다. 그 좋은 것들은 너무도 수가 많아 셀 수 없으며, 너무도 거대하여 측량할 수 없으며 너무도 귀하여 추정할 수조차 없는 것들이다! 이것은 분명하다. 지옥에 있는 모든 눈물을 다 모아도 천국을 상실한 것을 애통해하기에 불충분하다. 여러분은 불에 타는 벌레처럼 원통과 후회 속에서 이를 갈게 될 것이다. 에베소 교인들이 바울의 얼굴을 더 이상 보지 못하게 될 것으로 인해 울었다고 한다면(행 20:37), 영생 복락을 **빼앗긴** 그 설움은 얼마나 더 통탄스러울 것인가! [77]

그러나 이것이 다가 아니다. 여러분은 하늘에만 못 들어가게 되는 것이 아니라 영구적으로 지옥에 갇히게 될 것이다. 하나님과 천사들의

---

[77] 사죄, 소망, 자비, 영향, 위로 및 구원의 문들이 닫혀진 것이다(마 25:10).

면전에서 쫓겨날 뿐만 아니라 악마 및 저주받은 영들과 영원히 함께 거하게 될 것이다. 하나님의 오른편에 있는 그 달콤하고 엄청나고 상상을 초월한 영구적인 기쁨으로부터 분리될 뿐 아니라, 끝도 없고 치유책도 없고 한도 없는 그 고통 가운데서 영구적으로 고통을 당하게 될 것이다.[78] 아, 영혼이여, 여러분이 회개함으로써 여러분의 죄로부터 벗어나는 것이 계속해서 죄 가운데서 살다가 여러분이 방금 들은 그 내용이 사실이라는 것을 뼈저리게 느끼게 되는 것보다 일만 배나 더 낫지 않겠는가?

이스라엘의 하나님은 긍휼이 매우 풍성하시다. 아, 여러분이 회개하고 돌아오기를 기원한다. 그리하여 여러분의 영혼이 영구적으로 살게 되기를 기원한다! 이것을 기억하라. 저주받은 자들의 고통은 그 형벌이 중함으로 인해 혹심할 것이다. 게다가, 그 형벌의 영원성으로 인해 더할 나위 없이 고통스러울 것이다. 한이 없이 고통을 당한다는 것, 이것은 모든 인내와 절망의 한계를 벗어나는 일이다. 아, 그들이 영구적으로 '영원한 불 못'에 거해야만 한다는 생각이, 저주받은 자들로 하여금 그 얼마나 마음을 불안하게 하며 그로 인해 포효하며 소리치며 머리를 쥐어뜯으며 이를 갈며 미쳐 날뛰게 할 것인지!

---

[78] 크리소스톰은 지옥을 '간청할 수도 없는 곳이기에 빠져나올 수도 없는 곳'이라고 했다.

열한 번째 책략.

영혼들과 사람들의 판단을 비참한 경험이 충분히 증명해 주고 있는 그런 위험스런 오류로 오염시키고 타락시킨다. 그 오류는 원래 사람들의 영혼을 모든 방종과 사악으로 몰아가는 경향이 있다. 아, 얼마나 많은 사람들이 이런 생각으로, 즉 그리스도의 명예를 실추시키고 영혼을 파멸시키는 생각으로 채워져 있는지. 다시 말하면, "규례는 가련하고 비천하고 육체적인 것들이며, 그것을 초월해서 살 수 있을 뿐 아니라 그것 없이도 살 수 있는 것들이다."라고 생각하는 것이다. 성경은 오류와 불확실한 것들로 가득 차 있어서, 내 안에 있는 영이 합의한 내용 이상으로 더 관심을 기울일 바가 못 된다. 중보자를 통해서 하나님을 예배하는 것은 우상숭배는 아니라 할지라도 가련하고 비천한 것이다. 부활은 이미 지나간 것이며, 예수 그리스도와 같은 분은 전혀 없었다. 모든 게 비유일 뿐이며, 사람들 속에 생래적으로 가지고 있는 빛과 사랑, 선한 기질 이외에는 하나도 의미가 없다. 하나님도 악마도 없고 하늘도 지옥도 없으며, 오직 우리 안에 있는 것만이 존재할 뿐이다. 성도들에게는 죄가 없으며 성도들은 율법 아래 놓여 있는 게 아니라 성령의 법 아래 놓여 있는데, 그 법은 전적인 자유이다. 죄와 은혜는 다 같이 선한 것이며 하나님의 뜻과 일치하는 것이다—이런 백여 가지의 끔찍한 의견들을 가지고 있으니, 사악이 우리 가운데서 홍수같이 터져 나올 수밖에 없는 것이다.

첫 번째 대책. 이런 사단의 책략에 대한 첫 번째의 대책은 그릇되고 헛된 마음을 가진 사람은 하나님께 부패한 인생임과 동시에 구역질이 나는 인생임을 엄숙하게 고려하는 것이다.[79] 머리에 문둥병이 발한 사람은 극히 불결하다고 공언하여야 하였다(레 13:14). 중대한 오류는 마음을 어리석게 하며 인생을 방종하게 만들며 영혼을 하나님이 보시기에 가볍게 만든다. 오류는 탈저(脫疽)병처럼 퍼져나가며 부식시킨다. 그리고 영혼을 하나님이 보시기에 문둥병자로 만든다.[80]

이방인들에게 내렸던 하나님의 무겁고 무서운 질병은 판단력이 없는 심령에게, 또는 지각이 없는 심령에게, 하나님으로부터 거부당하고 인정을 받지 못하며 미움을 받는 심령에게, 흠모할 이유가 전혀 없고 오히려 수치스럽게 생각되는 심령에게 임하는 법이다(롬 1:28). 나는 오늘날 하나님께서 많은 사람들의 이전 사악을 그들의 영혼을 파멸시키는 오류에 넘기심으로써 처벌하신다고 생각한다. 아, 주여, 이런 긍휼을 제가 겸손히 구하옵니다. 당신께서 저를 당신 자신의 손으로라면 어떤 식으로 처리하셔도 좋습니다만, 저를 수천의 사람들이 자기 영혼을 망친 그리고 영구히 파멸하게 된 그런 서글픈 오류에 넘겨버리시지는 마옵소서.[81]

---

79) 눈이 먼 것은 다리를 저는 것보다 더 심한 고통이다.

80) 오류의 숨결은 전염이 강하다. 콩고의 개처럼 짖지는 않으나 문다.

81) 오류를 끝까지 고집하는 것은 마귀적이다. 그러므로 오류에 빠지지 않는 것이 최상이다. 그 다음은 우리의 오류를 수정하는 것이다.

두 번째 대책. 이런 사단의 책략에 대한 두 번째의 대책은 아래의 사항을 엄숙하게 고려하는 것이다. 진리를 애정이 있는 마음으로 받아들여 진리가 여러분의 영혼 안에서 풍성하게 거하도록 하여야 한다. 사람들이 진리에 대항하여 일어설 때, 진리가 들어가려 하나 사람들이 진리에 대해 영혼의 문을 닫아 버릴 때, 하나님은 공의 가운데서 그런 영혼들을 오류에 유혹되도록 하고 그릇 가게 내버려두시며 영구적으로 파멸하게 내버려두신다. "불의의 모든 속임으로 멸망하는 자들에게 임하리니 이는 저희가 진리의 사랑을 받지 아니하여 구원함을 얻지 못함이니라 이러므로 하나님이 유혹(희랍 원어대로 하면, "오류의 효능")을 저의 가운데 역사하게 하사 거짓 것을 믿게 하심은 진리를 믿지 않고 불의를 좋아하는 모든 자로 심판을 받게 하려 하심이니라"(살후 2:10-12).

아, 선생들이여, 여러분이 만일 여러분의 영혼을 사랑한다면, 진리에 대항함으로 그리고 진리에 도전함으로써 하나님을 자극하거나 화나시게 하지 말라. 그러면 그분이 여러분을 넘겨주어 거짓을 믿게 만들 것이며, 여러분은 영영 저주를 받게 될 것이다. 진리를 사랑하는 가운데 진리를 받아들이는 사람이 이 땅에서 오류에 대해 가장 안전하게 보호를 받는 사람이다. 그런 영혼은 "사람의 궤술과 간사한 유혹에 빠져 모든 교훈의 풍조에 밀려 요동치 않게"(엡 4:14) 된다.[82] 자기 판단력을

---

82) 본문에 사용된 헬라어는 죽음의 사기술을 나타내는 말이다. 그러한 간사한 속임수들은 도박판에서 즐겨 사용된다.

건전하고 명석하게 유지하는 행복을 가장 크게 누릴 사람은 진리를 머리로 받아들이는 사람이 아니라 애정을 가지고 마음속으로 받아들이는 사람이다. 그렇게 하지 않는 사람들은 스스로 속고 유혹을 받아 판단력이 오염되고 그들의 영혼을 파멸에 떨어지게 될 것이다.

아, 영혼이여, 여러분의 판단력이 오류로 오염되고 더럽혀지는 것을 원하지 않는다면, 여러분은 "그리스도의 말씀이 여러분 속에 풍성히 거하게 해야"(골 3:16) 할 것이다.[83] 그리스도의 말씀은 금보다 더 귀하기 때문이다. 그렇다. 정금보다 더 귀하기 때문이다. 여러분의 판단력을 정숙하고 건전하게 유지하려면 진리를 듣거나 진리를 알거나 진리를 칭송하거나 진리에 대해 말할 게 아니라, 진리가 여러분의 영혼에 내주(內住)하도록 해야 할 것이다. 많은 영혼들이 유혹하는 자의 손에 빠져서 살며, 손쉽게 "자기를 광명의 천사로 가장"(고후 11:14)하는 자의 그 미혹하는 오류 가운데서 살아간다. 그는 사람들을 이끌어들여 어두움의 사슬에 매이게 하며 자기와 함께 영원히 살도록 한다. 오, 말씀을 멀리하지 말며, 그것을 여러분의 가장 좋고 가장 친밀한 벗으로 삼아라! 그러면 여러분은 많은 이들이 여러분의 오른편과 왼편에서 넘어지게 되는 그 날에도 살아남을 수 있을 것이다. 유혹자의 간사한 말에 속지 말라. "보라 그리스도가 여기 있다. 아니, 저기 있다"(마 24:23).

---

[83] 당신의 영혼에 합병된 말씀이 당신의 마음에 거하게 하라. 먹고 소화시킴으로써 그 말씀이 당신의 일부가 되게 하라.

친구들에게 다음과 같이 조언하는 그의 말속에는 은혜보다는 간교(奸巧)가 담겨 있다. "진리에게 너무 가까이 다가가지 말라. 네 이빨이 진리의 발굽에 밟혀 부러질까 하노라." 아, 영혼이여, 만일 진리가 여러분 안에 풍성히 거한다면 여러분은 행복할 것이다. 그렇지 않다면 여러분은 그 어떤 축복을 받고 산다 하더라도 행복하지 못할 것이다.[84]

멜랑히톤은 이렇게 말했다. "성수(聖水)에 대해서 그러하듯 진리에 대해서도 모든 사람들은 진리를 찬양하며 그 안에 진귀한 덕목이 들어 있다고 생각했다. 그러나 그들에게 진리를 뿌리겠다고 말해 보라. 그러면 그들은 눈을 감아 버리며 돌아서서 얼굴을 딴 곳으로 돌리고 말 것이다."

세 번째 대책. 이런 사단의 책략에 대한 세 번째의 대책은 아래의 사항을 엄숙하게 고려하는 것이다. 오류는 그 오류를 품는 자로 하여금 손실을 당하게 한다. 사람들이 자기 오류를 옹호하고 방어하기 위하여, 그 오류를 널리 펴고 세상을 오류로 물들이기 위하여 하는 모든 고통과 노고는 아무런 유익도 가져오지 못할 것이다. '각각 공력이 나타나고… 불이 각 사람의 공력이 어떠한 것을 시험할' (고전 3:11-15) 그 날에 그들에게 전혀 도움이 되지 못할 것이다. 아, 아침 일찍 일어나며 늦게 잠

---

84) 진리는 마침내 승리한다. 진리는 만인에게 공개될 것이다. 진리 안에 거하는 자는 주 앞에 서게 될 것이나 그렇지 않은 자는 하늘에서 떨어진 별들일 것이다.

자리에 들며, 하나님을 수치스럽게 만들고 영혼을 파멸시키는 사상을 전파하고 펴는 데 시간과 힘과 정력과 모든 것을 사용하는 사람들은 모두 이것을 심각하게 고려해야 할 것이다. 오류를 전파하기 위하여 그들이 수고하고 애쓰며 앞으로도 애쓸 그 모든 수고는 물거품이 될 것이다. 만일 그들이 구원을 받는다 하더라도 그것은 불 가운데서 구원을 받는 것같이 될 것이다. 아, 선생들아, 양식이 아닌 것을 위하여 돈을 내어주는 것이 무익한 일이 아닌가?[85] 결산을 해야 할 날에 그리고 여러분의 모든 공력이 불로 시험을 받게 될 날에 여러분을 이롭게 하지 못할 것을 위하여 힘을 쓰는 것이 무익한 일이 아닌가? 아, 제대로 된 영혼이라면 결국은 "진리를 사고서 팔지 않으려" 할 것이다(잠 23:23). 이것을 기억하라. 여러분은 진리를 아무리 많이 사도 괜찮을 것이다. 그 어떤 값을 치르고 사도 무방할 것이다. 온 세상을 얻고 진리를 팔았다 해도 여러분은 충분한 값을 받았다고 할 수 없을 것이다.

    시저에 대한 이런 일화가 있다. 그는 자기 곤룡포보다는 책에 더 큰 관심을 두어서 원수들에게 쫓겨 강을 건널 때도 손에 책을 들고 헤엄쳤고, 책을 놓는 대신 그의 옷을 버렸다고 한다. 아, 하나님의 책에 비하면 시저의 책들이 그 무슨 가치가 있겠는가? 그렇다면 이것을 기억하라. 진리를 궁구하기 위하여 또는 진리를 전파하기 위하여 사용한 하루가,

---

85) 오류는 유리처럼 빛나나 쉽게 깨어진다. 망치나 불을 견디지 못한다. 그러나 금은 문지르거나 녹여도 견고하게 남아 있다.

아니 한 시간이 부패하고 헛된 의견을 연구하고 전파하기 위하여 사용한 수만 년의 세월보다 영혼에게 더 위로가 되고 더 유익이 될 것이다. 그런 의견은 하늘에서 나온 것이 아니라 지옥에서 나온 것이며, 마지막 때 이 세상을 심판하실 하나님으로부터 온 것이 아니라 이 세상 신으로부터 나온 것으로서, 사람들의 온갖 타락한 소견에서 연유한 것들이다.

네 번째 대책. 이런 사단의 책략에 대한 네 번째의 대책은 아래의 사항을 엄숙하게 고려하는 것이다. 경건에 반대되는 모든 교리와 의견을 증오하고 거부하고 혐오하는 것이다.[86] 그런 의견은 불경으로 통하는 문을 여는 것이다. 그런 모든 교리와 의견은 사람으로 하여금 성경이 요구하는 것 이상으로 엄격한 규율을 지키게 한다. 부패한 본성이 초자연적인 일들을 행할 수 있다고 찬양한다. 그러나 그런 일은 그리스도를 무덤에서 살린 그 초자연적인 힘이 아니고는 전혀 할 수가 없는 것이다. 그런 의견은 그리스도의 의보다는 우리 자신의 의를 높이는 것이다. 그리스도 대신에 선행을 앞세우는 것이며 선행을 그리스도의 동업자로 만드는 것이다. 그 모든 의견들은 그리스도와 그분의 의는 추앙하지만 거룩과 의의 모든 의무들은 경시한다. 복음 시대 신자들의 영광스

---

86) 옛 금조각 하나는 수천명의 새로운 계수원보다 가치가 있다. 하나님의 옛 진리 하나가 수천개의 새로운 오류들보다 낫다. 모든 오류들을 참되게 미워하라. 한 가지 오류에는 언짢은 표정을 하면서 다른 것에 미소를 보내는 것은 슬픈 일이다.

럽고 축복된 특권들을 율법 시대 신자들의 그것보다 열등한 것으로 만든다. 아, 여러분의 영혼들이 그런 의견에 대항하여 거룩한 증오심으로, 강력한 분노로 일어섰으면 한다. 다른 사람들이 넘어질 때 여러분은 서고, 한때 빛나는 별처럼 빛을 발하던 많은 사람들이 악취 나는 쓰레기로 화할지언정 여러분은 궁창의 태양처럼 빛이 나게 되기를 기원한다.[87]

다섯 번째 대책. 이런 사단의 책략에 대한 다섯 번째의 대책은 진리를 사수하는 것이다. 무릇 마음이 여호와에게서 떠나지 않았다면 인간은 사람을 믿으며 혈육으로 그 권력을 삼지 않을 것이다(렘 17:5). 마찬가지로, 사람들은 진리를 던져버리지 않았다면 오류에 의존하지 않을 것이다. 그러므로 진리에 착념하라(딤후 1:13; 딛 1:9). 진리는 여러분의 면류관이니, 그것을 굳게 붙들라. 그리고 다른 사람이 여러분의 면류관을 빼앗아가지 못하게 하라. 하나님께서 진리가 여러분의 영혼에게 달콤하게, 꿀보다 아니 송이 꿀보다 더 달콤하게 느껴지도록 하시지 않으셨는가? 삼손이 송이 꿀을 먹었던 것처럼 여러분도 진리를, 하늘의 송이 꿀을 먹고 나서 계속해서 하늘을 향해 전진하지 않으려는가? 아, 영혼들이여, 여러분은 여러분의 영을 달콤하게 해주고 여러분의 영을

---

87) 기드온에게 70명의 아들이 있었다. 그 중에 하나가 악당이었다. 그 한 악당이 나머지 모두를 죽였다(삿 8:13). 한 실수가 바른 길에서 이탈하게 할 수 있음을 기억하라.

기운차게 하고 따뜻하게 하고 기력을 회복시키고 든든하게 하는 진리를 아직 발견하지 못하였는가? 여러분은 진리가 여러분을 인도하는 안내자이며, 여러분을 지탱하는 지팡이며, 여러분의 힘을 북돋우는 강장제요, 치유하는 고약이라는 것을 아직 발견하지 못하였는가? 여러분은 진리에 굳게 붙어 있지 않으려는가? 여러분이 가장 큰 고난을 당할 때 진리가 여러분의 가장 좋은 친구 노릇을 해주지 않았는가? 친구들이 떠나갔을 때도 진리는 여러분의 곁을 지키지 않았는가? 온 세상이 여러분을 해친 일보다는 진리가 여러분에게 해준 일이 더 많지 않던가? 그런데도 여러분은 진리를 사수하지 않겠단 말인가? 진리가 여러분의 오른쪽 눈이 아닌가? 그것이 없으면 여러분은 그리스도를 볼 수 없을 것이다. 진리가 여러분의 오른손이 아닌가? 그것이 없으면 여러분은 그리스도를 위하여 일을 할 수가 없다. 진리가 여러분의 오른발이 아닌가? 그것이 없으면 여러분은 그리스도와 함께 걸을 수가 없다. 이런데도 여러분은 진리를 강력하게 붙들지 않으려는가? 오! 여러분의 판단력과 이해력을 통해 진리를 굳게 붙들기 바란다. 여러분의 의지와 애정을 통해, 여러분의 신앙고백과 대화 가운데서 진리를 굳게 붙들도록 하라.

 진리는 금이나 루비보다 더 귀한 것이며 "진주보다 귀하니 너의 사모하는 모든 것으로 이에 비교할 수 없다"(잠 3:15). 진리는 하늘의 안경이니, 그것을 통해서 우리는 신적 지혜, 권능, 위대함, 사랑, 긍휼의 광휘(光輝)를 볼 수가 있을 것이다. 이 거울로 여러분은 그리스도의 얼굴, 그리스도의 은총, 그리스도의 부요, 그리스도의 마음이 여러분의 영혼을 향하여 역동적으로 움직이는 것을 볼 수 있을 것이다. 오! 룻이 나오미에게 언급하였듯이(룻 1:15,16), 여러분의 영혼이 진리에 착념하였으면 좋겠다. 그리고 이렇게 말하였으면 좋겠다. "나는 진리를 떠나지 아니 하겠으며 진리를 좇는 일에서 돌이키지 아니할 것이다. 진리가 어디로 가든 나는 그리로 가겠으며 진리가 머무는 곳에 나도 머물 것이다. 죽임 이외에는 진리와 내 영혼을 갈라놓지 못할 것이다." 요한이 빌라델비아 교회에게 말한 내용을 여러분에게 인용하고 싶다. "네가 가진 것을 굳게 잡아 아무나 네 면류관을 빼앗지 못하게 하라"(계 3:11). 면류관은 왕권을 최고로 상징하는 것이다. 진리가 바로 그런 것이다. "아무나 네 면류관을 빼앗지 못하게 하라." 디도가 말했듯이, "미쁜 말씀의 가르침을 그대로 지키도록"(딛 1:9) 하라. 여러분은 진리 외의 것은 다 놓아주는 게 좋을 것이다. 여러분은 명예나 부요, 친구나 쾌락, 세상의 호감 따위를 다 놓아주는 게 좋을 것이다. 그렇다. 가장 가깝고 가장 친밀한 관계를 잃어버릴지언정, 여러분의 생명까지 잃어버릴지언정, 진리를 놓아주어서는 안 된다. 오, 진리를 사수하라. 그러면 진리가 여러분을 영구히 안전하고 행복하게 보호해줄 것이다. 진리에 의하여 지킴을 받는 영혼들은 축복을 받은 이들이다.

여섯 번째 대책. 이런 사단의 책략에 대한 여섯 번째의 대책은 겸비함을 잃지 않는 것이다. 겸손은 영혼을 사단이 던지는 많은 단창, 그가 쳐둔 오류의 올무에서 우리를 보호해 준다. 낮은 나무가 큰 나무들을 흔들고 꺾는 사나운 질풍과 폭풍우로부터 자유롭듯이, 겸손한 영혼은 거만하고 교만한 영혼들을 찢고 무너뜨리는 질풍노도로부터 자유롭다. 사단과 세상은 겸비한 영혼을 오류로 얽어매는 데서 가장 무력하다. 영혼 안에 빛과 진리가 더 거하면거할수록, 어두움과 오류는 그 영혼으로부터 더 멀리 떨어지게 될 것이다. 사람들이 빈 잔에 술을 따르듯이, 은혜의 하나님은 겸비한 영혼에게 은혜를 쏟아 부어 주신다. 은혜가 영혼에게 부어지면 부어질수록, 오류가 그 사람을 억압하지 못하게 될 것이며 그 영혼을 오염시키지 못하게 될 것이다.[88]

　이것이 바로 시편 25:9에 나오는 축복된 말씀의 내용이다. 하나님이 "온유한 [겸비한] 자를 공의로 지도하심이여 온유한 자에게 그 도를 가르치시리로다"(시 25:9).[89] 분명한 것은, 하나님의 인도를 받고 하나님의 가르침을 받는 영혼은 쉽게 그릇된 길에 빠지지 않는다는 것이다. 오, 영적 교만을 경계할진저! 교만은 우리의 허황된 마음을 채우지만 우리의 은혜는 약화시킨다. 그것은 우리의 마음속에서 오류에게 자리를 만들어준다. 지상에는 자만한 영혼만큼 쉽게 오류에 의해 얽매이며

---

[88] 나는 이 땅에 악마가 판을 치고 돌아다니는 환상을 본 사람에 대해서 들은 적이 있다. 그는 슬픔 가운데서 스스로 말하기를 "이 모든 것들을 누가다 견뎌낼 수 있단 말인가?"라고 했다. 그러자 한 소리가 나기를 "겸손한 자가 견딜 것이다"라고 했단다.

[89] 히브리어는 "겸비한" 혹은 "고난당한"이라는 의미이다. 높은 파도는 쉽게 부서지고 정오의 태양은 곧 서산으로 기운다.

정복당하는 자가 없다. 오, 기록된 말씀 이상으로 현명해지고자 하는 것, 지식 탐구에 있어서 호기심이 지나치고 절제하지 못하는 것, 자기 능력과 역량을 과신하고 모든 비밀을 꼬치꼬치 캐는 것, 세속적인 생각으로 우쭐해지는 것은 위험한 일이다. 그렇듯 겸손의 한계를 벗어나 높이 솟아오르는 영혼은 대개 가장 악독한 오류에 빠지게 된다. 이는 매일의 경험이 증명하는 바이다.

일곱 번째 대책. 이런 사단의 책략에 대한 일곱 번째의 대책은 오류가 생산하는 큰 해악을 상고해 보는 것이다. 오류는 자식을 많이 낳는 어머니인데, 동리, 도시, 나라에다 불을 놓는 그런 극악무도한 자식들을 생산한다.90) 오류는 많은 사람을 넘어지게 하고 그들에게 상처를 입힌다. 그렇다. 많은 강건한 남자들을 죽였으며 많은 위대한 사람들을, 많은 식자들을, 많은 신앙 고백자들을 살해해 온 음탕한 여인이다. 이 사실은 하나님으로부터 받은 게 별로 없는 사람, 진리가 결핍된 사람, 사단에 의하여 눈이 가려진 사람에게서 너무도 명백하게 찾아볼 수 있다. 오, 오류가 약화시킨 은혜여, 오류가 매장시키긴 않았어도 가려 버린 즐거움과 위로여! 오, 오류가 약화시킨 손들이여, 오류가 가려 버린 눈들이여, 오류가 왜곡시킨 판단력이여, 오류가 어둡게 만든 지성이여,

---

90) 양심에 있는 오류들은 큰 악들을 낳는다. 단지 사람들의 영혼에 악을 낳는 것만이 아니라 사람들의 일도 그릇되게 만든다.

오류가 강퍅하게 한 마음이여, 오류가 싸늘하게 만든 애정이여, 오류가 마비시킨 양심이여, 오류가 오염시킨 생명이여! 아, 영혼들이여, 여러분이 이 사실을 엄숙하게 고려한다면 지옥보다 더 극악한 오류를 보고 떨지 않을 수가 있겠는가?

열두 번째 책략.

사악한 친구들을 선택하며 사악한 모임을 계속하게 한다. 오! 사단이 사람들을 유인하여 죄짓게 하는 그 끔찍한 부정과 사악이여. 사람들을 움직여 헛된 자들과 함께 동석하게 하고 교제하게 하는 그 끔찍한 부정과 사악이여.

첫 번째 대책. 이런 사단의 책략에 대한 첫 번째의 대책은 여러분의 마음이 감명을 받을 때까지 하나님의 계명을 계속해서 묵상하는 것이다. 하나님의 계명은 우리에게 사악한 자들과 교제하는 일을 피하라고 명시적으로 요구한다. "너희는 열매 없는 어두움의 일에 참여하지 말고 도리어 책망하라" (엡 5:11). "많은 무리들이 모인 중에서 모든 악에 거의 빠지게 되었었노라 하게 될까 하노라 너는 네 우물에서 물을 마시며 네 샘에서 흐르는 물을 마시라 어찌하여 네 샘물을 집 밖으로 넘치게 하겠으며 네 도랑물을 거리로 흘러가게 하겠느냐" (잠 5:14-16). 고린도전서5:9-11, 데살로니가후서 3:6, 잠언 1:10-15도 읽어 보라. 이런 성구들을 보고 여러분의 영혼으로 그것을 묵상하라. 헛된 사람들과 교제하는 것에 대해서 여러분의 영혼 속에서 거룩한 분노가 일어날 때까지 그리 하라. 욥이 말한 대로 "하나님은 사악한 자가 넘어질 때 손을 펴지 않으실 것이다"(욥 34:20, 30:24). 하나님의 계명은 쉽게 변개되는 것과 같지 아니하며, 그것은 메대의 법과 같아서 변경시킬 수 없다. 만일 이 계명들을 지금 여러분이 지키지 않고 있다면, 그리스도께서 여러분을 심판하시는 날 결국 그것들은 여러분에 대해서 불리한 증거를 하게 될 것이며 여러분의 목에 얹혀진 연자 맷돌이 될 것이다.[91]

두 번째 대책. 이런 사단의 책략에 대한 두 번째의 대책은 아래의 사항을 심각하게 고려하는 것이다. 그들과 사귀는 일은 매우 전염성이 강하고 위험하다. 이것은 위에서 언급한 성구를 보면 자명하다. 아, 사악한 자들과 교제하다가 얼마나 많은 사람들이 자기의 명예를 실추시켰으며 재산을 날렸으며 힘과 하나님을 잃게 되었으며 하늘을 잃게 되었으며 영혼을 잃게 되었는지 모른다! 여러분이 냄새나는 시체를 피하는 것처럼, 뱃사람들이 모래톱과 여울과 바위를 피하는 것처럼, 여러분이 염증을 가진 사람들을 피하듯이, 그렇게 사악한 사람들과의 교제를 피하도록 하라. 잡초가 곡식을 위협하듯, 나쁜 기질은 피를 위협하며 오

---

[91] 하나님의 계명은 인간의 모든 권세와 높음보다 더 무게가 있는 것이다(제롬).

염된 집은 이웃을 위협하며 사악한 동무는 영혼을 위협한다(잠 13:20). 92)

이교도 한 사람이 큰 풍랑이 이는 바다 가운데 서서, 배를 타고 가는 많은 사악한 이들이 신의 이름을 부르는 것을 쳐다보고 있었다. 그는 이렇게 말했다. "오, 기도를 억제하고, 말을 금하라. 나는 신들이 여러분이 여기 있다는 것을 알게 되기를 바라지 않는다. 신들은 할 수 있다면 우리 모두를 물에 빠뜨릴 것이기 때문이다." 아, 선생들아, 이교도가 사악한 사람들과 교제하는 가운데서 그렇게 많은 위험을 인식할 수 있었는데도, 여러분은 아무 위험도 인식할 수 없단 말인가?

세 번째 대책. 이런 사단의 책략에 대한 세 번째의 대책은 아래의 사항을 엄숙하게 고려하는 것이다. 성경이 사악한 자들을 어떻게 칭하고 평하는지 언제나 살피고 상고(詳考)하라. 성경은 그들의 사나움을 인하여 그들을 사자라 칭하며 그들의 잔인함을 인하여 곰이라 칭하며 무시무시함을 인하여 용이라 칭하며 더러움을 인하여 개라 칭하며 간교함을 인하여 여우라 칭한다. 성경은 그들을 전갈, 독사, 가시, 찔려, 덤불, 잡초, 오물, 겨, 먼지, 찌꺼기, 거품이라고 부른다. 여러 성경 구절이 그것을 증명한다(딤후 4:17; 사 11:7; 겔 3:10; 마 7:6; 계 22:15; 눅 13:22;

---

92) 악한 동무들과 동행하는 것은 태양 속에서 걷는 것과 같아 타 없어질 뿐이다.

사 10:17; 겔 2:6; 삿 9:14; 욥 21:18; 시 83:13, 18:42; 겔 22:18,19; 사 65:5; 겔 24:6). 사악한 사람들이 스스로에게 자랑삼아 붙이는 그런 이름과 칭호를 통해 그들을 인식하는 것은 안전하지 못하다. 그런 태도는 영혼을 현혹시킬 우려가 있다. 그러나 성경이 그들을 부르는 대로 그런 칭호대로 그들을 간주하는 것은, 영혼이 그들과 즐거이 사귀거나 교제하지 못하도록 막아줄 것이다. 그런 사람 스스로가 자신을 뭐라고 부르는지 혹은 아무개가 그들을 뭐라고 칭하든지 그것을 내게 말하지 말라. 성경이 그들을 어떻게 칭하며 성경이 그들을 어떻게 간주하는지를 나에게 말해 달라. 나발은 그의 이름대로 그의 성품 또한 그러하였다(삼상 25:25). 사악한 사람들의 이름이 어떠하면 그들의 성품 또한 그러하다. 성령께서 그들에게 붙여주신 적절한 명칭을 보면 여러분은 그들 속에 무엇이 들어 있는지 충분히 알 수 있을 것이다.

네 번째 대책. 이런 사단의 책략에 대한 네 번째의 대책은 아래의 사항을 엄숙하게 고려하는 것이다. 사악한 사람들과 교제하고 사귀는 것은 한 때 땅에서 명예롭게 살다가 지금은 하늘에서 승리를 구가하는 귀중한 영혼들에게 커다란 슬픔이요 짐이 된다는 점을 상고하라. "메섹에 유하며 게달의 장막 중에 거하는 것이 내게 화로다 내가 화평을 미워하는 자와 함께 오래 거하였도다"(시 120:5,6). 예레미야도 그렇게 말했다. "어찌하면 내가 광야에서 나그네의 유할 곳을 얻을꼬 그렇게 되면 내 백성을 떠나가리니 그들은 다 행음하는 자요 패역한 자의 무리가 됨이로다"(렘 9:2). 롯의 의로운 영혼도 그런 백성의 더러운 일상 대화로 인해 괴로움을 당했다(벧후 2:7).[93] 그들은 삶을 괴롭게 여겼으며, 살기보다는 죽기를 더 사모하였다. 그렇다. 그들은 살아 있지만 언제 죽을지 모르는 사람처럼 살았다. 선하고 은혜로운 영혼이 사악한 사람들과 대화할 때 얻어지는 것이 죄책이나 슬픔 외에 무엇이란 말인가?

---

93) 한 은혜로운 숙녀가 양심의 번민이 있는 가운데 이렇게 기도했다. "오 주님, 사악한 무리들이 있는 지옥에 가지 않게 하소서. 주님은 내가 그런 자들을 결코 사랑하지 않았음을 아시지 않습니까?

★★★
제3장

영혼의 거룩한 의무를 나태하게 하고 거룩한 봉사를 방해하고
종교적인 행위를 금지시키기 위한 사단의 책략

> Then he showed me Joshua the high priest standing before the angel of the LORD, and Satan standing at his right side to accuse him. (Zechariah 3:1)

"대제사장 여호수아는 여호와의 사자 앞에 섰고 사단은 그의 우편에 서서 그를 대적하는 것을 여호와께서 내게 보이시니라" (슥 3:1).

종교적인 행위를 금지시키기 위한 사단의 책략

내가 보여줄 두 번째의 내용은 사단이 영혼을 이끌어 죄 짓게 하는 데 사용하는 여러 가지 책략이다. 영혼을 거룩한 의무로부터 멀어지게 하고 거룩한 봉사를 하지 못하게 하며 종교적인 행위를 못하게 하기 위한 계략 말이다.

"대제사장 여호수아는 여호와의 사자 앞에 섰고 사단은 그의 우편에 서서 그를 대적하는 것을 여호와께서 내게 보이시니라"(슥 3:1).

첫 번째 책략.

세상에다 옷을 입히고 가면을 씌워서 영혼으로 하여금 덫에 걸리게 하며 그 영혼의 애정을 호린다. 사단은 세상을 아름답고 화려하게 꾸며 사람들에게 제시한다. 그것은 사람들을 호리는 광경이다.[1] (하지만, 이

---

1) 세상의 아름다움은 무력보다 더 성도를 좌절하게 한다. 아첨하는 말이 호통 치는 말보다 더 무력화시킨다. 폭풍 가운데서 우리는 우리의 옷깃을 잡아매나 뜨거운 햇빛은 옷을 벗게 하는 것이다.

것으로 그리스도를 잡을 수는 없었다. 사단은 자신이 가지고 있는 그 어떤 것으로도 그리스도를 호릴 수 없다는 것을 발견하였다) 그가 황금 미끼를 던지자마자 우리는 그것을 가지고 놀며 그것에다 대고 입질을 한다. 그가 황금 공을 던지자마자 사람들은 그것을 쫓아가기에 바쁘다. 그렇게 따라가다가는 하나님과 자기 영혼을 잃을 수 있을 텐데 말이다. 아! 오늘날 얼마나 많은 신앙 고백자들이 잠시 동안 하나님, 그리스도, 규례를 따르다가 악마가 그들 앞에다 세상의 온갖 아름다움과 화려함을 제시하자 그들의 영혼이 홀림을 받아서 거룩한 일들을 비천하게 생각하게 되었고, 다음에는 거룩한 것들에 대해 애정이 식어지게 되었고, 마지막에는 복음서에 나오는 그 젊은이처럼 그런 것들에 대해 등을 돌리게 되었는지 모른다. 아! 이 사악한 세상을 지나치게 사랑하다가 낭비되고 파멸된 그 많은 시간, 사상, 정신, 마음, 영혼, 의무, 봉사들이여. 세상의 불쾌한 표정으로 인해 일천 명이 파멸을 당했다면, 세상의 미소로 인해서는 일만 명이 파멸을 당할 것이다. 세상은 요부(妖婦)와 같아서 우리를 예찬하다가 물에 빠뜨려 죽인다. 가룟 유다처럼 우리에게 입을 맞추면서 우리를 배반한다. 요압처럼 우리에게 입을 맞추고 나서 다섯 번째 갈비뼈 아래를 찌른다. 이 세상의 명예, 광휘(光輝), 그 모든 영광은 달콤한 독에 지나지 않다. 그것이 우리를 영구히 파멸시키지는 않는다 할지라도 우리를 큰 위험에 빠뜨린다.[2] 아! 그런 달콤한 미끼를 너

---

[2] 나일러스 주민들은 폭포소리로 인해 귀가 먹었다. 세상의 소리도 사람의 귀를 막아 하늘의 소리를 듣지 못하게 한다.

무 과식하다가 영구히 죽어간 영혼들이 얼마나 많은지.

첫 번째 대책. 이런 사단의 책략에 대한 첫 번째의 대책은 그런 것들의 무기력과 연약을 묵상하는 것이다. 그것들은 여러분을 가장 작은 악으로부터도 안전하게 지켜주지 못하며 흠모할 만한 가장 작은 선도 여러분에게 가져다주지를 못한다. 금 면류관이 두통을 치유하지 못하듯이, 우단 슬리퍼가 응혈(凝血)을 덜어주지 못하고 목에 두른 진주가 치통을 제거해 주지 못한다. 애굽의 개구리들은 가난한 사람들뿐만 아니라 부자들의 집에도 침투했었다. 우리가 매일 당하는 경험은 이것을 증거한다. 사람이 향유하는 그 모든 명예와 부요도 담즙병과 염병 또는 그보다 못한 병들을 치유하지 못한다. 그렇다. 아주 이상하게 보일는지 모르지만, 엄청난 재물을 가지고도 사람을 극도의 가난에 빠지지 않게 할 수가 없다. 여러분은 70명의 왕들이 손가락과 발가락이 잘린 상태로 강아지처럼 다른 왕의 상 아래서 부스러기를 주워 먹는 것을 발견하게 될 것이다. 그런데, 잠시 후에는, 그들을 그런 궁핍에 떨어지게 했던 그 왕이 동일한 가난과 비참에 처하게 된다(삿 1:6). 그렇다면, 어찌하여 지상에서 조금도 안락을 가져다주지 못하는 그런 것들이 여러분을 막아 하늘나라로 가지 못하게 해야 한단 말인가?

두 번째 대책. 이런 사단의 책략에 대한 두 번째의 대책은 모든 세상적인 선의 무기력과 헛됨을 묵상하는 것이다. 솔로몬 설교의 요지는 이것이었다. "헛되고 헛되며 모든 것이 헛되도다." 우리의 최초 조상은 이것을 깨달았기에 그들의 두 번째 아들의 이름을 아벨 즉 '헛됨'이라고 하였던 것이다. 이런 것들을 시험하여 보았기에 그것들의 헛됨에 대해 가장 잘 말할 수 있었던 솔로몬은 이런 설교를 반복해서 여러 번 하였다, "헛되고 헛되며 모든 것이 헛되도다." 전도자처럼 이런 말을 할 수 있는 사람이 수만 명이라는 것을 생각할 때 서글프다. "헛되고 헛되며 모든 것이 헛되도다." 그렇다. 내가 단연코 말한다. 다른 영광이 없으며 다른 지복이 없는 것처럼 이런 것들을 추구해 보라. 그러나 거기서 발견하게 되는 것은 사람들이 헛된 것이라 부르는 것뿐이다. 이런 것들을 헛된 것이라 부르기는 하지만 그것들이 헛되다고 중심으로 믿지 않는 사람들은 초라한 것을 위하여 그리스도와 하늘과 자기 영혼을 파는 자들이다. 그들은 그런 것들이 마치 자기 면류관, 왕권과 영광의 최고봉이라도 되는 것처럼 마음을 거기에 두고 있다. 오, 여러분의 영혼이 아래에 나오는 그 모든 것들의 헛됨을 깊이 묵상하여 그것들의 헛됨을 철저하게 확신하고 나서, 그것들을 짓밟으며 그것들을 그리스도께서 밟고 서실 발등상으로 삼으며, 여러분의 마음 가운데서 거룩한 의기양양함을 갖춰야 할 것이다.

크리소스톰은 이렇게 말한 적이 있다. "내가 온 세상에게 다음과 같이 설교할 적임자라면, 그리고 어느 높은 산에 올라가 온 세상을 둘러보면서 설교를 할 수 있게 된다면, 내가 천사장의 나팔처럼 큰 소리 나는 음성을 가지고 있어서 온 세상이 나의 음성을 들을 수 있다면, 나는 바로 이 성구를 가지고 전파하겠다. '인생들아 어느 때까지 나의 영광을 변하여 욕되게 하며 허사를 좋아하고 궤휼을 구하겠는고 (셀라)' (시 4:2)."

해 아래 있는 모든 것이 헛되다고 말하는 이들이여, 나에게 말하라. 진정 그대는 그대가 하는 말을 그대로 믿는가? 그렇다면 그대는 왜 그리스도, 하늘, 불멸의 영혼보다는 세상에 대해서 더 많은 생각과 시간을 소비하는가? 그렇다면 그대는 왜 하나님을 향한 그대의 의무를 경시하는 한편 세상을 얻으려 하는가? 그렇다면 그대는 왜 세상을 따라가는 데는 그렇게 열심이면서 하나님, 그리스도, 거룩을 추구하는 데는 그리 냉담한가? 그렇다면 그대는 왜 세상이 그대를 보고 미소를 지을 때는 그렇게도 기분이 째지게 좋아지더니만 세상이 그대를 보고 눈살을 찌푸리니 요나의 호롱박이 그대 앞에서 말라버렸을 때처럼 그렇게도 낙심천만한 표정을 짓는가?

세 번째 대책. 이런 사단의 책략에 대한 세 번째의 대책은 해 아래 있는 모든 것이 불확실하고 유동적이고 변동적이라는 것을 깊이 묵상하는 것이다. 인생 자체가 백일몽이며, 환영이며, 공허이며, 아무 것도 없는 것에게 호기심을 갖는 것이며, 가련하고 연약하며 죽어 가는 육신일 뿐이다. 모든 지상의 것들은 일시적인 것이어서 빨리 흐르는 물 같으며, 그림자, 배, 새, 화살, 보발군처럼 신속히 지나간다. "네가 어찌 허무한 것에 주목하겠느냐 정녕히 재물은 날개를 내어 하늘에 나는 독수리처럼 날아가리라"(잠 23:5). 사도가 말했듯이, "이 세상의 형적은 지나감이니라"(고전 7:31). 하늘에만 기초가 있을 뿐, 땅은 그 기초가 없고 그냥 "공간에 달려 있다"(욥 26:7). 사도는 디모데에게 "네가 이 세대에 부한 자들을 명하여 마음을 높이지 말고 정함이 없는 재물에 소망을 두지 말라"(딤전 6:17)고 권고하였다.[3] 재물은 방랑기가 있는 고약한 종놈 같아서 한 주인에게 오래 머물러 있고자 하지를 않는다. 새가 이 나무에서 저 나무로 뛰어다니듯, 그렇게 명예와 재물은 이 세상에서 사람을 옮겨다닌다. 욥과 느부갓네살에게 이 진리를 증언하라고 해보자. 그들은 엄청난 부요에서 엄청난 가난으로 전락해 본 경험이 있는 자들이다. 밤이 오기 전에는 그 어느 누구도 자기가 부요하다고 단언할 수 없다. 바다에 풍랑이 일고, 불이 벌겋게 타오르고, 거짓 친구가 들이닥치며, 경솔한 말 한 마디에, 거짓된 증인 한 사람에 의해 갑자기 그 사람이 거지가 되거나 죄수가 될 때까지는 그 누구도 자기가 부요하다고 단언해서는 안 된다. 이 세상의 모든 부요와 영광은 한낱 연기와 겨에 지나지 않아서 곧 사라져 버릴 것이다. "그는 꿈같이 지나가니 다시 찾을 수 없을 것이요 밤에 보이던 환상처럼 쫓겨가리니"(욥 20:8). 이사야가 말한 것처럼, "주린 자가 꿈에 먹었을지라도 깨면 그 속은 여전히 비고 목마른 자가 꿈에 마셨을지라도 깨면 곤비하며 그 속에 갈증이 있는

---

3) 부는 부를 신뢰하는 자들에게 결코 진실하지 않다. 사람들을 속이고 배반한다(욥 6:15).

것같이 시온 산을 치는 열방의 무리가 그와 같으리라"(사 29:8). 솔로몬의 영광이 어디로 갔는가? 느부갓네살의 그 화려하던 건축물들이 어디로 갔는가? 이스라의 전차 900승이 어디로 갔느냐? 알렉산더의 권세가 어디로 갔느냐? 온 천하보고 세금을 내라고 호령하던 아구스도 황제의 권력이 어디로 갔느냐? 사람들이 영광스럽고 호사스럽다고 간주하던 것을 가지고 가장 영광스럽게 지내던 사람들은 대개 영광스럽지 못한 종말을 맞았다. 힘에 있어서 삼손이 그랬고, 은총에 있어서 압살롬이 그랬으며, 정략에 있어서 아히도벨이 그랬으며, 은총으로 말하자면 하만이 그랬고, 날랜 동작을 언급하자면 아사헬이 그랬다. 알렉산더는 많은 땅을 정복하였으나 20년 후에 독살되었다. 네 개의 강력한 왕국 즉 갈대아, 바사, 헬라, 로마에서도 여러분은 동일한 사실을 찾아볼 수 있을 것이다. 그들이 얼마나 신속히 사라졌으며 얼마나 신속히 잊혀졌는가 말이다! [4] 금방 부요했다가는 금방 가난하게 되고, 금방 찼다가 금방 비게 되고, 금방 은총을 받다가 금방 또 은총을 잃게 되고, 금방 영예를 얻었다가 금방 멸시를 받게 되고, 금방 건강했다가 금방 병들게 되고, 금방 힘이 있다가 금방 연약하게 되었던 것이다.[5]

---

[4] 나는 한 가난한 어부의 이야기를 들었다. 그물을 손질하다가 바위 위에서 깜박 잠이 들었는데, 왕이 되는 꿈을 꾸었다. 그는 깨어 그 기쁨을 이기지 못하여 펄쩍 뛰다가 그만 바위에서 굴러 떨어져 죽게 되었다.

[5] 이 세상의 것들은 사도 요한이 달과 같다고 했다. 보름달이 되었다가 점점 작아지는 달과 같은 것이다(계 12:1).

네 번째 대책. 이런 사단의 책략에 대한 네 번째의 대책은 아래의 사항을 심각하게 고려하는 것이다. 이 세상의 위대한 것들은 사람 마음속에 있는 부패를 통해 내적·외적 인간에게 매우 상처가 되고 위험한 것이 될 수 있다. 오, 이 세상의 그런 것들이 많은 사람들에게서 빼앗아 가는 안식, 평화, 위로, 만족이여! 오, 그런 것들로 인해 사람들이 처하게 되는 공포, 염려, 시기, 악덕, 위험, 해악이여! 그것들로 인해 인간은 종종 육신적인 자만심을 갖게 된다.[6] 부자의 재물은 그가 생각할 때 강력한 망대가 된다. "내가 형통할 때에 말하기를 영영히 요동치 아니하리라 하였도다"(시 30:6). 그것들은 종종 마음을 교만으로 부풀게 하며 사람들로 하여금 하나님을 잊고 무시하며 그들의 구원의 반석을 무시하게 한다. 모세가 말했듯이, "여수룬이 살찌매 발로 찼도다 네가 살찌고 부대하고 윤택하매 자기를 지으신 하나님을 버리며 자기를 구원하신 반석을 경홀히 여겼도다"(신 32:15). 아, 세상의 그런 것들로 인해 소비되고 허비된 그 시간, 생각, 정신이여! 오, 그런 것들로 인해 하나님을 앙모하던 행위들이 어떻게 방해를 받았는지! 그런 것들이 우리가 하나님과 달콤하게 교제하는 것을 어떻게 훼손하였는지! 그런 것들이 하나님 백성에 대한 우리의 사랑을 어떻게 경감시켰으며, 하나님의 일들에 대한 우리의 사랑을 어떻게 냉담하게 만들었는지! 그런 것들이 어떻게

---

[6] 헨리 2세는 자기가 제일 아끼는 도시 르만이 정복되자 신성모독적인 발언을 했다. "내게 그토록 귀한 도성을 잃게 하다니 나는 이제 더 이상 하나님을 사랑치 않을 것이다."

우리로 하여금 하나님을 가장 닮지 않은 사람처럼 행동하도록 만들었는지! 오, 커다란 외적 은총 가운데서 사람들에게 임하는 치명적인 해악과 황량함이여![7) 오, 세상의 부요가 말씀을 막는구나. 그리하여 영혼을 가장 잘 살피고 영혼을 가장 풍요롭게 할 수 있는 사람들이 빈약한 영혼을 가지고 살아가게 되는구나! 비록 그들은 지갑은 가득 차 있으며 금고가 은으로 가득 차 있지만, 그들의 마음은 은혜가 비어 있구나. 창세기 13:2에서 말한 그대로다. "아브람에게 육축과 은금이 풍부하였더라"(창 13:2). 히브리어 원어에 의하면, "아브람은 매우 피곤하였더라"는 의미이다. 이는 재물이 무거운 짐이며, 자주 하늘과 행복에 걸림돌이 된다는 것을 보여준다.

프랑스의 앙리 4세가 알바의 공작에게 물었다. "최근에 발생한 큰 일식을 보았습니까?" 공작이 대답했다. "아닙니다. 저는 이 땅에서 할 일이 하도 많아서 하늘을 쳐다볼 여유가 없습니다." 아, 오늘날 대부분의 신앙 고백자들에게 이 말이 진실이 아니기를 기원한다! 그들의 마음과 시간이 세상적인 것들로 인해 너무 분주하여, 하늘을 쳐다보거나 그리스도를 닮거나 그들의 항구적인 평화에 속한 것들을 추구할 여가가 거의 없다는 것을 생각하면 참으로 서글프다.

올바로 얻은 재물이라 할지라도 재산은 만나와 같은 것이다. 적게 거둔 자도 모자라지 않고 많이 거둔 자도 남지 않는다. 그것은 그들에

---

7) 4명의 착한 어미들이 4명의 나쁜 딸들을 낳았다. 큰 친밀함이 모독을, 진리가 미움을, 덕이 시기를, 부가 무지를 낳았다(프랑스 격언).

게 고통과 고민거리만 될 뿐이다. 세상은 고통을 가져다주는 데도 사람들로부터 사랑을 받는다. 만일 그것이 평화를 가져다준다면 어떻게 되겠는가? 그것이 더러운데도 여러분은 세상을 껴안는다. 만일 그것이 아름다운 것이라면 여러분은 어떻게 행동하겠는가? 여러분은 가시가 있는데도 계속해서 손을 댄다. 그리하여 여러분이 꽃을 딸 수 있다면 얼마나 진지하게 달려들겠는가? 세상은 스키테일이라는 독사에 비유할 수가 있다. 그 뱀은 빠르게 지나가는 행인을 따라잡을 수 없을 경우 자기의 아름다운 색깔로 그들을 놀라고 감탄하게 만들어서 그들의 걸음을 멈추게 한 뒤 마침내 그들을 물어 버린다고 한다. 아, 경험을 통해서 이것이 사실이라는 것을 발견한 사람들이 지금 이 세상에는 얼마나 많은지. 그들은 이 세상의 아름다움과 우미(優美)에 유혹되어 아름다운 실을 지은 후 그것을 가지고 자기 목을 매어 이생과 내세를 영원히 등지고 말았다.

다섯 번째 대책. 이런 사단의 책략에 대한 다섯 번째의 대책은 아래의 사항을 엄숙하게 고려하는 것이다. 이 세상의 모든 지복은 혼합적인 것이다. 우리의 빛은 어두움과 섞여 있고, 기쁨은 슬픔과, 즐거움은 고통과, 영예는 치욕과, 부요는 궁핍과 섞여 있다. 우리의 빛이 영적이고 분명하게 살아 있다면, 우리는 이 세상의 번영 속에서 우리의 포도주가 물과 섞여 있으며 우리의 꿀이 담즙과 섞여 있으며, 설탕이 쑥과, 장미가 가시와 섞여 있음을 발견하게 될 것이다.[8] 슬픔에는 세상적인 기쁨이, 위험에는 세상적인 안전이, 손실에는 세상적인 노고가, 눈물에는 세상적인 목적이 동반된다. 이런 것들에 대한 사람들의 소망은 헛된 것이며 슬픔은 분명하고 기쁨은 가장된 것이다. 사도는 이 세상을 "유리 바다"라 불렀는데, 이는 고난의 바다, 세상의 냉담함과 쓰라림을 비추는 거울이란 뜻이다.9) 세상의 영예, 이익, 쾌락, 즐거움은 아도니스의 진짜 정원이다. 거기서는 우리가 시시한 꽃들이 많은 잡초에 둘러싸여 있는 것만을 발견할 수 있을 뿐이다.

여섯 번째 대책. 이런 사단의 책략에 대한 여섯 번째의 대책은 보다 더 축복되고 영광스러운 것들을 더 잘 알고 더 확신하는 것이다.10) 성도들이 분연히 일어서서(히브리서 10장과 11장) 세상의 모든 아름다움, 화려, 영광을 밟아버린 것은 보다 더 낫고 더 영구적인 것들에 대한 확신과 인식이었다. "그들이 물건들을 빼앗겨도 즐거워했던 것은 그들 스스로가 하늘에 보다 더 낫고 더 영구적인 자산을 가지고 있다는 것을

---

8) 이 세상의 모든 것들은 다 쓰라린 단 것들이다.

9) 계 4:6, 15:2, 21:18

10) 하늘이 인간의 목적이 되게 하라. 그러면 땅은 곧장 버림의 대상이 될 것이다. 한때 루터는 경제적으로 곤핍에 처해 있었다. 그런데 어느날 한 귀족이 뜻밖의 많은 액수의 돈을 보내왔다. 그때 그는 '하나님께서 내게 보상을 주시는구나. 그러나 나는 이로 만족하지 않을 것이다'라고 고백했다.

알았기 때문이다." "이는 하나님의 경영하시고 지으실 터가 있는 성을 바랐음이니라." "그들은 또 다른 나라 즉 하늘나라를 바라보았다." "그들은 보이지 않는 분을 쳐다보았고 보상이 있을 것임에 착안하였다." 그러므로 그들은 이 세상의 모든 영광과 아름다움을 그들이 마음에 두기에는 너무 가련하고 초라한 것으로 간주하였던 것이다. 사람들이 세상과 짝하고 자기 영혼이 세상에 취하도록 내버려두는 주요 원인은 그들이 보다 더 큰 영광을 잘 모르기 때문이다. 사람들은 밀의 효용성을 발견하기 전까지 도토리를 상용하였다. 아, 사람들이 하나님과의 연합과 교통이 무엇을 의미하는지, '가진 자만이 아는 새 이름과 새 돌"(계 2:17)을 취하는 것이 무엇을 의미하는지 더 잘 알게 되기를 바란다. 그들이 하늘을 더 많이 맛보고 하늘에서 더 많이 살아보고, 하늘로 갈 영광스러운 소망을 더 많이 가지고 있다면, 아, 그들이 달을 발 아래 짓밟아버리는 일이 얼마나 더 쉬워질 것인지!

독일의 황제 바바리아의 루이스는 이런 놀라운 말을 하였다. "배가 파선해도 가라앉거나 떠내려가지 않고 우리와 함께 강을 건널 수 있는 것들이야말로 우리가 가지고 있고 소유할 만한 가치가 있는 것들이다." 11) 나사로가 살아난 후에 그가 웃는 것을 본 사람이 없었다고 한다. 그의 몸은 비록 땅에 있었지만 그의 생각과 애정은 하늘에 너무 고정되어

---

11) 바실이 돈과 승진으로 시험당할 때 말하기를 '내게 영원히 있을 돈을 주시오. 그리고 영원히 빛날 영광을 주시오. 왜냐하면 이 세상의 유행은 지난가는 것들이기 때문이오' 라고 말했다.

있었기 때문에 그는 세상적인 일을 경시할 수밖에 없었던 것이다. 그의 마음은 영원한 것들에게 너무 기울어져 있었던 것이다. 은혜의 보좌를 위한 것들이 있으니 곧 하나님, 그리스도, 성령, 양심과의 평화 같은 것들이다. 발등상에나 둘 것들이 있으니 곧 영예, 부요, 피조물의 칭찬, 기타 이 생의 위로와 편의시설 등이다. 보좌를 위한 것들과 친숙히 하고 그것을 확신하는 사람은 발등상의 것들을 손쉽게 밟아버릴 수 있다. 아, 여러분이 영원하고 위대한 것들에다 더 관심을 두고 그것들에 대해 더 확신을 가지도록 노력하는 것을 여러분의 일과 업으로 삼았으면 좋겠다. 그러면 살아서 기쁨이 더하게 되고 죽을 때도 평안이 더할 것이다. 그리고 그리스도께서 나타나시는 날 의의 면류관이 주어질 것이며, 여러분의 영혼은 이 유혹 많은 세상의 아름다움과 화려함을 초극하게 될 것이며, 여러분의 발이 다른 사람의 머리 이상으로 높이 들리게 될 것이다.

사람이 장차 취하게 될 면류관, 홀, 곤룡포에 대해 확신을 가지게 될 때, 그는 그가 전에 귀중히 여겼던 것들을 비천하고 무의미하고 가소롭게 보기 시작할 것이다. 마찬가지로, 위대하고 영광스러운 것들을 더 많이 확신할수록 그 영혼이 이전에 하나님과 그리스도와 하늘보다 귀히 여겼던 그 모든 가련하고 무가치한 것들을 거룩하게 조롱하고 멸시하는 태도를 갖게 될 것이다.

일곱 번째 대책. 이런 사단의 책략에 대한 일곱 번째의 대책은 아래의 사항을 심각하게 고려하는 것이다. 진정한 행복과 성화(聖化)는 세상적인 것들을 향유하는 데 있는 게 아니다. 진정한 행복은 너무 크고 영광스러운 것이어서, 그리스도인의 지고의 선이신 하나님보다 못한 것에게서는 발견할 수가 없다.[12] 축복 받은 천사들과 번쩍이는 옷을 입은 보좌 앞 조신(朝臣)들은 지복과 축복은 모두 가지고 있어도 이 세상의 금이나 은 보석 같은 것은 없으며, 아름다움이나 현란함도 없다. 만일 행복을 이런 것들 가운데서 발견할 수 있는 게 분명하다면, 모든 것들의 상속자이시며 태자이신 주 예수께서 자기의 구유를 내주고 면류관을 취하셨을 것이다. 그게 분명하다면, 그분의 분만실이었던 마구간을 내주고 왕궁을 취하셨을 것이다. 가난 대신에 부요를, 멸시받는 제자들 대신에 현란한 조복을 입은 대신들을, 초라한 음식 대신에 가장 우미한 진수성찬을 택하셨을 것이다. 행복은 사람이 향유할 수 있는 그러나 영구적으로 비천한 것에 있는 게 아닌 것이 분명하다. 어떤 사람이 위대하지만 바로처럼 은총을 받지 못할 수가 있으며, 존경스럽지만 사울처럼 저주를 받을 수 있으며, 부요하지만 부자처럼 비참한 처지에 떨어질 수가 있다. 그러므로 행복은 이런 것들 속에 있는 것이 아니다. 분명히, 행복은 죽어가는 사람에게 위로가 되지 못하는 그런 것들 속에 있는 게 아니다. 사람이 죽게 되었을 때 그를 위로해 줄 수 있는 게 명예

---

[12] 참된 행복은 우리에게 족히 좋은 것, 순결하게 좋은 것, 전적으로 좋은 것, 영원히 좋은 것을 즐거워함에 있다. 그런데 하나님만이 그렇게 좋은 분이며, 그 좋은 것만이 인간의 영혼을 만족시킬 수 있다.

인가, 부요인가, 아니면 친구인가? 그것은 그리스도의 피에 대한 신앙, 그리스도의 영에 대한 증거, 그리스도의 사랑과 은총에 대한 감각과 느낌, 그리스도와 함께 영원히 다스릴 것이라는 소망이 아닌가? 우리에게 건강, 힘, 안락, 숙면, 오수(午睡), 왕성한 식욕과 같은 것을 줄 수 없는 것들 속에 행복이 있겠는가? 아, 이 세상의 모든 명예, 부요, 쾌락은 이런 것들을 우리에게 줄 수가 없다. 그러므로 행복은 분명히 그런 것들을 향유함에 있는 게 아니다.[13]

행복은 사람들의 영혼을 만족시킬 수 없는 것 가운데서 발견할 수 있는 게 아니다. 그런 것들은 인간의 영혼을 만족시킬 수 없다. "은을 사랑하는 자는 은으로 만족함이 없고 풍부를 사랑하는 자는 소득으로 만족함이 없나니 이것도 헛되도다"(전 5:10). 사람의 영혼이 세상적인 것을 향유함으로써 만족할 수 있다면, 아이 배지 못하는 여인, 거머리의 딸, 무덤과 지옥도 곧 만족을 얻을 수 있게 될 것이다. 외적인 재산 외에는 기댈 게 하나도 없는 사람에게는 이런저런 것이 영구적으로 모자라기 마련이다. 여러분이 사람의 마음을 이 세상에 있는 것으로 채울 수 있다고 한다면 여러분은 가방을 지혜로, 금고를 덕으로, 원을 삼각형으로 쉽게 채울 수 있을 것이다. 사람이 세상으로 가득 차서 가라앉게 된다 할지라도, 그것으로 자기 자신을 충분히 만족시킬 수는 없는 법이다.

---

[13] 대 그레고리는 은혜가 피해가는 영혼은 불쌍한 자이며, 비어 있는 금고를 가지지 않은 영혼이 불쌍하다고 했다. 합리적인 영혼은 다른 것들로 분주하게 움직이지만 그것들로 채움을 받을 수는 없다.

여덟 번째 대책. 이런 사단의 책략에 대한 여덟 번째의 대책은 영혼의 위엄성을 엄숙하게 고려하는 것이다. 오, 사람의 영혼은 이 세상의 것들을 몇 천 갑절 준다고 해도 그보다 더 가치가 있다! 영혼으로 하여금 별 것 아닌 땅덩이, 꾸며 놓은 그러나 사라져 가는 영광에 흠뻑 반하도록 하는 것은 영혼에 대한 가장 모욕적인 행위이다. 그것은 그리스도와의 연합, 하나님과의 교제, 하나님을 영구적으로 뵙게 되는 일을 포기하게 되기 때문이다.

세네카는 이렇게 말했다. "내가 내 몸의 종으로 살아가기에는 내가 너무 위대한 사람이며, 나는 보다 더 위대한 것들을 위하여 태어났다." 오! 나의 영혼이 너무도 위대하며 또 보다 더 위대한 것들을 위하여 태어났으므로 이 희끄무레한 땅 덩이에 갇혀 있을 수는 없다! 고 말할 수는 없는가?

사단의 이 위험한 책략에 대해 도움이 될 만한 방책들을 찾느라고 내가 너무 많이 지체하였다. 왜냐하면 대개 사단은 다른 어떤 책략보다도 바로 이 책략을 가지고 인간의 영혼을 해치고 있기 때문이다. 이제 마지막으로 나는 크리소스톰이 했던 것처럼 이 성구(전 2:11)를 여러분의 문설주에, 식탁에, 밥그릇에, 대접에, 침상에, 담벼락에, 옷에, 말방울에, 여러분이 만나는 모든 이들의 이마에 새겨서 여러분의 영혼이 세상의 화려함에 의하여 유혹을 받아 거룩한 하늘 봉사로부터 멀어지지 않게 되기를 원한다. 그런 봉사는 여러분이 살아 있는 동안 여러분에게 축복이 될 것이며 죽을 때 행복이 될 것이다. 그리하여 여러분은 영원히 살아 계시는 분의 품 안에서 마지막 숨을 내뿜을 수 있게 될 것이며, 그분은 여러분으로 하여금 그리스도의 영적인 것들과 영원한 것들을 이 세상의 일시적인 것들보다 선호하도록 만들어 주실 것이다. "그 후에 본즉 내 손으로 한 모든 일과 수고한 모든 수고가 다 헛되어 바람을 잡으려는 것이며 해 아래서 무익한 것이로다"(전 2:11).

두 번째 책략.

영혼을 이끌어 거룩한 의무들을 하지 않게 하며 종교적인 봉사를 멀리하게 하는 사단은 여러분에게 그런 종교적인 봉사를 하는 데 수반되는 위험, 손실, 고통을 그들에게 제시할 것이다. 이런 책략을 통해서 사단은 그리스도를 믿는 사람들이 그리스도를 고백하지 못하도록 묶어둔다. 요한복음 12:42에서 나오는 내용처럼 말이다. "그러나 관원 중에도 저를 믿는 자가 많되 바리새인들을 인하여 드러나게 말하지 못하니 이는 출회를 당할까 두려워함이라"(요 12:42). 많은 사람들은 이렇게 말한다. "나는 하나님의 모든 길로 행하며 거룩의 가장 엄격한 길에다 나 자신을 맡기고 싶다. 그러나 나는 위험이 나에게 닥치고 다른 한편으로는 손실이, 이런저런 고통이 나에게 임할까 두렵다." 오, 사단의 이런 유혹과 책략에 대해서 어떻게 우리 자신을 방어해야 할 것인가!

첫 번째 대책. 이런 사단의 책략에 대한 첫 번째 대책은 여러분이 의의 길에서 만나게 되는 모든 고난과 고통은 결코 여러분을 해치지 못할 것이며, 결코 여러분을 상하지 못할 것임을 생각하는 것이다. "너희가 열심으로 선을 행하면 누가 너희를 해하리요?" (벧전 3:13).[14] 다시 말하면, 아무도 여러분을 해할 수 없다는 말이다. 타고난 양심은 경건한 사람들의 본성, 말, 행위, 생활에 새겨진 하나님의 형상에게 경의를 표할 수밖에 없다. 우리는 그것을 느부갓네살과 다리오 왕이 다니엘에게 가한 핍박을 통해 엿볼 수 있다. 의의 길로 행하는 사람들에게 임하는 모든 고통과 고민은 그들로부터 보물과 보석을 결코 빼앗아갈 수가 없다. 아마도 그들로부터 허리춤에 찬 칼, 손에 든 막대기 같은 것이나 아니면 머리에 꽂고 다니는 꽃이나 리본 같은 별것 아닌 것들을 빼앗아갈 수는 있을 것이다.[15] 성도의 보물은 하나님의 임재, 하나님의 은총, 하나님과의 연합과 교통, 죄의 용서, 성령의 즐거움, 양심의 평안 같은 것들인데, 이런 것들은 그리스도 외에는 그 누구도 줄 수 없고 또 그리스도 외에는 그 누구도 빼앗아갈 수 없는 보물들이다. 이제 그 어떤 고난도 그로부터 하늘의 보석을 빼앗아갈 수 없을 텐데, 그런 것 때문에 왜 은혜를 받은 영혼이 거룩의 길로부터 멀리 서 있어야 하는가? 그 보석은 이 땅에서 그의 장신구와 안전이 될 것이며 차후로는 그의 행복과

---

14) 자신이나 자신의 허물로 말미암지 않고는 누구도 해칠 수 없다.

15) 순교자인 고르디우스는 고문은 영광 가운데 하나님과 함께하는 무역의 과정일 뿐이라고 했다. 전쟁이 심하면 심할수록 보상이 그만큼 커진다.

영광이 될 것이다. 자기 보물이 육지에 사는 친구의 손에 들려 있는데, 무엇 때문에 그 사람은 풍랑을 두려워하며 그것 때문에 고민하는가? 아, 신자의 보화는 언제나 그리스도의 손 안에 안전하게 보존되어 있다; 그의 인생, 그의 영혼, 그의 은혜, 그의 위로, 그의 면류관은 모두 그리스도의 손 안에서 안전하다. "내가 또 이 고난을 받되 부끄러워하지 아니함은 나의 의뢰한 자를 내가 알고 또한 나의 의탁한 것을 그 날까지 저가 능히 지키실 줄을 확신함이라"(딤후 1:12)고 사도는 말했다. 아이의 가장 귀중한 것들은 아버지의 손 안에 들어 있을 때 가장 안전하다. 마찬가지로, 우리의 영혼, 은혜, 위로는 그리스도의 손 안에 있을 때 가장 안전하다.

두 번째 대책. 이런 사단의 책략에 대한 두 번째 대책은 이것을 고려하는 것이다. 땅에서 휘황찬란한 빛이었으며 지금은 하늘에서 승리의 개가를 부르고 있는 다른 귀중한 성도들은 그들을 둘러싸던 그 모든 고난과 위험에도 불구하고 계속해서 종교적인 봉사를 수행한 사람들이다.16) 느헤미야와 에스라는 사방으로 위험에 휩싸여 있었으나, 그 모든 위험에 직면해서도 그들은 계속해서 성전을 건축하였으며 예루살렘 성벽을 건축하였다. 마찬가지로, 다니엘과 다른 귀중한 성도들도 외부로

---

16) 심한 고문을 당한 쌍투스는 "나는 기독교인이요, 어떤 고문도 하나님 섬기는 일로부터 나를 막지 못할 것이요"라고 외쳤다.

부터 오는 격려는커녕 매우 큰 낙담을 가져오는 일들만 산더미처럼 쌓여 있을 때도 그들의 영혼은 하나님과 그분의 도에 고정되어 있었다. "주께서 우리를 시랑의 처소에서 심히 상해하시고 우리를 사망의 그늘로 덮으셨으나, 우리가 종일 주를 위하여 죽임을 당케 되며 도살할 양 같이 여김을 받았사오나, 우리 마음이 퇴축지 아니하고 우리 걸음도 주의 길을 떠나지 아니하였나이다"(시 44:18,19,22). 비록 감금과 투옥이 바울과 그의 일행에게 임하였지만, 그들은 지속적으로 주님의 일과 봉사를 진행하였다. 그런데 여러분은 왜 그들의 그런 대단한 모범을 버려야 하며 여러분의 의무와 영광을 좇지 않아야 하는가? (고후 6:5; 히 11:36)

세 번째 대책. 이런 사단의 책략에 대한 세 번째 대책은 이것을 고려하는 것이다. 모든 거룩한 의무들과 하늘의 봉사를 행하는 데 수반되는 그 모든 고통과 위험들은 일시적이고 순간적인 것에 지나지 않지만, 그것들을 경시하면 여러분은 모든 지상적, 영적, 영구적 위험을 당하게 될 것이다. "우리가 이같이 큰 구원을 등한히 여기면 어찌 피하리요?" (히 2:3). 그분은 우리가 이같이 큰 구원을 "거부하거나 부인한다면" 이라고 말씀하시지 않았다. 아니다. 우리가 이같이 큰 구원을 "등한히 여기면, 즉 회피하면" 어찌 피하겠는가? 라고 말씀하셨다. 다시 말하면, 우리는 이 세상에 있는 그 어떤 길이나 수단이나 방식으로도 피할 수가 없다는 뜻이다. 신의 공의가 우리 위에, 우리의 영혼 위에 임하게 될 것이다. 이런 저런 천국 봉사의 행위들로 인해 사람들이 우리를 보고 눈살을 찌푸릴지 모르나, 그런 봉사를 안 하면 하나님이 눈살을 찌푸리시게 된다. 그런 일을 하게 되면 여러분이 사람들로부터 조소를 받게 될는지 모르나, 그 의무들을 경시하면 여러분은 하나님으로부터 멸시를 당하게 될 것이다. 그런 일을 하게 되면 여러분이 재산을 잃게 될 수 있으나, 그런 일을 경시하면 하나님, 그리스도, 권력, 여러분의 영혼을 영구적으로 잃게 될 것이다. 그런 일을 하게 되면 여러분은 몇몇 외적인 재산 목록을 잃게 될 수 있으나, 그런 일을 경시하면 여러분은 저 빼어나고 비할 바가 없는 영광에 도달하지 못하게 될 것이다. 그것은 "예로부터 들은 자도 없고 귀로 깨달은 자도 없고 눈으로 본 자도 없었던"(사 64:4) 영광이다. 이것을 기억하라. 하나님이 명하시고 권고하시고 보응하시는 그 거룩한 하늘의 봉사들을 경시하는 것으로 인해 이 땅의 사람들이 당하는 고통이 그런 것을 행함으로 인해 당하게 될 고통보다 더 클 것이다.[17]

네 번째 대책. 이런 사단의 책략에 대한 네 번째 대책은 이것을 고려하는 것이다. 고통을 통해서 고통으로부터 건지시고, 고난을 통해서 고난으로부터 건지시고, 위험을 통해서 위험으로부터 건지시는 법을 하

---

[17] 프란시스 카비어는 포르투갈 왕인 요한 3세에게 매일 15분씩 "천하를 얻고 오늘 내 영혼을 잃게되면 그것이 무엇이 유익한고?" 하는 말씀을 묵상하라고 했다.

나님은 알고 계시다. 하나님은 종종 작은 시련과 고통을 사용하셔서 자기 백성을 보다 더 큰 고통과 고난에서 건지신다. 그러므로 그들은 "우리가 이미 망하지 않았더라면 정말로 망했을 것이다."라고 말을 할 수 있게 된다. "우리가 미리 파멸되지 않았더라면 정말로 파멸될 뻔했다." 라고 말을 할 수 있게 된다. "우리가 미리 위험에 처하지 않았더라면 정말로 위험을 당할 뻔했다."라고 말을 할 수 있게 된다. 의의 길에서 여러분에게 임하는 고난들은 하나님께서 배열하신 것이기에, 여러분은 이렇게 말해야 한다: 우리가 이런저런 고난과 재난을 만난 것은 천만다행이다. 만일 그런 일들이 닥치지 않았더라면 상황은 우리에게 더욱 더 나빠졌을 것이다. 오, 우리가 주님의 길로 행하며 봉사하는 동안 만나게 되는 고난과 위험을 통해서 하나님께서 우리로부터 세속적인 안전, 자만, 형식주의, 냉담함, 뜨뜻미지근함, 비판적임, 세상적인 태도 등을 없애주시기를 빈다!

　나는 한 경건한 사람의 이야기를 기억한다. 그는 프랑스로 보내는 짐을 실으려다가 다리가 부러졌다. 그렇게 된 것은 하나님의 섭리였다. 그가 타고 가려 했던 배는 그 후 난파되어 한 사람도 살아남지 못했기 때문이다. 그러므로 뼈가 부러짐으로 인해 그는 생명의 건짐을 받았던 것이다. 이런 식으로, 주님은 우리의 뼈를 부러뜨리시지만 그것은 우리의 생명과 영혼을 영원히 구원하시기 위한 것일 때가 많다. 그분은 우리에게 마음 아픈 일들을 몇 가지 주시는데, 그것은 우리를 온전히 건강하도록 하시기 위함이다. 우리의 머리를 아프게 하고 하나님의 마음을 아프게 하고 우리의 영혼을 병들게 하고 죽도록 무겁게 하는 고약한 질병으로부터 우리를 면제시키시기 위함이다. 그러므로 위험이나 재난이 닥친다 해도 여러분이 의무를 태만히 여기는 일이 없게 되기를 기원한다.

다섯 번째 대책. 이런 사단의 책략에 대한 다섯 번째 대책은 이것을 엄숙하게 고려하는 것이다. 여러분은 하나님을 섬김으로 인해서 받게 될지도 모르는 고난이나 손실보다는 하나님을 섬기며 의롭고 거룩한 길로 행함으로 인해 얻는 게 더 많을 것이다. 물론 고난과 고통이 여러분에게 따르기는 하겠지만 말이다. "경건은 큰 이익이 되느니라"(딤전 6:6). 오, 성도들이 하나님의 길과 하나님을 섬김으로 인해 만나게 되는 기쁨, 평화, 위로, 안식이여! 그들은 종교적인 봉사들이 헛된 게 아니라, 그를 통해서 하나님이 자신의 아름다움과 영광을 그들의 영혼에게 드러내시기를 기뻐하신다는 것을 발견하게 될 것이다.

다윗은 이렇게 말했다. "내가 주의 권능과 영광을 보려 하여 이와 같이 성소에서 주를 바라보았나이다"(시 63:2). 오, 은혜를 받은 영혼이 하늘로부터 얻어 가지게 되는 화사한 얼굴, 적합한 말, 합당한 조언, 유익한 경계의 말, 도움이 되는 설득, 달콤한 사랑의 편지여. 그런 것들은 그들이 거룩한 하늘 봉사를 하는 동안 하나님을 기다릴 때 다가오게 된다. 그런 것들은 모두 다 이 세상의 그 모든 화미(華美)와 영광을 어둡게 하며, 그보다 우세하며, 영혼이 하나님을 섬기다가 당하게 될 그 모든 고통과 고난과 위험에 대해 풍성하게 갚아줄 것이다.[18] 오, 성도들이 그 모든 고난과 고통 가운데서도 세상이 알지 못하는 먹을 것과 마실 것을 가지고 있다고 말하게 되기를 빈다. 이 세상의 모든 영예, 부요, 진수성찬과도 바꿀 수 없는 그런 수입, 상쾌함, 따뜻함이 있다고 말하게 되기를 빈다. 아, 그리스도인들은 외적인 손실을 영적, 내적, 외적인 이익과 비교해 보아야 하리라. 그러면 그는 자기가 하나님을 섬기는 동안 적은 것을 잃었지만 오히려 큰 것을 얻게 되었음을 발견하게 될 것이다. 그가 오히려 백 배 또는 천 배를 얻게 되었다는 것을 알게 될 것이다. 우리는 그분을 섬기다가 바늘을 잃게 되었으나 한편 진주를 얻게 되었다. 우리는 그분을 섬기다가 피조물이 베풀어 주는 호의, 피조물과의 평화, 피조물과의 만족을 잃게 되었으나 하나님의 은총, 양심과의 평화, 보다 더 나은 삶에서 나오는 위로와 만족을 얻게 되었다. 아, 이 세상 사람들이 고난 중에 성도들이 즐기게 될 달콤함을 안다면, 그들은 므낫세의 금 면류관보다는 그의 무쇠 사슬을 취하려 할 것이다. 그들은 삼층천까지 올라갔던 바울보다는 죄수 바울의 위치를 더 탐하게 될 것이다. 그들은 '가벼운 고난' 대신에 '묵직한 영광'을 얻게 될 것이다. 서너 가지 고난을 당한 대가로 하늘의 별이나 바다의 모래처럼 셀 수도 없이 많은 기쁨, 쾌락, 만족을 얻게 될 것이다. 잠시 동안 고통을 겪었지

---

[18] 순교자들에게 쓴 글에서 터툴리안은 보다 더 나은 이익을 얻고자 잠시 분리시키는 것은 장사꾼에게 적절한 행동이다. 고난 때문에 잃은 것이 있어도 영은 보다 많은 것을 얻게 된다고 했다.

만 그들은 영구적인 영광의 면류관을 얻게 될 것이다.[19] "잠시 잠깐 후면 당신은 하늘에 가 있게 될 것입니다"라고 순교자는 말했다. 그러므로 여러분은 고난이나 고통을 당한다고 해서 하나님의 길을 피하거나 세상보다, 아니 여러분의 생명보다도 더 귀중히 여겨야 할 그 직무를 떠나서는 안 된다.

세 번째 책략.

신자의 직무를 행하는 것이 어렵다고 영혼에게 말한다. 사단은 이렇게 속삭인다. "제대로 기도하고 제대로 하나님을 섬기며 하나님과 동행하며, 성도들과의 교제에서 생기 발랄하고 따뜻하고 능동적으로 행하는 것은 너무도 어렵고 힘드는 일이다. 그러므로 그런 것 때문에 신경을 쓰기보다는 그런 것들을 무시하는 게 일만 배나 더 나을 것이다." 이런 책략을 통해서 사단은 지금까지 수많은 사람들이 하나님을 앙망하며, 하나님을 섬기지 못하게 했고 그분께 그분의 이름에 합당한 봉사를 하지 못하게 했다. 그는 앞으로도 그렇게 할 것이다.

첫 번째 대책. 이런 사단의 책략에 대한 첫 번째 대책은 이것을 고려

---

19) 비록 십자가는 쓰라린 것이지만 잠깐 지나는 것이요 면류관을 얻게 한다. 잠깐의 폭풍이지만 영원한 고요함에 들어간다.

하는 것이다. 그런 의무에 수반되는 어려움보다는 그런 봉사와 의무의 필요성을 더 많이 묵상하는 것이다. 여러분은 이렇게 따져보아야 한다. 오 나의 영혼아, 비록 이런저런 봉사들이 어렵고 힘들지만, 그런 것들은 하나님의 명예에는, 그분의 이름을 세상에서 높이는 데는, 죄를 억제하는 데는, 약한 은혜를 복구하는 데는, 빈약한 위로를 되살리는 데는, 너의 축복된 증거를 분명하고 밝게 유지하는 데는, 두려움을 떨쳐버리는 데는, 소망을 일으키는 데는, 의로운 마음을 즐겁게 하는 데는, 불의한 영혼의 입을 막는 데는 극히 필요한 것들이다. 불의한 영혼들은 온갖 기회를 틈타서 하나님의 이름을 훼방하며, 그분의 백성과 길을 향해 욕설과 조소를 던진다. 오, 이런저런 의무의 필요성에 대한 생각을 끊임없이 함으로써 마침내 여러분의 영혼이 의로운 의무에 수반되는 그 모든 어려움보다 훨씬 더 높아지게 되기를 기원한다. [20]

두 번째 대책. 이런 사단의 책략에 대한 두 번째 대책은 이것을 엄숙하게 고려하는 것이다. 여러분이 주 예수님을 섬기는 동안 그분은 자기 자신을 여러분의 영혼에게 달콤하게 드러내심으로써 여러분이 그분을 쉽게 섬기도록 하실 것이다. 선지자 이사야는 이렇게 말했다. "주께서

---

20) 여러분이 맡은 직무에 충실해야 할 필요성은 다음 세가지 사실에서도 분명히 드러난다. 하나는 창조된 하나님의 일꾼이요, 다른 하나는 하나님의 보호함을 받은 일꾼이요, 마지막은 구속함을 받은 하나님의 일꾼이라는 사실이다.

기쁘게 의를 행하는 자와 주의 길에서 주를 기억하는 자를 선대하시리라"(사 64:5). 만일 선 자체, 미 자체, 힘 자체, 영광 자체가 되시는 하나님이 선을 베푸셔서 여러분의 영혼이 그분을 섬기는 일이 달콤해지지 않는다면, 하늘과 땅의 그 어떤 일도 그런 일을 감당해내지 못할 것이다.

야곱이 라헬을 만나 아내로 얻기까지 고된 봉사를 했지만 야곱은 그 일을 즐거움으로 해냈다. 사람이 하나님을 만나 하나님과 동거하게 된다면, 그의 봉사가 훨씬 더 쉽고 즐겁게 되지 않겠는가? 분명히 그럴 것이다. 주님은 그분의 성령과 은혜를 내리셔서 반가운 도움을 제공하실 것이니, 그러므로 그 봉사는 즐거운 마음으로 하는 것이지 억지로 하는 게 아닐 것이다. 믿는 사람들에게는 그 봉사가 즐거움이지 짐이 아니며 하늘이지 지옥이 아니다.[21] 이렇듯 신의 도우심이 있을 것을 확신하자 느헤미야는 주님을 섬기고 봉사하는 데 수반되는 그 모든 어려움과 낙담을 넉넉히 이겨낼 수 있었다는 것을 우리는 느헤미야 2:19,20에서 찾아볼 수 있다. "호론 사람 산발랏과 종이 되었던 암몬 사람 도비야와 아라비아 사람 게셈이 이 말을 듣고 우리를 업신여기고 비웃어 가로되 너

---

[21] 루터는 의심과 어려움으로 늘 좌절하고, 원수들을 두려워하며 포기하려는 멜랑그톤에게 말했다. "만일 그 일이 좋지 않은 것이라면 무엇때문에 그것을 얻으려고 애썼는가? 만일 그 일이 좋은 것이라면 왜 버리려고 하는가? 정복자이신 그리스도께서 우리 편에 계시는데 정복한 세상을 무엇때문에 두려워하는가?"

희의 하는 일이 무엇이냐 왕을 배반코자 하느냐 하기로 내가 대답하여 가로되 하늘의 하나님이 우리로 형통케 하시리니 그의 종 우리가 일어나 건축하려니와 오직 너희는 예루살렘에서 아무 기업도 없고 권리도 없고 명록도 없다 하였느니라"(느 2:19,20). 아, 영혼들이여, 여러분이 주님을 섬기는 동안 여러분은 경험을 통해서 하늘의 하나님이 여러분을 번영케 하시며 지원하시며 용기를 북돋우시며 제 아무리 어려운 일이라도 감당하게 하신다는 것을 발견하게 될 것이다. 그분께서 가장 큰 즐거움과 활력을 불어 넣어 주실 것이다. 이것을 기억하라. 하나님은 여러분의 일을 감당할 만한 힘을 주실 것이니, 여러분이 가장 어려운 일을 할 때 가장 큰 도움을 받게 될 것이다.

세 번째 대책. 이런 사단의 책략에 대한 세 번째 대책은 여러분의 세상적, 영적, 영구적 복락을 위하여 주 예수께서 겪으셨던 그 어렵고 힘든 일들을 묵상하는 것이다. 아, 여러분의 내적·외적인 복을 위하여 주 예수께서 어떤 피의 바다, 진노의 대양, 죄의 대양, 슬픔과 비참의 바다를 건너셨는지. 그리스도께서는 "이 십자가가 내가 감당하기에는 너무도 무겁습니다"라고 탄원을 하신 적이 없다. "이 진노는 너무 심해서 내가 감당할 수 없나이다. 신을 불쾌하게 만드는 온갖 요소를 다 담고 있는 이 잔은 너무 써서 내가 마실 수 없나이다. 그런데도 그것을 찌끼까지 마시라는 말입니까?"라고 말씀하신 적이 없다. 아니다. 그리스도께서는 그런 입장을 취하지 않으셨다. 그분은 봉사의 어려움을 토로하지도 않으셨다. 단호하고 용감하게 그 모든 것을 겪어내셨다. 선지자 이사야가 예언한 그대로다. "나를 때리는 자들에게 내 등을 맡기며 나의 수염을 뽑는 자들에게 나의 뺨을 맡기며 수욕과 침 뱉음을 피하려고 내 얼굴을 가리우지 아니하였느니라"(사 50:6). 그리스도께서는 자기 아버지의 진노, 사람들의 죄 짐, 사단의 악함, 세상의 광란을 개의치 아니하시고 유유하면서도 당당하게 그 모든 것을 참아내셨다. 아, 영혼들이여! 만일 이런 고찰을 했는데도 여러분의 영이 고양되어 여러분에게 닥치는 그 모든 낙담을 정복하지 못하고 그리스도와 그분의 섬김을 자인하고 거기에 착념하지 못한다면 내가 보기에는 세상의 그 어느 것으로도 그런 일을 할 수 없을 것이다. 그런 고찰에 의해 고양되고 의기가 충천하여져서 결단한 후 용감하게 하나님을 섬기지 못한다면, 모든 어려움과 위험을 감내하지 못한다면, 그 영혼은 하나님으로부터 버림을 받아 심한 어두움과 강퍅함에 빠지게 된다.

네 번째 대책. 이런 사단의 책략에 대한 네 번째 대책은 이것을 고려하는 것이다. 종교적인 의무와 거룩하고 천상적인 활동은 극악한 자, 무지한 자, 부분적인 성도에게만 어려울 뿐이다. 그런 것들은 고상하고 우량한 성도, 고상한 영혼, 성도의 중생된 애정에게는 합당한 것이 아니다. 거룩한 활동은 천상적인 기쁨이며 오락이다. 사도가 언급한 내용과 같다. "내 속 사람으로는 하나님의 법을 즐거워하되 내 지체 속에서 한 다른 법이 내 마음의 법과 싸워 내 지체 속에 있는 죄의 법 아래로 나를 사로잡아 오는 것을 보는도다"(롬 7:22,23).[22] 고상한 성도들에게는 그리스도의 멍에가 쉽고 그분의 짐이 가벼운 법이다(마 11:30). 그리스도의 모든 계명과 길은 고상한 사람들에게는 즐거운 것일 뿐 침울한 것이 아니다. 그들은 그리스도를 위하여 오른쪽 눈이라도 빼며 오른발이라도 자르려 할 것이다.[23] 이론적으로 볼 때, 모든 그리스도의 도와 섬김은 보다 우량한 성도에게는 즐거움이다. 어떤 성도가 중생한 사람이라면, 그는 하나님을 가장 많이 뵈옵고 가장 많이 맛보고 하나님을 가장 크게 향유하고 하나님을 가장 따스하고 가장 생동력 있게 섬길 때 가장 좋은 신자로 존재하게 될 것이다. 고상한 신자들은 이렇게 말한다. "오, 항상 이렇게만 되었으면! 오, 내 힘이 바위 같고 내 살이 놋쇠 같고 나의 열악한 부분이 나의 고상한 부분을 더 섬기게 되며 내가 지치지 않는 열정으로 하나님을 봉사하게 되어 봉사가 나에게 즐거움이 된다면 그 세상은 나에게 낙원일 것이다."

다섯 번째 대책. 이런 사단의 책략에 대한 다섯 번째 대책은 이것을 엄숙하게 고려하는 것이다. 모든 어려움과 낙담에도 불구하고 주님을

---

22) 헬라어 단어는 그리스도의 멍에가 가볍고 은혜롭고, 즐겁고, 선하며, 고통스럽고 짜증나게하는 것과는 정반대의 것으로 질 만한 것이라는 뜻을 내포하고 있다.
23) 모든 꽃이 다 나름대로 향기를 가지고 있듯이 모든 선한 임무도 입 안에 산뜻한 향기를 뿜는다. 수행함에 있어서 많은 위안을 준다.

부종(附從)하며 섬기는 사람들에게는 큰 보상과 보응이 임한다. 일은 힘들지만 품값은 크다. 하늘은 모든 것에 대해 보상을 제공할 것이다. 아, 하늘에서 한 시간만 있다 해도 그 모든 어려움에도 불구하고 주님과 그분의 도에 착념한 것에 대해 충분한 보상이 될 것이다. 이런 것을 생각하고 사도는 그 모든 극한 고통들을 이겨냈다. 그는 "받게 될 상"을 바라보았으며 "하나님의 경영하시고 지으실 터가 있는 성을 바랐으며" '천국'을 바라보았다. 그렇다. 이것이 그 모든 어려움과 좌절을 직면하면서도 그리스도의 영을 간직하게 한 것이다. "믿음의 주요 또 온전케 하시는 이인 예수를 바라보자 저는 그 앞에 있는 즐거움을 위하여 십자가를 참으사 부끄러움을 개의치 아니하시더니 하나님 보좌 우편에 앉으셨느니라"(히 12:2).24)

지속적으로 주님을 섬기고자 하는 그리스도인들은 십자가보다는 면류관을, 현재의 비참보다는 미래의 영광을, 낙담보다는 격려를 더 쳐다보아야 한다. 하나님을 섬기는 데는 반드시 품값이 있다. 그분의 길에는 장미가 널려 있으며 "말할 수 없는 영광스러운 즐거움으로" 덮여 있고 그 길은 "모든 지각 위에 뛰어난 평강"으로 덮여 있다. 불에는 열이 수반되고 빛과 힘이 태양에서 나오듯, 모든 선행에는 일정 양의 위

---

24) 바실 주교는 밤새도록 춥고 얼어붙은 날씨 가운데 맨몸으로 내던져 다음 날 화형당한 한 순교자에 대해 말했다. 겨울은 혹독하나 낙원은 감미롭다. 이 땅에서 추위로 떨지만 아브라함의 품은 그 모든 것을 온전케 할 것이다.

로가 뒤따를 것이다. "또 주의 종이 이로 경계를 받고 이를 지킴으로 상이 크니이다"(시 19:11). 그것을 지킨 것 때문만이 아니라 그것을 지키는 중에도 큰 상이 있다. 성도들이 지금 향유하고 있는 즐거움, 안식, 상쾌함, 위로, 만족, 웃음, 수입은 그들이 보기에 너무도 귀하고 영광스러워 세상에 있는 것을 만 갑절로 준다 할지라도 그들은 바꾸려 하지 않을 것이다. 아! 급여일이 다가오기 전에 지금 받는 팁이 그 정도라면, 온갖 어려움을 겪으면서도 봉사에 착념한 것에 대해 성도들에게 그리스도께서 베풀어주실 영광은 과연 어떠하겠는가? 그 날 그분은 자기 아버지께 이렇게 말씀하실 것이다. "보십시오. 여기 여호와께서 내게 주신 자녀들이 있나이다"(사 8:18). 이 광야에서도 그렇게 많은 것을 받았다면 정작 낙원에 이르게 되면 얼마나 더 많이 받겠는가?

네 번째 책략.

그리스도께서 행하신 그 축복되고 영광스러운 것들로부터 거짓된 추정을 하게끔 영혼을 부추긴다. "예수 그리스도께서는 우리를 위하여 모든 것을 해 놓으셨으므로 우리는 즐거워하고 기뻐하는 것 외에는 할 일이 하나도 남아 있지 않다. 그분은 우리를 완전히 의롭게 하셨으며, 율법을 성취하셨으며, 신의 공의를 만족시키셨으며, 아버지의 진노를 잠재우셨으며, 우리를 위해 처소를 예비하시기 위해 하늘에 오르셨으며, 그 사이에도 우리를 위하여 도고를 올리고 계시다. 그러니 기도도 그만 두고 애통하는 일도 그치고 듣는 일도 그만 하라." 아! 주 예수께서 자기의 사랑하는 사람들을 위하여 해 놓으신 그 감사하고 놀라운 일로부터 그런 서글프고 난폭하고 낯선 추론을 하도록 유혹함으로써 사단이 얼마나 많은 신앙 고백자들로 하여금 오늘날 종교적인 봉사를 하지 못하게 하고 있는지.

첫 번째 대책. 이런 사단의 책략에 대한 첫 번째 대책은 그리스도께서 우리를 위하여 해놓으신 그 귀하고 영광스러운 일을 말하는 성구들을 묵상할 뿐 아니라 그리스도께서 여러분에게 요구하시는 의무와 봉사들을 보여주는 성구들도 많이 묵상하는 것이다.[25] 두 눈을 우리의 위엄과 특권에만 두고 의무와 섬김에는 두지 않는 것은 위험하고 서글픈 일이다. 눈 하나는 그리스도께서 나를 위하여 행하신 뛰어나고 빼어난 일에 두는 한편 다른 하나는 섬김과 의무에 두어야 한다. 그리하여, 내 마음을 들어 그리스도를 가장 순수한 사람으로 사랑하며 그리스도를 가장 강력한 즐거움으로 즐거워하며 그 어떤 것보다도 그리스도를 높여야 한다. 그분은 자기 자신을 내어주셔서 나의 모든 것이 되게 하셨다. 그리스도께서 그런 축복된 일들을 해주신 사람들에게 성경은 다음과 같은 의무를 지운다. 사도가 한 말을 들어 보라. "너희 몸은 너희가

---

[25] 나는 성령의 충만함을 흠모한다(터툴리안). 그레고리는 성경은 하나님의 심장이요 영혼이라고 했다. 그렇다면 누가 그 안에 거하지 않겠는가?

하나님께로부터 받은 바 너희 가운데 계신 성령의 전인 줄을 알지 못하느냐 너희는 너희의 것이 아니라 값으로 산 것이 되었으니 그런즉 너희 몸으로 하나님께 영광을 돌리라"(고전 6:19,20). 또한 이런 성구도 있다. "그러므로 내 사랑하는 형제들아 견고하며 흔들리지 말며 항상 주의 일에 더욱 힘쓰는 자들이 되라 이는 너희 수고가 주 안에서 헛되지 않은 줄을 앎이니라"(고전 15:58). "우리가 선을 행하되 낙심하지 말지니 피곤하지 아니하면 때가 이르매 거두리라"(갈 6:9). "항상 기뻐하라 쉬지 말고 기도하라"(살전 5:16,17). 또한 빌립보서에 보면, "그러므로 나의 사랑하는 자들아 너희가 나 있을 때뿐 아니라 더욱 지금 나 없을 때에도 항상 복종하여 두렵고 떨림으로 너희 구원을 이루라"(빌 2:12)는 말씀도 있다. "내가 이를 때까지 이 일(읽는 것과 권하는 것과 가르치는 것)에 착념하라"(딤전 4:13). "서로 돌아보아 사랑과 선행을 격려하며 모이기를 폐하는 어떤 사람들의 습관과 같이 하지 말고 오직 권하여 그 날이 가까움을 볼수록 더욱 그리하자"(히 10:24,25). 자, 사단의 이런 책략에 넘어가고 싶지 않은 영혼은 이런 축복된 성구들과 그런 내용이 담긴 여타의 많은 구절들을 곁눈으로만 쳐다보지 말고 장시간 묵상하여야 할 것이다. 이런 성구들을 그의 가장 귀하고 가장 선호하는 친구로 삼아야 한다. 그러면 그것들은 이 땅에 사는 동안 성도가 그리스도와 그분의 일에 더 착념할 수 있도록 하는 행복한 수단이 되어줄 것이다. 이 땅에 사는 많은 사람들이 그리스도께서 행하신 위대하고 영광스러운 일들에 관심을 두고 있다고는 하지만 실제로는 그들이 그리

스도께 등을 돌리고 있다.26)

두 번째 대책. 이런 사단의 책략에 대한 두 번째 대책은 이것을 고려하는 것이다. 그리스도께서 우리를 위하여 행하신 그리고 지금도 행하고 계시는 위대하고 영광스러운 일들은 우리로 하여금 종교적인 섬김과 경건한 성취를 멀리하게 하기보다는 그것들을 역행(力行)하도록 가장 큰 용기를 주는 자극제가 될 것이다. 성경은 그것을 충분히 증거한다. 나는 그 중 몇 가지를 예로 들고자 한다. "오직 너희는 택하신 족속이요 왕 같은 제사장들이요 거룩한 나라요 그의 소유된 백성이니 이는 너희를 어두운 데서 불러 내어 그의 기이한 빛에 들어가게 하신 자의 아름다운 덕을 선전하게 하려 하심이라"(벧전 2:9). "우리로 원수의 손에서 건지심을 입고 종신토록 주의 앞에서 성결과 의로 두려움이 없이 섬기게 하리라 하셨도다"(눅 1:74,75). 그리스도께서 여러분을 모든 원수들로부터, 율법 저주로부터, 죄의 그 지독한 지배력으로부터, 하나님의 진노로부터, 사망의 쏘는 것으로부터, 지옥의 저주로부터 건져내셨다. 그리스도께서 자기 백성을 위하여 행하신 이런 위대하고 놀라운 일들의 목적과 섭리가 무엇인가? 우리로 하여금 의와 거룩의 의무들을 벗

---

26) 유대인들은 성경 책장들만 넘기고 있으면서 그 무게를 깊이 묵상하지 않는다(요 5:39). "성경을 상고하라" 이 말은 헬라어에 있어서 명령어보다 설명어처럼 보인다.

어 던지도록 하기 위함이 아니라 우리가 더욱 자유롭고 자원하는 마음으로 그런 거룩한 의무들과 하늘의 봉사를 하게 하려 하심이 아닌가? 사도의 말을 들어 보자. "그러므로 주께서 말씀하시기를 너희는 저희 중에서 나와서 따로 있고 부정한 것을 만지지 말라 내가 너희를 영접하여 너희에게 아버지가 되고 너희는 내게 자녀가 되리라 전능하신 주의 말씀이니라 하셨느니라"(고후 6:17,18). 이를 이어지는 말씀과 비교해 보자. "그런즉 사랑하는 자들아 이 약속을 가진 우리가 하나님을 두려워하는 가운데서 거룩함을 온전히 이루어 육과 영의 온갖 더러운 것에서 자신을 깨끗케 하자"(고후 7:1). 다시 또 이런 말씀에도 귀를 기울이라. "우리를 양육하시되 경건치 않은 것과 이 세상 정욕을 다 버리고 근신함과 의로움과 경건함으로 이 세상에 살고 복스러운 소망과 우리의 크신 하나님 구주 예수 그리스도의 영광이 나타나심을 기다리게 하셨으니 그가 우리를 대신하여 자신을 주심은 모든 불법에서 우리를 구속하시고 우리를 깨끗하게 하사 선한 일에 열심하는 친 백성이 되게 하려 하심이니라"(딛 2:12). 아, 영혼들이여! 나는 그리스도께서 여러분을 위하여 행하신 위대하고 영광스러운 일을 묵상하는 것으로부터 유도된 것 이상으로, 모든 하늘 봉사를 활력 있고 변함없이 추진하게 하는 동인(動因)을 달리 찾을 수가 없다. 나는 이런 주장이 여러분을 설득시키지 못한다면 여러분을 지옥으로 끌고 간다고 해도 아마 여러분을 굴복시키지 못할 것이라고 생각한다.[27]

세 번째 대책. 이런 사단의 책략에 대한 세 번째 대책은 이것을 심각하게 고려하는 것이다. 그리스도께서 여러분을 위해서 당하신 고통 못지않게 고통을 당한 사람들은 모든 종교적인 봉사와 거룩한 실천에 아주 능동적이었고 활달했다.[28] 그분은 여러분을 위해서 한 만큼 다윗을 위해서도 동일한 고통을 당하셨는데, 누가 다윗보다 더 기도를 많이 드리고 하나님을 더 찬양하였던가? "주의 의로운 규례를 인하여 내가 하루 일곱 번씩 주를 찬양하나이다" (시 119:164). 누가 다윗보다 더 말씀을 많이 연구하고 묵상하는가? "내가 주의 법을 어찌 그리 사랑하는지요 내가 그것을 종일 묵상하나이다" (시 119:97). 동일한 얘기를 야곱, 모세, 욥, 다니엘, 그리고 성경에 나오는 다른 거룩한 선지자들과 사도들에 대해서도 할 수 있을 것이다. 아, 의와 거룩을 행한 그런 인사들이 모두 얼마나 값없이 주시는 은혜를 찬양하였던가!

다음과 같이 주장하는 사람들의 영혼은 사단이 손안에 넣은 것이 분명하다—그리스도께서 우리를 위해 이런저런 일을 하셨으므로, 사람들이 말하기를 성경에 그렇게 요구한다고 하지만 실은 우리는 이런저런 종교적인 봉사를 하려고 염려를 하거나 애를 쓸 필요가 전혀 없다. 이런 논리가 지옥으로부터 나온 게 아니라면, 도대체 어디서 나왔단 말인

---

27) 선한 삶에 대해 말하지 말고 당신의 삶이 말하게 하라. 여러분의 행동은 그냥 지나치는 법이 없다. 모든 선행은 영생을 위한 씨앗이기 때문이다.

28) 모든 시대에 성도들은 언제나 일하자라는 모토를 가졌다. 하나님은 경주자를 사랑하시지 질문자나 논쟁자를 좋아하지 않으신다 (루터).

가? 아, 그 거룩한 선지자들과 사도들이 되살아나서 그리스도께서 자기의 선민을 위하여 행하신 위대하고 영광스런 일에 관심을 가지고 있다고 자칭하는 그런 사람들의 입으로부터 나오는 그런 논리를 듣는다면, 그들이 얼마나 얼굴을 붉히겠으며 마음이 아프겠는가? 그런 사람들의 말을 듣고 행위를 볼 때 그들이 얼마나 얼굴을 붉히겠으며 마음이 아프겠는가? 29)

네 번째 대책. 이런 사단의 책략에 대한 네 번째 대책은 이것을 심각하게 고려하는 것이다. 의와 거룩의 길로 행하지 않는 사람들은, 하나님이 명하신 의무와 봉사를 수행하면서 하나님을 기다리지 않는 사람들은 하나님 앞에서 그들의 영혼이 의롭다는 증거를 가질 수 없는 사람들이다. 그들은 하나님과의 교제 및 교통에 대해서, 이 땅에서의 축복됨과 이후 세상에서의 행복에 대해서 증거를 가질 수 없는 사람들이다. 주님의 길을 사랑하고 즐거워하며 주님을 가장 많이 섬기고 봉사할 때 가장 능력 발휘를 잘 하는 사람은 그와 다르다. 30) 사도는 말한다. "자녀들아 아무도 너희를 미혹하지 못하게 하라 의를 행하는 자는 그의 의로우심과 같이 의롭도다"(요일 3:7). 사도는 또 말한다. "이러므로 하나님의 자녀들과 마귀의 자녀들이 나타나나니 무릇 의를 행치 아니하는 자

---

29) 천국에 대해서 말하면서 하나님의 뜻에 대해 전혀 말하지 않는자는 달만 쳐다보고 진흙탕에 꼬꾸라지는 것과 같다.

나 또는 그 형제를 사랑치 아니하는 자는 하나님께 속하지 아니하니라"
(요일 3:10). 같은 사도가 이렇게 말하기도 한다. "저를 아노라 하고 그의 계명을 지키지 아니하는 자는 거짓말하는 자요 진리가 그 속에 있지 아니하되 누구든지 그의 말씀을 지키는 자는 하나님의 사랑이 참으로 그 속에서 온전케 되었나니 이로써 우리가 저 안에 있는 줄을 아노라 저 안에 거한다 하는 자는 그의 행하시는 대로 자기도 행할지니라… 만일 우리가 하나님과 사귐이 있다 하고 어두운 가운데 행하면 거짓말을 하고 진리를 행치 아니함이거니와 저가 빛 가운데 계신 것같이 우리도 빛 가운데 행하면 우리가 서로 사귐이 있고 그 아들 예수의 피가 우리를 모든 죄에서 깨끗하게 하실 것이요"(요일 2:4-6, 1:6,7). 야고보서에는 이렇게 되어 있다. "내 형제들아 만일 사람이 믿음이 있노라 하고 행함이 없으면 무슨 이익이 있으리요 그 믿음이 능히 자기를 구원하겠느냐… 아아 허탄한 사람아 행함이 없는 믿음이 헛것인 줄 알고자 하느

---

30) 은혜로 판단하는 것과 그 은혜들을 신뢰하는 것과는 별개이다. 선언하는 것과 보유하는 것에는 많은 차이가 있다. 다윗의 딸들은 다양한 옷 색깔에 의해 분별되듯이 하나님의 자녀들도 그들의 경건과 성결함에 의해 판독된다. 성도의 표시는 하늘나라를 향하여 달려가는 것이다. 고상한 말이 거룩하다거나 의롭다는 것을 증명하는 것이 아니다. 덕스러운 삶, 온전히 주를 좇는 동행함이 하나님께 귀한 것이다. 열매없는 나무는 불쏘시개감이다. 기독교는 말하는 것이 아니라 하나님과 동행하는 것이다. 열매없으면 그 영혼은 도끼에 의해 찍힘 받고 말 것이다.

냐"(약 2:14, 20). 거룩하고 천상적인 역사(役事)를 추구하는 것은 그 영혼이 사단의 유혹 및 쾌락과 즐거움의 갑작스럽고 현란한 현시에 의해서 매혹되거나 현혹되지 않도록 하는 최선의 방책이다. 거룩한 행위는 귀하신 성령을 보다 더 민감하고 항구적으로 보증할 수 있는 길이며 영혼 속에 보다 더 충실하고 순결하고 분명하고 강력하고 지속적인 기쁨을 소유할 수 있는 길이다. 아 영혼들이여! 여러분이 아버지 및 아들과, 은혜의 진리와, 미래적 행복과 항구적이고 축복된 교제한다는 증거를 갖기 원한다면, 거룩한 봉사에 착념하도록 하라. 그리고 종교적인 의무에 등을 돌리지 말라.

다섯 번째 대책. 이런 사단의 책략에 대한 다섯 번째 대책은 이것을 엄숙하게 고려하는 것이다. 성도들이 종교적인 의무를 수행하는 데는 영광스럽고 좋은 다른 목적이 있다. 하나님 앞에서 그들 인격이 칭의를 얻고, 그들이 율법이나 하나님의 공의를 만족시키고, 죄의 용서를 받게 되는 것 이외에도 그들의 칭의를 간증하게 된다는 말이다.[31] "이와 같이 좋은 나무마다 아름다운 열매를 맺고 못된 나무가 나쁜 열매를 맺나니"(마 7:17). 따라서, 하나님에 대한 그들의 사랑을 증거하고 하나님의 계명에 대한 그들의 신실한 순종을 증거하게 된다. 영적인 속박으로부

---

[31] 임무들은 행동에 의해서 칭찬듣는 것이 아니라 목적에 의해서 높임 받는다.

터의 구원을 증거하고, 성령의 내주를 증거하고, 극악한 사람들의 입을 막으며, 하나님이 서글프게 만들고 싶어하지 않는 의로운 영혼들을 즐겁게 해준다. 이런 등등의 놀라운 목적들이 바로, 그리스도의 영광스런 행위에 관심을 가지고 있는 사람들이 그리스도께서 명하신 거룩하고 종교적인 봉사에 지속적으로 전념해야 하는 이유이다. 나는 이런 생각들이 여러분에게 충만하지 않다면, 그리하여 거룩하고 천상적인 의무 가운데서 하나님을 섬기지 않는다면, 죽은 자 가운데서 살아나는 자가 있을지라도 여러분을 설득할 수 없을 것이라고 생각한다. 여러분은 죄 가운데서 계속해서 행하며 그분을 섬기지 않을 것이며 마침내 여러분의 영혼은 영구적으로 파멸될 것이다.[32]

다섯 번째 책략.

하나님의 길로 행하며 지속적으로 종교적인 행위를 수행하는 사람들의 가난과 궁핍을 영혼에게 제시한다. 사단은 이렇게 말한다. "이런 저런 종교적인 길로 행하는 사람들이 이 세상에서 가장 가난하고 가장 미천하고 가장 멸시받는 자라는 것을 너는 알고 있느냐?" 이 사단의 말을 들으니, 이런 성구가 생각난다. "바리새인들이 대답하되 너희도 미

---

[32] 목적은 행동을 낳는다. 범주를 넘지 말라. 당신의 삶과 행동의 목적을 놓치지 말라. 이것은 맥시밀리안 황제의 모토였다.

혹되었느냐 당국자들이나 바리새인 중에 그를 믿는 이가 있느냐 율법을 알지 못하는 이 무리는 저주를 받은 자로다"(요 7:47-49).

첫 번째 대책. 이런 사단의 책략에 대한 첫 번째 대책은 그들은 비록 외적으로는 가난하지만 내적으로는 부요한 자였다는 것을 고려하라. 그들이 비록 세상적인 것에서는 가난하지만 영적인 것에서는 부요하다. "왕의 딸이 궁중에서 모든 영화를 누리니 그 옷은 금으로 수놓았도다"(시 45:13). 야고보는 "내 사랑하는 형제들아 들을지어다 하나님이 세상에 대하여는 가난한 자를 택하사 믿음에 부요하게 하시고 또 자기를 사랑하는 자들에게 약속하신 나라를 유업으로 받게 아니하셨느냐"(약 2:5)라고 말했다. 요한은 서머나 교회에게 이렇게 말했다, "내가 네 환난과 궁핍을 아노니 실상은 네가 부요한 자니라 자칭 유대인이라 하는 자들의 훼방도 아노니 실상은 유대인이 아니요 사단의 회라"(계 2:9). 그들이 비록 지금은 소유가 적지만 향후 영광스러운 나라에서는 얼마나 많은 것을 소유할 것인지. "적은 무리여 무서워 말라 너희 아버지께서 그 나라를 너희에게 주시기를 기뻐하시느니라"(눅 12:32). 성도들은 지금 손에 든 것은 적지만, 소망 중에 많은 것을 가지고 있다. 비록 지금은 소유한 것이 없다 할지라도 장차 소유할 것이 많은 사람은 세상적인 시각에서도 행복한 사람이다. 여러분은 성도들이 영광스러운 나라에서 유산으로 받을 것이 많이 있음에도 불구하고 지금 손에 가지고 있는 것이 별로 없다고 해서 그들을 비참한 자로 간주하려는가? 제 아무리 가난한 성도라 할지라도 그가 유산과 소망 가운데서 소유하고 있는 것을 하늘의 별과 바다의 모래처럼 많은 재물을 이 세상에서 준다 해도 바꾸지 않을 것이라는 게 나의 확신이다.

두 번째 대책. 이런 사단의 책략에 대한 두 번째 대책은 이것을 고려하는 것이다. 어느 시대든지 간에 하나님은 온갖 어려움에도 불구하고 그분의 도를 선택하고 그분을 섬기는 일에 전념하는 사람들을 두었는데, 그들은 위대하고 부요하고 지혜있고 존경스러운 사람들이었다. 비록 현명한 사람들이 많지는 않았지만 몇몇 사람들은 현명했으며, 많은 이들이 강력하지는 않았다지만 몇몇 이들은 강력했으며 많은 이들이 고상하지는 않았지만 몇몇 이들은 고상했다. 성경이 말하는 아브라함, 야곱, 욥, 몇몇 왕 같은 이들을 보라. 아! 우리 중 얼마나 많은 이들이 그리스도의 마음과 뜻을 따라 주님께 부종하며, 순교자들의 피를 통해 헤엄쳐 나아가서 그분을 섬기며, 자기 생명을 귀한 것으로 여기지 아니할까? 그런 사람들로 인하여 그들과 다른 사람들이 그리스도의 심장을 가지고 그리스도의 거룩한 것들을 향유할 수 있게 되는 것이다.

세 번째 대책. 이런 사단의 책략에 대한 세 번째 대책은 이것을 엄숙하게 고려하는 것이다. 가장 가난한 성도들의 영적인 재산도 세상에 사는 모든 사악한 사람들의 세상적인 재산보다 무한히 많다. 그들은 그 신령한 재산으로 인하여 만족한다. 그들은 명예와 재산이 없어도 그리스도 안에 있는 은혜의 부요로 인해 만족하며 살 수 있다. "이 물을 먹는 자마다 다시 목마르려니와 내가 주는 물을 먹는 자는 영원히 목마르지 아니하리니 나의 주는 물은 그 속에서 영생하도록 솟아나는 샘물이 되리라"(요 4:13,14). 가난한 성도들의 재산은 영구적인 것이다. 그것은 그들과 함께 자기도 하고 식사도 같이 한다. 그것은 그들이 감옥에 가도 같이 가며 병이 같이 들어도 함께하며 무덤에도 함께 간다. 그렇다. 그것은 그들과 함께 하늘나라까지 간다. 가난한 성도들의 재산은 포도주와 같아서 그들을 기분 좋게 하며, 빵과 같아서 그들에게 힘을 제공하며, 옷과 같아서 그들을 따뜻하게 해준다. 그리고 갑옷과 같아서 그들을 보호해준다. 자, 뭔가를 안다고 하는 여러분은 모두 이것을 알아야 한다. 이 세상의 재물은 사람들의 영혼을 만족시킬 수 없으며 그것은 꽃과 같아서 시들며 꽃을 소유한 사람도 시들어갈 뿐이다.

네 번째 대책. 이런 사단의 책략에 대한 네 번째 대책은 아래의 내용을 심각하게 고려하는 것이다. 성도들은 비교적으로 계수(計數)해 볼 때 그 수가 적다. 그들은 "적은 무리," "남은 자," "울타리 쳐진 동산," "뚜껑 덮은 우물," "인봉한 샘"이다. 그들은 "여름 실과"와 같다. 그들은 "성읍에서 택한 하나와 족속 중에서 택한 둘"이다.[33] 그들은 한 집안 식구들처럼 소수이며 불 속의 불티와 같으며 대양의 물 한 방울과

---

33) 눅 12:32; 사 1:9; 아가 4:12; 삿 8:2; 렘 3:14

같다. 그러나 그들의 본질을 생각해 보면, 그들은 그 수가 무수하다. 요한이 말했듯이 말이다. "이 일 후에 내가 보니 각 나라와 족속과 백성과 방언에서 아무라도 능히 셀 수 없는 큰 무리가 흰옷을 입고 손에 종려 가지를 들고 보좌 앞과 어린 양 앞에 서서"(계 7:9). 마태도 이렇게 말했다. "또 너희에게 이르나니 동서로부터 많은 사람이 이르러 아브라함과 이삭과 야곱과 함께 천국에 앉으려니와"(마 8:11). 바울도 이렇게 말했다. "그러나 너희가 이른 곳은 시온 산과 살아 계신 하나님의 도성인 하늘의 예루살렘과 천만 천사와 하늘에 기록한 장자들의 총회와 교회와 만민의 심판자이신 하나님과 및 온전케 된 의인의 영들과…"(히 12:22,23).

다섯 번째 대책. 이런 사단의 책략에 대한 다섯 번째 대책은 이것을 엄숙하게 고려하는 것이다. 잠시 잠깐 후면 이들 가난한 성도들이 그 영광 가운데서 태양보다 더 밝게 빛을 발하게 될 것이다. 머지않아서 사람들이 가난하고 비천하고 멸시받는 자들 중에 속하여 있지 못한 것을 후회하는 날이 다가올 것이니, 그 날에는 하나님이 오셔서 자기 보석을 한데 모으실 것이다! 머지않아서 이 가련한 소수의 성도들이 자기 보좌에 앉게 되고 많은 사람들과 세상을 심판하게 될 것이다. 사도가 한 말처럼 말이다. "성도가 세상을 판단할 것을 너희가 알지 못하느냐?"(고전 6:2). 그 날, 오! 위대한 자, 부요한 자, 배운 자, 존귀한 자들이 탄식하기를 "이 가련하고 멸시받는 자들과 함께 지내며 주님을 섬기고 살 것을…" 할 것이다! 오, 이 사악한 세상 사람들이 가련한 성도들을 멸시하며 살았던 날들을, 그들의 가난을 보고 놀라 그들의 정결한 삶을 좇지 못했던 날들을 저주하게 될 것이다.34)

나는 드라브 족의 고대 왕 잉고에 대한 이야기를 읽어보았다. 그는 거창한 잔치를 벌인 후 당시의 이교도들을 조신들로 임명하여 아래에서 있게 하고는 몇몇 가난한 기독교인들을 왕의 알현실로 불러 올렸다. 그들은 왕과 함께 식탁에 앉아서 왕의 진수성찬을 함께 먹었다. 많은 사람들이 이에 대해 묻자 그는 이렇게 대답했다. "비록 저들이 가난하기는 하지만 나는 기독교인들을 기독교에 귀의하지 않은 가장 높은 조신들보다 더 존귀한 자로 간주하노라. 저 조신들이 지옥에 떨어지는 날, 이 기독교인들은 왕의 동료가 되어 하늘에서 그와 함께 다스리게 될 것이니 말이다." 이 얘기를 여러분은 어떻게 적용해야 할지 알고 있을 것이다. 여러분도 알다시피 비록 별들이 가끔 시궁창이나 우물 안, 냄새나는 도랑에 빛을 비추지만, 실제로 별들은 하늘에 있다. 마찬가지로, 비록 어떤 경건한 사람이 세상의 시각에서 볼 때는 가난하고 비참하고 비천하고 멸시받는 환경에서 살고 있지만 그가 실은 하늘 왕국의 시민이라는 것을 여러분은 알아야 한다. 사도는 이렇게 말한다. "또 함

---

34) 하나님께서는 세상의 군왕들과 능한 자들을 잊으시나 멸시받는 가난한 자기 백성들은 기억하신다. 세례요한은 세상에서 가난했지만 성령은 그를 여자가 낳은 자 중에서 가장 큰 자라고 했다. 가난한 성도들은 세상 사람들이 알아주지 않아도 주께서는 지극히 높여주실 것이다.

께 일으키사 그리스도 예수 안에서 함께 하늘에 앉히시니." 오! 그러므로 여러분이 영혼이 시온의 길로 행하는 사람들의 가난과 결핍을 인하여 그 길로 가기를 그칠 때 그 영혼을 보고 이렇게 말하도록 하라. "저 수가 적고 가련하고 멸시받는 성도들이 영광 가운데서 빛을 발할 날, 그들이 이 세상을 심판하게 될 날, 이 세상의 모든 사악한 무리가 '저들과 함께 거할 것을…' 하고 후회하게 될 날, 이 세상에서 가난과 궁핍 때문에 무시하고 멸시했던 사람들을 시중 드는 영예와 행복을 얻기 위해서 그들이 할 수만 있다면 이 세상의 재물을 일만 번이라도 포기하고 싶어하게 될 날, 그 날이 가까이 다가와 있다."

여섯 번째 대책. 이런 사단의 책략에 대한 여섯 번째 대책은 이것을 엄숙하게 고려하는 것이다. 하나님의 길로 행하는 사람들이 그들의 가난과 궁핍으로 인해 지금 받고 있는 멸시와 천대가 이 세상에서, 이 생에서부터 모두 제거되고 오랫동안 꼬리에 있던 이들이 머리가 되고 찌꺼기같이 취급받던 이들이 외적인 부요와 번영과 영광으로 끌어올려지게 되는 날이 곧 다가올 것이다.[35] 요한은 하늘에서 내려오는 새 예루살렘인 교회의 영광에 대해 말하면서 이렇게 묘사한다. "만국이 그 빛 가운데로 다니고 땅의 왕들이 자기 영광을 가지고 그리로 들어오리라"

---

35) 이 진리를 확정하는 풍성한 구절들을 보라. 렘 31:12; 사 30:23, 62:8, 9; 욜 2:23, 24; 미 4:6; 암 9:13, 14; 슥 8:12; 사 41:18, 19, 55:13, 66:7, 65:21, 22, 61:4, 60:10; 겔 36:10

(계 21:24). 선지자 이사야도 이렇게 말한다. "내가 금을 가져 놋을 대신하며 은을 가져 철을 대신하며 놋으로 나무를 대신하며 철로 돌을 대신하며 화평을 세워 관원을 삼으며 의를 세워 감독을 삼으리니"(사 60:17). 마찬가지로 스가랴 선지자도 이렇게 말한다. "이 때에 사면에 있는 열국의 보화 곧 금 은과 의복이 심히 많이 모여질 것이요"(슥 14:14). 주님은 "온유한 자는 복이 있나니 저희가 땅을 기업으로 받을 것임이요"(마 5:5)라고 약속하였으며 "진실로 너희에게 이르노니 천지가 없어지기 전에는 율법의 일점일획이라도 반드시 없어지지 아니하고 다 이루리라"(마 5:18)고 말씀하셨다. 아, 가련한 성도들이여, 지금은 어떤 사람들이 여러분을 가슴 아프게 하고 다른 이들은 여러분을 보고 눈을 흘기지만, 여러분이 들어오지 못하도록 문을 닫지만, 여러분을 보고 등을 돌리지만, 여러분의 가난 때문에 (하나님 안에서 오래 거하며 그리스도의 부요로 충만한 소수의 무리를 제외한) 대부분의 사람들이 여러분을 무시하거나 멸시하지만, 그러나 날이 이르니 그 때 여러분은 거름무더기에서 일으켜 올려질 것이며 여러분의 가난이 부요로 바뀔 것이며 누더기가 비단 옷으로 치욕이 영예의 면류관으로 수치가 영광으로 바뀔 것인데, 이 세상에서부터 그리 될 것이다.

　이것이 다가 아니다. 하나님은 또한 택하신 자들의 수를 크게 늘리실 것이다. 수많은 자들이 그분께로 돌아오게 될 것이다. "이러한 일을 들은 자가 누구이며 이러한 일을 본 자가 누구이뇨 나라가 어찌 하루에 생기겠으며 민족이 어찌 순식간에 나겠느냐 그러나 시온은 구로하는 즉시에 그 자민을 순산하였도다… 내가 그들 중에 징조를 세워서 그들 중 도피한 자를 열방 곧 다시스와 뿔과 활을 당기는 룻과 및 두발과 야완과 또 나의 명성을 듣지도 못하고 나의 영광을 보지도 못한 먼 섬들로 보내리니 그들이 나의 영광을 열방에 선파하리라 나 여호와가 말하노라 이스라엘 자손이 예물을 깨끗한 그릇에 담아 여호와의 집에 드림 같이 그들이 너희 모든 형제를 열방에서 나의 성산 예루살렘으로 말과 수레와 교자와 노새와 약대에 태워다가 여호와께 예물로 드릴 것이요" (사 66:8,19,20). 성경이 이렇게 말하고 있지 않은가? "세상 나라가 우리 주와 그 그리스도의 나라가 되어 그가 세세토록 왕 노릇 하시리로다" (계 11:15). 하나님께서 그리스도를 주시지 않았는가? 주께서 이렇게 말씀하시지 않았는가? "말일에 여호와의 전의 산이 모든 산꼭대기에 굳게 설 것이요 모든 작은 산 위에 뛰어나리니 만방이 그리로 모여들 것이라… 너는 의로 설 것이며 학대가 네게서 멀어질 것인즉 네가 두려워 아니할 것이며 공포 그것도 너를 가까이 못할 것이라… 그 자손을 열방 중에, 그 후손을 만민 중에 알리리니 무릇 이를 보는 자가 그들은 여호와께 복받은 자손이라 인정하리라" (사 2:2, 54:14, 61:9). 이사야 60장과 66장, 이사야 2:1-5도 읽고 묵상해 보라. 그러면 거기서 여러분은 많은 무리가 그리스도께로 돌아오게 된다는 것을 알게 되리라. 오! 여러분이 하나님을 강력하게 믿고 그분께 강력하게 탄원해서 그분의 영광의 날이 속이 임하게 되며 지금 기분의 백성과 도에 임하는 치욕이 멈춰지게 되기를 기원한다!

여섯 번째 책략.

세상 사람들의 대부분이 자기 맘대로 살면서 주님의 도를 멸시하고 무시하는 모습을 성도들에게 보여준다. 사단은 이렇게 말한다.[36] "위대한 사람, 부요한 사람, 고상한 사람, 출세한 사람, 식자들, 현자들, 대부분의 사람들이 이런저런 도에 대해서는 신경도 쓰지 않고 사는데 왜 너는 특이하게 굴어야 하느냐? 대부분의 사람들이 가는 대로 가는 게 네게도 좋을 것이다."

첫 번째 대책. 이런 사단의 책략에 대한 첫 번째 대책은 죄지은 사람들의 모범을 따르지 말라고 직설적으로 말하는 성구를 상고하는 것이다. 출애굽기에 보면 이렇게 말한다. "다수를 따라 악을 행하지 말며 송사에 다수를 따라 부정당한 증거를 하지 말라"(출 23:2). 다수는 일반적으로 무지하며 주님의 도를 알지 못한다. 따라서 그들은 자기들이 알지 못하는 것에 대해 나쁘게 말한다. 그들은 하나님의 도와 봉사에 대해 시기심을 갖고 악한 마음으로 반대한다. 그러므로 그들은 하나님의 도에 대해 좋게 말할 수가 없다. "이 도는 어디서든지 반대를 받고 있다"(행 28:22)라고 그들은 말한다. 민수기 16:21은 이렇게 말한다. "너희는 이 회중에게서 떠나라 내가 순식간에 그들을 멸하려 하노라." 사도는

---

36) 요 7:48, 49; 고전 1:26, 28; 미 7:2-4

이렇게 말한다. "너희는 열매 없는 어두움의 일에 참여하지 말고 도리어 책망하라"(엡 5:11). 솔로몬은 이렇게 말한다. "사특한 자의 첩경에 들어가지 말며 악인의 길로 다니지 말지어다… 어리석음을 버리고 생명을 얻어라 명철의 길을 행하라"(잠 4:14, 9:6). 대다수의 사람을 좇아가는 사람은 그들과 함께 파멸될 것이다. 대부분의 사람들이 행하는 대로 행하는 사람은 머지않아 그들과 함께 고난을 당하게 될 것이다.37) 대부분의 사람들이 사는 대로 사는 사람은 그들과 함께 죽게 될 것이며 그들과 함께 지옥에 떨어질 것이다.

두 번째 대책. 이런 사단의 책략에 대한 두 번째 대책은 이것을 심각하게 고려하는 것이다. 여러분이 다수의 사람들과 함께 죄를 짓는다면, 하늘의 모든 천사들과 지상의 모든 사람을 다 동원한다 해도 여러분이 다수와 함께 고난 당하는 것을 막을 수 없을 것이다. 여러분이 만일 그들과 함께 사악하게 살아간다면 여러분은 그들과 함께 비참하게 되는 일을 피하지 못할 것이다.38) 오! 나의 영혼아, 이렇게 말하라. 만일 네가 다수와 함께 범죄한다면 너는 다수와 함께 하늘 밖으로 쫓겨나게 될 것이다. 너는 다수와 함께 지옥으로 떨어지게 될 것이다. "또 내가 들으니

---

37) 지옥에 가는 길은 넓고 잘 다듬어져 있다. 대부분의 사람들은 영원히 파멸의 길로 간다. 대다수는 악하고 죄질이 크다(세네카).

38) 죄와 형벌은 금강석고리로 함께 연결되어 있다. 죄는 수많은 색깔을 가지고 있으며 수많은 슬픔을 가지고 있다.

하늘로서 다른 음성이 나서 가로되 내 백성아, 거기서 나와 그의 죄에 참여하지 말고 그의 받을 재앙들을 받지 말라"(계 18:4). 애정, 행위, 주거지를 그들과 달리 하라. 그렇게 하지 않으면 죄에 오염됨으로 인해 형벌이 여러분에게 임하게 될 것이다. 현자는 이렇게 말한다. "지혜로운 자와 동행하면 지혜를 얻고 미련한 자와 사귀면 해를 받느니라"(잠 13:20). '다수'가 죄를 짓는 데 도움을 줄 수 있을는지 모르나, 그들은 형벌을 피하는 데는 도움이 될 수 없다. 모세와 아론을 보면 여러분이 그것을 깨달을 수 있을 것이다. 그들은 군중에 의해 자극을 받고 화가 나서 범죄하였으며 결국 약속의 땅으로 들어가지 못하고 공의의 손에 의해 다른 사람들처럼 심판을 받고 말았다.

세 번째 대책. 이런 사단의 책략에 대한 세 번째 대책은 결코 죽지 않을 여러분 목숨의 가치와 빼어남을 엄숙하게 고려하는 것이다. 여러분의 목숨은 하늘과 땅보다도 더 가치가 있는 보석이다. 여러분의 영혼을 잃는다는 것은 비교할 수도 없고 치유할 수도 없고 복구할 수도 없는 손실이다. 그것을 잃고 나면 모든 것을 잃는 것이요 여러분은 영구히 파멸될 것이다. 친구를 잃지 않기 위해서 자살을 한다면 이게 미치고 어리석은 짓이 아닌가? 아니, 친구를 잃지 않기 위해서 자기 영혼을 살해하고 저주를 당하는 것보다 더 미친 짓이, 더 어리석은 짓이 어디 있겠는가? 다수의 사람들이 걷는 길을 의심의 눈으로 바라보기 바란다. 다수가 가는 길을 힘을 다하여 저항하도록 하라. 그렇게 하지 않으면 여러분은 구렁에 빠지게 될 터인데, 거기로부터는 천사들도 여러분을 건지지 못할 것이다. 동료와 함께 치우쳐 굽은 길로 가는 것보다는 차라리 나 혼자 곧은 길로 가는 게 더 낫지 않은가? 그렇다. 친구들과 함께 지옥으로 가는 것보다는 나 혼자 천국으로 가는 게 분명히 더 낫다.

다른 말을 더할 수도 있으나 이것이면 우선 충분하리라고 본다. 나는 이런 논리로 여러분을 격동시킬 수 없다면 다른 어떤 논리를 전개해도 여러분에게 거의 도움이 되지 않으리라고 생각한다.

일곱 번째 책략.

영혼이 하나님을 찾고 있거나 기다리고 있는 동안 그에게 온갖 잡된 생각들을 넣어준다. 이런 책략을 통해서 사단은 천국 봉사를 하고 있는 몇몇 사람들의 영을 냉담하게 만들었으며 많은 귀중한 영혼들로 하여금 적어도 일정한 기간 동안 종교적인 역사를 이루지 못하도록 하였다. "나는 말씀을 들을 생각이 없고 기도하고 싶은 마음도 없고 성경을 읽어도 재미가 안 나며 성도들의 모임에 참가해도 흥미가 없다. 사단은 끈질기게 나의 영혼을 따라다니며 하나님, 세상, 내 영혼에 대해 오만 가지 잡된 생각을 내게 넣어주어서 마침내 나는 종교적인 봉사를 하기 위해 하나님을 기다리는 것조차 지겹게 되었다. 오! 사단이 얼마나 헛된 생각들을 내 영혼 속에다 넣어서 나를 괴롭히고 당혹시키고 정신을 혼란하게 하고 혼에 빠지게 했는지 나는 결국 거룩한 의무들, 아니 내

삶 자체에 대해서도 지겨움을 느끼게 되었다. 오! 나는 사단이 내 영혼 속에 주입시키는 그런 오만 가지 헛된 생각들로 인해서, 당연히 내가 종교적인 봉사에 열심을 내고 기쁨을 느끼고 기분이 좋아지고 감동을 받고 생기가 나고 경험이 쌓이고 위로를 받고 상쾌함을 느껴야 함에도 불구하고, 그렇게 될 수가 없다."

첫 번째 대책. 이런 사단의 책략에 대한 첫 번째 대책은 하나님의 위대하심, 거룩하심, 위엄, 영광에 의하여 여러분의 마음이 강력한 영향을 받도록 하는 것이다. 여러분의 영혼은 그분 앞에 서서 섬기며 종교적인 봉사에서 그분과 교신(交信)하기 때문이다. 오! 여러분의 영혼이 여러분이 섬기는 그 하나님의 임재, 순결성, 위엄에 의하여 크게 영향을 받게 되기를 바란다. 어떤 사람이 만일 임금하고 말하게 되었다면 말하는 도중 그가 깃털을 만지작거리며 장난하지는 않을 것이다. 아! 사람이 하나님께 가까이 다가갈 때 그분에 대해서 가련하고 비천하고 가볍고 경박한 생각을 가지고 있다면, 사단이 용기를 내어 온갖 헛된 생각들을 퍼부음으로써 그 영혼을 혼란하게 만들고 혼동시켜 하나님을 섬기지 못하게 할 것이다. 하나님을 전능하신 하나님, 전지하신 분, 편재하시는 분, 모든 영광스럽고 완전한 것들로 가득 차 있는 분으로 간주하는 것은 헛된 생각이 침투하지 못하게 하는 최선의 방책이다. 그분의 위엄, 순결, 영광은 그 어떤 허물도 용인하지 않을 것이다. 하늘에 있는 축복된 성도들과 영광스러운 천사들은 그런 헛된 생각을 하나도 갖지 않고 있다. 왜냐하면 그들은 하나님의 위대하심, 거룩하심, 위엄, 순결, 영광에 의하여 크게 영향을 받는 존재들이기 때문이다.

두 번째 대책. 이런 사단의 책략에 대한 두 번째 대책은 영혼이 혼란을 느끼는 그 온갖 공허한 생각들에도 불구하고 단호하게 종교적인 봉사를 지속하는 것이다. 이것은 그런 생각들을 방어하는 데 아주 도움이 될 것이다. 헛된 생각으로 영혼이 고민이 되건 말건 간에 단호한 결심을 통해서 하나님을 섬기는 것이다.[39] 이렇게 말하는 것이다. "나는 계속해서 기도를 드릴 것이며 계속해서 말씀을 들을 것이며 여전히 묵상할 것이며 성도들과의 교제도 지속할 것이다." 많은 귀중한 영혼들이 경험을 통해 이것을 증거한다. 그들이 단호하게 결심을 하고 하나님을 섬길 때, 사단은 마침내 그들을 떠났으며 다시는 그들의 영혼에게 그런 헛된 생각들을 집어넣지 않았다. 사단은 그가 영혼 속에 집어넣은 그 온갖 잡된 생각들이 그 영혼을 고양시켜 거룩하고 천상적인 봉사에 더욱 정진하고 주의를 기울이고 깨어 있게 하고 단호하게 만들 뿐 그 영혼이 조금도 열심, 경건, 헌신을 잃지 않고 오히려 관심, 근면, 진지함을 배가시키는 것을 볼 때에는 대개 그런 치졸한 생각들을 공급하는 일을 그치고 만다. 사단이 그리스도를 유혹하려 했을 때 그분께서 단호하게

---

[39] 시민법에서도 할 일이 남아 있는 한 모든 것이 다 이루어졌다고 말하지 않는다. "이 정도면 충분해"라고 말하는 자는 하나도 하지 않은 자와 같다(어거스틴).

그에 대항을 하시니 그가 단념하였던 예와 같다 하겠다.

세 번째 대책. 이런 사단의 책략에 대한 세 번째 대책은 이것을 엄숙하게 고려하는 것이다. 우리가 이런저런 종교적인 봉사를 하느라 하나님을 섬기는 동안 우리의 영혼 가운데로 침투한 그런 헛되고 치졸한 생각들, 만일 그것들을 가슴에 간직하고 되새기는 게 아니라 증오하고 저항하고 부인하였다면 우리는 죄를 지은 게 아니다. 물론 그것이 한때 우리의 정신을 괴롭히기는 하겠지만 말이다. 그것들로 인해 우리에게 책임 추궁이 오지는 않을 것이며 은총이나 축복을 향유하는 데 지장이 되지도 않을 것이다. 영혼이 의를 행하는 가운데 하나님의 얼굴을 쳐다보며 이렇게 말할 수 있을 것이다. "주여, 제가 당신께로 다가갈 때 온갖 수많은 헛된 생각들이 저를 둘러싸며 제 영혼을 혼란시키고 제 믿음을 약화시키며 제 안위와 영적인 힘을 경감시키나이다. 오! 이것들은 저의 장애물이며 짐이며 고통거리이며 지옥입니다! 오, 이것들을 처리하여 주시며 저를 이것들로부터 해방시켜 주사 제가 보다 더 자유롭고 단순하고 영적이며 사모하는 영을 가지고 당신을 섬길 수 있게 해주소

---

40) 우리 영혼을 은총으로부터 제지시키는 것은 허망한 생각들을 집어넣는 사단이 아니라 허망한 생각들이 우리 마음에 자리잡고 있고 그것들을 소중히 여기는 우리의 태도이다. "예루살렘아, 네 악한 생각이 네 속에 얼마나 오래 머물겠느냐?"(렘 4:14). 허망한 생각들은 최상의 마음 상태에서는 지나가버리지만 악한 마음에서는 자리를 펴고 귀하게 대접받는다.

서."⁴⁰⁾ 이런 생각들이 그 영혼을 괴롭힐 수는 있겠으나 그 영혼을 해하지는 못하며 축복을 저지하지도 못할 것이다. 만일 헛된 생각에 대해 저항을 하고 그것을 개탄스럽게 여겼는데도 은총의 흐름이 막혔다면, 이 세상에는 은총을 맛보거나 영구적인 행복을 느낄 수 있는 이가 하나도 없을 것이다.

네 번째 대책. 이런 사단의 책략에 대한 네 번째 대책은 이것을 엄숙하게 고려하는 것이다. 죄 된 생각들을 경계하고 저항하고 그것에 대해 개탄하고 울면 진리, 은혜의 힘, 여러분 마음의 신실성에 대해 가장 강력한 증거를 가지게 된다. 그것이 그런 생각들을 없애버리는 가장 확실하고 빠른 길이다(시 139:23). 비천하고 세상적인 관심거리들로 인해 사람들은 자기들의 언어, 삶, 행동에 주의하게 될 것이다. 이익을 얻을 소망, 친구들을 기쁘게 하는 것, 세상에서 명성을 얻는 것 등을 고려할 때 자기들의 언행에 주의하게 될 것이다. 오! 그러나, 우리의 생각들을 경계하고 그에 대해 울고 통곡하는 행위는 어떤 고상하고 영적이고 내적인 원칙으로부터 발생되어야 한다. 즉, 하나님을 사랑한다든지, 하나님을 경건한 마음으로 두려워한다든지, 주님을 기쁘시게 하기 위하여 거룩한 관심을 기울이고 즐거워하는 것 등으로부터 발생되어야 한다. 학교에서는 외적인 죄가 더욱 큰 수치를 가져온다고 잘 가르칠 것이다. 그러나 우리가 마귀의 경우에서 보듯이, 마음으로 짓는 내적인 죄과가 더 큰 것이다. 사도가 말했듯이 "모든 생각을 사로잡아 그리스도께 복종하게 하는 것"(고전 10:4,5)만큼 철저하면서도 부드럽게 사람을 제어할 수 있는 방법은 없다. 은혜는 은혜가 우세할 경우 그 사람의 영혼 안에서 매우 강력하게 성장한다. 그리하여 그 영혼 속에서 이리저리 떠돌아다니는 헛된 생각들을 정복해 버린다.[41] 아! 비록 여러분이 그런 생각들을 없애버릴 수는 없다 할지라도 그런 것들이 처음 일어날 때 저항하고 반대할 수는 있을 것이다. 죄 된 생각이 일어날 때 이렇게 생각하라. 주께서 이런 생각들에 주목하고 계시다. "여호와께서 높이 계셔도 낮은 자를 하감하시며 멀리서도 교만한 자를 아시나이다"(시 138:6). 그분은 헤롯의 잔혹한 생각들을, 유다의 배반할 생각을, 바리새인들의 잔혹하고 참람한 생각들을 멀리서도 다 알고 계셨다.[42] 이렇게 생각하기 바란다. 이 모든 죄 된 생각들은 영혼을 오염시키며 더럽힌다. 그것이 영혼의 내적인 아름다움과 영광을 대부분 망치고 손상시킨다. 만일 내 생각이 이끌려서 내가 이런저런 죄를 지었다면, 나는 그것을 회개하든지 안 하든지 해야 한다. 만일 회개한다면 그것은 내게 슬픔, 고민, 수치, 침통, 가슴 아픔을 초래하겠지만 그 후에는 내 양심이 조용해지고 신의 공의가 충족되며 나의 위로와 즐거움이 회복되고 나의 증거가 분명해지며 나의 용서가 양심의 법정에서 인 쳐질 터인데, 그것은 상상 속의 이익이나 겉으로 보이는 감각적 쾌락보다 더 가치가 있을 것이다.

---

41) 시 139:23; 사 59:7, 66:18; 마 9:4, 12:25

42) 이교도인 제노조차도 하나님은 생각들을 통촉하고 계신다고 했다(마 15:15-18)

"너희가 그 때에 무슨 열매를 얻었느뇨 이제는 너희가 그 일을 부끄러워하나니 이는 그 마지막이 사망임이니라"(롬 6:21).[43]

만일 내가 회개하지 않는다면, 그 때는 나의 죄 된 생각들이 전갈이 되어 나를 영구적으로 괴롭힐 것이며 막대기가 되어 나를 영구적으로 칠 것이며, 가시가 되어 나를 영구적으로 찌를 것이며, 창이 되어 나를 영구적으로 살해할 것이며, 벌레가 되어 나를 영구적으로 갉아먹을 것이다! 오! 그러므로 그런 생각들을 경계하며, 그런 것들로 인하여 울고 애통하며 언제나 그런 것들에게 대항하라. 그러면 그것들은 여러분을 잠시 고통스럽게 하기는 하겠지만 해치지는 못할 것이다. 그리고 이것을 기억하라. 이렇게 행하는 사람은 이 세상에서 가장 번쩍이는 현란한 위선자가 하는 것보다 더 많은 일을 행하게 될 것이다.[44]

다섯 번째 대책. 이런 사단의 책략에 대한 다섯 번째 대책은 하나님의 충만하심으로 충만하기 위하여 그리고 모든 영적이고 천상적인 것들로 부요하게 되기 위하여 더욱 더 노력하고 애쓰는 것이다. 하늘에 있는 천사들이 허망한 생각을 하나도 용납하지 않는 이유가 무엇인가? 그들이 하나님의 충만으로 채워져 있기 때문이 아닌가(엡 3:19)? 이것

---

43) 다윗이 죄를 범했을 때 그의 침상을 눈물로 적셨다. 우리도 그렇게 해야한다. 그렇지 않으면 슬픔의 침상에 영원히 누워 있어야 할 것이다.
44) 내적인 살인이 더 많은 사람을 죽이듯이 내적인 죄악된 생각들은 회개치 않으면 더 많은 해를 끼친다.

을 경험의 진리로 삼도록 하자. 영혼이 하나님의 충만으로 채워지고 영적이고 천상적인 것들로 부요해질수록, 그 영혼 안에 헛된 생각을 받아들일 여유가 줄어들게 된다. 그릇이 포도주로 채워지면 물을 담을 공간은 그만큼 줄어들게 된다. 오, 그러므로 여러분의 마음속에 하나님, 그리스도, 귀중한 약속들, 출중한 경험들을 많이 저장하도록 하라. 그러면 여러분은 헛된 생각으로 덜 고생을 하게 될 것이다. "선한 사람은 그 쌓은 선에서 선한 것을 내고 악한 사람은 그 쌓은 악에서 악한 것을 내느니라"(마 12:35).

여섯 번째 대책. 이런 사단의 책략에 대한 여섯 번째 대책은 거룩하고 영적인 애정을 계속 유지하는 것이다. 여러분의 애정이 어떠한가에 따라 여러분의 생각도 그럴 것이다. "내가 주의 법을 어찌 그리 사랑하는지요 내가 그것을 종일 묵상하나이다"(시 119:97). 우리는 우리가 가장 사랑하는 것을 가장 자주 생각하게 마련이다. "내가 세려고 할지라도 그 수가 모래보다 많도소이다 내가 깰 때에도 오히려 주와 함께 있나이다"(시 139:18). 우리가 크게 좋아하는 것에 우리는 크게 신경을 쓰게 마련이다. 하나님과 그분의 법을 자주 사랑하는 사람은 하나님과 그분의 법을 자주 생각하게 된다. 자녀는 자기 어머니에 대한 생각을 잊

---

45) "자기 생활에 얽매이지 않는다"(딤후 2:4) 이 구절은 로마 군인들의 형편에서 도입하여 설명한 문구이다. 생활적인 잡다한 생각에 사로잡히지 않고 부름받은 목적에 매진할 것을 나타내는 말이다.

어버리지 않는다.

일곱 번째 대책. 이런 사단의 책략에 대한 일곱 번째 대책은 세상적 사업으로부터 오는 번잡함을 피하는 것이다. 일을 할 때가 아니라면 세상으로 여러분의 마음과 생각을 지배하지 못하게 하라. 세상적인 염려로 갈기갈기 찢겨진 영혼은 하나님께로 다가갈 때마다 헛된 생각들로 고통을 당하고 괴로움을 당한다.[45] 헛된 생각은 사업의 번잡함 속에서 사는 사람들에게 언제나 침입하게 되어 있다. 순환 범위가 작은 별들은 극점(極點)에 가장 가까이 가 있는 법이다. 사업으로 인한 번잡함을 가장 적게 느끼는 사람이 대개 하나님과 가장 가까이 사귀는 사람이다.

여덟 번째 책략.

성도들로 하여금 그들이 이미 행한 행위에 만족하고 주저앉게 한다. 기도에 주저앉고 말씀 듣는 데서 주저앉아 있고 성도의 교제에 안주하게 하는 것이다. 사단이 한 영혼을 미혹하여 이미 이뤄진 봉사에 안주하게 했을 때, 그 다음에는 그 영혼이 이렇게 추론하도록 사단이 도울 것이다. '나는 아주 선하므로 기도하지 않아도 되며, 너무 선하므로 듣지 않아도 되고 성도들의 교제에 그만 참석해도 된다.' 이런 책략으로 사단은 많은 영혼들이 하늘로 가는 경주에서 탈락하게 한다. 또한 가련한 영혼으로 하여금 봉사를 그치게 한다. 그런 봉사를 통해서 즐거움과 면류관이 주어질 텐데 말이다(사 58:1-2; 슥 7:4-6; 마 6:2; 롬 1:7).

첫 번째 대책. 이런 사단의 책략에 대한 첫 번째 대책은 아무리 뛰어난 봉사를 한다 해도 거기에는 불완전한 것과 연약한 것이 수반된다는 것을 생각하는 것이다. 오, 우리의 가장 빼어난 의무 수행에도 오점, 얼룩, 흠이 묻어 있다! [46] 그러므로 여러분이 할 일을 다했다 하더라도 모든 것을 이런 말로 마무리해야 할 필요가 있을 것이다. "주의 종에게 심판을 행치 마소서 주의 목전에는 의로운 인생이 하나도 없나이다"(시 143:2). 나의 가장 우수한 봉사에도 연약함이 배어 있기 때문이다. 우리는 모두 교회에 대해서 이렇게 말할 수 있을 것이다. "대저 우리는 다 부정한 자 같아서 우리의 의는 다 더러운 옷 같으며 우리는 다 쇠패함이 잎사귀 같으므로 우리의 죄악이 바람같이 우리를 몰아가나이다"(사 64:6). 만일 하나님이 우리의 가장 우수한 행위 가운데서도 잘못된 것을 찾아내실 만큼 엄격하다면, 우리는 이미 멸망을 당한 거나 마찬가지다. 오, 우리의 포도주와 섞인 물이여, 그리고 우리의 금에 들러붙은 찌꺼기여!

두 번째 대책. 이런 사단의 책략에 대한 두 번째 대책은 이것을 상고하는 것이다. 여러분의 가장 우수한 봉사도 여러분의 영혼을 신의 위로로 위로하거나 상쾌하게 하지 못한다. 어두움이 여러분의 주위에 둘러 있을 때, 즉 고난의 날에 여러분의 영혼이 낙담하지 못하거나 가라앉지

---

46) 교만과 높은 자만심은 일을 잘 성취했을 때 스며든다.

못하게 할 수 없다. 과거 이스라엘에게 하셨던 것처럼 하나님께서 여러분에게 다음과 같이 말씀하실 때, 여러분의 영혼을 위로하거나 상쾌하게 하지 못한다. "가서 너희가 택한 신들에게 부르짖어서 너희 환난 때에 그들로 너희를 구원하게 하라"(삿 10:14). 여러분이 고난 당할 때 하나님은 이렇게 말씀하실 것이다. "가서 기도하고 말씀을 듣고 금식을 하며, 그것이 도움이 되는지 살펴보라. 그것이 너를 부지해 주는지, 너를 구원해 줄 수 있는지 보라." 만일 하나님이 그 날에 은혜를 베풀지 않으신다면, 이전에 여러분이 행한 봉사들만으로는 여러분에게 위로가 되지 못할 것이다.[47] 그럴 때 여러분은 분명히 이렇게 부르짖을 것이다. "오, '그리스도 외에는 아무도 없나이다. 그리스도 외에는 아무도 나를 위로할 수 없나이다.' 오, 나의 기도가 그리스도가 아니며 말씀 들음이 그리스도가 아니며 나의 금식이 그리스도가 아니로다." 아! 고난과 흑암의 날에 여러분의 지난 그 모든 봉사보다는 그리스도의 웃음 하나가, 눈길 한 번이, 덕담 한 마디가, 사랑스런 끄덕임 하나가 더 여러분의 영혼을 소생시키고 시원하게 해줄 것이다. 지난 날 여러분의 영혼은 마치 여러분의 공적이 그리스도의 품이나 되는 양 거기 의지했다. 하지만, 실은 그리스도가 우리 영혼의 중심이 되어야 했다. 그리스도는 면류관 중의 면류관이며, 영광 중의 영광이며, 하늘 중의 하늘이기 때문이다.

---

47) 모든 선은 최고의 선 안에 있다.

세 번째 대책. 이런 사단의 책략에 대한 세 번째 대책은 이것을 엄숙하게 고려하는 것이다. 우리가 의지했던 선행은 반드시 우리를 죽이고 영구적으로 파멸시킬 것이다. 우리가 저지른 극악무도한 일이 우리를 죽이듯이 말이다. 모든 일을 한 후에 그리스도를 바라보며 그리스도 안에서만 안식하고 그분을 중심으로 행하지 않는 사람은, 자기 봉사를 그리스도의 발등상 아래에다 놓지 않는 사람은 그의 모든 선행에도 불구하고 슬픔 가운데 드러눕게 될 것이다. 그들의 떡은 지옥에 마련되어 있을 것이다. "불을 피우고 횃불을 둘러 띤 자여 너희가 다 너희의 불꽃 가운데로 들어가며 너희의 피운 횃불 가운데로 들어갈지어다 너희가 내 손에서 얻을 것이 이것이라 너희가 슬픔 중에 누우리라"(사 50:11). 여러분이 영구적으로 타는 불 가운데서 누워 있는 게 좋겠는가? 그렇다면 여러분은 왜 아직도 자기가 행한 일들 위에 안주하는가? 여러분이 지금 즉시 그리스도의 품안으로 달려들기 바란다.

네 번째 대책. 이런 사단의 책략에 대한 네 번째 대책은 하나님께서 여러분을 위해 예비하신 안식처의 필요성과 뛰어남을 오래 묵상하는 것이다. 다른 그 어떤 안식처보다도 그분 자신이 여러분의 안식처가 될 것이다. 그분이 값없이 주시는 긍휼과 사랑이 여러분의 안식처이다. 그리스도의 순결하고 영광스럽고 비할 바 없고 점 없는 의가 여러분의 안식처이다. 아! 대부분의 사람들이 자기의 안식처를 잃어버린 것을 생각하면 서글프다. 여호와께서도 이렇게 불만을 토로하셨다. "내 백성은 잃어버린 양 떼로다 그 목자들이 그들을 곁길로 가게 하여 산으로 돌이키게 하였으므로 그들이 산에서 작은 산으로 돌아다니며 쉴 곳을 잊었도다"(렘 50:6). 그러므로 하나님께서 그들의 영혼이 눕도록 안식처를 지정해 놓으셨는데도 그것의 빼어남을 인식하지 못하는 불쌍한 영혼들은 이 산 저 산으로 헤매고 다니며 이 업적 저 업적을 의지하게 되는 법이다. 여기저기서 안식하고자 하는 법이다. 그러나 하나님이 자기를 위하여 만들어 놓으신 안식처의 빼어남을 아는 자들은 이렇게 말할 것이다. "기도여 안녕, 말씀 듣는 것이여 안녕, 금식이여 안녕. 더 이상 너에게 의존하지 않고 이제 나는 그리스도의 품만 의지하련다. 그리스도의 사랑, 그리스도의 의 안에서만 안식하련다."

★★★★
제4장

성도를 슬프고 의심스럽고 미심쩍고 불안한 상태 하에 두기 위한 사단의 책략

Therefore, there is now no condemnation for those who are in Christ Jesus,(Romans 8:1)

"그러므로 이제 그리스도 예수 안에 있는 자에게는 결코 정죄함이 없나니" (롬 8:1)

성도를 불안한 상태 하에 두기 위한 사단의 책략

내가 독자들에게 말하고자 하는 세 번째의 내용은 사단이 영혼들을 서글프고 의심스럽고 미심쩍고 불안한 상태 하에 두고자 할 때 사용하는 책략들이다.

신자에게서 면류관을 빼앗을 수는 없어도 사단은 이런 시기와 악의를 행할 수 있으니 즉 그가 그들의 위로와 평안을 빼앗기 위해서, 그들에게 있어서 인생이 짐이 되고 지옥이 되게끔 하기 위해서, 그들의 날을 슬픔과 애통 가운데서 한숨쉬고 불평하고 의심하고 의혹하면서 살게 하기 위하여 그는 온갖 수단과 방법을 동원할 것이다. "분명히 너희는 그리스도와 관계가 없으며 너희의 은혜는 사실이 아니며 너희의 소망은 위선자들의 소망이며 너희의 확신은 억측일 뿐이며 너희가 즐기고 있는 것은 환상일 뿐이다." [1]

---

1) 순교자 존 브라드포드 목사는 "오 주님, 종종 나는 내 마음이 약한 자의 마음과 별 차이가 없다는 생각이 듭니다. 나도 그들처럼 무지하고 완강하며 뻣뻣하고 반역적인 마음을 가지고 있습니다"라고 말했다.

나는 여러분에게 이제 이런 계략을 세부적으로 보여주고자 한다.

첫 번째 책략.

사단이 영혼들을 서글프고 의심스럽고 미심쩍고 불안한 상태 하에 두고자 할 때 그리고 그들의 인생을 지옥으로 만들고자 할 때 사용하는 첫 번째 책략은 영혼들로 하여금 죄를 뚫어지게 응시하며 바라보게 하고 구세주보다는 죄에게 더 신경을 쓰도록 하는 것이다. 그렇다. 그들은 죄에게 신경을 너무 써서 그것을 잊을 수가 없으며 결과적으로 구세주는 무시하게 된다. 시편 기자가 말한 대로다. "악인은 그 교만한 얼굴로 말하기를 여호와께서 이를 감찰치 아니하신다 하며 그 모든 사상에 하나님이 없다 하나이다"(시 10:4). 그들은 자신의 질병에게 눈을 고정시킨 나머지 그 질병에 대한 치유책을 보지 못한다. 그것이 가까이 있는데도 말이다. 그들은 자기들의 빚에 대해 너무 고심하는 나머지 그들의 보증이 되어 주신 분을 괘념하거나 생각할 마음조차 먹지를 못한다.[2]

첫 번째 대책. 이런 사단의 책략에 대한 첫 번째 대책은 연약한 신자

---

[2] 성도는 기쁨의 꽃인 그리스도로 옷입어야 한다. 그분은 기쁨의 전 낙원이기 때문이다. 죄에 대한 생각보다 그리스도를 생각하는 마음이 적으면 감사하는 마음이나 열매맺는 삶이 결코 나타날 수 없다.

들로 하여금 이것을 고려하도록 하는 것이다. 예수 그리스도께서 그들을 죄의 존재로부터 해방시켜 주시지는 않았지만 그분은 그들을 죄의 저주받은 권세로부터 해방시켜 주셨다. 죄와 은혜가 함께 발생하지 않는다는 것은 명백한 진리이다. 그 둘은 함께 사라지는 것도 아니다. 하지만 신자가 이 세상에서 숨을 쉬고 사는 한 그 둘은 함께 살아가게 되어 있다. 그 둘은 집도 함께 사용한다. 그리스도는 이 세상에서 죄의 존재로부터 한 명의 신자도 자유롭게 하시지 않으실 것이다. 하지만 그분은 모든 신자를 모든 죄의 저주받은 힘으로부터 자유롭게 하신다. "그러므로 이제 그리스도 예수 안에 있는 자에게는 결코 정죄함이 없나니"(롬 8:1). 율법은 신자를 정죄할 수 없다. 그리스도께서 그를 대신해서 율법을 완성시키셨기 때문이다. 신의 공의도 그를 정죄할 수 없다. 그리스도께서 그 공의를 만족시키셨기 때문이다. 그의 죄도 그를 정죄할 수 없다. 그것은 그리스도의 피로써 용서되었기 때문이다. 그의 양심도 의에 기초하여 그를 정죄할 수 없다. 그의 양심보다 크신 그리스도께서 그를 면죄시키셨기 때문이다.[3]

두 번째 대책. 이런 사단의 책략에 대한 두 번째 대책은 이것을 엄숙

---

[3] 죄가 나를 좋아하지 않는다면 나를 해치지는 못한다. 죄는 야생 무화과 나무나 담쟁이 덩굴과 같아서 줄기나 가지들이 잘려나가도 뿌리째 뽑히거나 담벼락이 완전히 무너지게 될 때까지는 몇몇 가지들이 남아있는 것과 같다.

하게 고려하는 것이다. 예수 그리스도께서 우리를 죄의 장난치고 괴롭히는 권세로부터 해방시켜 주시지는 않았지만 그분은 우리를 죄의 지배와 통제로부터 해방시켜 주셨다. 여러분은 죄가 나를 괴롭히고 희롱한다, 나는 하나님에 대해서 생각할 수도 없고 그분께로 갈 수도 없다, 그분과 대화할 수도 없다고 말한다.[4] 오! 그러나 이것을 기억하라. 죄가 여러분을 괴롭히고 못살게 구는 것과 여러분 위에 군림하는 것은 분명히 다른 것이다. "죄가 너희를 주관치 못하리니 이는 너희가 법 아래 있지 아니하고 은혜 아래 있음이니라"(롬 6:14). 죄는 반항자가 될 수는 있겠으나, 그것이 성도 안에서 다스릴 수는 없다. 갱생한 신자 안에서 사는 죄는 다니엘이 말한 짐승과 같다 할 것이다. "그 남은 모든 짐승은 그 권세를 빼앗겼으나 그 생명은 보존되어 정한 시기가 이르기를 기다리게 되었더라"(단 7:12).

죄는 영혼들이 자진해서 그리고 즉각적으로 순종할 때, 그의 명령에 복종할 때, 그들 임금의 명령에 능동적으로 순종하고 기꺼이 받아들일 때 한해서 영혼 안에서 다스리게 된다. 왕의 명령은 백성들이 기꺼이 받아들이고 거기에 순복한다. 그러나 폭군의 명령은 억지로 순종하며 받아들인다. 폭군에게 제공된 모든 봉사는 폭력으로 인한 것이며 순종에서 나온 것이 아니다. 죄의 명령에 자유롭게 자진하여 순복할 때 그

---

[4] 초대교회 성도들은 욕망이 남아 있게 하기보다 차라리 사자에게 던져지기를 선택했다.

런 영혼을 보고 죄의 권세와 지배 아래 있다고 말할 수 있을 것이다. 그러나 이런 질병 저런 지옥으로부터 그리스도는 모든 신자들을 해방시키신다.주3) 죄는 신자에 대해 백부장이 자기 부하에게 말하듯이 할 수가 없다: "나도 남의 수하에 있는 사람이요 내 아래도 군사가 있으니 이더러 가라 하면 가고 저더러 오라 하면 오고 내 종더러 이것을 하라 하면 하나이다"(마 8:9). 아니다! 성도의 마음은 죄의 명령을 거스르고 일어선다. 죄는 그 영혼을 마귀에게로 끌고 가려고 하지만 그는 자기 죄를 주님 앞으로 가지고 가서 공의롭게 판단을 내려 달라고 부르짖는다. 신자들은 말한다. "주여, 죄가 내 안에 있는 악마가 폭군 노릇을 하나이다. 그는 저로 하여금 당신의 거룩하심에 위배되고 저의 행복에게도 방해가 되는 일을 하도록 강요합니다. 당신의 영예와 영광에게 반하고 저의 평안과 평안에도 반하는 일을 하라고 합니다. 그러므로 공정한 재판을 하여 주소서. 당신은 하늘과 땅의 의로운 재판관이시니 이 폭군의 죄로 인해 그를 죽여 주소서."

세 번째 대책. 이런 사단의 책략에 대한 세 번째 대책은 이것을 엄숙하게 고려하는 것이다. 한 눈은 죄를 없애 주시겠다는 약속에 두고 다

---

5) 죄는 당신의 동의를 획득하지 못하나 하나님께 부르짖을 때 당신의 영혼을 강탈하려고 한다. 우리의 영혼을 폭력적으로 지배하고자 할 때 주님께 부르짖으면 죄가 없는 것이다. 그러한 죄들은 영혼을 정죄할 수 없다.

른 한 눈으로는 죄의 내적인 역사를 계속해서 주시하는 것이다. 하나님은 이 세상에서 자기 백성 안에 있는 죄들을 완전히 억누르지는 않으시겠지만 자기 백성의 죄를 은혜로 용서하실 것이다. 이것은 확실한 사실이다. 바울은 육신의 가시로부터 건져달라고 세 번씩이나 기도를 드렸다. 다시 말하면, 자주 기도를 드렸다는 얘기다. 그가 받은 응답은 "내 은혜가 네게 족하도다"(고후 12:9)는 말씀뿐이었다. 내가 네 안에 있는 그 죄를 완전히 정복하지는 않겠지만 은혜로 그것을 용서하겠노라 라는 의미이다. 하나님은 이렇게 말씀하셨다. "내가 그들을 내게 범한 그 모든 죄악에서 정하게 하며 그들의 내게 범하며 행한 모든 죄악을 사할 것이라"(렘 33:8).[6] "나 곧 나는 나를 위하여 네 허물을 도말하는 자니 네 죄를 기억지 아니하리라"(사 43:25). 아! 애통하는 영혼들이여, 죄책과 죄 짐 아래서 한숨과 신음으로 날들을 지새는 사람들이여, 왜 여러분은 하나님과 친근히 하지 않으며 여러분 스스로 자신의 영혼을 해치는가? 죄를 용서하신다는 귀중한 약속들을 왜 의지하지 않는가? 그 약속들은 제 아무리 어두운 밤에도 그리고 제 아무리 무거운 죄 짐 아래서도 여러분의 영을 건져 올리고 상쾌하게 해줄 터인데 말이다.

---

[6] 사 44:22; 미 7:18, 19; 골 2:13, 14. 하나님의 약속들은 귀중한 책자다. 매장마다 자비의 향기를 내뿜는다. 연약한 성도가 펼쳐 읽거나 자신에게 적용할 수 없을지라도 그리스도는 그 모든 약속들을 영혼들에게 적용하신다. "나는 너의 오늘과 내일의 모든 죄를 도말하는 자이니라"(히브리어는 하나님의 지속적인 행위임을 시사한다).

네 번째 대책. 이런 사단의 책략에 대한 네 번째 대책은 여러분의 모든 죄과가 그리스도의 계좌로 이관되어 차변에 기입된 후 예수 그리스도께서 완전히 갚으신 것으로 간주하는 것이다. 참으로, 그리스도께서 다 갚기로 약속하신 빚 중에서 안 갚으신 것이 조금이라도 남아 있다면 그 빚은 점 없는 하나님의 공의 앞에서 견뎌내지 못할 것이다. 또한 그분은 하늘나라에 오르셔서 하나님 우편에 앉아 계실 수가 없을 것이다. 우리의 모든 빚은 그분의 죽으심으로 인해 탕감되었으며 우리는 자유를 얻었고 그분은 높이 올림을 받으셔서 아버지의 우편에 앉게 되셨다. 이것은 그분의 지고의 영광이며 우리 지복(至福)에 대한 가장 위대한 보증이다. "하나님이 죄를 알지도 못하신 자로 우리를 대신하여 죄를 삼으신 것은 우리로 하여금 저의 안에서 하나님의 의가 되게 하려 하심이니라"(고후 5:21).[7] 복음적 선지자가 말한 대로, 우리의 모든 죄는 그리스도께 전가되었다. "우리는 다 양 같아서 그릇 행하며 각기 제 길로 갔거늘 여호와께서는 우리 무리의 죄악을 그에게 담당시키셨도다"(사 53:6). 우리가 아는 바로는, 율법에 의하면 아내의 모든 빚은 남편에게로 전가된다. 아내는 이 사람 저 사람에게 가서 "만일 내가 당신께 빚진 것이 있거든 내 남편에게 가서 받으세요."라고 말한다. 마찬가지로 신자는 율법에게 그리고 하나님의 공의에게 이렇게 말해야 한다. "만일

---

7) 그리스도는 전가와 명판에 의해 가장 큰 죄인이 되었다.

내가 당신에게 뭔가 빚진 게 있다면 나의 그리스도께로 가시오. 그분께서 내 대신 갚아주실 것입니다." 우리는 그리스도께서 이미 호리도 남기지 않으시고 다 갚아 버리신 그 빚으로 인하여 걱정하면서 낙담하고 앉아 있어서는 안 된다. 그분의 담보로 인해 이미 즉각적으로, 무료로, 완전히 갚아져버린 빚에 대해서 낙담하고 앉아서 바라만 보고 있는 것은 너무 연약한 태도가 아닌가? 내가 이미 말한 대로, 그것은 아주 미친 짓이 아닌가? 그분의 위대한 사랑을 인식한다면 그분의 담보를 영구적으로 사랑하고 인정하게 될 것이다. 그 빚을 갚고 채무 장부를 없애버린 손을 찬양하게 될 것이다. 그러나 빚이 이미 갚아졌는데도 낙담하고 앉아 있는 삶은 회개해야 한다.

그리스도께서는 이미 하나님과 우리 사이의 모든 빚을 청산하셨다. 여러분은 속죄양을 기억할 것이다. 그 머리 위에다 손을 얹고 이스라엘 자손들의 모든 죄와 모든 허물이 고백하고 전가하면, 그 양은 그 모든 죄를 지고 가게 된다(레 16:21). 아아! 주 예수는 바로 그 속죄양이 되셨다. 그분 위에 우리의 모든 죄들이 얹혀졌으며, 그분은 홀로 더이상 기억되지 않는 "망각의 땅으로 우리 죄를 지고 가셨다."[8] 죄책에 눌려 고민하는 신자는 주님의 얼굴을 쳐다보며 이렇게 탄원을 드릴 수 있을 것이다. "주여, 제가 당신께 빚을 많이 진 것은 사실입니다. 그러나 당신

---

8) 그리스도는 하나님으로부터 나오는 모든 은혜의 통로이다.

의 아드님께서 저의 속전과 대속(代贖)이 되셨나이다. 그분의 피로 값이 치러졌으며, 그분은 저의 담보물이 되셨으며 제 죄를 떠맡으셨나이다. 저는 당신이 만족을 느끼셔야 하며 그리스도께서 당신을 조금도 남김없이 만족시키셨다는 사실을 압니다. 그분 자신 때문이 아닙니다. 그분이 무슨 죄가 있겠습니까? 저를 위해서입니다. 그분이 갚으신 것은 바로 저의 빚입니다. 채무 장부를 살펴보신다면 아마 당신께서는 당신 자신의 손으로 이렇게 표시해 놓으신 것을 발견하게 되실 겁니다." 그리스도께서 이것들을 다 갚고 청산하셨다.9)

다섯 번째 대책. 이런 사단의 책략에 대한 다섯 번째 대책은 주께서 죄악 된 부패의 작용을 통해 자기 백성으로 하여금 걱정하게 하시고 고민하게 하시고 괴롭게 하신 이유를 엄숙하게 상고하는 것이다. 그것은 이런 이유에서다.10) 그들을 그들 자신의 눈으로 볼 때 겸손하고 겸비하게 만들기 위해서 그리고 그들로 신의 모든 도우심을 필요로 하게 하기 위하여. 신의 모든 도우심으로 죄가 정복되고 살해될 것이기 때문이다. 또 다른 이유로는, 그들이 그리스도를 의지하여 살아 성화의 역사를 완성시키도록 하기 위해서이며, 이 세상의 것들로부터 그들을 초연하게

---

9) 아벨의 피는 복수를 외치는 수많은 영혼들의 울부짖음일지라도 그리스도의 피는 그보다 더 큰 소리로 죄 용서를 외치신다.

10) 어거스틴은 성도의 첫째, 둘째, 셋째 덕목은 겸손이라고 했다.

하기 위해서다. 그리스도께서 안 계시면 그들이 풀이 죽게 만들기 위함이며, 동일한 연약성을 가진 다른 사람들에 대해서 동정심을 품도록 하기 위해서이다. 그들로 은혜의 상태와 영광의 상태를 구별하도록 하며, 종국적으로 하늘이 그들에게 더 매력적으로 보이게 하기 위함이다. 자, 주께서 이런 중요한 이유들 때문에 자기 백성들로 하여금 죄악 된 부패의 작용에 의해 고난을 당하며 괴로움을 당하도록 허용하셨다고? 오, 그렇다면 죄가 의로운 영혼을 괴롭히고 고통스럽게 한다 해도 신자는 자기 영혼 및 그 편안에 반하는 비통한 일을 말하거나 기록하거나 결론 내려서는 안 될 것이다. 오히려 입에다 손을 대고 조용히 해야 한다. 주님이 그렇게 만드셨기 때문이다. 영혼이 저항할 수 없는 그런 중요한 근거에 의해서 일들이 그렇게 되어졌기 때문이다.

여섯 번째 대책. 이런 사단의 책략에 대한 여섯 번째 대책은 신자들은 자기의 죄로 인해 낙심한 것에 대해 회개하여야 한다는 것이다. 죄로 인해 낙심한 것에 대해 그들은 많은 기도와 많은 눈물, 많은 신음을 통해 회오(悔悟)하게 될 것이다. 그것은 그들의 낙담은 무지와 불신에서 연유한 것이기 때문이다. 하나님의 사랑의 풍요로움, 값없음, 충만함, 영구적임에 대해 모른 탓이다. 주 예수 그리스도의 사망과 고통의 권능, 영광, 충족성, 효능을 모르기 때문이다. 예수 그리스도 의의 가치, 영광, 충만함, 광대함, 완전함을 모르기 때문이다. 그리스도와 그들의 영혼 사이의 연합의 실제성, 친밀성, 신령성, 영광성, 불가분리성을 모르기 때문이다. 아! 귀중한 신자들이 이런 것들의 진리를 알고 믿었다면, 그들은 죄의 인식과 죄의 작용 아래서 실망하고 낙담하여 앉아만 있지는 않았을 것이다.

두 번째 책략.

신자들이 자기들의 은혜에 대해서 거짓된 정의를 내리도록 한다. 사단은 죄에 대한 그릇된 정의가 영혼을 잘못되게 하는 것처럼 은혜에 대한 그릇된 정의 역시 영혼을 잘못 되게 한다는 것을 알고 있다.

나는 믿음 안에서만 예를 들겠다. 오, 사람들로 하여금 믿음에 대해서 그릇된 정의를 내리게 하려고 사단이 얼마나 애를 쓰는지! 그는 몇몇 사람으로 하여금 믿음을 너무 높게 정의하도록 한다. 믿음은 인간 영혼에 대한 하나님의 사랑을 충만히 확신하는 것이거나, 사람의 죄를 용서하시겠다는 말씀을 충만히 받아들이는 것이라고 정의한다. 사단은 이렇게 말한다. 너는 믿음에 대해서 뭐라고 말하고 있는가? 믿음은 하나님의 사랑을 확신하는 것이며 죄의 용서를 확신하는 것이다. 그런데 너는 그렇게 하지 못하고 있다. 너는 네가 그런 믿음에서 아주 멀리 떨어져 있다는 것을 안다. 그러므로 너는 믿음이 하나도 없는 것이다. 이렇듯 사단은 믿음에 대해 그릇된 정의를 내리게 함으로 말미암아 사람들을 서글프고 의심과 의혹으로 가득찬 상태에 있게 하며, 그들의 날들을 슬픔과 한숨 속에서 보내게 한다. 그리하여 그들은 눈물을 음료처럼 마시고 슬픔을 음식처럼 먹으면서 한숨짓는 것을 일과로 삼게 된다.

철학자들은 열(熱)에는 일곱 단계가 있다고 말한다. 그러나 우리는 세 가지 단계만 분별한다. 만일 우리가 열을 가장 높은 단계를 기준으로 정의한다면, 다른 단계들은 열이 아니라며 던져버리게 될 것이다. 마찬가지로 사람들이 믿음을 가장 높은 단계의 신앙으로만 정의한다면, 특히 하나님의 사랑을 확신하며 죄의 용서를 확고히 믿는 것으로만 정의한다면, 그보다 더 낮은 단계의 믿음은 어찌 되겠는가?

사람이 만일 인간을 생동하는 사람으로만 정의한다면, 생명의 가장 높고 가장 강한 현시라고만 정의한다면, 웃고 뛰고 달리고 일하고 걷고 하는 존재라고만 정의를 내린다면, 여타의 수많은 사람들 즉 내적 혹은 외적인 연약으로 인해서 신음하는 사람들 그리고 웃거나 뛰거나 달리거나 일하거나 걸을 수 없는 사람들은 어찌 되겠는가? 그들은 그런 정의에 의하면 죽은 사람으로 규정될 것이다. 그렇지만 그런 사람들도 살아 있는 사람이 아닌가? 여기서 한 말을 여러분은 어떻게 적용할지 잘 알고 있을 것이다.

첫 번째 대책. 이런 사단의 책략에 대한 첫 번째 대책은 확신이 없는 곳에도 진실한 믿음이 있을 수 있다는 점을 엄숙히 고려하는 것이다. 그렇다. 거기에도 엄청난 양의 믿음이 있을 수 있다. 복음서에 나오는 가나안 여인은 강력한 믿음을 가지고 있었지만 그녀의 확신에 대해서는 성경에서 찾아볼 수가 없다. 요한은 이렇게 썼다. "내가 하나님의 아들의 이름을 믿는 너희에게 이것을 쓴 것은 너희로 하여금 너희에게 영생이 있음을 알게 하려 함이라"(요일 5:13). 이 성구에서 여러분은 그들이 믿었으며 영생을 가지고 있다는 것을 알 수 있을 것이다. 그들은 하나님의 목적과 약속에 대해서 그리고 그것이 영혼 속에 심겨졌으며 영혼 속에서 시작되었다는 것에 관하여, 그리스도께서 그들의 머리가 되시는 것에 대해서 믿음을 가지고 있었다. 그리스도가 자신의 택하신 모든 자들을 대표하는 공적인 인사(人士)로 하늘에 앉아 계시는 분이시라는 것에 대한 믿음을 가지고 있었다. "또 함께 일으키사 그리스도 예수 안에서 함께 하늘에 앉히시니"(엡 2:6). 하지만 그들은 자기들이 영생을 가지고 있다는 것은 알지 못한다. 하늘로 가는 권리를 가지고 있는 사실과 그런 사실을 아는 것은 별개의 사항이다. 사람이 사랑을 받는 것과 자기가 사랑을 받고 있다는 것을 아는 것은 별개의 일이다. 하나님께서 어떤 사람의 이름을 생명책에 기록해 놓으신 것과 하나님이 그의 이름이 생명책에 기록되어 있다고 말씀하시는 것은 그리고 그에게 "너희의 이름이 하늘에 기록된 것을 인하여 기뻐하라"(눅 10:20)고 친히 말씀하시는 것은 서로 다른 일이다.

바울은 이렇게 말했다. "그 안에서 너희도 진리의 말씀 곧 너희의 구원의 복음을 듣고 그 안에서 또한 믿어 약속의 성령으로 인치심을 받았으니"(엡 1:13). 미가도 이렇게 말했다. "나의 대적이여 나로 인하여 기뻐하지 말지어다 나는 엎드러질지라도 일어날 것이요 어두운 데 앉을지라도 여호와께서 나의 빛이 되실 것임이로다 내가 여호와께 범죄하였으니 주께서 나를 위하여 심판하사 신원하시기까지는 그의 노를 당하려니와 주께서 나를 인도하사 광명에 이르게 하시리니 내가 그의 의를 보리로다"(미 7:8,9). 히브리어 원어대로 하면 '그의 노를 당하려니와' 는 '하나님의 서글픈 얼굴과 맞닥뜨리게 되려니와' 라는 의미이다. 이 영혼에게는 확신이 없었다. 왜냐하면 그는 어두움에 앉아 있었으며 하나님의 슬픈 기색을 느끼고 있었기 때문이다. 하지만 그는 강력한 믿음을 가지고 있었다. 그것은 "나는 엎드러질지라도 일어날 것이요 어두운 데 앉을지라도 여호와께서 나의 빛이 되실 것임이로다" 라는 말씀 속에 나타나 있다. 그분은 나의 빛이 되실 것이며 나는 그분의 의를 쳐다보게 될 것이다. 자, 이것으로 첫 번째 대답에 가름하도록 하자.[11]

두 번째 대책. 이런 사단의 책략에 대한 두 번째 대책은 하나님은 성경에서 믿음을 다른 식으로 정의하신다는 것을 엄숙하게 고려하는 것이다. 하나님은 믿음을 그리스도를 받아들이는 것으로 정의하신다." 영접하는 자 곧 그 이름을 믿는 자들에게는 하나님의 자녀가 되는 권세를 주셨으니"(요 1:12). "저가 이르러 하나님의 은혜를 보고 기뻐하여 모든 사람에게 굳은 마음으로 주께 붙어 있으라 권하니"(행 11:23). 비록 기쁨은 없고 고난만 닥친다 할지라도, 그 영혼보고 하나님께 붙어 있으

---

11) 이사야 50:10도 믿음은 가졌으나 확신이 없는 자들에 대해서 말하고 있다.

라고 권고한 것이다. 그렇다. 주님은 믿음을 그리스도 안에서 하나님께로 다가가는 것으로, 그리고 때로는 그 영혼이 그리스도 안에서 안식하며 몸을 의탁하는 것으로 정의한다. 악덕이나 은혜나 다 하나님의 정의를 좇아 정의하는 게 가장 안전하고 가장 좋다. 이것이 영혼을 안전하게 지키는 유일한 길이며 사람과 마귀의 간계로부터 벗어날 수 있는 유일한 길이다. 악마는 은혜를 거짓되게 정의함으로써 귀중한 영혼으로 하여금 의심과 당혹과 고민 속에 빠지도록 만든다. 그리하여 그들의 삶으로 짐이 되게 하고 지옥이 되게 한다.[12]

세 번째 대책. 이런 사단의 책략에 대한 세 번째 대책은 의심이 많은 사람에게도 진실한 믿음이 있을 수 있다는 사실이다. 그리스도께서 제자들에게 자주 하시던 말씀을 기억하라. "오 믿음이 적은 자들아, 너희가 왜 무서워하느냐?"[13] 가끔, 의심을 하는 사람이라도 진실로 믿는 사람일 수가 있다. 앞에서 언급한 성구에 등장하는 사람들도 그들의 믿음은 칭찬을 받았으나 그들의 의심은 책망을 받았는데, 정도의 차이는 있을지 모르나 그 두 가지는 언제나 함께 존재하게 마련이다.

네 번째 대책. 이런 사단의 책략에 대한 네 번째 대책은 확신은 믿음

---

12) 마 11:23; 요 6:37; 히 7:25, 26
13) 마 6:30, 14:31, 16:8; 눅 12:28

의 한 결과라는 것을 엄숙하게 고려하는 것이다. 그러므로 확신이 곧 믿음일 수는 없다. 결과가 원인이 될 수 없고 뿌리가 열매가 될 수 없는 것과 같은 이치다. 원인으로부터 결과가 흘러나오고 열매가 뿌리로부터 나오고 물줄기가 샘으로부터 흘러나오듯이, 확신은 믿음으로부터 흘러나온다. 이 진리는 이런 식으로 입증되어야 할 것이다. "그 안에서 너희도 진리의 말씀 곧 너희의 구원의 복음을 듣고 그 안에서 또한 믿어 약속의 성령으로 인치심을 받았으니"(엡 1:13). 즉, 우리가 신자가 아니라면 성령께서 인을 치실 리가 없다. "너희가 아들인 고로 하나님이 그 아들의 영을 우리 마음 가운데 보내사 아바 아버지라 부르게 하셨느니라"(갈 4:6). 그러므로 확신이 곧 믿음은 아니다. 확신은 믿음에 따라오는 것으로서 원인으로부터 나오는 결과에 해당한다.

다시 말한다. 그 누구도 그리스도와 연합하기 전에는, 그리스도께 접붙임을 받기 전에는 자기의 구원에 대해 확신을 가지고 장담할 수가 없다. 그리고 사람은 믿음을 가지지 않고는 그리스도께 접붙임 받을 수가 없다. 그는 우선 믿음을 통해 그리스도께 접붙임을 받은 후에야 자기 구원에 대해서 확신을 할 수 있을 것이다. 이로써 분명하게 된 것은, 확신이 곧 믿음이 아니라는 것이다. 그것은 믿음의 결과요 열매일 뿐이다.

다시 말한다. 믿음은 잃어버릴 수가 없으나 확신은 그렇게 될 수가 있다. 그러므로 확신이 곧 믿음은 아니다.[14] 비록 확신이 성도라는 동

---

14) 시 51:12, 30:6, 7; 아가서 5:6; 사 8:17

산에 자라는 귀중한 꽃이요 다른 그 어떤 외적 평안과 만족보다 영혼에게 무한히 더 달콤하고 즐거운 것이기는 하지만, 그러나 그것은 시들어 버릴, 신선함과 아름다움을 잃을 가능성이 있는 꽃에 지나지 않다. 성도들은 쓰라린 경험을 통해서 이 사실을 발견하게 될 것이다.

다시 말한다. 사람은 우선 믿음을 가져야 이어서 확신을 가질 수 있다. 그러므로 확신은 믿음이 아니다. 사람이 우선 믿음을 가져야 확신을 가질 수 있다는 사실은 이로써 분명해진다. 사람은 먼저 구원을 얻어야 자기 구원을 확신할 수 있게 된다. 그는 없는 것에 대해 확신을 가질 수 없기 때문이다. 사람은 먼저 구원을 가져오는 믿음을 가져야만 믿음으로 구원을 받을 수 있게 된다. 그는 자기가 가지고 있지 않은 것을 통해서는 구원을 받을 수 없다. 그러므로 사람은 먼저 믿음을 가진 후에야 확신을 가질 수 있으니, 이의 자연적인 귀결은 확신은 믿음이 아니라는 것이다.

세 번째 책략.

역행하는 듯이 보이는 섭리로부터 거짓된 추론을 도출하도록 영혼을 유혹한다. 사단은 이렇게 말한다. "너는 섭리가 너의 기도, 소원, 눈물, 소망, 노력과는 반대 방향으로 움직이는 것을 보지 못하느냐?[15] 그

---

15) 시 77:7, 31:1, 73:2, 23

분의 사랑이 너를 향해 작용한다면, 그분의 영혼이 너를 기뻐하며 즐거워한다면, 그분은 너를 이런 식으로 대우하지는 않으실 것이다."

첫 번째 대책. 이런 사단의 책략에 대한 첫 번째 대책은 이것을 엄숙히 고려하는 것이다. 많은 일들이 우리의 소원에 역행하기는 하지만 그것들이 우리의 유익과 반대되지는 않는다. 아브라함, 야곱, 다윗, 욥, 모세, 예레미야, 요나, 바울도 그들의 소원과 노력에 반대되는 일들을 많이 만났다. 그러나 그것들이 그들의 유익에 역행하지는 않았다. 이는 자기의 소원과 노력을 하나님의 행위와 세밀히 비교하면 누구든지 깨달을 수 있는 사실이다. 의사들이 때로는 환자의 소원과 반대되는 방식으로 진료를 하기도 한다. 그러나 그런 의료 행위가 그들의 유익과 반대되지는 않는다.

나는 한 경건한 사람에 대한 이야기를 기억한다. 그는 프랑스로 가기를 진심으로 원했다. 그가 승선 준비를 갖추고 있는 동안 그는 다리가 부러지는 사고를 당하여 배를 타지 못했다. 그건 섭리가 작용한 결과였다. 왜냐하면 그가 그때 타고 가려고 했던 배가 파선되어 한 사람도 남김없이 수장되었기 때문이다. 그의 다리가 부러지지 않았더라면 그는 아마도 바다에서 죽었을 것이다. 섭리가 그의 소원에 반대되는 방향으로 움직였지만 그의 유익에 반대되는 방향으로 움직이지는 않았다.[16]

두 번째 대책. 이런 사단의 책략에 대한 두 번째 대책은 하나님의 사랑과 마음이 어떤 이에게 크게 작용할 때라도 하나님의 손은 그에게 불리하게 역사할 수가 있다는 것이다. 하나님의 마음이 그분의 손과 같은 방향으로 움직인다고 주장할 수 있는 사람은 하나도 없다. 하나님의 손은 에브라임에게 역행했지만 그분의 사랑과 그분의 마음은 에브라임을 엄청나게 위하고 있었다. "에브라임이 스스로 탄식함을 내가 정녕히 들었노니 이르기를 주께서 나를 징벌하시매 멍에에 익숙지 못한 송아지 같은 내가 징벌을 받았나이다 주는 나의 하나님 여호와시니 나를 이끌어 돌이키소서 그리하시면 내가 돌아오겠나이다 내가 돌이킴을 받은 후에 뉘우쳤고 내가 교훈을 받은 후에 내 볼기를 쳤사오니 이는 어렸을 때의 치욕을 진고로 부끄럽고 욕됨이니이다 하도다 에브라임은 나의 사랑하는 아들 기뻐하는 자식이 아니냐 내가 그를 책망하여 말할 때마다 깊이 생각하노라 그러므로 그를 위하여 내 마음이 측은한즉 내가 반드시 그를 긍휼히 여기리라 여호와의 말이니라"(렘 31:18-20).[17]

---

16) 키르쿠멜리안 사람들은 어거스틴의 설교나 글들을 도저히 용납할 수 없었다. 그래서 그를 죽이기 위해 그가 가는 길을 포위했다. 그러나 하나님의 섭리에 의해 그는 길을 잃었다. 어거스틴은 위험에서 벗어날 수 있게 된 것이다.

17) 하나님의 섭리적인 손은 하나님의 마음하고 달리 역사할 수 있다. 하나님의 손이 한 때는 사울이나 하만, 예후와 같이 했으나 하나님의 마음은 그들과 대적하는 것이었다(전 9:1, 2).

하나님은 크게 사랑하시면서도 눈살을 찌푸리시며 따끔하게 채찍질하시며 힘 있게 때리실 수가 있다. 하나님의 손은 욥을 아주 심하게 대했지만 그분의 사랑과 그분의 마음은 욥을 매우 염려하고 있었다. 욥기 1,2장과 41,42장을 비교해 보면 그 사실을 잘 알 수가 있다. 하나님의 손은 다윗과 요나에게 심하게 대했으나 그분의 마음은 그들을 아주 사랑하고 있었다. 하나님의 손이 차갑게 임하는 사람에 대해 그분의 마음까지 차가울 것이라고 결론 내리는 사람은 하나님도 무턱대고 정죄하지 않으실 의인을 정죄하고 있는 것이다.

세 번째 대책. 이런 사단의 책략에 대한 세 번째 대책은 이것을 심각하게 고려하는 것이다. 성도들에게 임하는 모든 역행적인 섭리는 그들에게 하나님이 주시고 싶어하는 고상한 선을 위한 것일 뿐이다. 섭리가 다윗의 소원에 역행하여 죄 가운데서 얻은 그의 아들을 빼앗아갔으나 그 섭리가 보다 더 고상한 선에 위배되었던 것은 아니다. 생각해 보라. 사생아가 왕위에 앉아 홀을 휘두르는 것과 솔로몬 같은 적자가 그렇게 하는 것 중에서 어느 것이 다윗에게 훨씬 더 선한 일이었겠는가?

여러분도 알다시피, 요셉은 자기 형들의 시기질투에 의해 먼 나라로 팔려간 후 그 여주인의 욕정에 동조해주지 않는다는 이유로 옥에 갇히기까지 했다. 그러나 이 모든 섭리들이 얼마나 놀랍게 역사했는지, 그의 출세에 기여를 했고 그의 아비 가족(그 가족은 당시에는 그리스도의 유형적 교회에 해당하였다)을 보존하는 데 큰 공을 세웠다. 섭리의 고상한 손이 얼마나 멋지게 역사했던지 사람들은 그를 해하려 하였으나, 결과적으로는 오히려 그를 출세 시키는데 기여했을 뿐이다. 요셉의 형들이 그를 판 것은 그에게 경배를 하지 않기 위함이었으나 오히려 그로 인해 그에게 경배를 드리게 되었으니 섭리의 역이 바로 이런 결과를 낳은 것이다.

다윗은 왕국을 이어받게끔 되어 있던 사람이었다. 그러나 오! 그는 왕관을 쓰기 전에 먼저 험산 준령과 죽을 고비들을 지나야 하였다! 그런데 이 모든 것들은 그의 면류관을 의미심장하게 만들기 위함이었고 그의 머리 위에 면류관이 보다 더 확고하고 영광스럽게 씌워지도록 하기 위함이었다. 하나님은 또한 요나가 싫어하는 일을 성취하기 위하여 애쓰셨다. 그의 소원에 정반대되는 일을 하시는 듯이 보였지만, 그것은 실은 그에게 유익을 주기 위함이었다. 요나는 다시스로 도망가다가 바다에 던져졌다. 그리고는 기적으로 구원을 받았다. 그 후에, 아마도 요나를 바다에 던졌던 그 뱃사람들이 니느웨 사람들에게 그 사건의 자초지종을 얘기했을 것이다. 그들은 그가 틀림없이 하나님이 보내신 자라는 소문을 퍼뜨렸을 것이며, 그 결과로 사람들은 그의 경고에 귀를 기울이고 그것을 믿었을 것이다. 결국 그들은 재를 뒤집어 쓰고 회개하였으며 예정되었던 진노는 그들에게 임하지 않았다.[18]

---

18) 하나님의 섭리의 움직임은 너무나 어둡고 길고 변화무쌍하여 지혜자나 관원들조차도 그 끝이 어떻게 될지 전혀 예상할 수 없는 것이다.

네 번째 대책. 이런 사단의 책략에 대한 네 번째 대책은 이것을 심각하게 고려하는 것이다. 신자들이 만나게 되는 모든 이상하고 어둡고 깊고 변화무쌍한 섭리들은 그들의 하늘가는 길을 재촉하고 행복으로 가는 여행길을 신속하게 할 것이다. 신의 지혜와 사랑이 이 세상의 일들을 조절하여, 그분을 사랑하는 자들의 실제적이고 내적이고 외적인 선을 이루도록 할 것이다. 다윗이 경험했던 온갖 험준한 섭리들은 그를 왕좌에 올리는 데 기여했을 뿐이다. 다니엘과 그의 세 친구가 경험했던 그 온갖 우여곡절의 섭리들은 그들의 엄청난 출세에 기여했을 뿐이다. 마찬가지로, 신자들이 만나게 되는 그 온갖 험난한 섭리들은 그들의 영혼을 만물 위로 (그러나 하나님 아래로) 높이는 데 기여를 할 뿐이다. 물결이 사나울수록 노아의 방주가 하늘로 더 가까이 갔듯이, 스데반의 귓가에 던져지는 그 모든 돌들이 그를 충동질하여 모퉁이 돌이 되시는 그리스도께 더 가까이 가도록 했을 뿐이듯이, 우리들이 만나는 온갖 험악한 섭리들은 우리를 하늘로 더 가까이 가게하고 귀한 모퉁이 돌이신 그리스도께로 더 다가가게 할 뿐이다.

네 번째 책략.

신자들이 받은 은혜가 진짜가 아니고 가짜라고 속삭인다. 사단은 이렇게 말한다. 번쩍이는 것이라고 다 금이 아니며, 네가 은혜로 간주하는 것이라고 다 값없이 받은 은혜가 아니다. 네가 믿음이라고 부르는 것은 환영에 지나지 않으며, 네가 열심이라 부르는 것은 자연적인 열기와 열정에 지나지 않는다. 네가 가지고 있는 빛은 일반적인 것으로서 잠깐 동안만 빛을 발하는 것이다. 지금 지옥에 가 있는 많은 사람들도 과거에 그런 빛은 가지고 있었다. 사단은 위선자들에게 그들의 은혜는 위선적인 것인데도 진짜라고 설득시키기 위하여 온갖 노력을 다하는데, 그보다 더 큰 노력을 귀중한 영혼들이 가지고 있는 은혜는 위조된 것이라고 믿도록 하는 데 경주하고 있다. 실은 그것은 진실한 은혜며 그리스도의 시금석에 해당하는데도 말이다.[19]

첫 번째 대책. 이런 사단의 책략에 대한 첫 번째 대책은 은혜는 두 가지 방식으로 받게 된다는 것을 심각하게 고려하는 것이다.

[1] 은혜는 하나님의 축복된 선의와 호의로 인해 받게 된다. 이 은혜를 통해 그분은 값없는 사랑을 베푸셔서, 그리스도 안에서 몇몇 사람들을 받아들여 자기 백성으로 삼으신다. 이것은 몇몇 사람들이 첫 번째 은혜라고 부르는 것인데, 그 이유는 그것이 다른 모든 은혜의 샘이 되며 그 샘으로부터 다른 것들이 흘러나오기 때문이다. 이것이 은혜라 불리는 것은 그것이 사람을 하나님 앞에서 은혜롭게 만들기 때문인데, 이 일은 오직 하나님 안에서만 가능하다.

[2] 은혜는 은혜의 은사들로 인해 받게 된다. 그 은사는 두 종류인데,

---

19) 수많은 아름다운 꽃들이 시궁창에서 자라고 있다. 달콤하고 숭고한 행동들도 자연의 부패함이 넘치는 곳에서 이루어짐을 볼 수 있다.

일반적인 게 있고 특별한 게 있다. 몇몇 선물들은 신자들이나 위선자들에게 공통적이다. 지식, 기도와 같은 은사이다. 몇몇 은사는 특수한데, 그것들은 성도들에게만 특수하게 주어지는 것이다. 믿음, 겸손, 온유, 사랑, 인내 등이 이에 해당한다(갈 5:22,23).

두 번째 대책. 이런 사단의 책략에 대한 두 번째 대책은 신생시키는 은혜와 지속시키는 은혜, 거룩하게 만드는 은혜와 세상적인 은혜의 차이를 지혜롭게 구별하는 것이다. 이 내용을 내가 다음에 나오는 10가지 항목을 가지고 설명하겠다.

    1. 진실한 은혜는 안팎에 있는 모든 것을 영광스럽게 만든다. "왕의 딸이 궁중에서 모든 영화를 누리니 그 옷은 금으로 수놓았도다"(시 45:13). 진실한 은혜는 이해를 영광스럽게 만들고 애정을 영광스럽게 만든다. 이것은 일반적인 영광이 영혼의 모든 고상한 부분들에게 비치도록 한다. "왕의 딸이 궁중에서 모든 영화를 누리니." 또한 이것은 안을 영화롭게 만들듯이 밖도 영화롭게 만든다. "그 옷은 금으로 수놓았도다." 이것은 사람들로 영광스럽게 보이도록 하고 영광스럽게 말하도록 하고 영광스럽게 걷고 행동하도록 한다. 그리하여 헛된 영혼들이 이

---

20) 하나님은 우리의 은혜를 재는 저울을 주는 것이 아니라 은혜를 단련시키는 시금석을 주신다. 순결, 고귀함과 거룩은 모든 구원의 은혜에 박혀 있다 (행 15:9; 벧후 4:1; 유 20).

들을 보고 예수를 본 사람들이라고 말하지 않을 수 없게 한다.[20] 은혜는 영혼의 더러움과 찌꺼기를 태워버리고 삼켜버리는 불이기도 하지만, 그것은 또한 영혼을 아름답게 장식하는 장신구이기도 하다. 진실한 은혜는 모든 것을 새롭게 한다. 안도 새롭게 하고 밖도 새롭게 한다. "누구든지 그리스도 안에 있으면 새로운 피조물이다"(고후 5:17).[21] 그러나 세상적인 은혜는 그런 일을 하지 못한다. 진실한 은혜는 사람의 본성을 바꿔버린다. 윤리적인 미덕은 외적인 사람을 저지하고 통제할 뿐 사람의 전 인격을 변화시키지 못한다. 그물에 걸린 사자도 여전히 사자일 뿐이다. 그것은 통제를 당하고는 있지만 변화된 것은 아니다. 그는 단지 사자 같은 성질을 통제 당하고 있을 뿐이다. 마차가지로, 세상적인 은혜가 많은 사람들을 이런저런 사악으로부터 통제하고 있지만 그것이 그들의 마음을 사악으로부터 변화시키거나 돌이키게 할 수는 없다. 그러나 이제 진실한 은혜는 사자를 양으로 변화시킨다. 여러분은 바울에게서 그 예를 찾을 수 있다(행 9장). 진실한 은혜는 유명한 매춘부를 축복 받은 영광스러운 회심자로 변화시킨다. 막달라 마리아가 그 한 예이다(눅 7장).

2. 진실한 은혜의 초자연적인 것을 목적으로 한다. 진실한 은혜는

---

21) 헬라어는 '새 창조'를 시사한다. 새 아담, 새 언약, 신천지, 새 율법, 새 심령, 새로운 피조물이 다 같은 맥락이다.

가장 우수하고 가장 높은 것과 상통한다. 영혼을 가장 고상하게 만들고, 영혼을 위대하게 만드는 것과 상통한다. 거기에는 하나님, 그리스도, 세상보다 더 값이 나가는 귀중한 약속, 흔들리지 않는 왕국, 시들지 않는 영광의 면류관, 썩지 않는 하늘의 보물과 같은 게 있다. 그에 비해 세상적인 은혜는 비천하고 가련한 것을 목적으로 삼으며 언제나 이성이 이해할 수 있는 것을 목표로 삼는다.[22]

3. 진실한 은혜는 그리스도인으로 하여금 영적인 행위를 진실한 즐거움과 기쁨으로 하게 만든다. 진짜 은혜를 받은 영혼에게 그리스도의 멍에는 "쉽고 그분의 짐은 가벼운 것"이다. "그분의 계명은 어려운 게 아니라 즐거운 것"이다. 바울은 "내가 속 사람으로는 하나님의 법을 즐거워하노라"고 말했다.[23] 축복을 받은 사람은 이로써 알 수 있는데, 즉 그는 "주의 법을 즐거워한다"(시 1:2). 솔로몬은 "공의를 행하는 것이 의인에게는 즐거움이요"(잠 21:15)라고 말했다. 은혜를 받은 영혼에게는 "그 길은 즐거운 길이요 그 첩경은 다 평강이니라"(잠 3:17). 그러나 일시적인 은혜만 받은, 도덕적인 미덕만 가지고 있는 영혼에게는 종교적인 봉사가 고된 노동이지 즐거운 일이 아니다. 짐이지 기쁨이 아니다. 그들은 "우리가 금식하되 주께서 보지 아니하심은 어찜이오며 우리

---

22) 고후 14:18; 잠 14

23) 마 11:30; 요일 5:3; 롬 7:22

가 마음을 괴롭게 하되 주께서 알아 주지 아니하심은 어찜이니이까 하느니라 보라 너희가 금식하는 날에 오락을 찾아 얻으며 온갖 일을 시키는도다"(사 58:3) 라고 말한다. 말라기에 나오는 사람들은 이렇게 말했다. "이는 너희가 말하기를 하나님을 섬기는 것이 헛되니 만군의 여호와 앞에 그 명령을 지키며 슬프게 행하는 것이 무엇이 유익하리요"(말 3:14). 아모스에 나오는 사람들도 이렇게 말했다. "너희가 이르기를 월삭이 언제나 지나서 우리로 곡식을 팔게 하며 안식일이 언제나 지나서 우리로 밀을 내게 할꼬 에바를 작게 하여 세겔을 크게 하며 거짓 저울로 속이리라"(암 8:5).

4. 진실한 은혜는 사람으로 하여금 자기 자신의 마음에 대해서 가장 주의하며 조심하도록 만든다. 사람으로 하여금 그 자신의 마음에 대해 가장 신경을 쓰게 만들며 그것을 교육시키고 살피며 감시하게 한다. 그러나 세상적인 은혜요, 도덕적인 덕은 사람들로 하여금 다른 것들에게 더 신경을 쓰며 주의하도록 만든다. 다른 것들을 교육하고 조언하고 자극하며 경계하게 만든다. 그것은 입을 열어 이렇게 선전한다: 저들이 받은 은혜는 구원을 주는 은혜도 아니고 성도들에게만 내리는 은혜도 아니며 그것은 일시적인 것이고 유다, 데마, 바리새인들이 받았던 것과 다름이 없는 은혜다.

5. 은혜는 사람들의 마음에 역사하여 사랑하게 하고 하나님의 가장

엄격하고 거룩한 길로 행하게 한다.24) 온갖 위험과 어려움에도 불구하고 순결과 성결을 사모하게 한다. "주의 말씀이 심히 정미하므로 주의 종이 이를 사랑하나이다"(시 119:140). 다른 사람들도 주의 말씀을 좋아하고 사랑하고 따르지만 그것은 그로 인하여 그들이 얻게 되는 유익, 명예, 이익이 있기 때문이다. 그러나 나는 주의 말씀을 사랑하되 그것의 영적인 아름다움과 순결성 때문에 사랑한다. 시편 기자가 말한 대로다. "이 모든 일이 우리에게 임하였으나 우리가 주를 잊지 아니하며 주의 언약을 어기지 아니하였나이다 우리 마음이 퇴축지 아니하고 우리 걸음도 주의 길을 떠나지 아니하였으나 주께서 우리를 시랑의 처소에서 심히 상해하시고 우리를 사망의 그늘로 덮으셨나이다"(시 44:17-19). 그러나 세상적인 은혜는 하나님의 길로 행하다 만나게 되는 모든 반대와 낙담을 이길 수 있게끔 영혼을 뒷받침하지 못한다. 그것은 요한복음 6:60-66에 나오는 사람들의 배도 행위에서 분명하게 드러나며, 돌밭 같은 마음을 가진 사람들의 실족에서도 나타난다(마 13:20,21).25)

6. 진실한 은혜는 사람으로 하여금 세상의 면류관을 초극하여 그리스도의 십자가를 질 수 있게 한다. 이 세상의 영광보다는 그리스도의 십자가를 더 선호하게 한다. 그것은 히브리서 11장에 나오는 아브라함,

---

24) 시 51:10, 119:36, 80, 139:23, 86:11
25) 은혜는 모든 문제를 대적하는 갑옷이다. 그리고 모든 기쁨의 낙원이다.

모세, 다니엘 등의 유명 인사들을 보면 알 수 있다.

예루살렘의 십자군 왕 불렌[부이용]의 고드프리는 황금 면류관을 쓰기를 거부하면서 이렇게 말했다고 한다. "그리스도께서 가시 면류관을 쓰신 곳에서 그리스도인이 금 면류관을 쓰는 것은 합당하지 않다." 오! 그러나 세상적인 은혜는 영혼으로 하여금 세상의 왕관보다 그리스도의 십자가를 더 좋아하게 만들 수가 없다. 이 두 가지가 경합하게 될 때, 세속적인 그리스도인은 그리스도의 십자가를 건너뛰어 세상의 면류관을 취하고자 한다. "데마는 이 세상을 사랑하여 나를 버리고 데살로니가로 갔고 그레스게는 갈라디아로, 디도는 달마디아로 갔다"(딤후 4:10). 복음서에 나오는 한 젊은이는 좋은 것을 많이 소유하고 있었다. 그는 하늘로 갈 소망이 있음을 보고 하늘 가까이 다가갔다. 그러나 그리스도께서 그의 앞에다 십자가를 갖다놓자 그는 그것을 건너뛰고 그만 세상 면류관을 취하고 말았다(마 19:19-20). 그리스도께서 그에게 "가서 네 소유를 팔아 가난한 자들을 주라 그리하면 하늘에서 보화가 네게 있으리라 그리고 와서 나를 좇아라"고 명하시자 "그 청년이 재물이 많으므로 이 말씀을 듣고 근심하며 갔다." 만일 사람들이 그런 조건 하에서는 하늘로 갈 수 없다고 한다면, 그리스도는 아무도 동반하지 않으시고 혼자 하늘로 가실 것이다.

7. 성결하게 하는 은혜, 새롭게 하는 은혜는 영적이고 본질적인 동기부여를 통해 영혼으로 하여금 신령한 의무를 지게 한다. 신의 사랑을

느끼는 영혼은 하나님을 기다리며 그분을 위해 행동하게 된다. 하나님과의 놀랍고 달콤한 교제를 경험한 영혼은 이전에 하나님을 섬기는 동안 그가 발견했던 하나님의 아름다움 및 영광을 아주 귀중하게 여긴다.[26] 은혜를 받은 영혼이 그리스도를 섬기는 중에 경험하게 되는 그 선한 표정과 선한 말씀, 축복된 연애 편지, 영광스러운 입맞춤, 달콤한 포옹 등이 그들을 자극하여 거룩한 의무를 감당하게 하며 그분을 기다리게 한다. 아! 그러나 소박한 은혜, 세상적인 은혜는 사람들에게 종교적인 의무를 지우되 외적인 동기들을 통해서만 그리한다. 즉, 피조물의 관심, 피조물의 눈, 피조물의 보상, 피조물 가운데서 명성을 유지함 등의 일천 가지 고려사항들이 그것이다. 여러분은 그런 모습을 사울, 예후, 데마, 서기관들과 바리새인들에게서 찾아볼 수 있을 것이다.[27]

멜랑크톤의 대수도원 원장은 그가 수도승에 지나지 않을 때는 점잖게 행하며 겸손하게 보였다고 한다. 그러나 그의 외적인 고결함을 통해서 일단 수도원장이 되고 나더니만 그는 거만하고 아주 무례하게 변했다고 한다. 사람들이 그 이유를 묻자 그는 이렇게 고백했다. "이전에 겸비하게 하고 다닌 것은 수도원장이 될 자격을 따기 위함이었을 뿐입니다." 그런 가련하고 비열하고 헛된 동기들이 지금도 세상적인 영혼들을

---

26) 하나님으로부터 받은 것들이 무엇이든지 하나님 없이는 우리를 만족하게 할 수 없다(버나드).

27) 주님을 구하는 영혼에게 주님은 선하신 분입니다. 하물며 주님을 발견한 영혼에게는 얼마나 좋으신 분이신가요(버나드)?

부추기어 온갖 봉사를 하게 한다.

    8. 구원을 가져오는 은혜, 신생케 하는 은혜는 사람으로 하여금 모든 죄를 버리고 하나님의 모든 규율을 준수하며 주님을 충실히 좇도록 만든다. 여호수아와 갈렙은 충실히 주님을 좇았다(민 14:24).[28] 사가랴와 엘리사벳은 하나님 앞에서 의로웠으며 모든 주님의 계명과 규례를 흠 없이 준수하였다(눅 1:5,6). 요한계시록에 나오는 성도들은 이렇게 묘사된다. "이 사람들은 여자로 더불어 더럽히지 아니하고 정절이 있는 자라 어린 양이 어디로 인도하든지 따라가는 자며"(계 14:4). 그러나 속박하는 은혜, 세상적인 은혜는 사람으로 하여금 주님을 충실히 좇게 할 수가 없다. 일시적인 은혜가 할 수 있는 것은 사람으로 하여금 주님을 부분적으로, 불규칙적으로, 내키지 않는 마음으로 좇게 하는 것이다. 예후, 헤롯, 유다, 바리새인들과 서기관들이 그랬다. 그들은 "박하와 회향과 근채의 십일조를 드리되 율법의 더 중한 바 의와 인과 신은 버렸다"(마 23:23).

    진실한 은혜는 마음으로 모든 죄를 증오하게 하며 모든 진리를 사랑하게 한다. 그것은 사람으로 하여금 자기 피로 정복할 수 없는 죄들을 미워하게 하며 온 세상을 내주고도 극복할 수 없는 죄를 증오하게 만든

---

28) 온전히 좇았다는 히브리어는 항해중인 배를 떠올리게 한다. 암초나 모래밭을 만난다는 것을 두려워 않고 바람에 따라 항해하는 배를 말한다.

다(시 119:104,128).²⁹⁾ 진실로 은혜를 받은 영혼은 이렇게 말할 수 있다: 내 안에는 있는 죄를 내가 원하는 대로 죽이고 정복할 수는 없다 할지라도, 나는 그 모든 죄를 증오하고 미워하노라. 또 진실로 은혜를 받은 영혼은 이렇게 말할 수 있다. 내가 계명을 내가 원하는 대로 순종할 수는 없다고 할지라도, 하나님의 모든 말씀은 달콤하고 하나님의 모든 계명은 귀중한 것이다(시 119:6,127,167). 나는 내가 순종할 수는 없는 계명이지만 귀하고 극진하게 사랑하고 존중한다. 비록 내가 그 엄격한 의미에서 성취할 수 없는 계명이 많이 있지만, 내가 이행하고 싶지 않거나 극진히 사랑하지 않는 계명은 하나도 없다. "여호와께서 구름 기둥에서 저희에게 말씀하시니 저희가 그 주신 증거와 율례를 지켰도다… 나를 붙드소서 그리하시면 내가 구원을 얻고 주의 율례에 항상 주의하리이다"(시 99:7, 119:117).

9. 진실한 은혜는 사람으로 하여금 그리스도 안에서 그리고 그분의 가장 빼어난 선 안에서 안식하게 한다. 그것은 영혼으로 하여금 그리스도 중심으로 살게 하며 그분을 가장 높고 가장 궁극적인 목적으로 삼게 한다. "주여 영생의 말씀이 계시매 우리가 뉘게로 가오리이까"(요 6:68). "그들을 떠나자마자 마음에 사랑하는 자를 만나서 그를 붙잡고

---

29) 더러움을 가리고 천국에 가기보다는 차라리 죄 없이 지옥에 가겠다(안셈). "주께서 명령하신 것은 무엇이든지 주소서, 주님의 뜻은 무엇이든지 명하소서 준행하겠습니다"(어거스틴).

내 어미 집으로, 나를 잉태한 자의 방으로 가기까지 놓지 아니하였노라… 나의 사랑하는 자는 희고도 붉어 만 사람에 뛰어난다"(아 3:4, 5:10). 신자가 그리스도로부터 받아 가진 지혜는 신자를 인도하여 그리스도의 지혜를 중심으로 살아가게 한다(고전 1:30). 신자가 그리스도로부터 받아 가진 사랑은 신자를 인도하여 그리스도의 사랑을 중심으로 살아가게 한다. 신자가 그리스도로부터 받아 가진 의는 신자를 인도하여 그리스도의 의를 중심으로 살아가게 한다(빌 3:9).30) 진실한 은혜는 그리스도로부터 나오는 빛줄기이며, 그 빛은 영혼을 인도하여 그리스도 안에서 안식을 취하게 한다. 샘으로부터 강물이 흘러나오듯이, 원인으로부터 결과가 생겨나듯이, 진실한 은혜는 영혼을 자연스레 그리스도께로 인도한다. 그러나 속박하는 은혜, 세상적인 은혜는 영혼으로 하여금 그리스도보다 수준이 낮은 것들을 중심으로 해서 살게 하며 그 안에서 안식하게 한다. 가끔 그것은 영혼으로 하여금 피조물을 찬양하게도 하고 피조물의 보상에 만족하게도 한다. "사람에게 보이려고 그들 앞에서 너희 의를 행치 않도록 주의하라 그렇지 아니하면 하늘에 계신 너희 아버지께 상을 얻지 못하느니라" "내가 진실로 너희에게 이르나니 저희는 자기 상을 이미 받았느니라"(마 6:1, 2). 그들은 여타의 수백 가지 것들로 인해 만족하기도 한다 (슥 7:5,6).

---

30) 은혜는 그리스도께서 인도하는 별이다. 은혜는 영혼을 그리스도께서 좌정해 계시는 하늘의 가나안으로 인도하는 구름기둥과 불기둥이다.

10. 진실한 은혜는 사람으로 하여금 그리스도를 만끽함으로써 만족하고 자족하며 지내게 할 것이다. 명예가 없어도 그리스도만 있으면 그들은 만족할 것이다. 재물이 없어도, 쾌락이 없어도, 피조물이 미소를 짓지 않아도 그리스도만 있으면 그 영혼은 자족할 것이다. "이스라엘이 가로되 족하도다 내 아들 요셉이 지금까지 살았으니"(창 45:28). 마찬가지로, 은혜 받은 영혼은 이렇게 말한다, 비록 명예가 없고 재물이 없고 건강이 없고 친구가 없어도 그리스도만 계시면 족하다. 그분이 다스리시고 정복하시고 지배하시니 족하다. 그리스도는 만나 항아리, 기름병, 모든 위로와 만족과 자족의 무한한 바다이시다. 그분이 계시는 자에게는 부족한 것이 없다. 그분이 없는 자는 향유할 것이 없다.[31] "아무것도 없는 자 같으나 모든 것을 가진 자로다"(고후 6:10)라고 바울은 말했다. 오! 그러나 일시적인 은혜, 속박하는 은혜만을 가진 사람은 외적인 위안이 없는 한 앉아서 자족할 수가 없다.[32] 그런 영혼은 이렇게 말한다. 재물이 있다면 그리스도가 좋은 분이다. 명예가 있다면 그리스도가 좋은 분이다. 쾌락이 있다면 그리스도가 좋은 분이다. 이런저런 외적인 만족이 있다면 그리스도가 좋은 분이다. 나는 그리스도도 소유

---

31) 만족하는 자는 가난한 자일 수 없다(세네카).

32) '그리스도가 다스리시고 정복하시며 승리하신다' (찰스 대왕) 어거스틴은 시편 12편을 강론하면서 불평하는 성도를 책망하는 하나님을 말했다. "네 믿음이 무엇이냐? 내가 이 모든 것들을 약속하지 않았느냐? 이 세상에서 영화를 누리려는 성도는 도대체 어떤 인간인가?

하고 세상도 소유하여야 한다. 그렇게 되지 않는다면 나는 복음서에 나오는 청년처럼 나의 영혼을 잃는다 해도 그리스도를 저버리고 세상을 좇아가겠노라. 아! 이런저런 외적인 위로와 만족이 없을 경우 자족할 수 없는 그리스도인들이 이 세상에는 얼마나 많은지. 그런 외적인 것의 부족을 메우기 위해서 그들은 마치 하나님, 하늘, 지옥, 그리스도가 없는 것처럼 초조해하고 분노하고 괴로워하고 미쳐 날뛰고 한다. 그러나 진실로 은혜를 받은 영혼은 이렇게 말할 수 있다. "내가 가진 게 아무 것도 없어도 내게는 그리스도가 계시니 나는 모든 것을 가진 사람이다. 그러므로 그리스도 안에서 모든 것을 가지고 있는 나는 다른 어떤 보상도 구하지 않는다. 그분이 이미 우주적인 보상이 되시기 때문이다." 또한 그런 영혼은 이렇게 말할 수 있다. "그리스도가 안 계시다면 그 어느 것도 내게는 좋은 게 없다. 명예도, 재물도, 피조물의 미소도 내게는 가치가 없다.[33] 내게는 그리스도를 바라보고 그분을 맛보는 것만이 즐거움이다. 모든 외적인 선한 것을 트럭으로 실어다 준다고 해도 만일 내 최고의 영광이 되시는 그리스도가 그 안에 안 계시다면 그것은 내게 영광스런 하늘이 될 수가 없다." 압살롬이 말했듯이 "내가 왕의 얼굴을 볼 수 없다면 이 모든 것이 내게 무엇이란 말이냐?"(삼하 14:32). 마찬가지로 은혜 받은 영혼은 이렇게 말한다. "내 영혼이 사랑하는 분의 얼

---

33) 만족은 외형적인 지복의 사절단이다. 만족은 궁핍한 곳을 풍족히 채운다.

굴을 내가 뵈올 수 없는데 왜 너는 나에게 이런저런 외적인 위안에 대해 말을 하는 것이냐? 아아, 나의 명예는 그리스도가 아니며 부요도 나의 그리스도가 아니며 피조물의 호의도 그리스도가 아니다. 내게 그리스도가 계시다면, 이 세상 사람들로 하여금 세상을 다 가지게 하라. 우리의 사이가 분명히 갈리게 하라. 나는 나의 그리스도를 그 무엇보다도 귀중히 여기노라. 나는 나의 그리스도를 이 세상의 그 어느 것보다도 더 귀하게 섬기고 싶다. 그분만 계신다면 다른 모든 위안이 없어도 무방하다. 그러나 그분이 안 계시다면 나의 모든 안락은 다 무효가 되고 소용이 없게 된다. 그런 고로 나의 영혼을 위로해 주실 그분이 멀리 서 계시는 한 나의 평안은 그 맛을 잃을 것이며 위안처럼 보이지도 않을 것이며 위로처럼 따스하지도 않을 것이다(애 1:16)." 진실로 은혜를 받은 영혼에게는 그리스도가 만유시요 만유 안에 계시는 분이시다(골 3:11). 우리는 그리스도 안에서 모든 것을 가지고 있으며 그리스도는 그리스도인에게 모든 것이 되신다. 만일 우리가 병든다면, 그분은 의사가 되실 것이다. 만일 우리가 도움이 필요하다면, 그분은 힘을 발휘해 우리를 구원해 주실 것이다. 우리가 연약할 때 그분은 우리의 힘이 되신다. 우리가 가난할 때 그분은 우리의 부요가 되신다. 우리가 하늘로 가고자 할 때 그분은 우리의 길이 되신다. 영혼은 이렇게 말하고 싶어 할 것이다. "나는 이것도 갖고 싶고 저것도 갖고 싶다." 그러나 그리스도께서는 이렇게 말씀하신다. "너희가 내 안에 있으면 너희는 그 모든 것을 충만하게, 완전하게, 영구적으로 소유하게 될 것이다."[34]

다섯 번째의 책략.

성도들 속에서 벌어지고 있는 투쟁은 위선자들과 이교도들의 영혼 속에서도 벌어지고 있는 것이라고 말하는 것이다. 하지만 실은, 성도들 안에서 벌어지는 투쟁과 사악한 자들 가운데서 벌어지는 투쟁 사이에는 큰 차이가 있다. 그것은 빛과 어두움이 다르고 천국과 지옥이 다른 것만큼 차이가 있다.35) 다음에 나오는 내용에서 내가 그것을 증명하고자 한다.

1. 신자 영혼의 모든 구조는 죄에 반(反)하는 것이다. 그 영혼의 이해, 의지, 애정, 모든 권능과 기능들은 죄에 대항하여 투쟁한다. 어떤 사람이 시기심을 정죄하면서도 그의 마음의 구조와 경향은 그것을 좇을 수가 있다. 어떤 사람이 거만을 정죄하면서도 그의 영의 구조는 거만을 추구하는 것일 수가 있다. 술주정뱅이가 술 취하는 것을 정죄하는 한편 그의 영의 구조는 술 취함을 추구할 수가 있다. 어떤 사람이 도적질과 거짓말을 정죄하는 한편 그의 마음의 구조는 그런 것들을 추구할 수가

---

34) 루터는 "그리스도가 없는 천국보다 그리스도가 있는 지옥에 갈 것이다"고 했다. 순교자 람베르트는 불에 타 죽으면서도 "오 그리스도, 그리스도 뿐이다"라고 외쳤다.
35) 요 8:44에 보면 마귀는 거짓말쟁이요 거짓의 아비이다. 마귀의 호흡은 거짓으로 많은 열매를 거둔다(루터).

있다. "그러면 다른 사람을 가르치는 네가 네 자신을 가르치지 아니하느냐 도적질 말라 반포하는 네가 도적질하느냐 간음하지 말라 말하는 네가 간음하느냐 우상을 가증히 여기는 네가 신사 물건을 도적질하느냐 율법을 자랑하는 네가 율법을 범함으로 하나님을 욕되게 하느냐" (롬 2:21-23). 그러나 성도의 의지는 그것에 반대한다. "내가 원하는 바 선은 하지 아니하고 도리어 원치 아니하는 바 악은 행하는도다 만일 내가 원치 아니하는 그것을 하면 이를 행하는 자가 내가 아니요 내 속에 거하는 죄니라" (롬 7:19,20).

2. 성도는 큰 죄나 적은 죄나 가리지 않고 모든 죄에 대항해서 투쟁을 한다. 가장 이익이 되고 가장 기쁨을 주는 죄뿐만 아니라 덜 이익이 되고 덜 기쁨을 주는 죄에 대항해서도 투쟁을 한다. 그는 비록 죄를 정복할 수는 없어도 모든 죄와 더불어 싸울 것이다. 그는 모든 죄가 자신의 행복뿐만 아니라 하나님의 거룩성을 침해한다는 것을 안다. 그의 영혼의 위안과 평안뿐 아니라 하나님의 영광을 목표로 공격한다는 것을 안다.[36]

그는 모든 죄가 하나님의 미움을 받는다는 것과 모든 죄인들이 주 예수님의 면류관과 위엄에 대항하는 자라는 것을 안다. 그는 하나의 죄

---

[36] 시 119:104 "나는 진실로 모든 거짓된 길을 싫어하나이다" 전쟁이 크면 클수록 따라오는 상도 크다(터툴리안) 악인은 죄의 낙을 포기하지 않기 때문에 죄를 버리지 않는다.

가 이 세상에서 가장 의로운 사람이었던 노아를 넘어뜨렸으며, 다른 죄가 이 세상에서 가장 위대한 신자였던 아브라함을 내동댕이쳤으며, 또 다른 죄가 이 세상에서 가장 훌륭한 왕이었던 다윗을 내던졌으며, 또 다른 죄가 이 세상에서 가장 위대한 사도였던 바울을 침몰시켰다는 것을 안다. 그는 하나의 죄가 이 세상에서 가장 힘이 세었던 사람인 삼손을 넘어뜨렸으며, 다른 죄가 이 세상에서 가장 지혜로웠던 솔로몬을 실족하게 했으며, 또 다른 죄가 이 세상에서 가장 온유했던 모세를 넘어지게 했으며, 또 다른 죄가 이 세상에서 가장 인내심이 강했던 욥을 무너지게 했다는 것을 안다. 이것이 그에게서 거룩한 분노를 자아내는 것이다. 의로운 영혼들을 괴롭히고 무너지게 했던 그 모든 정욕과 해충이 파멸하기까지는, 그 어느 것도 그 영혼을 만족시킬 수가 없다. 은혜 받은 영혼은 한 가지 죄에게 심판이 임한다고 만족할 수가 없다. 그러므로 그는 모든 죄에게 심판이 임하게 해달라고 부르짖는다. 그는 몇몇 죄들을 십자가에 달고 다른 죄들은 살리기를 원하지 않는다. 그러기에 그는 "주여, 저것들을 모두 십자가에 못박아 주십시오"라고 부르짖는다. 오! 그에 비하여 이제 사악한 사람들의 안에서 벌어지는 투쟁은 부분적인 것이다. 그들은 어떤 죄에 대해서는 눈을 흘기지만 다른 죄를 보고는 미소를 짓는다. 그들은 몇몇 죄들에 대해서는 매를 들지만 다른 죄들은 쓰다듬는다. 몇몇 죄들은 문 밖으로 쫓아내지만 다른 죄들은 품 안에다 끌어안는다. 우리는 그런 모습을 예후, 헤롯, 유다, 시몬, 데마에게서 발견할 수 있다. 사악한 사람들은 중대한 죄들, 예를 들면 하나님의 율법에도 어긋나고 인간 본성과 국법에도 어긋나는 죄들만 정죄 한다. 그들은 보다 더 사소한 죄들에 대해서는 무시한다. 헛된 생각들, 허망한 말들, 죄가 되는 거동, 별 거 아닌 서약 등은 무시를 한다. 그들은 그들의 명예, 이익, 쾌락에 반하는 죄에 대해서는 싸우지만 그들에게 오른 손과 오른 눈이 되어주는 죄에 대해서는 휴전을 선포한다.

3. 성도 안에서 벌어지는 투쟁은 죄에 대한 것인데, 그것은 몇 가지 주장을 근거로 진행된다. 하나님의 사랑, 하나님의 영예, 하나님과의 교제의 즐거움, 하나님이 그들에게 수여하시는 영적이고 천상적인 축복들과 특권들, 그리스도의 피, 그리스도의 영광, 그리스도의 눈, 그리스도의 입맞춤, 그리스도의 도고, 성령의 보증, 성령의 인치심, 성령의 증거, 성령의 위로 등에 기반(基盤)하여 진행 된다. 오! 하지만 사악한 사람들 안에서 진행되는 투쟁은 비천하고 세속적이고 율법적인 주장으로부터 유래하는 것이다. 피조물의 눈과 귀와 손으로부터 도출되고, 율법에 근거한 수치, 지옥, 저주로부터 유래하는 주장이다(고후 12:7-9).

4. 성도 안에서 벌어지는 투쟁은 상시적인 투쟁이다. 죄와 은혜가 한 성도의 마음에서 같이 태어난 것도 아니고 함께 죽을 것도 아니지만, 신자가 살아 있는 동안에는 신자 안에서 언제나 서로 투쟁을 할 것이다. 바울은 회심한 지 14년이나 지났는데도 이렇게 부르짖었다. "내 지체 속에서 한 다른 법이 내 마음의 법과 싸워 내 지체 속에 있는 죄의

법 아래로 나를 사로잡아 오는 것을 보는도다"(롬 7:23).

베니스의 공작 중 한 사람인 피에트로 칸디아노는 손에 무기를 들고 노라틴 사람들과 싸우다가 죽었다. 마찬가지로 성도는 싸우면서 살다가 싸우는 중에 죽어야 한다. 그는 무기를 손에 들고 싸우면서 서 있다가 싸우는 중에 넘어져야 한다.37) 하지만 사악한 사람들 안에서 벌어지는 투쟁은 상시적이지 않다. 그들은 죄와 사이가 나빠졌다가도 이내 죄와 화해를 한다. 지금은 사이가 고약하지만 곧 달콤해진다. 죄인은 죄로부터 돌아섰다가도 이내 죄와 더불어 함께 뒹군다. 돼지가 진흙탕 속에서 뒹굴듯이 말이다(벧후 2:19,20). 지금은 그가 지옥보다 더 무서운 것으로 여기고 죄를 멀리하며 죄로 하여금 떠나게 해 달라고 기도를 드리지만, 다음 순간에는 그가 죄를 뒤쫓아가는 모습을 볼 수 있을 것이다. 그는 마치 그를 형벌하시고 그에게 공의를 베푸시고 그를 지독히 고문하실 하나님이 안 계신 것처럼 죄와 연합할 것이다.

5. 성도 안에서 벌어지는 투쟁은 동일한 기능 사이의 쟁투이다. 심판에 대해서 심판을 하고, 지성에 대해서는 지성으로 대항하고, 의지에 대해서는 의지로, 애정에 대해서는 애정으로 항거를 한다. 다시 말하면, 영혼의 모든 부위 안에서 중생된 부분은 중생되지 않은 부분과 대치한다. 그러나 사악한 사람들 안에서는, 그 투쟁이 동일한 기능 사이

---

37) 죄를 이김에 수반되는 기쁨과 즐거움은 죄의 낙보다 수천배 크다.

에서 발생하는 게 아니다. 양심과 의지 사이에서 발생한다. 죄인의 의지는 이런저런 죄에게로 크게 기울어져 있다. 그러나 양심이 끼여들어 죄인에게 말한다. "하나님은 나를 그분의 대리자로 삼으셨다. 그분은 소환하여 처형할 권능을, 조사하고 징벌하고 심판하고 정죄할 권한을 나에게 위임하셨다. 만일 네가 이런저런 사악을 행한다면 나는 너를 옥에 가두고 고문할 수밖에 없다. 내가 막대기와 칼을 가지고 있는 게 다 그런 목적에서다. 만일 네가 죄를 저지른다면 나는 내 직무를 수행하는 수밖에 없다. 그러면 너의 생명은 지옥으로 떨어질 것이다." 이런 말이 그 영혼 안에서 혼란을 조성한다.

6. 성도 안에서 벌어지는 투쟁은 보다 더 축복되고 성공적이고 우세한 투쟁이다. 성도는 죄와의 투쟁을 통해 자기 죄를 정복하게 된다. "그리스도 예수의 사람들은 육체와 함께 그 정과 욕심을 십자가에 못 박았느니라"(갈 5:24). 그리스도는 손을 뻗어 성도들이 포로를 사로잡도록 도우신다. 그들의 발로 이전에 그들의 영혼과 위로를 짓밟던 정욕의 목을 누르도록 도우신다. 사울의 집이 점점 약해질수록 다윗의 집은 점점 강해졌듯이, 주님은 그분의 사랑과 영적 힘으로 은혜 즉 성도의 보다 더 고상한 부분이 더욱 강력하게 하시는 한편 부패는 사울의 집안처럼 점점 약화되도록 하신다. 그러나 죄는 사악한 사람이 온갖 투쟁을 행함에도 불구하고 그 사람 속에서 세력을 확장하고 보다 더 강성해진다. 그의 마음은 죄의 길에서 더욱 용기를 얻고 담대해지고 강퍅하게

된다. 이스라엘 사람들, 바로, 예후, 유다와 같은 사람들이 그러했다. 그들은 하나님께서 그들에게 고통스런 말씀을 선포하시고 심판을 행하실 때 그들의 영혼 속에서 전에 경험하지 못한 투쟁, 소동, 혼란이 많이 일어나는 것을 분명히 발견했을 것이다(딤후 3:13).[38]

그러나 이것을 기억하며 경고로 삼아라. 비록 그리스도께서 그분의 능력, 영, 사망, 부활을 통해서 죄에게 치명타를 입히시기는 했지만, 죄는 그렇게 쉽게 죽지는 않을 것이다. 치명적인 상처를 입은 사람이 차츰차츰 죽어가듯이, 성도의 마음속에 있는 죄도 그러할 것이다.[39] 십자가 위에서 그리스도의 죽임이 천천히 진행되었듯이 죄의 사망도 영혼 안에서 그렇게 진행될 것이다. 조금씩 또 조금씩 죄가 죽어갈 것이다. 시편 기자가 말한 대로다. "저희를 죽이지 마옵소서 나의 백성이 잊을까 하나이다 우리 방패되신 주여 주의 능력으로 저희를 흩으시고 낮추소서"(시 59:11). 그분은 그들을 완전히 멸절시키지 않으시고 몇몇 잔재를 기념물로 남겨두셨다. 하나님은 죄에 대해서도 마찬가지로 행하실 것이다. 죄는 상처를 입고 쓰러졌지만 아직 완전히 죽은 것은 아니다. 신의 은혜를 기념하도록 하기 위해 뭔가가 아직 남아 있는데, 이는 우리를 겸비하게 하고 깨어 있게 하고 경성하게 하기 위함이다. 우리로

---

38) 은혜와 죄는 샘물을 길어올리는 물동이와 같다. 하나가 올라오면 다른 것은 내려간다. 그 둘은 로마의 월계수와 같다. 하나가 번성하면 다른 하나는 시든다. 은혜가 번성하면 번성할수록 죄는 죽어간다.

39) 죄 죽임은 지속적인 행위요 날마다 죽이는 일이다. "나는 날마다 죽노라"

하여금 여전히 갑옷을 입고 언제나 무기를 손에 들고 있게 하기 위함이다.

제 아무리 훌륭한 성도의 영혼이라도 이 세상에서 육신과 영 사이에서 끼여 있다. 메카에 있는 마호메트의 무덤이 두 자석(磁石) 사이에 끼여 있는 것처럼, 그리고 가톨릭 교도들이 묘사하는 바를 따르면 에라스무스가 천국과 지옥 사이에 끼여 있는 것처럼 말이다. 므낫세 족속이 반은 요단강 이편 아모리 사람의 땅에 있고 반은 저편 즉 약속의 땅에서 살게 되었듯이 말이다. 하지만, 결국 그들은 육신을 정복하고 영적 원수들의 목을 발로 밟게 될 것이다.[40]

여섯 번째의 책략.

이렇게 성도에게 말을 건네는 것이다. "분명히 지금의 너의 처지는 좋은 게 아니다. 왜냐하면 너는 지금 그리스도 안에서 과거처럼 즐거워하거나 기뻐할 수 없기 때문이다. 너는 과거에 너의 영 안에서 누리던 그 위로와 기쁨을 잃어버렸다." 또 사단은 이렇게 말한다. "너는 과거에는 네 마음이 그리스도 안에서 크게 기뻐하고 즐거워했지 않느냐. 너는 네 마음이 기쁨과 위로로 꽉 찼던 시절을 잊지 못할 것이다. 그러나 지

---

[40] 제시된 쾌락을 극복하는 기쁨만큼 큰 것은 없으며, 인간의 부패를 정복하는 것만큼 큰 정복은 없다(시프리안).

금은 네가 그 즐거움과 위로에서 얼마나 멀어졌느냐! 그러므로 지금의 네 처지는 좋은 게 아니다. 너는 네 자신을 속이고 있으며, 과거에 그랬으므로 너의 위로와 기쁨이 앞으로도 계속될 것이라고 생각하고 있다." 이런 말을 듣고는 성도의 영혼이 사단과 짝하여 이렇게 응수하게 된다. "그렇다. 나는 모든 게 헛되다는 것을 알게 되었다. 나는 내 자신의 영혼을 속이고 있는 것뿐이다."

첫 번째 대책. 이런 사단의 책략에 대한 첫 번째 대책은 이것을 고려하는 것이다. 위로란 은혜로부터 분리 가능한 은혜의 첨가물이다. 그러므로 은혜는 잃어버릴 수가 있다. 영혼은 신의 위로가 없는 경우에도 거룩한 애정으로 가득 찰 수가 있다.[41] 위로가 전혀 없는데도, 기쁨이 전혀 없는 데도 진실한 은혜가 있을 수 있으며 또 종종 그런 사실을 발견하게 된다. 위로는 그리스도인의 본질에 속한 것이 아니라 복리에 속한 것이기 때문이다. 하나님은 이 사랑스런 두 가지를 꼭 묶어두신 게 아니므로 그 둘은 서로 떨어져 살 수 있게 되어 있다. 위로부터 내려오는 지혜는 사람으로 하여금 이렇게 추론하도록 인도하지 않는다. "내게 위로가 없으므로 나는 은혜를 못 받은 것이다. 나는 과거에 향유하던 그런 기쁨이 없다. 그러므로 나의 지금 상태는 좋은 게 아니다. 결코 좋

---

41) 시 63:1, 2, 8; 사 50:10; 미 7:8, 9; 시 42:5

은 게 아니다." 위로부터 내려오는 지혜는 오히려 이렇게 추론하도록 인도한다. "비록 내 위로는 없어졌지만 내 위로의 하나님은 지금도 살아 계시다. 비록 나의 기쁨은 사라졌지만 은혜의 씨는 지금도 존재한다." 제 아무리 훌륭한 성도라 해도 그의 기쁨은 유리처럼 투명하고 연약하다. 그러므로 그것이 깨어질 위험은 언제나 상존하는 것이다.[42]

두 번째 대책. 이런 사단의 책략에 대한 두 번째 대책은 이것을 엄숙하게 고려하는 것이다. 여러분이 지금 향유하고 있는 귀중한 것들은 여러분이 잃어버린 기쁨이나 위로보다 훨씬 더 좋은 것이다. 그리스도와의 연합, 그리스도와의 교통, 양자, 성도 및 후사의 지위를 여러분은 지금도 그리스도를 통해 향유하고 있다. 이것은 여러분이 죄로 인해 잃어버린 위로보다 훨씬 더 좋은 것이다. 여러분의 위로는 없어졌지만 그리스도와 여러분의 연합 그리고 교통은 여전히 지속된다(렘 31:18-20). 여러분의 위로는 사라졌지만, 여러분은 여전히 아들이다. 위로가 없는 아들이라도 아들은 아들이다. 위로가 없는 후사라도 후사는 후사다. 위로가 없는 성도라도 성도는 성도다. 은 주머니 즉 여러분의 위로는 사라졌지만 보석 상자 즉 여러분과 그리스도와의 연합, 그리스도와의 교통, 양자, 성도 및 후사의 지위는 지금도 여러분이 유지하고 있다. 이것

---

[42] 영적 기쁨은 종종 구름에 가리는 태양과 같다. 기쁨은 최상의 낙원에서 자라는 고귀한 꽃과 같을지라도 시들고 마르게 되는 것과 같다.

들은 여러분이 잃어버린 은 주머니보다 훨씬 더 좋은 것들이다. 그렇다. 그 귀한 보석들 중 가장 미미한 것이라 할지라도 이 세상의 모든 위로보다 더 가치가 나간다. 그러므로 이것으로 여러분의 위안을 삼으며 여러분을 인도할 별을, 여러분을 지탱할 지팡이를 삼도록 하라. 여러분의 은 주머니는 사라졌지만 보석 상자는 지금도 안전하게 보존되어 있다.

세 번째 대책. 이런 사단의 책략에 대한 세 번째 대책은 이것을 고려하는 것이다. 여러분의 현재 상태나 그리스도의 가슴에 그 이름이 새겨진 귀한 영혼들의 상태나 서로 다를 바 없다. 그들은 지금 그리스도 품 안에서 안식을 취하고 있다. 오늘은 그들이 찬양하고 기뻐하더라도 내일은 그들이 애통하고 슬퍼하게 될 것이다. 오늘은 그들이 "주님은 우리의 분깃이옵니다"라고 노래를 부른다. 그러나 내일은 그들이 한숨을 쉬면서 자기 자신을 이렇게 타이를 것이다. "내 영혼아 네가 어찌하여 낙망하며 어찌하여 내 속에서 불안하여 하는고?" "왜 우리의 수금이 애곡으로 변하였으며 우리의 비파가 애곡자의 소리로 바뀌었는고?"[43]

네 번째 대책. 이런 사단의 책략에 대한 세 번째 대책은 기쁨과 위로

---

43) 시 51:12, 30:6, 7; 욥 23:6, 8, 9, 30, 31; 렘 1:16; 마 27:46; 시 42:5; 렘 5:15

가 언제나 동일한 출처로부터 나오는 게 아니라는 점을 엄숙하게 고려하는 것이다. 다행스럽게도, 여러분의 이전 기쁨과 위로는 성령의 증거로부터 나온 것이다. 그분이 여러분의 영혼에 대해 증거하시기를 여러분의 본성이 변화되었으며 죄가 용서되었으며 영혼이 화해되었다고 말씀하셨다.44) 이제 성령은 몇몇 특별한 경우에, 이렇게 말씀하실 것이다. "하나님의 마음이 네 위에 친근히 임하여 있으며 그분이 너를 영원한 사랑으로 사랑하신다." 하지만 그 영혼은 그런 증거를 생애 내내 늘 향유하는 것이 아니다. 비록 성령이 증거의 영이시기는 하지만, 그분이 매일 신자들에게 그들이 하나님, 그리스도, 하늘에 관여하고 있다는 것을 증거 해 주시는 게 아니기 때문이다.

또 다행스러운 것은, 여러분이 이전에 받았던 기쁨과 위로가 여러분의 환경이 새롭고 갑작스럽게 변화함으로 인해 생겨난 것이라는 점이다. 한 시간 동안에 어떤 이의 밤이 낮으로 변하고 어두움이 빛으로 변하고 비통함이 달콤함으로 변하고 하나님의 얼굴 찡그리심이 웃음으로 변하고 증오가 사랑으로 변하고 지옥이 하늘로 변한다면, 그것은 그를

---

44) 성령은 매일 잔치를 여는 것이 아니다. 성도가 매일 결혼 예복을 입고 잔치하게 하는 것이 아니다.

45) 사면은 악인이 사다리의 마지막 계단에 오를 때 갑자기 찾아올 수 있다. 그것은 큰 기쁨과 즐거움을 준다. 그의 신변의 갑작스러운 이 변화는 기뻐 뛰게 할 것이다. 그러나 시간이 흐르면 그 기쁨은 감소될 것이다. 비록 그의 생명이 여전히 소중하다 할지라도 말이다.

크게 기쁘게 하고 위로하는 게 될 것이다. 그것은 분명히 그의 마음을 즐거워 뛰고 춤추게 만들 것이다.[45] 그러나 그런 사람도 한 시간 후면 사단이 그를 고소하는 것을, 그의 마음이 그를 정죄하는 것을, 영원하신 하나님이 그를 보고 눈을 찌푸리시는 것을, 하늘 문이 그를 향해 닫혀 있는 것을, 모든 피조물이 무장을 하고 그에게 대항하는 것을, 하나님이 약간 암시만 하셔도 그에게 보복을 하려고 달려드는 것을, 무저갱이 입을 열고 그를 받아들이려 하는 것을 보게 될 것이다. 바로 그때, 그리스도께서 그 당혹해하는 영혼에게 오셔서 이렇게 말씀하실 것이다. "내가 너를 위하여 내 아버지의 진노의 포도주 틀을 밟았노라. 내가 너를 위하여 내 생명을 속량물로 내어주었노라. 내가 내 피로 내 아버지의 공의를 만족시켰으며 그분의 분노를 가라앉게 하였으며 너를 위하여 그분의 사랑을 샀노라. 나의 피로 내가 네 죄의 용서를 샀으며 지옥으로부터 네 자유를 샀으며 하늘로 갈 너의 권리를 샀노라." 오! 이런 말씀은 그 영혼을 얼마나 기쁘게 하고 뛰게 할 것인지!

다섯 번째 대책. 이런 사단의 책략에 대한 다섯 번째 대책은 하나님은 자기 백성의 위로를 회복시키시고 만회하실 것이란 사실이다. 여러분의 촛불이 꺼졌더라도 하나님은 그것을 다시 살리실 것이며 이전보다 더 밝게 비추도록 하실 것이다. 지금은 여러분의 태양이 구름에 가려 있을지라도 구름을 타고 다니시는 이가 그 구름을 흩으시고 이전처럼 그 태양이 비춰 여러분의 마음을 따뜻하게 하도록 하실 것이다. 시편 기자가 한 말 대로이다. "우리에게 많고 심한 고난을 보이신 주께서 우리를 다시 살리시며 땅 깊은 곳에서 다시 이끌어 올리시리이다 나를 더욱 창대하게 하시고 돌이키사 나를 위로하소서"(시 71:20,21). 하나님께서 작은 위로를 거두어 가신 것은 그 영혼 속에 보다 더 많은 위로가 들어갈 수 있도록 자리를 마련하시기 위함이었다. 선지자 이사야는 이것을 이런 식으로 보여 주었다. "내가 그 길을 보았은즉 그를 고쳐 줄 것이라 그를 인도하며 그와 그의 슬퍼하는 자에게 위로를 다시 얻게 하리라"(사 57:18). 오 귀중한 영혼이여, 낙담하지 말라! 여러분의 폭풍은 결국 잠잠해질 것이며 여러분의 어두운 밤은 밝은 낮으로 변할 것이다. 여러분의 아침은 즐거운 시간으로 변할 것이며 여러분 안에 있는 위로의 물결이 이전보다 더 달콤하게 고조될 것이다. 반드시 여러분에게 긍휼이 주어지겠지만, 그것이 언제 주어질 것인지는 주님께서 정하실 것이다. 조금만 더 기다려라. 여러분은 주님께서 오셔서 사방으로부터 여러분을 위로하시는 모습을 보게 될 것이다.

일곱 번째의 책략.

영혼에게 그가 이전에 좋아하던 죄 속으로 지금도 종종 빠져들고 있다는 점을 보여주는 것이다. 그가 특별한 슬픔, 고민, 수치, 눈물을 토로하며 그것을 막아달라고 기도하고 호소하고 결심도 했던 죄악에 빠져드는 것이다. 사단은 이렇게 말한다. "네 마음은 하나님 앞에서 올바르지 못하다. 분명히 네 상태가 좋은 게 아니다. 너는 하나님께서 죄를 짓지 않게 해 달라고 호소하는 너 같은 사람을 영구적으로 소유하시고 끌어안으신다고 자신 있게 도배할 수 없지 않느냐. 너는 동일한 죄에 계속해서 빠져드는구나. 눈물과 신음으로 네 죄를 고백했지만 너는 지금도 때때로 그 동일한 죄에 빠져드는구나."

내가 고백하고자 하는 것은, 이것은 매우 슬픈 상태라는 점이다. 즉, 영혼이 주님으로부터 긍휼과 자비를 얻었는데도, 하나님이 그에게 평화와 용서를 말씀하셨는데도, 하나님이 그의 눈에서 눈물을 씻겨주셨는데도, 그를 일으켜 세워 주셨는데도 다시 어리석음에 빠진다니 슬픈 일이라는 말이다.[46] 아! 그런 타락이 사람들을 보다 더 큰 고통과 더 악한 유혹에 빠뜨리는 경우가 얼마나 많은지! 그런 배도(背道)가 상처를 터뜨려 또 다시 피가 나오게 하는구나! 그것이 하늘로 갈 수 있다는 이전의 확신과 증거를 얼마나 흐리게 하고 어둡게 하는지! 그로 인해 양심의 손에 들린 칼이 그 영혼을 얼마나 찌르고 자르고 베어 버리는지! 그것으로 인해 영혼 속에 두려움, 공포, 전율, 의심이 너무 크게 조성됨으로 인해 그 영혼은 이전처럼 자주 봉사를 하지 못하고 열심히 일하지 못하고 확신을 갖지도 못하며 하나님 앞에서 담대한 모습을 취하거나 친근히 하거나 즐거워하지도 못한다. 그는 이전처럼 일정하게 의무를

---

[46] 타락한 자는 "나의 모든 고통과 죄과는 상실되었다"라고 말한다.

수행하지도 못한다. 그리하여 사단이 그리스도를 이길 기회를 만든다. 그로 인해 회개는 더욱 더 어렵게 되며 인생살이가 짐이 되며 죽음이 그 영혼에게 매우 무시무시한 것으로 바뀐다.

첫 번째 대책. 이런 사단의 책략에 대한 첫 번째 대책은 성도들이 이미 회개한 죄에 다시 빠질 가능성에 대해 여러 성구들이 분명하게 증거하고 있다는 사실이다. "내가 저희의 패역을 고치고 즐거이 저희를 사랑하리니 나의 진노가 저에게서 떠났음이니라"고 주님은 호세아 선지자를 통해 말씀하셨다(호 14:4). 선지자 예레미야는 이렇게 말했다. "너는 가서 북을 향하여 이 말을 선포하여 이르라 여호와께서 가라사대 배역한 이스라엘아 돌아오라 나의 노한 얼굴을 너희에게로 향하지 아니하리라 나는 궁휼이 있는 자라 노를 한없이 품지 아니하느니라 여호와의 말이니라… 나 여호와가 말하노라 배역한 자식들아 돌아오라 나는 너희 남편임이니라 내가 너희를 성읍에서 하나와 족속 중에서 둘을 택하여 시온으로 데려오겠고"(렘 3:12,14). 시편기자는 이렇게 말했다. 그들은 "저희 열조같이 배반하고 궤사를 행하여 속이는 활같이 빗가서"(시 78:57). 비록 그들의 회개가 결코 신실하거나 건전하게 이루어진 것이 아니었으나 그들의 은혜가 연약하고 죄 죽임이 온전치 못해서 그렇게 된 것이다. 그들이 은혜를 통해 죄의 지배에서, 모든 죄의 저주받은 권세에서, 모든 죄를 사랑하는 데서 벗어나긴 했지만 그 은혜가 그들을 죄의 씨로부터는 자유롭게 하지는 않았다. 그러므로 영혼이 재차 동일한 죄에 빠질 가능성은 언제나 있다. 만일 불을 완전히 끄지 않았다면 그것이 다시 살아나 재차 불붙지 않는다고 누가 장담할 수 있단 말인가?[47]

두 번째 대책. 이런 사단의 책략에 대한 두 번째 대책은 이것을 심각하게 고려하는 것이다. 하나님은 회심하여 그리스도와 연합하게 된 영혼은 회심 후에 동일한 죄에 다시는 빠지지 않게 될 것이라는 약속을 하신 적이 한 번도 없으시다. 나는 성경을 아무리 뒤져보아도 이런 약속을 찾아볼 수가 없었다. 하나님께서 이런저런 특수한 죄에 대해 힘과 권능을 주셔서 그 영혼이 이 세상에서 다시는 그런 죄에 빠지지 않도록 해주실 것이라는 약속 말이다. 하나님이 말씀하시지 않은 것을 내가 믿고자 해서는 안 된다. 하나님은 자기 백성의 죄를 은혜로 용서하시기는 하겠지만 이 세상에서 그 죄들을 완전히 복속(服屬)시키지는 않으실 것이다. 만일 이런 약속을 제시할 수 있는 사람이 있다면 나는 그와 한 번 얘기를 나눠보고 싶다. 이런저런 죄에 대해 우리의 슬픔이 크고 고통이 대단하다면 하나님은 그런 죄에 빠지지 않도록 우리를 보존하실 것이다. 그런 약속을 발견한다면 많은 귀중한 영혼들을 사망에서 생명으로 건져 올릴 수 있을 것이다. 그리스도와 가깝게 지내기를 가장 원하며 그리스도로부터 뒤로 물러날까봐 제일 걱정하고 있는 사람들을 사망에

---

47) 타락의 죄는 영혼에 상처를 끼치는 것이다. "내가 그들의 배교를 고칠 것이다."

서 생명으로 건져 올릴 수 있을 것이다.

세 번째 대책. 이런 사단의 책략에 대한 세 번째 대책은 이것을 심각하게 고려하는 것이다. 저 가장 유명한, 그리고 지금은 하늘에서 면류관을 쓰고 있는 성도들도 이 땅에 있을 때는 동일한 죄에 다시 빠지곤 했다. 롯은 두 번씩이나 포도주에 취해 쓰러졌으며, 요한은 두 번씩이나 천사 앞에 엎드려 절을 하였으며, 아브라함은 자기 목숨을 구하기 위하여 여러 번 시치미를 떼고 자기 아내를 다른 남자에게 넘겨주곤 하였다. 그런 일은 이방인들도 하지 않는 짓인데 말이다. "하나님이 나로 내 아비 집을 떠나 두루 다니게 하실 때에 내가 아내에게 말하기를 이 후로 우리의 가는 곳마다 그대는 나를 그대의 오라비라 하라 이것이 그대가 내게 베풀 은혜라 하였었노라"(창 20:13). 다윗은 화가 나자 나발과 그의 무죄한 식구들을 만나면 다 쳐죽이리라고 결심하였으며, 후에 그는 우리아를 죽이는 치졸한 행동을 하기도 하였다. 그리스도께서 자기 제자들에게 그분의 "나라는 이 세상에 속한 것이 아니다"라고 몇 번이고 반복해서 말씀하셨건만 그 제자들은 세 번씩이나 무지한 말을 내뱉곤 하였다. 그 제자들은 이 세상에서 높아지고 가장 위대해지고 가장 큰 영광을 얻고자 하였다. 그들의 주인께서 세 번씩이나 자기가 고난 당하실 것에 대해, 세상을 떠나실 것에 대해 말씀하시는 도중에도 그들은 그들의 세상적 자만과 야심을 여지없이 드러내고 말았다. 유다 왕 여호사밧은 경건한 사람이었지만 아합과 연혼(聯婚)하였다(대하

18:30,31). 비록 그가 기적을 통해 구원을 얻기는 했지만 그는 곧 동일한 죄에 다시 빠졌으며 "나중에 이스라엘 왕 아하시야와 교제하였는데 아하시야는 심히 악을 행하는 자"(대하 20:35)였다. 삼손은 성령에 의하여 신실한 인물들 중의 하나가 되었지만 그는 종종 중대하고 명백한 죄에 빠지곤 하였다(히 11:32). 여러분이 알다시피 베드로도 종종 그런 죄를 지었으며 요나도 그랬다. 이것은 그들이 그들의 힘으로는 유혹이나 부패를 이길, 저항할, 극복할 수 없었다는 것을 보여준다.(유 14-16). [48] 그들은 온갖 거짓된 확신으로부터 벗어나 전적으로 하나님을 의지하여야만 하였으며, 오직 하나님만 언제나 의지하여야 했다. 그리하여 그들은 우리 영혼의 의사 되시는 분의 능력과 지혜와 재능과 긍휼과 선하심을 찬양하고 존경하게 되었다. 그분은 질병이 가장 유행할 때, 영혼이 죄에 빠질 때, 더욱 나쁜 상태가 될 때, 다른 사람들이 "그는 자기 하나님으로부터 전혀 도움을 받지 못한다"라고 말할 때, 그의 마음과 소망이 스러져갈 때, 그 때도 치료와 도움과 치유를 주실 수 있는 분이시다.[49]

---

[48] 탕자의 사례가 성도에게 타락의 모습이 어떤지를 보여줄 수 있다. 그는 전에 아들이었고 아버지와 함께한 자였다. 그러나 집을 나가 모든 것을 탕진한 후 파멸되기 전에 돌아왔던 것이다.

[49] 탕자는 아버지를 떠나간 후에 다시 받아주시는 아버지의 사랑이 더욱 큰 것임을 보았다.

네 번째 대책. 이런 사단의 책략에 대한 네 번째 대책은 중대한 범죄들과 허약한 질환에 떨어질 수 있다는 것을 고려하는 것이다. 하나님이 자기 백성으로 종종 중죄에 빠지도록 내버려두는 게 통상적인 일은 아니다. 그분의 영과 은혜를 통해, 그분의 미소와 눈 찌푸림을 통해, 그분의 말씀과 채찍을 통해 그분은 보통 자기 백성이 중죄 행위에 빠지지 못하도록 보존하신다. 하지만 그분은 자기의 가장 우수한 백성들이 허망한 말, 격정, 헛된 생각과 같은 허약한 질환에 빠지도록 종종 허용하기도 하신다. 물론 적절한 시기에 그분은 은혜를 통해 그들을 용서하시지만 말이다.[50] 은혜를 받은 영혼들이 이런 연약에 대항하여 애를 쓰며 이런 것에 대해 호소하며 울고불고 하지만 주님은 그들을 겸비하게 하기 위하여 종종 그런 연약에 빠지도록 내버려두신다. 이런 연약들은 그들에게 짐이 되기는 해도 결코 파멸의 원인이 되지는 않을 것이다.

다섯 번째 대책. 이런 사단의 책략에 대한 다섯 번째 대책은 이것을 고려하는 것이다. 자발적으로 동일한 죄에 빠지는 경우도 있고 그렇지 않은 경우도 있다. 비자발적으로 죄에 빠지는 경우란 죄에 저항하려고 결심을 하고 마음을 다잡으려고 최선을 다하며 온갖 힘을 다 동원하여 죄에게 항거하지만, 한숨을 쉬고 신음도 해보지만, 기도와 눈물로 노력

---

50) 중죄에 빠지는 것은 너무 상처가 크기 때문에 하나님께서는 그의 영원한 팔로 붙들어 주시기를 기뻐하신다. 그런 중죄에 떨어지지 않도록 종종 지켜 주신다.

해 보지만, 연약하여 어쩔 수 없이 죄에 다시 빠지는 경우이다. 죄를 극복할 만큼 영적인 힘이 충분하지 못하기 때문이다. 그런 비자발적인 타락이 우리를 겸비하게 만드는 것은 필연적인 일이지만, 그것으로 인해 우리가 낙담하거나 변절해서는 안 된다. 하나님은 때가 되면 그런 죄들을 값없이 즉각적으로 용서해 주실 것이기 때문이다. 자발적인 범죄는 영혼들이 "애굽 땅에서 고기 가마 곁"(출 16:3)을 그리워할 때, 자신의 과거 습관으로 되돌아가는 것이 즐겁고 재미있을 때 저질러지게 되는데, 그때 사람들은 그 눈이 멀고 완악해지며 파멸에 무르익은 자들이 된다.51)

여섯 번째 대책. 이런 사단의 책략에 대한 여섯 번째 대책은 이것을 고려하는 것이다. 죄로 인해 영혼이 가장 극심한 공포와 슬픔에 놓이게 될 때, 영혼에게 베푸시는 하나님의 은혜와 사랑이 가장 달콤하고 가장 감사하다는 것을 발견하게 될 때, 그 때가 그 영혼이 동일한 죄에 다시 빠지지 않게 하는 가장 강력한 힘과 무한한 덕을 느낀다. 은혜는 창조된 습관으로서, 우리 마음속에서 일어나는 죄의 그 비밀스럽고 간교하고 강력한 작용을 막아준다. 하나님이 영혼에게 그분의 사랑, 아름다움, 영광을 나타내신다는 것을 발견했다고 해서 그것이 언제나 그 마음

---

51) 허약하여 늪에 빠지는 양과 늪에서 뒹구는 것을 좋아하는 돼지는 분명 다르다. 사력을 다해 거부하고 소리지르는 여인과 간음을 부추기는 여인은 다르다.

에게 신선한 힘이 되어주는 것은 아니다. 그것은 점차 희미해지고 약해질 수가 있는데, 그러면 그 영혼은 어리석음에 도로 빠지게 된다. 우리는 그런 사례를 베드로에게서 본다. 그는 그리스도의 입으로부터 직접 그의 축복과 행복에 대한 증거의 말씀을 듣고 나서 그리스도께서 예루살렘에 올라가 고난을 당하시지 않도록 저지하려고 애를 쓴다. 그것은 그리스도께서 예루살렘에 올라가시게 되면 그분과 그분의 추종자들의 안전을 기약할 수 없을 것이라는 순전히 이기적인 동기에서 나온 두려움이었다(마 16:15-19, 22-24). 그 후 그리스도는 그를 산 위로 데리고 올라가셔서 그에게 그분의 아름다움과 영광을 보여주시면서 그에게 닥칠 유혹을 이기도록 힘을 실어주시고자 하셨다. 하지만 주님의 영광을 본 그 행복한 시간이 끝나자마자 (그런 경험은 대부분의 제자들이 해보지 못한 것이었다) 그는 비열하고 가장 수치스럽게도 그만 영광의 주님을 부인한다. 아마도 자기 자신의 안위를 보장받기 위해서 그랬을 것이다.[52] 그 후에도, 그리스도께서는 그의 가장 치졸한 행위에 대해 마음 아프신 나머지 사랑의 마음을 가지시고 그분의 부활을 처음 알게 된 자들에게 이렇게 명하셨다. "가서 베드로에게 말하기를 그가 살아 나셨다 하라"(막 16:7). 그런데도 그 빌어먹을 두려움이 임하자 그는 비열하게도 유대인 앞에서는 유대인 행세를 하고 이방인 앞에서는 이방인 행

---

52) 그리스도는 아버지의 품 속에서 독생하시고 은혜와 진리가 충만하신 자신의 영광을 보았음에도 불신과 완악한 마음을 가진 제자들을 꾸짖었다.

세를 하여 바나바까지 유혹을 받게 하였다(갈 2:11-13).

하지만 경계를 삼기 위하여 이것을 알도록 하라. 하나님은 자기의 사랑하는 자들이 동일하고 중대한 죄에 다시 빠지도록 내버려두시는 일이 아주 드물다. 중대한 죄들에 대해서는 은혜의 법뿐 아니라 자연의 법도 무장을 하기 때문이다. 그러므로 은혜를 받은 영혼은 중대한 어리석음으로 돌아갈 수도 없고 그렇게 할 수도 없고 해서도 안된다. 그럼에도 불구하고 하나님은 자신이 가장 사랑하는 자들이 다시 죄에 빠지게 하셔서 크게 혼이 나도록 만드신다. 그분이 삼손, 여호사밧, 베드로 등을 다루신 방법을 보면 그것을 알 수 있다. 아, 주님! 당신의 가장 사랑하시는 사람들이 재차 범죄함을 인하여 그들이 채찍에 맞고 벗김을 당하는 것을 보고서도 어리석음으로 회귀하는 것을 아무렇지도 않게 여기는 사람들의 마음이 얼마나 완악한지요!

여덟 번째의 책략.

성도들의 처지가 좋지 않다고, 그들의 마음이 올바르지 않다고, 그들의 은혜가 건전하지 않다고 그들에게 확신을 주려고 애쓰는 것이다. 왜냐하면 그들이 지금 유혹으로 인해 그렇듯 괴롭힘을 당하고 고난을 당하고 번거로움을 겪고 있기 때문이다. 어떤 영혼을 먼저 유혹으로 지치고 괴롭게 만든 다음에 그 영혼을 꾀서, 그렇게 많은 유혹을 받는 것을 보니 네가 사랑을 받지 못하는 게 분명하다고 그 영혼에게 말하는 것이다. 이런 전술을 통해서 그는 많은 귀중한 영혼들을 슬프고 의심하며 애통하는 상태에 오랫동안 있게 한다. 시온의 귀중한 많은 아들들은 비통한 경험을 통해서 이것이 사실임을 알게 되었다.[53]

첫 번째 대책. 이런 사단의 책략에 대한 첫 번째 대책은 이것을 엄숙하게 고려하는 것이다. 가장 우수하고 가장 사랑을 받는 사람들은 사단으로부터 가장 많은 유혹을 받는 사람들이다. 비록 사단이 그리스도인에게서 그의 면류관을 빼앗지는 못해도 이렇게 하는 것이 그의 일이다. 그는 그리스도인을 유혹하며 그들로부터 위로를 빼앗아 버린다. 이것은 하나님 아버지에 대한 그의 적개심 때문인데, 어떤 자녀가 그분께로 더욱 가까이 가면 갈수록 사단은 그를 더 괴롭히고 더욱 더 유혹한다. 그리스도는 하나님과 가장 가깝고 가장 귀중하고 가장 무죄하고 가장 뛰어난 분이었으나 그리스도처럼 많이 유혹을 받은 사람은 없다. 다윗도 하나님의 크신 사랑을 받았지만 사단에 의하여 유혹을 받아 백성들의 수를 세게 되었다.[54] 욥은 하나님으로부터 대단히 칭찬을 받은 사람이었지만 유혹도 많이 받았다. 그가 흠뻑 고난에 젖어 있었을 때, 그의 입으로부터 서글픈 탄식들이 터져 나왔다는 데 유의하라. 베드로는 그

---

53) 사단은 성도들의 곤비한 삶을 부각시킨다. "내 영혼이 살기에 곤비하니…"(욥 10:1)
54) 해적들은 빈 그릇에 눈독들이지 않는다. 거지는 도둑을 염려하지 않는다. 이 세상에서 가장 크고 똑똑한 해적인 사단은 하나님을 많이 소유하고 있고 은혜가 넘치는 자에게 눈독들여 유혹하는 것이다.

리스도로부터 칭찬을 많이 받은 자이다. 그리스도께서는 그의 신앙과 행복에 대해 크게 증거하고 그에게 산 위에서 그분의 영광을 보여주셨으며 그가 끔찍하게 타락한 후에도 그에게 자비의 눈길을 주셨다. 그럼에도 불구하고 그는 사단의 유혹을 받았다. "시몬아, 시몬아, 보라 사단이 밀 까부르듯 하려고 너희를 청구하였으나 그러나 내가 너를 위하여 네 믿음이 떨어지지 않기를 기도하였노니 너는 돌이킨 후에 네 형제를 굳게 하라"(눅 22:31,32).

바울은 삼층천까지 올라가서 말로 표현할 수 없을 정도의 영광을 직접 목격한 사람이었지만, 그 하늘로부터 내려오자마자 사단에게 농락을 당했는데 이는 "여러 계시를 받은 것이 지극히 크므로 너무 자고하지 않게 하심"(고후 12:7)이었다. 하나님으로부터 그렇게도 진실하고 영광스러우며 빼어나게 사랑을 받던 사람들이, 하늘에 살면서 별을 딛고 살던 사람들이 유혹을 받았다면, 성도는 그 누구도 자기가 유혹을 받는다고 해서 사랑을 받지 못한다고 판단해서는 안 된다. 크게 사랑을 받는 성도들이 유혹을 받는 것은 지극히 자연스러운 일이다. 이는 마치 태양이 빛을 발하는 것이나 새가 노래를 하는 것과 같이 자연스러운 일이다. 독수리는 자기 날개로 인해 불평하지 않으며 공작은 자기 꼬리로 인해 불만하지 않으며 나이팅게일은 자기 목소리로 인해 불평하지 않는다. 그것들은 그들에게 자연적인 것이기 때문이다. 성도들도 자기의 유혹에 대해 더 이상 불평하지 말아야 한다. 그것들은 그들에게 자연스러운 것이기 때문이다. "우리의 씨름은 혈과 육에 대한 것이 아니요 정사와 권세와 이 어두움의 세상 주관자들과 하늘에 있는 악의 영들에게 대함이라"(엡 6:12).

두 번째 대책. 이런 사단의 책략에 대한 두 번째 대책은 이것을 고려하는 것이다. 성도들에게 임하는 모든 유혹은 사랑의 손에 의하여 그들에게 거룩한 것으로 화할 것이다. 아! 성도들이 자기들을 붙드시는 하나님의 권능을 맛보고 있다니 이 얼마나 놀라운 경험인가! 자기들을 인도하시는 하나님의 지혜를 가지고 있다니 이 얼마나 놀라운 경험인가(그러므로 그들은 죄에 대해 항거하고 극복할 뿐 아니라 그들의 영적인 무기들 그들이 받은 은혜들을 다룰 줄 알게 되었다)! 자기들을 용서하시고 구조하시는 주님의 긍휼과 선하심을 맛보고 있으니 이 얼마나 놀라운 경험인가! 그러므로 바울은 이렇게 말한다. "여러 계시를 받은 것이 지극히 크므로 너무 자고하지 않게 하시려고 내 육체에 가시 곧 사단의 사자를 주셨으니 이는 나를 쳐서 너무 자고하지 않게 하려 하심이니라"(고후 12:7). 그는 이 구절에서 두 번씩이나 자고하지 않게 하려 했다는 말을 했다. 만일 그가 사단의 가시를 받지 않았다면 그의 마음은 여전히 교만하지 않았을 것이라고 누가 장담할 수 있겠는가? 그는 신비한 경험을 한 후 아마도 더 큰 자만에 빠졌을 것이다. 유혹은 하나

---

55) 루터는 목사를 만드는 세 가지 것이 있는데, 묵상과 기도 및 유혹이라고 했다.

님의 학교이다. 거기서 그분은 자기 백성들에게 그분의 사랑을 가장 분명하고도 가장 달콤하게 나타내신다.55) 거기서 하나님은 자기 백성에게 더 자주 그리고 더 열정적으로 의무를 감당하라고 가르치신다. 바울이 사단으로부터 괴롭힘을 당했을 때, 그는 세 번씩이나 기도를 드렸다. 자주 그리고 열심히 기도를 드렸다. 그 학교에서 하나님은 자기 백성들에게 이전보다 더 온유하고 더 온순해지며 다른 가련한 사람들을, 유혹 받는 사람들을 동정하라고 가르치신다. 하나님은 그 학교에서 자기 백성들에게 죄 속에서 이전보다 더 큰 악을 찾으며 피조물 안에 있는 더 큰 공허를 발견하라고 가르치신다. 그리스도가 보다 더 필요하며 값없이 주시는 은혜가 이전보다 더 필요하다는 것을 가르치신다. 거기서 하나님은 자기 백성들에게 모든 유혹은 그분이 부리시는 대장장이에 지나지 않으므로, 그들을 통해서 그분이 자기 백성을 단련하시고 정련(精鍊)하시며 보다 더 빛나고 영광스럽게 만드신다는 것을 가르치신다. 모든 유혹이 닥치는 것은 성도들의 유익을 위해서이다. 이것을 여러분은 아담과 하와가 받았던 유혹에서, 그리스도와 다윗이 경험했던 유혹에서, 욥과 베드로와 바울이 만났던 경험에서 확인할 수 있을 것이다. 어두움에서 빛을 가져오고, 악에서 선을 창조하며, 비통에서 달콤함을 가져오고, 사망에서 생명을 건져내고, 지옥에서 천국을 산출하는 그 사랑과 권능의 손은 자기 백성에게 닥치는 그 모든 유혹으로부터 그들에게 많은 유익과 축복을 가져다 줄 것이다.

세 번째 대책. 이런 사단의 책략에 대한 세 번째 대책은 이것을 현명하게 고려하는 것이다. 성도들이 유혹에 저항하는 한, 그들에게 임할 수 있는 가장 큰 고통이 닥친다고 해도 그들을 해하거나 손상시킬 수 있는 유혹은 없다. 유혹이 여러분의 영혼에게 해가 되는 것은 사단의 유혹이 아니라 여러분의 동의 때문이며 그의 호림이 아니라 여러분의 승복 때문이다. 유혹을 받을 때 영혼이 거기에 저항을 한다면 그리고 그리스도처럼 "사단아, 너는 내 뒤로 물러가라"(마 16:23)고 말한다면, 젊은 회심자처럼 "나는 과거의 내가 아니다"라고 말한다면, 그 유혹은 그 영혼에게 죄가 되지 않을 것이다. 루터가 모든 사람들에게 조언한 것처럼 모든 유혹에게 "나는 그리스도인이다"라는 말로 응대한다면, 비록 그 유혹이 마음이 고통을 주기는 하겠지만 그러나 그 유혹이 그 영혼에게 죄가 되지 않을 것이다. 어떤 영혼은 주님을 쳐다보면서 이렇게 말한다. "아, 주여! 저는 많은 외적인 고통을 가지고 있습니다. 저는 최근에 받았던 이런저런 긍휼을 잃어버렸으며 이런저런 바람직한 긍휼도 잃어버렸나이다. 하지만 당신은 제 마음을 아시며, 당신은 저의 모든 십자가와 손실이 제 영혼에게 그리 많은 상처를 주지 못하며 저의 마음으로부터 그리 많은 한숨을 자아내지 못하며 저의 눈으로부터 눈물을 자아내지 않는다는 것을 아십니다. 사단이 저의 영혼을 제 아무리 괴롭힌다 해도 그렇습니다!" 그 영혼이 그렇게 말할 수 있을 때, 그 유혹은 그 영혼에게 고통은 될 수 있을지언정 죄는 될 수가 없다.

사단은 악하고 시기심이 많은 원수이다. 그의 이름이 그러하듯 그의 본색도 그러하다. 그의 이름은 모든 악의를 나타내는 명칭이다—고소자, 유혹자, 파괴자, 탐식자, 시기하는 자. 그는 이런 악덕과 시기를 가끔 사람들을 그들의 몸의 기질과 아주 반대되는 그런 죄 속으로 이끌어 들임으로써 보여준다. 달콤하고 뛰어난 본성을 가졌던 베스파시안과 줄리안을 유혹하여 가장 잔인한 살인자로 만들었던 것처럼 말이다.56) 가끔 그는 또 자신의 악함을 사람들을 유혹하여 그들에게 명예나 이익을 전혀 가져오지 못할 일을 하게 함으로써 보여 준다. "엎드려서 내게 절하라"(마 4:9). 그는 사람들을 유혹하여 참람한 말, 무신론적인 행동, 마음과 육신을 두려워 떨게 만들 생각들과 동작들을 하게 한다. 가끔 그는 자기의 악함을 사람들을 유혹하여 그들의 본성에 거슬리는 죄를 짓게 함으로써, 다른 사람들이 범하는 것을 보면 그들을 증오하게 될 그런 죄를 짓게 함으로써 나타낸다. 만일 그 영혼이 이런 유혹들에 대해 항거하고 그런 것들에 대해 불만하며 그것으로 인해 신음하고 애통하며, 그런 것들로부터 건짐을 받기 위해 주 예수를 바라본다면, 그것들은 그 영혼의 책임이 아니라 사단의 책임으로 간주될 것이다. 그 영혼이 사단에 의해 악독하게 유혹을 받은 만큼 사단은 그를 인해서 고통을 받게 될 것이다.

---

56) 사단은 종종 자신의 악의를 영혼에게 짜증나게 하고 괴롭게 만듦으로 나타낸다. 예를 들면 욥의 부인이 욥에게 하나님을 욕하고 죽으라고 말함으로써 욥을 신경 곤두서게 하고 괴롭힘과 성가심을 받게 한 것과 같이 말이다.

사단의 유혹에 대해 즉각적으로 단호하게 저항하라. 처음 보는 순간 그 유혹을 무시해 버려라. 항거하는 것은 안전하지만 그와 더불어 논쟁하는 것은 위험하다. 하와는 사단에 대해 항거하고 그를 무시해야 했는데 그와 더불어 장황하게 논쟁하다가 자기 자신과 번영을 잃어버리고 말았다. 유혹의 시간을 견디고자 하는 자는 그리스도처럼 "기록하였으되" 하고 말해야 한다. 유혹을 이기고자 하는 자도 "기록하였으되" 하고 말하여야 한다.[57] 사단은 담대하고 뻔뻔스러우므로 만일 여러분이 단호하게 저항하지 않는다면 그는 여러분에게 다시 공격을 가해 올 것이다. 유혹의 시초에 대항하는 것이 여러분에게 가장 큰 명예요 가장 높은 지혜가 될 것이다. "나중에 고치지 뭐."라고 말한다면 너무 늦게 될 것이다.

캐더린 브레터리지 여사는 사단과 더불어 큰 투쟁을 벌일 때 이렇게 말했다고 한다. "나는 일개의 나약한 아녀자이다. 네가 정 할 말이 있거들랑 나의 그리스도께 말씀드리거라. 그러면 나의 변호자이시며 나의 힘이시며 나의 구속자이신 그분이 나를 위해 변론해 주실 것이다."

신자들은 사단의 간계에 간계로 대항하려고 해서는 안 된다. 공개적으로 저항을 하여야 한다. 논쟁과 말다툼으로 사단을 해치울 수 있다고 생각하는 사람은 사단을 자기의 활에다 먹이고 시위를 당기는 자이다.

---

[57] 콘스탄틴 황제가 자신의 문둥병 치료할 길은 유아들의 피로 씻지 않는 한 다른 방도가 없다는 보고를 받았을 때 즉시 답하기를 "그런 방법을 쓰느니 낫지 않는 것을 택하겠다"고 했다.

유혹이 다가오자마자 에브라임이 우상에게 말했듯이 이렇게 말하도록 하라. "내가 다시 우상과 무슨 상관이 있으리요"(호 14:8). 오! 다윗이 스루야의 아들들에게 말했듯이, 여러분도 유혹에게 그렇게 말하기를 바란다. "내가 너희와 무슨 상관이 있느냐?"(삼하 16:10). "너는 내가 다루기에는 벅찬 자로다." 이런 식으로 유혹에게 저항하는 자는 결코 유혹에 의해 파멸되지 않을 것이다.[58]

사단의 유혹에 대해 강력하면서도 끈질기게 저항하라. 하나님의 명예, 하나님의 사랑, 여러분과 하나님과의 연합 및 교통으로부터 도출된 논리에 근거해서 유혹에게 저항하라. 그리스도의 피, 그리스도의 죽으심, 그리스도의 인애(仁愛), 그리스도의 도고, 그리스도의 영광, 성령의 음성, 성령의 지혜, 성령의 위로, 성령의 임재, 성령의 인침, 성령의 속삭임, 성령의 계명, 성령의 도우심, 하늘의 영광, 은혜의 빼어남, 거룩의 아름다움, 영혼의 가치, 죄의 사악이나 쓰라림 또는 악으로부터 도출된 논리에 기초해서 유혹에게 저항하라. 제 아무리 작은 죄라도 이 세상에서 가장 큰 유혹보다도 더 큰 악이 되기 때문이다.

---

[58] 나는 그리스도를 부인하면 돈을 주겠다는 유혹을 받은 한 사람이 아주 탁월한 답변을 준 것을 안다. "그리스도를 따르기 위해 자신의 좋은 것들을 버린 사람이 그리스도를 포기하기 위해 다른 사람의 것을 취할 거라는 생각은 추호도 하지 말라."

[59] "마귀가 모든 시험을 다 한 후에 얼마 동안 떠나가니라"(눅 4:13). 그리스도는 온갖 유형의 유혹을 다 받으셨을 때까지 쉼을 가지지 못하셨다.

강력하게 저항할 뿐 아니라 언제나 저항하도록 하라. 늘 무장을 하고 있어라. 사단은 낡은 유혹이 효과가 없어지면 새로운 유혹을 가지고 덤벼들 것이다.[59] 잔잔할 때 폭풍에 대비하라. 유혹자는 쉬지 않으며 무례하고 간교하다. 그는 여러분의 체질과 성향에 맞춰 유혹을 제기할 것이다. 사단은 바람이 불 때 돛을 올리기 좋아한다. 여러분의 지식이 연약할 때 그는 여러분을 유혹하여 오류에 도달하도록 할 것이다. 여러분의 양심이 연약할 경우 그는 여러분을 유혹하여 소심하고 극히 주도면밀하게 만들어서 듣고 기도하고 읽는 것 외에는 아무 일도 하지 못하게 할 것이다. 여러분의 양심이 넓고 대범하다면, 그는 여러분을 유혹하여 세속적인 안전에 의존하도록 할 것이다. 만일 여러분이 담대한 사람이라면, 그는 여러분을 유혹하여 거만에 도달하게 만들 것이다. 만일 여러분이 겁쟁이라면, 그는 여러분을 유혹하여 자포자기하게 만들 것이다. 만일 여러분 유약하다면 그는 여러분을 유혹하여 정함이 없게 만들 것이다. 만일 여러분이 자만하고 목이 곧다면, 그는 여러분을 유혹하여 중대한 어리석음에 빠지게 할 것이다. 그는 한 번 이긴 것을 발판으로 삼아 새로운 공격을 기도할 것이다. 그러므로 여러분은 유혹을 한 번 이겼다고 해서 활시위를 풀어놓지 않도록 하라. 자세히 살펴서 활시위를 언제나 당겨두도록 하며 언제든지 살을 발할 수 있게 해놓아야 한다. 유혹을 하나 이겼다면 여러분은 곧바로 다른 유혹에 대비를 하여야 한다. 불신이 안전의 어머니이듯이, 어떤 의미에서는 안심이 위험의 문이 되기 때문이다. 전혀 두려워하지 않는 사람은 가장 두려움을 느껴야 할 사람이다. 사단이 언제나 으르렁거리고 있다면 우리도 언제나 경성(警醒)하여 그에게 대항을 하여야 한다. 사단의 유혹에 대해 강력하고 상시적으로 저항을 하는 사람은 결국에는 반드시 그 유혹을 이기게 될 것이며 우선은 그 유혹으로 인해 파멸되지 않을 만큼 안전할 것이다.

이 장을 마감하면서 이것을 기억하라. 아주 큰 유혹에서 벗어나기 위하여 아주 작은 죄에 굴복하는 것은 위험한 일이다. 이것은 어떤 사람이 자기 몸을 잉크에 담금으로써 씻으려 하는 것과 같으며, 종이로 된 가벼운 십자가를 내주고 쇠로 된 무겁고 힘든 그리고 피를 흘리게 하는 십자가를 지는 것과 같다. 양심에 둥지를 튼 아주 작은 죄는 영혼에게 온 세상의 유혹보다 더 큰 상처를 주며 괴롭히고 압박할 수가 있다. 그러므로 가장 큰 유혹을 탈피하기 위하여 가장 작은 죄에게 굴복하는 일을 절대로 하지 않도록 하라.[60] 시도니우스 아폴리나리우스는 맥시무스라 이름하는 사람이 정직하지 못한 수단을 통해 최고의 영광에 오른 첫 날에 매우 지쳐 한숨을 내쉬면서 이렇게 말했다고 전한다. "오 다모클레스여! 너는 내가 하루 동안 왕의 진미를 먹었으므로 아주 행복할 것이라고 생각하고 나를 부러워하는구나! 그렇지만, 내가 하루 종일 왕관을 써 보니 더는 못 쓰고 다니겠구나." 여러분이 이 이야기를 잘 적용해 보기 바란다.

---

[60] 유혹을 제거하기 위해서 죄를 범하게 되면 더 많은 유혹을 받게 되고 유혹에 맞서는 것은 더욱 약화될 것이다.

★★★★★
제5장

온갖 종류와 계층의 사람들을 유혹하여 파멸시키기 위한 사단의 책략

that is, that you and I may be mutually encouraged by each other's faith. (Romans 1:12)

"이는 곧 내가 너희 가운데서 너희와 나의 믿음을 인하여 피차 안위함을 얻으려 함이라" (롬 1:12)

유혹하여 파멸시키기 위한 사단의 책략

위대하고 존경받는 사람들을 유혹하기 위한 책략

첫 번째의 책략. 지상의 위대하고 존경스러운 사람들을 유혹하기 위한 첫 번째의 책략은 그들로 하여금 자기 자신을 추구하게 하고, 자기 자신을 위대하게 만드는 방법을 찾게 하고, 자기 자신을 키우고 부요하게 하고 안정적으로 만드는 방법을 찾는 것을 주업으로 삼게 하는 것이다. 그런 모습은 바로, 아합, 르호보암, 여호보암, 압살롬, 요압, 하만 등의 사람들에게서 찾아볼 수 있다.[1] 그러나 성경이 그렇게 지적하지 않는다고 해도, 우리는 경험을 통해서 사단의 이런 방식과 수단을 충분히 증거 할 수 있을 것이다. 사단은 이런 식으로 위대하고 존경스러운 사람들을 파멸시켜 왔다. 이렇게 하여 그들의 이름을 거름무더기에 묻어 버렸으며 그들의 영혼을 지옥에 떨어뜨렸으며 그들을 유혹하여 전적으로 자기 자신만 염려하도록 만들었으며 모든 면에서 자기 자신만 추구하도록 하였으며 언제나 자기 자신만 추구하도록 만들었다. 사도는 이

---

1) 이기주의는 대홍수처럼 온 세상을 쓸어버린다.

렇게 말한다. "저희가 다 자기 일을 구하고"(빌 2:21). 그에 비하여, 하나님의 영광과 공익을 위해 자기 자신의 이익을 포기하고 자기의 자존심을 양보하는 사람은 그 수가 극히 적다.

첫 번째 대책. 이런 사단의 책략에 대한 첫 번째 대책은 이것을 엄숙하게 고려하는 것이다. 이기주의는 사람들에게 수많은 죄들을 더하는, 하나님의 율법과 복음적 규칙에 반하는 죄를 짓게 할 뿐 아니라 인간의 타락으로 엄청나게 어두워진 인간 본성의 법에도 어긋나는 죄들을 짓게 한다.[2] 이로 인해 바리새인들은 그리스도를 반대했으며 유다는 그리스도를 배반하였으며 빌라도는 그리스도를 정죄하였다. 이것은 게하시로 하여금 거짓말을 하게 만들었으며 발람으로 하여금 저주하게 하였으며 사울과 압살롬으로 하여금 다윗을 괴멸시키기 위한 계책을 도모하도록 하였다. 바로와 하만은 유대인들을 죽이고자 꾀하였으나 하나님께서 강력한 팔로 그들을 구원하셨다. 그로 인해 사람들이 사악한 저울과 속이는 됫박을 사용하게 되었다. 그로 인해 사람들이 압박을 자행하게 되었으며 "은을 받고 의인을 팔며 신 한 켤레를 받고 궁핍한 자를 팔게"(암 2:6) 되었다. 나는 이 세상에 있는 그 어떤 죄보다도 이 자기를 추구하는 이기적인 죄가 사람들을 영구적인 손실에 이르게 하였

---

1) 자기를 사랑하는 것은 다른 사람들을 미워하게 되는 근원이다. "사람들은 자기를 사랑하며 돈을 사랑하며…"(딤후 3:12) 동물학자들이 말하기를 가장 잔인한 짐승은 자신을 가장 많이 사랑하는 것이라고 했다.

다는 점을 안다.

두 번째 대책. 이런 사단의 책략에 대한 두 번째 대책은 이기주의가 자기 추구는 사람을 극도로 비천하게 만든다는 것이다. 그것은 인간에게서 모든 왕자다운 풍모와 영광을 빼앗아간다. 주인인 인간을 피조물의 종으로 만들어 버린다. 그렇다. 종종 그것은 인간을 가장 고약한 피조물의 종으로 만들어 버린다. 종 중의 종으로 만들어 버린다. 유다, 데마, 발람, 바리새인들과 서기관들에게서 그런 모습을 찾아볼 수 있다.[3] 기드온의 많은 군사들이 물가로 가서 고개를 숙였듯이, 자기를 추구하는 사람들은 피조물에게 고개를 숙인다. 자기 추구는 사람으로 하여금 다른 사람들의 정욕과 야합하고 그들을 이용하기 위해서는 무슨 말이든 하고 무슨 일이든 하고 무슨 행동이든 하게 만든다. 이기주의는 사람을 온갖 형태로 변형시킨다. 그것은 사람을 빛의 천사처럼, 가끔은 어두움의 천사처럼 보이게 한다.[4]

자기를 추구하는 사람들은 하나님을 위하는 듯이 보이지만 공개적으로 하나님을 거역하는 자이다. 이제 그런 사람들은 "지극히 높은 곳에서 호산나"라고 부르짖다가도 이내 "그를 십자가에 못박으시오. 그

---

[3] 이기적인 인간은 겉은 가토(로마의 옛 정치인)요 속은 네로 황제다.
[4] 모세의 규례 중에 대제사장에게 사용할 거룩한 관유를 만들거나 다른이에게 사용하는 자는 죽음에 처하게 했다(출 30:33). 그렇다면 생명과 거룩의 영이신 하나님을 기만하려는 자들의 최후가 어떻겠는가?

를 십자가에 못 받으시오"라고 외친다. 성도들의 건덕을 추구하다가도 이내 그들이 성도들을 실족시킬 계략을 꾸미는 모습을 여러분은 발견하게 될 것이다. 에스라와 느헤미야 시대의 자기 추구자들도 그렇게 처신했다. 자기 추구자들은 모든 사람 중에서 가장 비열한 자이다. 제 아무리 비열하고 가련하고 비천한 일이라도 그들은 마다하지 않고 감행을 한다. 그들은 그들 자신의 정욕을 채우고 피조물을 향유하는 것 이상으로 볼 수도 없고 보려고도 하지 않는다(롬 1:25). 그것들이 그들의 최고 궁극적인 목표와 목적이기 때문이다.

세 번째 대책. 이런 사단의 책략에 대한 세 번째 대책은 이것을 엄숙하게 고려하는 것이다. 하늘로부터 이기주의자들에게 선언된 그 무시무시한 저주와 재앙들을 깊이 묵상하는 것이다. "가옥에 가옥을 연하며 전토에 전토를 더하여 빈 틈이 없도록 하고 이 땅 가운데서 홀로 거하려 하는 그들은 화 있을진저"(사 5:8). 하박국에도 그런 말씀이 있다. "그 무리가 다 속담으로 그를 평론하며 조롱하는 시로 그를 풍자하지 않겠느냐 곧 이르기를 화 있을진저 자기 소유 아닌 것을 모으는 자여 언제까지 이르겠느냐 볼모잡은 것으로 무겁게 짐진 자여… 재앙을 피하기 위하여 높은 데 깃들이려 하며 자기 집을 위하여 불의의 이를 취하는 자에게 화 있을진저 네가 여러 민족을 멸한 것이 네 집에 욕을 부르며 너로 네 영혼에게 죄를 범하게 하는 것이 되었도다 담에서 돌이 부르짖고 집에서 들보가 응답하리라 피로 읍을 건설하며 불의로 성을 건축하는 자에게 화 있을진저"(합 2:6, 9-12). 압력을 행사해 빼앗아 지은 집의 재료들이 함께 그것을 증거할 것이다. 벽의 돌들이 이렇게 소리칠 것이다. "주여, 우리는 피와 폭력으로 인해 지어졌나이다." 그러면 들보가 이렇게 화답할 것이다. "그렇습니다, 주여. 우리도 그런 식으로 지어졌습니다." 그러면 또 돌들이 이렇게 소리지를 것이다. "주여, 자기 이익을 추구하는 자들에게 원수를 갚아주소서!" 들보가 이렇게 응수를 할 것이다. "그에게 재앙이 있을지어다. 그가 자기 집을 피로 건축했음이로다."5) 이사야 선지자는 이렇게 말했다. "불의한 법령을 발포하며 불의한 말을 기록하며 빈핍한 자를 불공평하게 판결하여 내 백성의 가련한 자의 권리를 박탈하며 과부에게 토색하고 고아의 것을 약탈하는 자는 화 있을진저"(사 10:1,2). 아모스도 이렇게 말했다. "화 있을진저 시온에서 안일한 자와 사마리아 산에서 마음이 든든한 자 곧 열국 중 우승하여 유명하므로 이스라엘 족속이 따르는 자들이여… 너희는 흉한 날이 멀다 하여 강포한 자리로 가까워지게 하고 상아 상에 누우며 침상에서 기지개 켜며 양 떼에서 어린양과 우리에서 송아지를 취하여 먹고 비파에 맞추어 헛된 노래를 지절거리며 다윗처럼 자기를 위하여

---

5) 로마의 제일가는 부자요 이기적인 인간이었던 크라수스는 황금에 대한 탐욕 때문에 파티시안 사람들과 전쟁을 일으켰다. 그로 인해 3만명의 로마군사가 살해되었다. 야만인들은 그가 금 때문에 자기들을 공격했다고 생각하여 금을 녹여서 그의 시체에 퍼부으며 "금으로 만족하라"고 외쳤다.

악기를 제조하며 대접으로 포도주를 마시며 귀한 기름을 몸에 바르면서 요셉의 환난을 인하여는 근심치 아니하는 자로다"(암 6:1, 3-6). 미가는 이렇게 말했다. "침상에서 악을 꾀하며 간사를 경영하고 날이 밝으면 그 손에 힘이 있으므로 그것을 행하는 자는 화 있을진저 밭들을 탐하여 빼앗고 집들을 탐하여 취하니 그들이 사람과 그 집사람과 그 산업을 학대하도다"(미 2:1,2).

이런 성구들을 보면 여러분은 자기 이익 추구자들이 구로하는 여인처럼 애를 쓰지만 그들의 출산은 결국 사산(死産)으로 끝난다는 것을 알 수 있을 것이다. 그들의 기쁨은 곧 고통이며 그들의 위로는 고문이며 그들의 영광은 수치며 그들의 승귀(昇貴)는 파멸이라는 것을 알 수 있을 것이다. 자기 이익 추구자들은 반드시 손실, 수욕(羞辱), 수난, 수치, 괴로움, 당혹을 당하게 될 것이다.

타르타르 사람들이 전쟁에서 무스코비아 공작을 사로잡은 후 그의 두개골로 컵을 하나 만들었는데, 거기에는 이런 글귀가 새겨져 있었다: "모든 것을 갖고자 했으나 모든 것을 잃었도다."

네 번째 대책. 이런 사단의 책략에 대한 네 번째 대책은 자기 이익 추구자들은 자기를 잃는 자들이며 자기를 파멸시키는 자들임을 심각하게 생각하는 것이다. 압살롬과 유다는 자기 이익을 추구했지만 결국 목매달아 죽고 말았다. 사울은 자기 이익을 추구한 후 자살하고 말았다. 아합은 자기 이익을 추구했지만 자기 자신, 왕관, 왕국을 잃고 말았다.

바로는 자기 이익을 추구했지만 홍해 바다에서 자기 자신과 그의 막강한 군대를 수장시키고 말았다. 가인은 자기 자신을 추구한 나머지 한꺼번에 두 가지를 살해하였으니 곧 자기 형제와 자기 자신의 영혼이었다. 게하시는 자기 옷을 바꾸고자 하였으나 하나님은 그의 옷을 문둥병이 발하는 피부로 바꾸시고 말았다. 하만은 자기 이익을 추구했으나 자기 생명을 잃고 말았다. 방백들과 수령들은 다니엘을 파멸시키고자 기도했으나 결국은 그들 자신과 처자식들만 죽이고 말았다. 자기 이익 추구자들이 그들을 지지해 주리라고 생각했던 지팡이는 공의의 쇠창살이 되어 그들을 찌르고 말았다. 그들을 시원하게 해주리라고 기대했던 샘이 그만 그들을 완전히 삼켜버린 포구(浦口)가 되고 말았다. 그들의 십자가는 언제나 그들의 궁휼보다 더 우세할 것이다. 그들의 고통은 그들의 기쁨보다 더 승할 것이다. 그들의 고통은 그들의 위로보다 더할 것이다. 모든 자기 추구자들은 자기 자신을 고문하는 자요 자기 자신을 파멸시키는 자이다. 그들은 지옥과 형(刑) 집행자를 자기 품속에 품고 다니는 자이다.

다섯 번째 대책. 이런 사단의 책략에 대한 다섯 번째 대책은 자기의 특정한 이익보다는 공익을 앞세우며 자기 자신을 부인했던 그 위대한 성도들의 모범을 깊이 묵상하는 것이다. 모세와 같은 사람에 대해서 묵상하는 것이다. 주님은 모세에게 이렇게 말씀하셨다: "나를 막지 말라 내가 그들을 멸하여 그 이름을 천하에서 도말하고 너로 그들보다 강대한 나라가 되게 하리라"(신 9:14). 오! 그러나 이런 제안은 용감한 공익 정신을 가진 사람인 모세에게는 맞지 않는 것이었다. 그는 소원이 뜨겁게 일어나 백성들을 용서해주시며 살려달라고 기도를 드렸다: "구하옵나니 주의 인자의 광대하심을 따라 이 백성의 죄악을 사하시되 애굽에서부터 지금까지 이 백성을 사하신 것같이 사하옵소서 여호와께서 가라사대 내가 네 말대로 사하노라"(민 14:19,20). 아! 스스로를 모세라고 칭하며 많은 사람들이 그들을 모세라 부르는 자들에게 하나님이 그런 제안을 하실 경우, 나는 그들이 공익을 우선시할 것인지 의심스럽다. 그들은 아마도 백성들이야 어찌 되었든지 간에 자신들과 자기들의 것만이 세상에서 위대하게 되고 영화롭게 된다면 문제없다고 생각할 것이다. 그들은 자기들이 바벨탑을 쌓게만 된다면 그것이 백성들의 재와 파멸 위에서 건설되는 것이라 해도 신경을 쓰지 않을 것이다. 지옥에서도 그런 사람들보다 더 비열한 사람을 찾을 수가 없다. 정말이다. 지옥에도 그런 사람이 없다. 그런 사람이 물론 하늘에는 없을 것이라고 나는 확신한다. 그들의 마음과 원칙이 바뀌지 않는 한 그들은 영구히 멸절을 당할 것이다. 느헤미야는 빼어난 사람이었다. 용감한 공익 정신을 가진 사람이었으며, 자기 시간과 힘과 재산을 자기 백성의 이익과 편의를 위해 사용한 사람이었다. 그는 이렇게 말했다. "내가 유다 땅 총독으로 세움을 받은 때 곧 아닥사스다 왕 이십년부터 삼십이 년까지 십이 년 동안은 나와 내 형제가 총독의 녹을 먹지 아니하였느니라 이전 총독들은 백성에게 토색하여 양식과 포도주와 또 은 사십 세겔을 취하였고 그 종자들도 백성을 압제하였으나 나는 하나님을 경외하므로 이같이 행치 아니하고 도리어 이 성 역사에 힘을 다하며 땅을 사지 아니하였고 나의 모든 종자도 모여서 역사를 하였으며 또 내 상에는 유다 사람들과 민장들 일백오십 인이 있고 그 외에도 우리 사면 이방인 중에서 우리에게 나아온 자들이 있었는데 매일 나를 위하여 소 하나와 살진 양 여섯을 준비하며 닭도 많이 준비하고 열흘에 한 번씩은 각종 포도주를 갖추었나니 비록 이같이 하였을지라도 내가 총독의 녹을 요구하지 아니하였음은 백성의 부역이 중함이니라 내 하나님이여 내가 이 백성을 위하여 행한 모든 일을 생각하시고 내게 은혜를 베푸시옵소서"(느 5:14-19). 마찬가지로 다니엘도 용감한 공익 정신의 사람이었다. "이에 총리들과 방백들이 국사에 대하여 다니엘을 고소할 틈을 얻고자 하였으나 능히 아무 틈, 아무 허물을 얻지 못하였으니 이는 그가 충성되어 아무 그릇함도 없고 아무 허물도 없음이었더라 그 사람들이 가로되 이 다니엘은 그 하나님의 율법에 대하여 그 틈을 얻지 못하면 그를 고소할 수 없으리라 하고"(단 6:4,5). 6)

그리스도도 공익 정신을 가진 분이셨다. 그분은 대중의 이익을 위하여 자기 자신을 통째로 바치신 분이다. 오! 이런 귀중하고 아름다운 모

---

6) 어떤 위대한 황제가 이집트에 와 자신이 얼마나 공익을 추구하는 사람인지를 보여주고자 이렇게 말했다. "나일강을 끌어내듯 나를 끌어내라" 공직자는 자신의 생각이 삼등분 되어야 한다. 하나님을 향한 의지와 왕을 향한 사람과 국가를 향한 열정이다.

범 사례들을 언제나 쳐다보고 묵상함으로써, 여러분의 영혼이 격려되고 자극을 받아 자기의 이익보다는 공익을 위하여 행동하게 되기를 바란다. 이교도들 중에도 이런 면에서 뛰어난 사람들이 많다.

마크로비우스는 아우구스투스 황제에 대해서 기록하였는데, 그 황제의 통치시기에 그리스도께서 탄생하셨다. 그 황제는 자기 공화국에 대해 아버지 같은 애정을 품고 있어서 그것을 자기의 친딸이라고 불렀다고 한다. 그는 자기를 그 나라의 주인이나 주재로 부르지 말라고 했다고 한다. 그는 그 나라를 두려움이 아니라 사랑으로 통치하고 있었기 때문에 자기를 그 나라의 아버지라 불러 달라고 하였다고 한다. 로마의 원로원이나 백성들은 모두 그를 '파테르 파트리애' 즉 '나라의 아버지' 라 불렀다고 한다. 백성들은 그의 죽음을 애도할 때 "태어나지나 말든지, 이미 태어났으면 죽지나 말든지 할 것이지"라는 표현을 썼다고 한다.

마르쿠스 레굴루스는 자기 나라를 파멸에서 건지기 위하여 자기 자신을 그 원수의 흉악한 분노와 가장 지독한 고통에 몰아넣었다고 한다. 타이투스나 아리스티데스도 자기 이익보다는 공익을 우선시한 사람들로 유명하다. 내가 기도하기는, 모든 통치자들이 하나님의 정신을 받아 자기 자신을 부인하고 자신들의 죄 된 자아를 발로 밟아버리는 한편 하나님과 공익을 높이는 사람들이 되기를 바라는 것이다. 그러면 성도들이나 이방인들이 그 날에 그들에게 불리한 증언을 하지 않게 될 것이다. 이 세상의 모든 통치자들의 마음과 태도가 세상을 의와 공평으로 심판하시는 분 앞에서 적나라하게 드러나는 그 날에 말이다.

여섯 번째 대책. 이런 사단의 책략에 대한 여섯 번째 대책은 자아는 거룩한 일들에게 큰 장애물이 된다는 점을 심각하게 고려하는 것이다. 그러므로 선지자들과 사도들은 가장 분명하고 가장 명백하고 가장 높고 가장 영광스러운 환상을 가질 때 대개 자기 자신을 잊어버리게 되었다. 그에 비하여, 자기의 이익 추구는 영혼으로 하여금 눈을 멀게 하여 그리스도의 아름다움과 뛰어난 거룩성을 볼 수 없게 만든다. 그것은 감식력을 잃어버리게 하여, 사람들이 하나님의 말씀, 하나님의 길, 하나님의 백성의 모임에서 달콤함을 맛볼 수 없게 한다. 그것은 그리스도께서 영혼을 부요하게 하시기 위해 하시는 모든 노력에 대해 손을 가로젓는다. 그것은 그리스도의 모든 문 두드림과 호소에 대해 마음을 강퍅하게 한다. 그것은 영혼을 빈 포도나무와 황량한 광야처럼 만든다. "이스라엘은 열매 맺는 무성한 포도나무라 그 열매가 많을수록 제단을 많게 하며 그 땅이 아름다울수록 주상을 아름답게 하도다"(호 10:1). 자기 추구보다 더 어떤 사람에게서 하나님, 그리스도, 은혜가 없다는 것을 말해주는 것은 이 세상에 없다. 바리새인들은 엄청난 이기적인 인간들이었으며 그리스도, 그분의 말씀, 성령을 크게 경시하는 자들이었다.

자기 추구보다 모든 경건의 의무들에게 더 큰 방해가 되는 것은 없다. 오! 이것은 많은 영혼들로 하여금 하나님과 귀하고 영원한 것들을 추구하지 못하게 한다. 그들은 자아 때문에 하나님께 수종 들 수 없으며, 그분을 위해 일할 수 없으며, 하나님을 만날 수 있는 길로 행할 수도 없다. 자기 추구는 많은 사람들로 하여금 평화를 가져다줄 것들을 무시하고 경시하게 한다. 자기 추구는 그 사람 자신도 하늘나라에 못 들어가게 하고 천국을 침노할 준비가 되어 있는 다른 사람들도 못 들어가게 한다. 바리새인들과 서기관들이 그랬다. 오! 그러나 은혜를 받은 영혼들은 전혀 다른 방식으로 행동한다. 이 아름다운 성구를 보면 그것을 알 수 있을 것이다. "합환채가 향기를 토하고 우리의 문 앞에는 각양 귀한 실과가 새 것, 묵은 것이 구비하였구나 내가 나의 사랑하는 자 너를 위하여 쌓아둔 것이로구나"(아 7:13). 교회가 가지고 있는 것은 모두 그분을 위해서, 그분만을 위해서 있는 것이다. 다른 사람들은 자기 자신을 위하여 열매를 맺고 자기 자신을 위하여 쌓아놓겠지만, 은혜를 받은 영혼들은 그리스도를 위하여 숨겨 놓고 그리스도를 위하여 쌓아놓는다.[7] 성도들의 모든 거룩한 노력과 제작물들은 하나님의 품에 안겨드리기 위한 것이며 그분의 무릎에 갖다 안겨드리기 위한 것이다. 그리스도께서 그들을 위해 자기의 공적, 은혜, 위로, 면류관을 쌓아두었듯이 그들은 그들의 모든 열매, 사랑, 은혜, 경험, 봉사를 오직 그분을 위해서

---

[7] 이기적인 인간은 에서처럼 장자권이나 팥죽 한 그릇을 더 선호한다. 포도나무, 감람나무, 무화과나무보다 검은 딸기나무를 더 좋아한다. 그것 때문에 충만해진 그리스도를 보지 못하고 허망한 것만 좇아가는 것이다. 성도의 모토는 "내가 아니라 오직 주님, 주님을 위할 뿐입니다!"이다.

만 쌓아놓아야 한다. 그들의 위로의 정수(精髓)가 되시고 그들의 모든 존귀함과 영광의 최고 면류관이 되시는 분을 위해서만 쌓아놓아야 한다.

두 번째의 책략.

세상 사람들로 지존자의 백성들, 그분의 보석인 백성들, 그분의 기뻐하시는 분깃인 사람들, 그분의 눈의 즐거움이요 마음의 기쁨인 사람들에게 대항하도록 하는 것이다. 사단은 바로를 이끌어 이스라엘 자녀들에게 대항하도록 하다가 멸망당하고 말았다(출 14장). 마찬가지로 사단은 하만을 이끌어 유대인에게 대항하도록 하였으며, 그러다가 그가 모르드개를 달려고 만들어 놓았던 장대에 달리도록 하였다(에 7장). 사단은 총리들과 방백들을 이끌어 다니엘에게 대항하도록 했으며 그들과 그들의 일족이 전멸 당하도록 하였다(다니엘 6장). 요한계시록에는 이렇게 기록되어 있다. "천 년이 차매 사단이 그 옥에서 놓여 나와서 땅의 사방 백성 곧 곡과 마곡을 미혹하고 모아 싸움을 붙이리니 그 수가 바다 모래 같으리라 저희가 지면에 널리 펴져 성도들의 진과 사랑하시는 성을 두르매 하늘에서 불이 내려와 저희를 소멸하고"(계 20:7-9).

첫 번째 대책. 이런 사단의 책략에 대한 첫 번째 대책은 성도들에게 대항하는 자마다 모두 그 성도들의 하나님에 의해 파멸되었다는 것을 고려하는 것이다. 신의 공의는 성도들에게 저항하고 대항하는 모든 사람들에게 너무 벅찬 상대이다. 이것은 사울, 바로, 하만에게서 증명된다. "사람이 그들을 해하기를 용납지 아니하시고 그들의 연고로 열왕을 꾸짖어 이르시기를 나의 기름 부은 자를 만지지 말며 나의 선지자를 상하지 말라 하셨도다"(시 105:14,15). 발람의 정신과 사상을 가진 사람들이 성도들을 못살게 굴 때, 주님의 천사가 길에서 그들에게 나타나 그들의 뼈를 벽에다 대고 짓이겼던 일을 기억하라! 그분이 그들의 등과 목을 꺾으셨으며, 한창 일할 나이에 오히려 가장 많은 죄를 짓던 자들의 목을 치신 사실을 기억하라! 아, 어린양과 부르심을 받은 자들에게 대항하던 사람들이, 선택받은 신실한 자들에게 대항하던 사람들이 오늘날 얼마나 많이 지옥으로 떨어졌는지! 아, 신의 공의가 그들의 피를 얼마나 많이 이 땅에다 흘렸는지! 그분이 그들의 명예와 영광을 거름무더기에다 던진 경우가 얼마나 많은지. 그들은 거만하고 미친 마음을 가졌던 바로처럼 이렇게 말한 자들이다. "내가 쫓아 미쳐 탈취물을 나누리라, 내가 그들로 인하여 내 마음을 채우리라, 내가 내 칼을 빼리니 내 손이 그들을 멸하리라 하였으나"(출 15:9). 그들이 거만히 말하고 행동한 것을 인하여 공의가 그들을 삼켰던 것이다. 역사는 그런 실례들로 가득 차 있다.

두 번째 대책. 이런 사단의 책략에 대한 두 번째 대책은 하나님이 자기 백성을 위해 분연히 일어서셔서 가장 강대하고 가장 현명한 원수들에게 그들이 승리를 얻도록 하신 내용의 말씀들을 아침마다 묵상하는 것이다. 주님은 선지자를 통해서 이렇게 말씀하셨다. "너희 민족들아 훤화하라 필경 패망하리라 너희 먼 나라 백성들아 들을지니라 너희 허리를 동이라 필경 패망하리라 너희 허리에 띠를 따라 필경 패망하리라 너희는 함께 도모하라 필경 이루지 못하리라 말을 내어라 시행되지 못하리라 이는 하나님이 우리와 함께 하심이니라." "지렁이 같은 너 야곱아, 너희 이스라엘 사람들아 두려워 말라 나 여호와가 말하노니 내가 너를 도울 것이라 네 구속자는 이스라엘의 거룩한 자니라 보라 내가 너로 이가 날카로운 새 타작 기계를 삼으리니 네가 산들을 쳐서 부스러기를 만들 것이며 작은 산들로 겨 같게 할 것이라 네가 그들을 까부른즉 바람이 그것을 날리겠고 회리바람이 그것을 흩어 버릴 것이로되 너는 여호와로 인하여 즐거워하겠고 이스라엘의 거룩한 자로 인하여 자랑하리라." "무릇 너를 치려고 제조된 기계가 날카롭지 못할 것이라 무릇 일어나 너를 대적하여 송사하는 혀는 네게 정죄를 당하리니 이는 여호와의 종들의 기업이요 이는 그들이 내게서 얻은 의니라 여호와의 말이니라." "이제 많은 이방이 모여서 너를 쳐 이르기를 시온이 더럽게 되며 그것을 우리 눈으로 바라보기를 원하노라 하거니와 그들이 여호와의 뜻을 알지 못하며 그 모략을 깨닫지 못한 것이라 여호와께서 곡식단을 타작 마당에 모음같이 그들을 모으셨나니 딸 시온이여 일어나서 칠지어다 내가 네 뿔을 철 같게 하며 네 굽을 놋 같게 하리니 네가 여러 백성을 쳐서 깨뜨릴 것이라 내가 그들의 탈취물을 구별하여 여호와께 드리며 그들의 재물을 온 땅의 대주재께 돌리리라." "보라 내가 예루살렘으로 그 사면 국민에게 혼취케 하는 잔이 되게 할 것이라 예루살렘이 에워싸일 때에 유다에까지 미치리라 그 날에는 내가 예루살렘으로 모든 국민에게 무거운 돌이 되게 하리니 무릇 그것을 드는 자는 크게 상할 것이라 천하 만국이 그것을 치려고 모이리라."[8)]

세 번째 대책. 이런 사단의 책략에 대한 세 번째 대책은 그들이 성도들에게 대항하는 게 아니라 하나님 자신에게 대항하는 것인데 하나님과 성도들은 친밀하고 축복되게 연합되어 있기 때문이라는 사실이다. 사람들은 성도들에게 대항한 것에 대해서가 아니고 하나님 자신에게 대항하여 싸운 것에 대해서 반드시 결산을 하게 될 것이다. 연약한 자가 강력한 힘을 가진 자에게 대항하다니 이보다 더 큰 어리석음이 어디 있는가! 주님과 신자들 사이의 친밀한 연합은 남편과 아내 사이의 연합에 비유될 수 있다. "이러므로 사람이 부모를 떠나 그 아내와 합하여 그 둘이 한 육체가 될지니 이 비밀이 크도다 내가 그리스도와 교회에 대하여 말하노라"(엡 5:31,32). 이 긴밀한 연합은 또한 한 몸의 머리와 지체 사이의 연합으로, 그루터기와 가지의 연합으로 표상될 수도 있다.

---

8) 사 8:9, 10, 41:14, 15, 54:17; 미 4:11-13; 슥 12:2, 3

9) 영혼의 행복은 그리스도와의 연합 안에만 있다. 영혼의 불행은 그리스도와의 연합이 깨어진 곳에 있다.

신자와 주님 사이의 연합은 너무도 친밀하여 주님이 모르게 신자를 때릴 수 없으며 신자를 취하면 주님 자신을 취하는 것이 되고 만다.9) "사울아 사울아 네가 어찌하여 나를 핍박하느냐"(행 9:4). "그들의 모든 환난에 동참하사 자기 앞의 사자로 그들을 구원하시며 그 사랑과 그 긍휼로 그들을 구속하시고"(사 63:9). 아 영혼들이여! 하나님께 대항하고서도 번영한 자가 누구이던가? 그분께 칼을 들이대고서도 망하지 않은 자가 누구였던가? 하나님은 원하신다면 언제나 여러분을 보고 지옥으로 가라고 말하실 수 있으며 또 그렇게 만드실 수 있다. 여러분이 가장 우선적으로 해야 할 일은 무기를 내려놓고 "그 아들에게 입맞추는" 것이다. "그렇게 하지 아니하면 진노하심으로 여러분이 길에서 망하게 될 것이기" 때문이다(시 2:12).

네 번째 대책. 이런 사단의 책략에 대한 네 번째 대책은 이것을 엄숙하게 고려하는 것이다. 세상 사람들이 지금 누리고 있는 긍휼은 대개 성도들 덕분이다. 성도들 때문에 그들은 많은 심판을 피하고 면할 수 있었다. 그렇지 않았다면 그들은 벌써 파멸을 당했을 것이다. 성도들을 위함이 아니었다면 하나님은 벌써 하늘을 놋쇠로 만드셨을 것이며 땅을 무쇠로 변화시키셨을 것이다. 성도들이 아니었다면 하나님은 벌써 사람들에게서 옷과 영광을 벗기셨을 것이며, 사람들을 욥처럼 거름무더기 위에 있게 하셨을 것이다. 성도들은 세상이 무너지지 않게 하는 지주들이며, 사람들의 뼈가 부서지지 않게 하는 역할을 하고 있다. "그러므로 여호와께서 저희를 멸하리라 하셨으나 그 택하신 모세가 그 결렬된 중에서 그 앞에 서서 그 노를 돌이켜 멸하시지 않게 하였도다"(시 106:23).

아! 성도들이 하나님의 진노와 세상 사람들 사이의 갈라진 틈에다 자기 자신을 여러 번 던지지 않았다면, 여러분은 산 자의 땅에서 벌써 끊어졌을 것이며 그 이름이 거름무더기에 묻힌 사람들과 운명을 같이 했을 것이다.10) 요셉 덕분에 거기 살고 있던 많은 민족들과 많은 가족들이 축복을 받게 되었으며 모세, 다니엘, 노아, 욥 덕분에 그들과 함께 살고 있던 사람들이 많은 재난과 비참을 면하게 되었다. "회리바람이 지나가면 악인은 없어져도 의인은 영원한 기초 같으니라"(잠 10:25). 의인들은 세상의 기초다. 그들이 없다면 세상은 곧바로 무너져버리고 산산조각이 날 것이다. 그러므로 시편 기자가 말한 대로다. "땅의 기둥은 내가 세웠거니와 땅과 그 모든 거민이 소멸되리라 하시도다 (셀라)"(시 75:3).

마르쿠스 안토니우스 황제와 그의 군대가 앨머니에 있을 때 메마른 들판에서 원수들에게 둘러싸이게 되었다. 원수들이 모든 수로를 막았으므로 그와 그의 군대는 물이 없어 몰살당하게 되었다. 황제의 시종 무관은 그가 심히 군박하게 된 것을 보고는 기독교인들은 그들의 하나

---

10) 기도는 천국의 문을 여는 열쇠요, 천국으로 우리를 이끄는 키이다. "위기가 지나면 성도는 잊혀진다"는 말은 프랑스 격언이다.

님께 기도를 드리면 무엇이든지 응답으로 받을 수 있다는 말을 들었다고 보고하였다. 그러자 황제는 그의 군대 중에 많은 기독교인들이 있음을 알고 그들에게 하나님께 기도하여 그와 그의 군대를 가뭄의 위험에서 건져내 달라고 기도해 줄 것을 부탁하였다. 그들은 즉시 그렇게 하였으며 즉각적으로 큰 천둥이 원수들에게 임하고 엄청난 양의 물이 로마 군대에게 퍼부어졌다. 그로 인해 갈증은 해소되고 원수들은 싸워 보지도 못한 채 무너졌다.[11] 나는 이 마지막 대책을 시편 기자의 이 달콤한 말씀으로 마무리하고자 한다. "하나님이 유다에 알린 바 되셨으며 그 이름은 이스라엘에 크시도다 그 장막이 또한 살렘에 있음이여 그 처소는 시온에 있도다 거기서 저가 화살과 방패와 칼과 전쟁을 깨치시도다 (셀라)" (시 76:1-3).

식자들과 현명한 자들을 호려서 파멸시키기 위한 사단의 책략.

사단은 가끔 그런 사람들이 그들의 지체들과 능력들을 자랑하게끔 부추긴다. 때로는 그들을 유혹하여 그들의 지체와 능력을 의존하게 한다. 또는 그들로 하여금 지체와 능력이 부족한 그러나 은혜와 거룩에서는 뛰어난 사람들을 경시하고 깔보게 만든다. 그들이 그들의 지체와 능

---

11) 제임스 1세의 모친인 스코틀랜드의 메리 여왕은 "일만 명의 군사보다는 낙스의 기도들을 더 두려워했다"고 말했다.

력을 그리스도의 명예를 실추시키는 방식으로 사용하게 한다. 성령의 기쁨, 복음의 전파, 성도들의 자유에 어긋나는 방식으로 사용하게 한다.[12]

첫 번째 대책. 이런 사단의 책략에 대한 첫 번째 대책은 이것을 엄숙하게 고려하는 것이다. 우리가 가지고 있는 것 중에 받지 않은 것이 없다. 그리스도는 구원을 주는 은혜요, 일반적인 은사들의 샘이시다. 사도는 이렇게 말한다. "누가 너를 구별하였느뇨 네게 있는 것 중에 받지 아니한 것이 무엇이뇨 네가 받았은즉 어찌하여 받지 아니한 것같이 자랑하느뇨"(고전 4:7). 거미가 자기 몸에서 나온 실로 줄을 짜듯이 자기가 자기 자신의 행복을 스스로 만들어내는 줄로 아는 사람들이 있다. 여러분의 재주와 능력에 대해 여러분은 도끼날을 잃어버린 한 젊은이가 말한 것처럼 말할 수 있을 것이다. "한 사람이 나무를 벨 때에 도끼가 자루에서 빠져 물에 떨어진지라 이에 외쳐 가로되 아아, 내 주여 이는 빌어온 것이니이다"(왕하 6:5). 아아, 주여! 제가 가지고 있는 것은

---

12) 요 5:44; 왕상 22:22-25; 고전 1:18-29 이 같은 진리는 학문이 많은 서기관들과 바리새인들에게서도 찾아진다.

13) 여러분이 어떤 존재이든지 여러분은 여러분을 지으신 분의 것이다. 여러분이 가진 것이 무엇이든지 그것들은 여러분을 구속해 주신 분의 것이다 (버나드).

하늘과 땅의 모든 그릇을 채우고 넘치게 하는 샘으로부터 빌어온 것들 뿐입니다. 제 은사들은 제 것이라기보다는 당신의 것이옵니다. "나와 나의 백성이 무엇이관대 이처럼 즐거운 마음으로 드릴 힘이 있었나이까 모든 것이 주께로 말미암았사오니 우리가 주의 손에서 받은 것으로 주께 드렸을 뿐이니이다"(대상 29:14).[13]

두 번째 대책. 이런 사단의 책략에 대한 두 번째 대책은 이것을 엄숙하게 고려하는 것이다. 자기 자신의 기지(奇智), 재주, 재능을 의지하고 신뢰하는 것은 자신에게 철저한 도산과 파멸을 초래한다. 그것을 여러분은 아히도벨, 다니엘을 핍박했던 총리들과 방백들, 바리새인들과 서기관들에게서 찾아볼 수 있을 것이다. 하나님은 자신만만한 사람들을 혼내주는 것을 좋아하신다.[14] 자기의 재능이나 재주를 의지하는 것은 곧바로 무너질 모래 언덕 위에 서 있는 것과 같다. 이보다 더 하나님을 자극하여 영혼으로부터 떠나시게 하는 것은 이 세상에 없다. 그의 힘이 떠나갔는데 사람이 어떻게 서 있을 수 있다는 말인가? 하나님을 의지하지 않을 때 그 사람이 의지하는 모든 것은 반드시 그의 심장을 꿰뚫고 말 것이다. 아! 자기의 빼어난 재능과 재주를 의지함으로 인해서 자기 자산을, 친구들을, 삶을, 영혼을 잃어버린 사람들이 오늘날 얼마나 많

---

14) 성공적인 의회가 좀처럼 드문 것은 잘난 사람들이 많기 때문이다. 그들은 진실보다는 승리만을 갈구한다.

은가! 성도들은 그들의 사랑하시는 주 예수 그리스도를 의지하는 사람들로 묘사된다(아 8:5). 그리스도의 품만을 의지하는 자는 가장 고상하고 가장 우수하고 가장 달콤한 삶을 살게 된다. 비참은 그리스도의 귀중한 품보다 비천한 것을 의지하는 사람의 문간에 언제나 도사리게 되어 있다. 그런 사람은 큰 위험에 처해 있는 것이며, 그런데도 자기가 안전하다고 생각하는 것은 결코 작은 재앙이 아니다. 세상에서 가장 큰 지혜는 지혜자의 충고를 받아들이는 것이다. "너는 마음을 다하여 여호와를 의뢰하고 네 명철을 의지하지 말라"(잠 3:5).

세 번째 대책. 이런 사단의 책략에 대한 세 번째 대책은 여러분은 재주와 재능에 있어서 다른 사람들보다 낫지만 그들은 은혜와 거룩에 있어서 여러분을 능가할 수가 있다는 점을 생각하는 것이다. 거의 또는 전혀 은혜가 없는 곳에 큰 재주나 재능이 있는 경우가 있을 수 있고 또 실제로 종종 있다. 재주나 재능은 빈약한데도 큰 은혜가 있는 경우가 있을 수 있고 또 실제로 종종 있다.[15] 여러분은 지식의 은사, 언변, 학식에 있어서 다른 사람들보다 더 높을 수 있으나, 그들은 하나님과의 교제, 하나님을 즐거워함, 하나님께 의존함, 하나님에 대한 애정, 하나님

---

15) 유다, 서기관, 바리새인들은 재주는 좋았는데 은혜가 없는 자들이다. 반면에 제자들은 재주는 별로였어도 은혜는 컸다.

16) 눅 11:1, 24:19-28

앞에서 겸비하고 거룩하고 흠 없이 행함 등에서 여러분보다 우월할 것이다.[16] 어떤 이가 나보다 백만 배나 많은 은금, 진주, 보석을 가지고 있는데 납과 철이 나보다 적다고 해서 그를 경시하고 무시한다면 이것이 어리석음의 극치가 아니고 무엇이겠는가? 자기보다 일천 배나 더 많은 은혜를 받아 가지고 있는 사람들을 재주나 재능이 부족하다고 해서 경시한다면 그는 엄청난 정신이상자가 아니겠는가? 그런데도 아! 이런 사악한 정신이 이 세상에 팽배해 있으니 안타깝다!

이것은 어거스틴 시대에 그가 내뱉은 푸념이다. "무식한 자가 일어나 폭력으로 하늘을 취하니 학식이 있는 우리는 지옥으로 내몰리는구나." 이 시대를 사는 얼마나 많은 선생들이 자기들의 재주나 재능을 우상으로 만들며 그들만큼 재주가 없고 마음의 우상이 없는 다른 사람들을 얼마나 무시하고 깔보고 경시하고 조소하는지 참으로 서글픈 일이다. 아! 이방인들의 대 학자였던 바울은 우리 시대의 박사들과 선생들보다 그 재주와 재능이 비할 수 없이 비상하였음에도 불구하고 그는 가장 비천하고 가장 연약한 사람에게도 얼마나 겸손하고 얼마나 온유하고 얼마나 따뜻하게 대해주었는지 모른다! "약한 자들에게는 내가 약한 자와 같이 된 것은 약한 자들을 얻고자 함이요 여러 사람에게 내가 여러 모양이 된 것은 아무쪼록 몇몇 사람들을 구원코자 함이니"(고전 9:22). "그러므로 만일 식물이 내 형제로 실족케 하면 나는 영원히 고기를 먹지 아니하여 내 형제를 실족치 않게 하리라"(고전 8:13).

그러나, 우리 시대의 박사들에게는 그런 정신이 얼마나 부족한지 그들은 자기들처럼 보지 못하고 자기들처럼 말하지 못하는 사람들을 시큰둥하게 대하며 그들에게 망발을 해댄다. 선생들아! 멸시 당하는 성도들 안에 있는 주님의 영은 너희가 감당치 못할 것이로다. 또한 마지막 때에 그들 안에서 그분께서 나타나실 때, 그것은 너무도 휘황찬란한 영적 광휘(光輝)와 영광이므로 너희가 영광이라고 부르고 싶어하는 것들을 모두 어둡게 만들 것이다. 주님의 영은 그분의 가장 빼어난 보석 같은 은혜가 재능과 재주라는 지푸라기 더미에 언제까지나 묻혀 있도록 하시지는 않을 것이다(사 60:13-17).

네 번째 대책. 이런 사단의 책략에 대한 네 번째 대책은 이것을 고려하는 것이다. 사람들이 자기가 받은 은사와 재능을 말려버리고 시들게 하는 가장 빠른 길은 그것을 자랑하는 것이며, 그것을 의지하는 것이며, 그런 것이 없는 이들을 경시하고 멸시하는 것이며, 예수 그리스도께서 주목하시는 그런 사람들이나 길들이나 일들에게 반대하는 것이다. 아! 우리 중의 많은 이들의 재주와 재능을 하나님께서 어떻게 고갈시키시고 시들게 하셨는지! [17] 그들은 과거에는 유명하고 빛나는 빛들이었다. 그들의 태양이 어찌하여 어두워졌으며, 그들의 영광이 어찌하여 가려졌는가! 선지자의 말처럼, "화 있을진저 양 떼를 버린 못된 목자

---

[17] 지식의 나무는 잎은 무성한데 열매가 별로 없다. 이러한 현실은 오늘날에도 얼마나 많이 발견되는지 모른다.

여 칼이 그 팔에, 우편 눈에 임하리니 그 팔이 아주 마르고 그 우편 눈이 아주 어두우리라"(슥 11:17). 이것은 굴욕과 애곡의 사건이다. 많은 분별력 있는 성도들은 이것을 보고 홀로 통곡할 것이다. 오! 그들이 하나님이 그들로부터 등을 돌리시는 것을 감지하였더라면, 그들은 회개하고 겸손해지고 하나님의 보석들을 향하여 부드럽게 대하고 오직 주님만 의지할 뿐 자기의 재능이나 재주를 의지하지 않았을 것인데. 그러면 주님은 그들에게 찾아오셔서 은혜를 비추시고 그들의 얼굴은 이전보다 더욱 영광스럽게 빛이 날 수 있었을 텐데. 그들은 그리스도의 영광을 위하여, 성도들의 믿음을 위하여 이전보다 더 크게 봉사하는 자가 되었을 텐데.

성도들을 파멸시키기 위한 사단의 책략.

성도들을 파멸시키기 위해 사단이 사용하는 한 큰 책략은 우선 성도들을 서로에 대해서 서먹서먹하도록 만들고 그 다음에 서로 분열시키며 다음에는 서로 시기하고 질시하게 만드는 것이며, 그리고 그 다음에는 "서로 물고 먹도록"(갈 5:15) 하는 것이다. 우리 자신의 서글픈 경험은 이것을 아주 강력하게 증거한다. 애굽에 살던 이스라엘 사람들은 오

---

18) 우리가 두들겨 맞으면 깨질 뿐이다. 분리는 불화의 열매이다.

늘날의 기독교인들 못지않게 서로를 괴롭혔다. 그것은 몇몇 사람들에게 치명적인 정력 소모를 초래하였다.[18]

첫 번째 대책. 이런 사단의 책략에 대한 첫 번째 대책은 서로의 약점과 미숙한 점보다는 서로의 장점에 대해서 더 주목하는 것이다. 성도들은 서로의 약점을 쳐다보는 데는 눈을 여러 개 가지고 있으면서도 서로의 장점을 쳐다보기 위한 눈은 하나도 가지고 있지 않으니 서글픈 일이다. 서로의 장점을 보기 위한 거울은 없고 서로의 단점을 쳐다보기 위해서만 안경을 사용하고 있으니 말이다.

에라스무스는 호머의 작품들 중에서 흠이 있고 잘못된 표현만을 잡아내었을 뿐 빼어난 부분을 간과한 자에 대해서 말한 적이 없다. 아! 이것이 결국은 모두 하늘에서 만나게 될 많은 성도들의 습관이 되지 않기를 빈다. 다른 사람들의 약점을 보기에는 빈틈없지만 그들이 가지고 있는 뛰어난 점은 모두 간과하는 일이 없기를 말이다. 고린도 교인들은 근친상간 하는 사람들의 죄만 찾을 뿐 그들이 슬픔 가운데 빠져 죽을 듯한 괴로움을 당하고 있다는 점은 간과하였다.

성도들이여, 내게 말해 보라. 서로의 약점보다는 서로의 장점을 쳐다보는 것이 더 좋고 더 편안하고 더 즐거운 일이 아니겠는가? 내게 말해 보라. 우리 친구들의 적(敵), 상처, 고통, 질병, 병약(病弱), 벌거벗음을 들여다볼 때 우리에게 무슨 즐거움, 기쁨, 위로가 있는가? 여러분도 알다시피, 죄는 영혼의 원수, 영혼의 상처, 고통, 질병, 병약, 벌거벗음이다. 아! 그런 것들을 쳐다보기를 좋아하는 사람은 도대체 어떤 심보를 가진 사람인가! 은혜는 그리스도인의 정원에 있는 모든 것 중에서 가장 아름다운 꽃이다. 그것은 그의 면류관에 달려 있는 것 중에서 가장 비싼 보석이다. 그것은 그의 고상한 옷이다. 그것은 으뜸가는 제왕의 품위이다. 그러므로 은혜로운 눈은 가장 아름답고 가장 달콤하고 가장 즐거운 것에게 눈길을 주어야 한다. 죄는 어두움이고 은혜는 빛이다. 죄는 지옥이고 은혜는 천국이다. 그런데 빛보다는 어두움을 더 눈에 들어오니 이 무슨 미친 짓인가. 천국보다는 지옥을 더 쳐다보게 되니 이 얼마나 미친 짓인가!

성도들이여, 내게 말해 보라. 하나님도 자기 백성의 약점보다는 그들의 장점에 더 눈길을 주시지 않는가? 분명히 그분은 그렇게 하신다. 그분은 다윗과 아삽의 약점보다는 그들의 올바름에 더 관심을 두셨다. 비록 그들의 약점이 많고 컸지만 말이다. 그분은 욥의 격정보다는 그의 인내심에 더 주목하셨다. 욥의 조바심보다는 그의 "인내를 기억하셨다"(약 5:11). 얼굴에 상흔이 있을 때 알렉산더를 이끄시던 분은 그 흠이 보이지 않도록 그 상처를 가리고 그를 이끄신 분이셨다. 아! 성도들이여, 여러분의 하늘에 계시는 아버지처럼 되는 것을 여러분의 최고의 영광으로 삼게 되기를 기원한다! 그렇게 하면, 많은 죄를 방지할 수 있으며 사악한 자들의 계획을 수포로 돌아가게 할 수 있으며 사단을 이길 수 있으며 많은 상처를 치유할 수 있으며 많은 슬픈 심령들에게 용기를 줄 수 있으며 하나님은 더욱 더 영광을 받으실 수 있을 것이다.[19]

두 번째 대책. 이런 사단의 책략에 대한 두 번째 대책은 이것을 엄숙하게 고려하는 것이다. 사랑과 연합이 여러분 자신의 안전과 안정을 가장 크게 도모하는 길이다. 우리는 서로 갈라지지 않으면 무적(無敵)이 될 것이다. 세상은 여러분에게 눈을 흘기며 해가 될 일을 획책하지만 그들이 여러분을 해칠 수는 없을 것이다. 연합은 모든 교회와 나라에서 가장 좋은 안전책이 된다.[20]

플루타크의 스쿠디아 왕은 임종시에 이것으로 자기의 여덟 아들들에게 실물 교육을 하였다. 그는 화살 한 다발을 묶어서 가져오라고 명한 후 자기 아들들에게 꺾어보라고 말하였다. 그들은 모두 힘을 써 보았지만 서로 굳게 얽혀진 화살들은 꺾어지지가 않았다. 그런 다음 그는 그 묶음을 풀고 화살들을 하나씩 그들에게 주니 그들이 쉽게 꺾었다. 그는 이렇게 설명하였다. "내 아들들아, 너희가 서로 연합해 있는 동안에는 너희를 당할 자가 없을 것이다. 그러나 만일 그 연합의 손이 끊어진다면 너희는 쉽게 산산조각 날 것이다."[21]

플리니는 사이크로스 섬에 있는 한 돌에 대해 썼다. 그것은 그대로 두면 크고 무거운데도 물 위에 뜬다. 그러나 조각을 내면 그것은 가라

---

19) 죄는 사단의 일이요 은혜는 하나님의 일이다. 어린아이의 눈과 마음이 온통 아비의 일에 가 있는 것이 정상이지 않은가?

20) 이교도들에게는 화합의 신전이 있다. 성령의 전인 성도들 가운데 그것이 없다는 것이 말이 되겠는가?

21) 로마인들 중 가장 보배로운 진주는 연합이다.

앉는다고 한다. 성도들이 뭉쳐있으면 그 어느 것도 그들을 가라앉게 할 수 없을 것이다; 그러나 성도들이 서로 분리하면 그들은 가라앉아 수몰(水沒)될 수 있다는 점을 명심해야 한다.

세 번째 대책. 이런 사단의 책략에 대한 세 번째 대책은 서로 사랑하라고 하신 하나님의 계명을 묵상하는 것이다. 오! 여러분의 마음이 서로에 대해서 반기를 들기 시작한다면 이 하나님의 계명을 여러분의 마음에 떠올리면서 이렇게 말하라. "오 내 영혼아, 너는 주님을 사랑하는 사람을 사랑하라고 하신 영원한 하나님을 잊어 버렸느냐? 거기에 순종하는 것이 생명이요 아니면 반항하는 것은 죽음이 아니더냐?[22] 그러므로 네가 주님의 계명을 성취하도록 하라. 그분의 계명은 쉽게 바뀌는 그런 계명이 아니니라. 그것은 메대의 규례와 같아서 변개가 불가하단다." 오! 이런 하나님의 계명을 깊이 묵상하여야 하리라. "새 계명을 너희에게 주노니 서로 사랑하라 내가 너희를 사랑한 것같이 너희도 서로 사랑하라"(요 13:34). 이것을 새 계명이라 하는 것은 그것이 복음서에서 새롭게 주어진 계명이고 그리스도께서 모범을 보이심으로써 그 의미가 새롭게 부각된 것이기 때문이다. 이것은 다른 모든 계명보다 진귀하고 우수하고 특별하고 주목할 만한 것이다. "내 계명은 곧 내가 너희

---

22) 주님의 계시된 말씀에 반항하는 것은 생사 문제와 관련된다(왕상 13:24).

를 사랑한 것같이 너희도 서로 사랑하라 하는 이것이니라"(요 15:12). "내가 이것을 너희에게 명함은 너희로 서로 사랑하게 하려 함이로라" (요 15:17). "피차 사랑의 빚 외에는 아무에게든지 아무 빚도 지지 말라 남을 사랑하는 자는 율법을 다 이루었느니라"(롬 13:8). "형제 사랑하기를 계속하고"(히 13:1). "사랑하는 자들아 우리가 서로 사랑하자 사랑은 하나님께 속한 것이니 사랑하는 자마다 하나님께로 나서 하나님을 알고"(요일 4:7). "너희가 진리를 순종함으로 너희 영혼을 깨끗하게 하여 거짓이 없이 형제를 사랑하기에 이르렀으니 마음으로 뜨겁게 피차 사랑하라"(벧전 1:22). "마지막으로 말하노니 너희가 다 마음을 같이하여 체휼하며 형제를 사랑하며 불쌍히 여기며 겸손하며"(벧전 3:8). "우리가 서로 사랑할지니 이는 너희가 처음부터 들은 소식이라"(요일 3:11). "그의 계명은 이것이니 곧 그 아들 예수 그리스도의 이름을 믿고 그가 우리에게 주신 계명대로 서로 사랑할 것이니라"(요일 3:23). "사랑하는 자들아 하나님이 이같이 우리를 사랑하셨은즉 우리도 서로 사랑하는 것이 마땅하도다"(요일 4:11). 오! 이런 귀중한 성구들을 묵상하라. 그러면 서로에 대하여 여러분의 사랑이 불일 듯 일어날 것이다.

옛날에 이교도들은 이런 사실에 크게 주목한 적이 있다. 큰 어려움 중에서 부모들이 자기 자식들을 방기하였지만 그리스도인들은 서로 남남임에도 불구하고 함께 연합하였다. 그리하여 그리스도인들은 종교적인 사랑이 본성적인 사랑보다 더 강하다고 하는 것을 증명하였다. 아! 오늘날에도 그런 정신이 성도들 사이에 있었으면 좋겠다. 과거에 세상이 그 정욕의 불 때문에 물로 심판을 받은 적이 있는데, 이제 후로는 사랑이 식어졌기 때문에 불로 다시 파멸을 당하게 될 것이다.23)

네 번째 대책. 이런 사단의 책략에 대한 네 번째 대책은 서로 다른 점보다는 서로 같은 점을 더 깊이 묵상하는 것이다. 아! 그렇게만 한다면 죄악 된 감정이 식어지고 여러분의 사랑이 솟아나게 되며 서로에 대해 영적인 달콤함을 느끼게 될 것이다! 여러분은 대부분의 점에서 서로 일치하지만 단지 몇몇 점에서 서로 다를 뿐이다. 여러분은 가장 크고 중대한 일들에서는 서로 일치한다. 하나님, 그리스도, 성령, 성경 등. 여러분은 큰 경건과 재능을 가졌던 사람들 사이에서 오랫동안 논쟁거리가 되어 왔던 점들에 대해서만 의견이 서로 다르다. 여러분은 성경 내용을 고백하고 그리스도를 머리로 모시며 새로운 피조물의 법에 따라 행하는 등 서로 의견이 일치한다.24) 헤롯과 빌라도가 의견이 일치하지 않겠는가? 이슬람교도와 이교도가 의견이 합치하지 않겠는가? 사자와 곰, 호랑이, 이리가 의견이 일치하지 않겠는가? 그렇다. 악마의 군단이 한 몸처럼 서로 의견이 일치하지 않겠는가? 그렇다면 성도들이 서로 의견을 달리해서야 되겠는가? 성도들은 하나님의 마음이 거의 담기지 않

---

23) 옛날에 알렉산더와 헤파스천은 두 몸이지만 한 영혼을 지닌 자들이라고 했다. 왜냐하면 기쁨, 슬픔, 영광과 수치를 서로 공유했기 때문이다.
24) 어떤 이교도가 성도들이 서로에게 하듯 잘못되게 행하는 짐승들은 없다는 말을 했는데 그것처럼 슬픈 것이 어디있겠는가?

은 사안에 대해서만 의견을 달리할 수 있는데, 그런 의견 차이는 그들이 하늘나라에 가는데 결코 지장이 되지 않을 것이다.

다섯 번째 대책. 이런 사단의 책략에 대한 다섯 번째 대책은 이것을 엄숙하게 고려하는 것이다. 하나님은 평강의 하나님으로, 그리스도는 평강의 왕으로, 성령은 평강의 영으로 불리시는 것을 기뻐하신다. "오직 성령의 열매는 사랑과 희락과 화평과"(갈 5:22). 오! 그렇다면 성도들이 평강의 자녀들이 되지 못할 이유가 무엇인가? 외고집, 소란, 불 같은 성격의 소유자들은 그들이 평강의 하나님, 평강의 왕, 평강의 영에게 참여하였다는 증거를 갖고 있지 않음이 분명하다. 그런 증거는 사랑과 평화에 도움이 되는 일들을 추구하는 귀중한 영혼들만이 소유하게 되는 것이다. 평화라는 말만 들어도 달콤하고 위안이 되지 않는가. 그것의 열매와 결과는 즐겁고 이익이 되고 수많은 전리품보다 더 사모할 만하다. 그것은 다른 수많은 축복들로 안내하는 하늘의 축복이다(고후 13:11; 사 9:6).[25]

고대인들은 평강을 설명할 때 손에 '풍요(豊饒)의 뿔'을 들고 있는 여인으로 묘사하곤 했다. 아! 성도들 가운데 평화와 사랑이 있다면 그들의 집에는 안전과 번영이 있게 될 것이다. 그렇다. 평안은 그들의 축복을 더해 줄 것이다. 평안은 하나님의 자비가 임하며 그들에게 가장

---

25) 그리스도는 평강이기 때문에 평화가 있는 곳에 그리스도가 계신다.

좋은 축복이 임하도록 해 줄 것이다. 외적으로는 그것이 그들을 가장 무시무시하고 강력하고 가장 성공적인 사람이 되게 해 줄 것이다. 성도들 간의 사랑과 평화는 원수들의 꾀를 파하고 그들의 모든 기도를 수포로 돌아가게 할 것이다. 그것은 원수들의 손을 가장 연약하게 만들고 그들이 바라던 바를 좌절시키며 그들의 심령을 낙담하게 만들 것이다.

여섯 번째 대책. 이런 사단의 책략에 대한 여섯 번째 대책은 하나님과의 평화를 의식하고 그것을 유지하기에 더욱 더 노력하는 것이다. 아! 그리스도인들이여, 나는 여러분이 이 점에 대해 부주의하기 때문에 여러분 가운데 그런 음산함, 냉랭함, 분열이 있다고 생각한다.[26] 아! 여러분은 하나님과의 평화를 견지해 오지 않고 있으며 그러므로 여러분은 여러분 사이의 평화를 깨는 그런 두려운 일을 감행하는 것이다. 주님은 이렇게 약속하셨다. "사람의 행위가 여호와를 기쁘시게 하면 그 사람의 원수라도 그로 더불어 화목하게 하시느니라"(잠 16:7). 아! 평강의 자녀들이 평강의 왕을 기쁘시게 한다면 그분께서 그들 가운데 평강이 있도록 얼마나 신경을 써주시겠는가! 그분은 모든 피조물을 마음대로 부리시는 분이 아닌가. 라반은 군대를 몰고 야곱을 뒤쫓았다. 에서도 또 다른 군대를 몰고 나와 야곱을 맞았다. 그들 모두에게 호전적인

---

[26] 많이 아는 것을 두려워하는 것은 없다. 그러나 아는 것을 실천함에 있어서 적게 행하는 것이 실로 두렵다.

의도가 있었던 것이다. 그러나 야곱의 행위는 여호와를 기쁘시게 하였다. 하나님은 강력한 힘을 발휘하셔서 라반으로 하여금 야곱에게 입을 맞춘 후 떠나가게 하셨고 에서도 그에게 입을 맞추도록 하셨다. 야곱은 한 사람과 맹약을 맺고 다른 사람과는 눈물을 흘리며 헤어졌으며 두 사람 모두와 평화로웠다. 우리가 하나님과의 연합을 그치지 않는다면 하나님은 우리로 하여금 사람들과 평화를 맺게 되도록 힘써 주실 것이다. 그러나 만일 사람들이 하나님과의 평화를 유지하는 일을 가볍게 여긴다면, 하나님도 그들을 거만, 시기, 격정, 다툼, 분열, 혼란에 빠뜨리실 것이며 그들이 "서로 물고 먹다가 피차 멸망하도록" 내버려두실 것이다. 27)

일곱 번째 대책. 이런 사단의 책략에 대한 일곱 번째 대책은 형제 사이의 친밀한 관계와 연합을 깊이 묵상하는 것이다. 이런 생각이 아브라함의 마음에 큰 영향을 주었다. "아브람이 롯에게 이르되 우리는 한 골육이라 나나 너나 내 목자나 네 목자나 서로 다투게 말자"(창 13:8). 시편에도 이런 내용의 말씀이 나온다. "형제가 연합하여 동거함이 어찌 그리 선하고 아름다운고"(시 133:1). 형제가 연합하여 동거하는 것이 선하지도 않고 아름답지도 않다는 것이나, 선하기는 하지만 아름답지

---

27) 순종하는 것만큼 하나님과 평화를 누리는 길은 없다.

는 않다는 것이 아니라, 선하기도 하고 아름답기도 하다는 것이다. 선하기는 하지만 아름답지 못한 것이 몇 가지 있으니 곧 인내와 극기 같은 것이다. 아름답기는 하지만 선하지 않은 것이 있으니 곧 육신적인 쾌락과 방탕 같은 것이다. 선하지도 아름답지도 않은 것이 있으니 곧 악덕, 시기, 세상적인 슬픔 등이다. 그에 비해 선하기도 하고 아름답기도 한 것이 있으니 곧 경건, 양선(良善), 평화, 형제 간의 연합 등이다. 오! 언젠가 아버지 집에서 만나 영구적으로 함께 살 사람들 사이에서 그런 모습을 보다 더 많이 찾아볼 수만 있다면. 이들은 서로 형제이기도 하지만 동료이기도 하다. "너희는 그리스도의 몸이요 지체의 각 부분이라"(고전 12:27). 또한 이런 말씀도 있다. "우리는 그 몸의 지체임이니라"(엡 5:30). 몸의 지체들이 서로 봉사하고 서로에게 도움이 되어야 하지 않겠는가. 이 신령한 몸의 지체들이 서로 분리하고 서로 파괴해서야 되겠는가?

몸의 지체가 서로 깎고 중상하는 것은 본성의 법에도 어긋난 것이다. 그리스도의 영광스러운 몸의 지체들이 그렇게 하는 것은 본성의 법과 은혜의 법에 더더욱 어긋나는 것이다. 여러분은 몸의 지체일 뿐 아니라 동일한 구원의 대장이신 주 예수님의 지휘를 받으며 세상, 육신, 악마와 더불어 싸워야 할 동료 군사들이다. 동료 군사들일 뿐 아니라 여러분은 동일한 원수, 마귀, 세상에 의해 모두 함께 고통을 당하고 있다. 여러분은 함께 고난을 당하는 자일 뿐 아니라 가나안 땅 즉 "하늘로부터 내려온 새 예루살렘"을 향하여 함께 여행하는 자이기도 하다. "우리가 여기는 영구한 도성이 없고 오직 장차 올 것을 찾나니"(히 13:14). 천국의 상속자들은 이 땅에서는 나그네에 해당된다. 함께 나그네 된 자일 뿐 아니라 여러분은 모두 동일한 면류관과 유업을 함께 받을 자들이다.[28]

여덟 번째 대책. 이런 사단의 책략에 대한 여덟 번째 대책은 불화의 비참한 결과를 묵상하는 것이다. 분열은 분쟁의 딸이다. 아! 성도들이 서로 불화함으로써 그리스도의 이름이, 그리스도의 도(道)가 얼마나 피해를 받는지! 하나님의 사람들의 불일치로 인해 천국으로 가는 길이 막히고 사악한 자들의 입이 열리고 사람들의 마음이 하나님과 그분의 도에 대해 강퍅하게 되는 사례가 얼마나 많은지! 그리스도인들이 불화하면 악마가 기뻐한다는 것을 기억하라. 그리스도인들이 사단에게 승리할 원인을 제공하다니 이 얼마나 서글픈 일인가!

어떤 이가 유명한 말을 하였다. "다툼을 제거하고 평화를 불러들여 네 친구로 떠나지 않게 해 보라. 그리고 악마가 너희 두 사람으로 인해 기뻐하나 기뻐하지 않나 시험해 보라."

아홉 번째 대책. 이런 사단의 책략에 대한 아홉 번째 대책은 먼저 평화와 화해를 추구하는 것이 결코 여러분에게 불명예가 되지 않는다는

---

28) 계 12:7, 8; 히 2:10; 계 2:10; 요 15:19, 20; 히 12:14, 13:14; 롬 8:15-17

것을 생각하는 것이다. 아브라함은 나이가 더 많아서 롯보다 더 대접을 받아야 할 자였으며 롯의 삼촌이었지만 그는 먼저 자기의 아랫사람에게 평화를 구하였다. 하나님은 그것을 그의 명예로 기록해주셨다.[29] 아! 평화의 하나님이 그분의 영과 사자들을 보내셔서 가련한 피조물로부터 평화를 구하다니, 얼마나 놀라운 일인가! 하나님께서 먼저 우리보고 평화하자고 제안을 하셨다. "이러므로 우리가 그리스도를 대신하여 사신이 되어 하나님이 우리로 너희를 권면하시는 것같이 그리스도를 대신하여 간구하노니 너희는 하나님과 화목하라"(고후 5:20). 하나님의 은혜가 우리 앞에서 먼저 무릎을 꿇었는데, 감히 누가 그런 축복되고 가슴 아린 포옹을 물리칠 수 있단 말인가. 이 세상의 신인 사단을 왕으로 모신 심령이 아니고서야 감히 누가 그렇게 할 수 있단 말인가? 하나님은 억울함을 당하셨으면서도 먼저 우리에게 화해의 악수를 요청하셨다. "나는 나를 구하지 아니하던 자에게 물음을 받았으며 나를 찾지 아니하던 자에게 찾아냄이 되었으며 내 이름을 부르지 아니하던 나라에게 내가 여기 있노라 내가 여기 있노라 하였노라"(사 65:1). 아! 이런 놀라운, 값없이 주시는, 풍요로운 은혜가 가련한 인생에게 또 임할 수 있을까. 어떤 사람이 태양을 등지고 갈 때도 햇빛이 그를 따르듯이, 우리가 의의 태양으로부터 떠나갈 때도 그분의 사랑과 긍휼의 빛이 우리

---

[29] 그들은 이름과 칭송을 가졌다. 평강을 추구한 첫번째 인물로서 하나님을 닮은 자들이란 이름과 칭송을 위로와 신용이란 기록으로 남겼다.

를 따르는구나. 그리스도를 부인했던 베드로에게 그리고 그분을 버리고 도망갔던 제자들에게 그리스도께서 먼저 이렇게 말씀하셨다. "가서 그의 제자들과 베드로에게 이르기를 예수께서 너희보다 먼저 갈릴리로 가시나니 전에 너희에게 말씀하신 대로 너희가 거기서 뵈오리라 하라 하는지라"(막 16:7). 아! 영혼들이여, 우리가 다른 사람들로부터 억울한 일을 당했어도 먼저 화해의 손을 펴는 것은 비굴하고 비천한 행동이 아니라 하나님처럼 행동하는 것이다. 그런 행동은 사람 앞에서 하나님을 큰 소리로 전파하는 게 될 것이다.

그리스도인들이여, 여러분이 평화를 추구하느냐 하지 않느냐 하는 것은 자유의 문제가 아니라 의무의 문제이다. 여러분은 명시적인 규율에 따라 화평을 추구하라는 명을 받았다. "모든 사람으로 더불어 화평함과 거룩함을 좇으라 이것이 없이는 아무도 주를 보지 못하리라"(히 12:14). 화평함과 거룩함은 가장 큰 열심을 가지고 좇아야 할 목표이다. 그러므로 시편 기자는 이렇게 기록하였다. "악을 버리고 선을 행하며 화평을 찾아 따를지어다"(시 34:14). 히브리어 원어에 의하면 여기서 "찾는다"는 말은 "열심히, 극렬하게, 애정을 가지고, 세심하게, 부지런히 추구하다"라는 의미이다. 그리고 "따른다"는 말은 "열심히 추구한다"는 의미로, 난폭한 야생 짐승이나 굶주린 조류(鳥類)의 열심으로부터 빌어온 말이다. 그런 맹금류들은 먹이가 없다고 낙심하기는커녕 오히려 더 빠르고 신속하게 달리고 날아다닌다. 이런 맥락에서 사도는 로마 교인들에게 동일한 의무가 있다는 것을 확인시킨다. "이러므로 우리가 화평의 일과 서로 덕을 세우는 일을 힘쓰나니"(롬 14:19). 아! 외고집을 부리는, 시큰둥한, 완고한 그리스도인들이여, 여러분은 이런 하나님의 계명을 눈물 없이 그리고 얼굴 붉힘이 없이 대할 수 있는가?

나는 아리스티푸스에 대한 놀라운 이야기를 읽어 본 적이 있다. 비록 이교도이기는 하지만, 그는 자발적으로 자기의 원수인 애스친즈에게로 가서 이렇게 말했다고 한다. "우리가 화해를 하지 않고 있다가 마침내 온 나라의 조소거리가 되어야 한단 말입니까?" 애스친즈는 자기도 화해하고 싶다고 화답했다. 아리스티푸스는 말했다. "내가 나이도 더 많고 명성도 더 나으나 내가 먼저 당신에게 화해를 구했다는 점을 기억하십시오." 애스친즈는 말했다. "당신은 참으로 나보다 훨씬 더 훌륭한 사람입니다. 다툼은 내가 시작했는데도 당신은 화해를 시도했기 때문입니다." 나는 이 이교도가 일어나 우리 시대에 활개를 치고 다니는 신앙 고백자들을 심판하게 되기를 기도한다. 그들은 "칼같이 자기 혀를 연마하며 화살같이 독한 말로 겨누는"(시 64:3) 자들이기 때문이다.

열 번째 대책. 이런 사단의 책략에 대한 열 번째 대책은 성도들이 연합하여 함께 은혜와 거룩의 길로 행하는 것이다. 그들이 연합하여 말씀을 그들 행동의 유일한 시금석과 심판자로 삼는 것이다. 사도는 이런 좋은 조언을 우리에게 하였다. "푯대를 향하여 그리스도 예수 안에서 하나님이 위에서 부르신 부름의 상을 위하여 좇아가노라 그러므로 누구든지 우리 온전히 이룬 자들은 이렇게 생각할지니 만일 무슨 일에 너희가 달리 생각하면 하나님이 이것도 너희에게 나타내시리라 오직 우리가 어디까지 이르렀든지 그대로 행할 것이라"(빌 3:14-16). 아! 그리스도인들이여, 여러분이 여러분 앞에 놓인 길을 함께 화목한 모습으로 걷지 않는다면 하나님께 손실이 크고 여러분에게도 손실이 늘 것이나 사단은 큰 이익을 보게 될 것이다. 아주 보잘 것 없는 일에서 서로 의견이 일치하지 않기 때문에 여러분이 함께 기도하고 함께 말씀을 듣고 함께 의논하고 함께 울지 않는다면, 그것은 여러분의 죄요 수치가 될 것이다. 100리를 가는 사람들이 99리는 함께 걸었으나 나머지 1리를 함께 동행할 수 없다고 한다면, 그런 어리석고 미친 짓이 어디 있겠는가. 그런데 오늘날 많은 그리스도인들이 그렇게 어리석고 미친 짓을 하고 있다. 그들은 할 수 있는데도 많은 일을 하지 않고 내버려둔다. 모든 의무를 다 감당할 수 없기 때문이라는 이유에서다. 나는 하나님께서 그들에게 채찍을 내리셔서 보다 더 좋은 기질의 사람들로 만드신 후에야 그들과 무슨 일을 하실 수 있으리라고 생각한다. 그러므로 그분은 그들의 뼈를 부러뜨리시든지 심장을 찌르시든지 해서 그들을 그런 결함을 고치고자 하실 것이다.

오직 말씀만을 모든 인격과 행동의 시금석과 심판자로 삼도록 하라. "마땅히 율법과 증거의 말씀을 좇을지니 그들의 말하는 바가 이 말씀에 맞지 아니하면 그들이 정녕히 아침빛을 보지 못하고"(사 8:20). 말씀을 모든 사람과 일들의 심판자로 세우는 것이 가장 좋고 가장 안전하다.

모든 것이 마지막 때에 말씀에 의해 심판을 받게 될 것이기 때문이다. "나를 저버리고 내 말을 받지 아니하는 자를 심판할 이가 있으니 곧 나의 한 그 말이 마지막 날에 저를 심판하리라"(요 12:48). 여러분의 흐린 빛을, 견해를, 환상을, 의견을 사람들의 행동을 판단하는 시금석으로 삼지 말라. 오직 규칙을 좇아 판단하며 '기록된 말씀' 에 호소하라.

헛되고 고집이 센 사람이 거룩한 사람과의 쟁론에서 소리를 질렀다. "내 말을 들으시오! 내 말을 들으시오!" 그 거룩한 사람이 대답했다. "내 말도 듣지 말고 당신 말도 듣지 말고 우리 모두 사도의 말에 귀를 기울입시다."

콘스탄틴은 아리안 족과 논쟁을 벌일 때 하나님의 말씀을 유일한 길이라고 칭하면서, 말씀을 사용하여 그들을 회심시키지는 못한다 할지라도 그들의 입은 막을 수 있을 것이라고 주장하였다.

열한 번째 대책. 이런 사단의 책략에 대한 열한 번째 대책은 자기 자신을 많이 살피는 것이다. "우리가 우리를 살폈으면 판단을 받지 아니하려니와"(고전 11:31). 아! 그리스도인들의 마음이 자기 자신을 살피고 정죄하는 데 더 심혈을 기울인다면 그들이 그렇게 쉽사리 다른 사람을 판단하지 않을 것이며 자기와 다른 사람들에 대해서 불쾌하고 냉혹한 태도를 취하지 않을 것이다. 세상에서 자기 자신을 가장 심히 판단하는 사람들은 다른 사람들을 판단하기를 가장 두려워하는 사람이다. 30) 자기 자신을 살피는 사람들은 다른 사람들이나 사물을 올바로 판단하기 위하여 가장 주의를 기울이는 사람이다. 자기 자신을 부지런히 살피는 사람들은 다른 사람들을 악평하기를 두려워하며 다른 사람들에게 악행하기를 두려워하는 사람들이다. 자기 자신을 살피는 데 가장 뛰어난 사람은 사람들이나 사물을 좋게 해석하고 관대하게 보아 넘기는 사람들이다.31) 다른 사람들은 많이 판단하면서도 자기 자신은 거의 살피지 않는, 다른 사람들을 가혹하게, 거짓되게, 불의하게 판단하는 사람들에게 내가 한 가지 요구하고 싶은 게 있다. 아침마다 다음과 같은 성구들을 조금씩이라도 묵상하도록 하라.

"비판을 받지 아니하려거든 비판하지 말라 너희의 비판하는 그 비판으로 너희가 비판을 받을 것이요 너희의 헤아리는 그 헤아림으로 너희가 헤아림을 받을 것이니라"(마 7:1,2). "외모로 판단하지 말고 공의의 판단으로 판단하라 하시니라"(요 7:24). "먹는 자는 먹지 않는 자를 업신여기지 말고 먹지 못하는 자는 먹는 자를 판단하지 말라 이는 하나님이 저를 받으셨음이니라… 네가 어찌하여 네 형제를 판단하느뇨 어찌하여 네 형제를 업신여기느뇨 우리가 다 하나님의 심판대 앞에 서리라… 그런즉 우리가 다시는 서로 판단하지 말고 도리어 부딪힐 것이나

---

30) 네로는 자신을 순결치 못한 사람이라고 했는데, 세상에 순결한 사람이 없다고 믿었기 때문이다.

31) 고대 올림픽 경기에서 레슬링 선수들은 승리하면 월계관을 자기 머리에 쓰지 않고 상대방 선수에게 씌워주었다고 한다. 자기를 잘 살피는 영혼도 그렇게 할 것이다.

거칠 것으로 형제 앞에 두지 아니할 것을 주의하라"(롬 14:3,10,13). "그러므로 때가 이르기 전 곧 주께서 오시기까지 아무것도 판단치 말라 그가 어두움에 감추인 것들을 드러내고 마음의 뜻을 나타내시리니 그 때에 각 사람에게 하나님께로부터 칭찬이 있으리라"(고전 4:5). "형제 들아 피차에 비방하지 말라 형제를 비방하는 자나 형제를 판단하는 자 는 곧 율법을 비방하고 율법을 판단하는 것이라 네가 만일 율법을 판단 하면 율법의 준행자가 아니요 재판자로다 입법자와 재판자는 오직 하 나이시니 능히 구원하기도 하시며 멸하기도 하시느니라 너는 누구관대 이웃을 판단하느냐"(약 4:11,12). "남의 하인을 판단하는 너는 누구뇨 그 섰는 것이나 넘어지는 것이 제 주인에게 있으매 저가 세움을 받으리 니 이는 저를 세우시는 권능이 주께 있음이니라"(롬 14:4).

델피디우스가 다른 사람을 율리아누스 황제 앞에서 고소하였다. 증 명될 수 없는 사건에 대해 고발하자 상대방은 그 사실을 부인하였다. 델피디우스는 이렇게 항변했다. "만일 고소한 내용을 그렇게 쉽게 부인 할 수 있다면 누가 죄인으로 판명되겠는가?" 율리아누스가 반박했다. "만일 고발 사건의 증거가 충분하다면 누가 무죄를 강변하겠는가?" 여 러분은 현명하니 이 이야기를 어떻게 적용해야 할지 알 것이다.

열두 번째 대책. 이런 사단의 책략에 대한 열두 번째 대책은 무엇보 다도, 겸손으로 옷 입으려고 애쓰는 것이다. 겸손은 사람을 형제 중에 서 평온하게 만들고 좋은 일에 열매가 있게 하며 고난 중에도 활기차게 하며 거룩한 길로 계속해서 행하도록 한다(벧전 5:5). 겸손은 우리가 그리스도로부터 받은 가장 고상한 봉사에 합당한 것이지만, 한편 겸손은 가장 비천한 성도에 대한 봉사도 무시하지 않을 것이다(요 13:5). 겸손은 가장 소박한 음식을 먹고 자랄 수 있지만 그것은 가장 기름진 음식 즉 하나님, 그리스도, 영광 같은 것에 의해 유지된다. 겸손은 자기를 보고 저주하는 사람을 축복할 수 있게 하며, 자기를 핍박하는 사람들을 위해 기도할 수 있게 한다. 겸손한 마음은 하나님이 거하시는 곳이며, 그리스도를 아는 자며, 천사들의 동료이며, 은혜를 보존하는 자며, 영광에 알맞은 자이다. 겸손은 우리 은혜의 유모이며 우리 긍휼의 보존자이며, 거룩한 의무들을 크게 전하는 자이다.

겸손은 이생에서 세 가지 것들을 발견할 수 없다. 그것은 피조물에게서 충만을 발견할 수 없다. 죄 안에서 달콤한 것을 발견할 수 없다. 그리스도가 없는 규례에서 생명을 발견할 수 없다. 겸손한 영혼은 하늘 이쪽에서 언제나 세 가지 것을 발견하게 된다. 비어 있는 영혼, 채워진 그리스도, 하나님을 기쁘게 향유하기 위한 모든 긍휼과 의무, 겸손은 다른 사람들의 연약을 보고 울며, 그들의 은혜를 보고 기뻐한다.[32] 겸손은 가장 비천한 환경 가운데서도 사람을 침착하게 하며 만족을 느끼게 한다. 그것은 다른 사람의 번영을 보고도 시기하지 않도록 해준다(살전 1:2,3). 겸손은 은혜 안에서 강력한 사람들을 존중하며 은혜가 약

---

[32] 겸손은 하나님의 모든 은혜를 함께있게 한다(버나드).

한 사람들은 두 손으로 받쳐준다(엡 3:8). 겸손은 어떤 이를 다른 사람들보다 부요하게 만들어 주며, 그 자신을 가장 가련한 사람으로 보이도록 한다. 겸손은 집에서는 좋은 것을 거의 볼 수 없어도 밖에서는 좋은 것을 많이 볼 수 있게 한다. 아, 그리스도인이여! 비록 믿음이 은혜의 옹호자요 사랑이 은혜의 유모라지만 겸손은 은혜를 아름답게 만드는 것임을 알아야 할 것이다. 그것은 영혼이 받은 모든 은혜에게 일반적인 영광이 더하도록 만든다. 아! 그리스도인들이 겸손에서 보다 더 출중하다면, 그들은 보다 더 적게 냉혹하고 보다 덜 눈살을 찌푸리며, 불쾌한 얼굴을 보다 덜하게 될 것이다. 그들은 영과 습관이 보다 더 부드럽고 온유하고 온순하게 될 것이다. 겸손은 사람으로 하여금 다른 이들을 더 높게 생각하고 자기 자신은 낮게 생각하도록 할 것이다.[33] 그것은 사람들이 다른 사람들에게서 많은 영광과 빼어남을 찾도록 할 것이며 자기 자아 안에서는 많은 비천함과 죄악 됨을 보도록 만들 것이다. 또한 다른 사람들을 부요하게 보고 자기를 가난하게 보도록 만들 것이다. 다른 사람들을 강력하게 보고 자기 자신은 연약하다고 보게 할 것이며, 다른 사람은 현명하게 자기 자신은 미련하게 보도록 할 것이다. 겸손은 사람으로 하여금 다른 이의 약점을 덮는 데 발빠르게 하고 그들의 은혜로운 봉사를 기억하고 그들의 은혜를 기뻐하는 데 민첩하게 만들 것이다. 그

---

[33] 겸손한 영혼은 낮게 자라면서 머리는 땅으로 숙이고 있는 제비꽃과 같다. 앞으로 자기를 가린다. 그러나 세상에 풍기는 향기 때문에 사람들에게 띤다. 겸손한 성도는 자족할 줄 아는 가운데 살며 죽는다.

것은 자기보다 더 빛이 나는 사람으로 인해 기뻐하고 다른 사람들에게 선을 날라다 주는 바람을 인해 기뻐할 것이다. 겸손은 다른 사람들의 행복을 의심하기보다는 그것을 믿어주는 데 더 유능하다. 한 겸손한 사람이 말했다. 지금 이 그리스도인들은 잘 하고 있다. 그러나 이후로는 그들이 훨씬 더 잘 할 것이다. 저들은 지금 새 예루살렘의 근방에 와 있다. 이제 하루만 지나면 그들은 그 예루살렘으로 미끄러져 들어갈 것이다. 그런데 겸손한 영혼은 이렇게 말하고자 한다. 하늘은 내 것이라기보다는 저 사람의 것이다. 그리스도는 내 것이라기보다는 저 그리스도인의 것이다. 하나님은 나와 언약을 맺기 이전에 저들과 먼저 언약을 맺으셨다. 아! 그리스도인들이 보다 더 겸손하다면, 그들 가운데는 지금보다 분노가 덜 할 것이요 사랑이 더 많아질 것이다.

가련하고 무지한 영혼을 해치기 위한 사단의 책략

네 번째로, 사단이 은혜로운 영혼들을 파멸시키는 책략을 가지고 있듯이, 그는 가련하고 무지한 영혼을 파멸시키는 책략도 가지고 있다. 사단은 가끔 그들을 유혹하여 무지를 더하게 하며 지식의 통로를 무시하고 경시하고 멸시하게 한다. 무지는 실수의 어머니요 문제, 오류, 공포의 원인이 된다. 그것은 지옥으로 가는 고속도로요 그것은 사람을 마귀의 포로와 종이 되게 한다.34) 무지는 사람을 무기력하게 만든다. 그것은 사람을 짐승으로 만든다. 아니다. 멸망하는 짐승보다 더 비참한 존재로 만든다.35) 무지한 영혼만큼 쉽사리 또는 흔하게 사단의 올무에 걸려드는 사람이 없다. 그들은 쉽게 이끌려가서 낮 동안 종일 악마와 더불어 춤을 추고 밤에는 그리스도와 더불어 식사를 하는 꿈을 꾼다.

첫 번째 대책. 이런 사단의 책략에 대한 첫 번째 대책은 무지한 심령은 사악한 심령임을 심각하게 생각하는 것이다. "지식 없는 소원은 선치 못하느니라"(잠 19:2). 무지한 심령은 부적합한 심령이며 어두움에 거하는 심령이다. 어두운 심령에게는 선한 것이 하나도 들어갈 수가 없으며, 지혜도 유출되어 버리고 만다. "눈은 몸의 등불이니 그러므로 네 눈이 성하면 온몸이 밝을 것이요 눈이 나쁘면 온 몸이 어두울 것이니 그러므로 네게 있는 빛이 어두우면 그 어두움이 얼마나 하겠느뇨"(마 6:22,23). 문둥병에 걸린 심장과 문둥병에 걸린 머리는 서로 헤어질 수 없는 동료이다. 무지한 심령은 너무 사악하여 파리들이 사방으로 침입해도 하나님의 면전에서 독설을 퍼붓는다. 짙은 어두움이 그를 덮쳤을 때 바로가 그랬듯이 말이다.

두 번째 대책. 이런 사단의 책략에 대한 두 번째 대책은 무지는 영혼의 기형물이라는 점이다. 눈먼 것이 얼굴의 기형이듯이, 무지는 영혼의

---

34) 호 4:6; 마 22:29
35) 무지는 유리한 점이 있어도 결국은 냉혹한 지옥을 소유하게 된다.

기형이다. 육신의 눈이 없으면 얼굴의 아름다움이 해를 입고 영적인 눈이 없으면 영혼의 아름다움이 해를 입는다. 지식이 없는 사람은 손이 없는 노동자와 같으며, 눈이 없는 화가, 다리가 없는 여행자, 돛이 없는 배, 날개가 없는 새, 영혼이 없는 몸과 같다.

세 번째 대책. 이런 사단의 책략에 대한 세 번째 대책은 무지는 사람을 하나님의 증오와 진노의 대상으로 만든다는 것을 고려하는 것이다. "그러므로 내가 이 세대를 노하여 가로되 저희가 항상 마음이 미혹되어 내 길을 알지 못하는도다 하였고 내가 노하여 맹세한 바와 같이 저희는 내 안식에 들어오지 못하리라 하셨다 하였으니"(히 3:10,11). "이 백성이 지각이 없으므로 그들을 지으신 자가 불쌍히 여기지 아니하시며 그들을 조성하신 자가 은혜를 베풀지 아니하시리라"(사 27:11). 그리스도께서는 친히 "저의 능력의 천사들과 함께 하늘로부터 불꽃 중에 나타나실 때에 하나님을 모르는 자들과 우리 주 예수의 복음을 복종치 않는 자들에게 형벌을 주실 것"(살후 1:7)이라고 말씀하셨다. 무지는 복수로 끝이 날 것이다. 여러분이 여기서 눈먼 가련한 사람을 보면 그를 증오하거나 혐오하기보다는 그를 불쌍히 여기게 될 것이다. 오! 그러나 영혼의 눈이 먼 것은 하나님 앞에서 여러분으로 하여금 구역질나게 만들 것이다. 하나님은 무지한 사람들은 하늘나라에 결단코 들어갈 수 없을 것이라고 확언하셨다. 하늘은 무지한 영혼들에게는 견디기 힘든 지옥이 될 것이다.

"내 백성이 지식이 없으므로 망하는도다 네가 지식을 버렸으니 나도 너를 버려 내 제사장이 되지 못하게 할 것이요 네가 네 하나님의 율법을 잊었으니 나도 네 자녀들을 잊어버리리라"(호 4:6).

일곱 명의 현자(賢者) 중 한 사람인 칠로(Chilo)는 하나님이 어떤 일을 행하셨느냐는 질문을 받자 이렇게 대답하였다. "그분은 겸손한 사람들을 높이셨으며 거만하고 무지한 영혼들을 억누르셨다."[36]

네 번째 대책. 이런 사단의 책략에 대한 네 번째 대책은 무지는 모든 죄로 인도하는 죄라는 점을 생각하는 것이다. 모든 죄는 무지에서 발생한다. "예수께서 대답하여 가라사대 너희가 성경도, 하나님의 능력도 알지 못하는 고로 오해하였도다"(마 22:29). 무지는 사람들로 하여금 성도들을 미워하고 핍박하게 만든다. "사람들이 너희를 출회할 뿐 아니라 때가 이르면 무릇 너희를 죽이는 자가 생각하기를 이것이 하나님을 섬기는 예라 하리라 저희가 이런 일을 할 것은 아버지와 나를 알지 못함이라"(요 16:2,3). 바울은 자기가 그리스도인들을 잔인하게 대한 것은 모두 자기의 무지 때문이었다고 말했다. "내가 전에는 훼방자요 핍박자요 포행자이었으나 도리어 긍휼을 입은 것은 내가 믿지 아니할 때에 알지 못하고 행하였음이라"(딤전 1:13).[37] 무지는 또한 유대인들로

---

[36] 로마는 무지가 헌신의 어머니라고 말하지만 성경은 무지가 파멸의 어머니라고 말한다.

하여금 그리스도를 십자가에 못 박도록 하였다. "이에 예수께서 가라사대 아버지여 저희를 사하여 주옵소서 자기의 하는 것을 알지 못함이니이다 하시더라"(눅 23:34).[38] "이 지혜는 이 세대의 관원이 하나도 알지 못하였나니 만일 알았더면 영광의 주를 십자가에 못 박지 아니하였으리라"(고전 2:8). 처음에는 죄가 무지의 원인이었는데 이제는 무지가 모든 죄의 원인이 되고 있다. 선지자는 이렇게 말했다. "이 땅에는… 오직 저주와 사위와 살인과 투절과 간음뿐이요 강포하여 피가 피를 뒤대임"만 있으니, 그 이유는 "진실도 없고 인애도 없고 하나님을 아는 지식도 없기" 때문이다(호 4:1,2). 무지한 영혼처럼 죄의 길로 그렇게 자주 그리고 경솔하게 행하는 자가 없다. 그들은 자기들이 행하는 행동에는 관심도 마음도 두지 않고 자기들이 하나님, 그리스도, 하늘, 거룩, 자기 영혼을 거슬려 하는 말에도 전혀 관심이 없다. "우리의 혀는 우리의 것이니 누가 우리를 통제하리요?" "저희는 능욕하며 악하게 압제하여 말하며 거만히 말하며 저희 입은 하늘에 두고 저희 혀는 땅에 두루 다니도다… 죄악을 행하는 자는 다 무지하뇨 저희가 떡 먹듯이 내 백성을 먹으면서 여호와를 부르지 아니하는도다"(시 73:8,9, 14:4).

---

37) 사도는 여기서 자신의 무지를 변명하는 것이 아니다. 그것은 전적으로 자신의 책임이다. 그러나 하나님의 자비는 그의 죄와 포악성을 설명하는 출처로 언급하고 있는 것이다. '자신이 궁휼을 입었다'는 것은 설명적인 표현이다. 이것을 주목하는 것이 중요하다.

38) 아리스토텔레스는 무지가 세상의 모든 잘못된 행위의 어미라고 했다.

부록

will you always be angry? Will your wrath continue forever?'
This is how you talk, but you do all the evil you can."
(Jeremiah 3:5)

"노를 한없이 계속하시겠으며 끝까지 두시겠나이까 하지 않겠느냐 보라 네가 이같이 말하여도 악을 행하여 네 욕심을 이루었느냐 하시니라" (렘 3:5)

1. 사단의 추가적인 책략 다섯 가지
2. 거짓된 선생들의 일곱 가지 특성
3. 사단과 그의 책략에 관한 여섯 가지 명제
4. 결론: 사단의 책략에 대비한 10가지의 특별한 조언과 규칙

1. 사단의 추가적인 책략 다섯 가지

사단은 이를 통하여 가련한 영혼들이 그리스도를 믿지 못하도록, 그리스도를 영접하지 못하도록, 그리스도를 끌어안지 못하도록, 그리스도를 의지하지 못하도록 한다. 그리하여 복음을 좇아 영구적인 행복과 축복을 얻지 못하도록 한다. 이런 책략들에게 대항하는 방책에는 다음과 같은 것들이 있다.

첫 번째 책략.

영혼들에게 그들의 죄가 많고 악하다는 것을 보여주는 것이다. 사단은 이렇게 말한다. "뭐라고! 너는 그리스도의 뜻에 반하여 그렇게도 큰 죄를 지어놓고도 그리스도를 힘입어 긍휼을 얻을 것으로 생각한단 말이냐? 부어주시는 은혜를 무시하고 은혜의 성령을 그렇게 괴로우시게 하고도 말이다. 너는 은혜의 말씀을 멸시하였으며, 용서를 주고 구원을 주는 언약의 피를 발로 밟아 버렸으며, 할 수 있는 모든 악을 저지르고 말로 토설하였다. 안 된다! 그분의 긍휼은 다른 사람들을 위한 것이다. 너를 위한 것은 아니다. 용서도 다른 사람들을 위한 것이지 너를 위한 게 아니다. 의도 다른 사람들을 위한 것이지 너에게 줄 것이 아니다. 그러므로 네가 그리스도를 믿으며 너의 죄 있는 영혼을 그리스도께 의탁하려 하는 것은 헛된 일이다(렘 3:5)."

첫 번째 대책. 이런 사단의 책략에 대한 첫 번째 대책은 죄가 더할수록 구세주가 더욱 필요하다는 것을 생각하는 것이다. 짐이 무거울수록, 그 짐을 감당하도록 도움을 줄 사람이 더 필요하다. 상처가 깊을수록, 수술할 의사가 더욱 필요하다. 병이 위험하면 위험할수록, 의사가 더욱 필요하다. 미친 사람이 아니고야 누가 감히 이렇게 주장하겠는가? "내 짐은 크며 따라서 나는 도움을 구하지 않겠노라. 내 상처는 깊다. 그러므로 나는 고약을 찾아 구하지 않겠노라. 내 질병은 아주 위험하다. 그러므로 나는 의사에게 가지 않겠노라." 아! 이렇게 주장한다면 이는 영적인 미친 짓이며 악마의 논리이다. "내 죄가 너무 크므로 나는 그리스도께로 가지 않겠노라. 나는 감히 그리스도께 의지할 수 없노라. 오히려 그런 영혼은 이런 논리를 전개해야 할 것이다. "내 죄가 크면 클수록 나에게는 긍휼이, 용서가 더 필요하다. 그러므로 나는 그리스도께로 가겠노라." 그분은 긍휼을 베풀기 좋아하시고 자기 자신을 위하여 죄를 용서하시기 좋아하시기 때문이다. 그분은 아무리 많은 죄라도 능히 용서하실 수 있으시며 또 용서하시고자 하신다(미 7:18; 사 43:25).

두 번째 대책. 이런 사단의 책략에 대한 두 번째 대책은 은혜와 긍휼의 약속은 돌아오는 영혼들을 위한 것임을 진지하게 고려하는 것이다. 그러므로 여러분이 그렇게 사악하다 하더라도, 만일 여러분이 돌아온다면 하나님은 여러분의 하나님이 되실 것이며 긍휼도 여러분의 것이 될 것이다. 용서도 여러분에게 주어질 것이다. "너희가 만일 여호와께 돌아오면 너희 형제와 너희 자녀가 사로잡은 자에게서 자비를 입어 다시 이 땅으로 돌아오리라 너희 하나님 여호와는 은혜로우시고 자비하신지라 너희가 그에게로 돌아오면 그 얼굴을 너희에게서 돌이키지 아니하시리라"(대하 30:9). 마찬가지로, "너는 가서 북을 향하여 이 말을 선포하여 이르라 여호와께서 가라사대 배역한 이스라엘아 돌아오라 나의 노한 얼굴을 너희에게로 향하지 아니하리라 나는 긍휼이 있는 자라 노를 한없이 품지 아니하느니라 여호와의 말이니라"(렘 3:12). "너희는 옷을 찢지 말고 마음을 찢고 너희 하나님 여호와께로 돌아올지어다 그는 은혜로우시며 자비로우시며 노하기를 더디하시며 인애가 크시사 뜻을 돌이켜 재앙을 내리지 아니하시나니"(욜 2:13). "악인은 그 길을, 불의한 자는 그 생각을 버리고 여호와께로 돌아오라 그리하면 그가 긍휼히 여기시리라 우리 하나님께로 나아오라 그가 널리 용서하시리라"(사 55:7). 여기서 널리 용서하신다는 말은 히브리어 원어대로 하면, "용서를 여러 번 해주시리라"는 뜻이다. 에스겔 18장에도 같은 내용의 말씀이 쓰여 있다.

아! 죄인이여, 만일 여러분이 회개하여 죄를 끊어버리고 긍휼의 샘에게로 돌아온다면 결코 여러분의 큰 범죄가 긍휼로부터 여러분을 격리시키지는 못할 것이다. 그리스도의 마음, 그리스도의 품은 넓디넓어서 돌아오는 탕자를 다 받아들일 수 있을 만하다. 여러분의 영구적인 파멸을 초래하는 것은 여러분의 큰 죄가 아니라, 계속해서 죄에 거하고자 하는 여러분의 결심이다.

세 번째 대책. 이런 사단의 책략에 대한 세 번째 대책은 이것을 엄숙하게 고려하는 것이다. 제 아무리 큰 죄인이라도 모두 다 지금까지 긍휼을 받아 왔으며 따라서 하늘의 천사들이든지 땅의 사람들이든지 지옥의 악마들도 모두 다른 얘기를 해서는 안 된다. 여러분도 긍휼을 얻을 수가 있다. 므낫세는 극악한 죄인이었다. 그는 바알의 제단을 세웠으며 하늘의 일월성신을 섬겼으며 그의 아들들로 하여금 몰렉을 위하여 불 속을 지나게 하였으며 스스로 주술과 무술(巫術)에 빠진 자였다. 그는 이스라엘 자손 앞에서 하나님이 멸망시키신 이방인들보다 더 사악하게 죄를 짓던 자였다. 그는 예루살렘 거리를 무죄한 피로 물들게 한 자였다(왕하 21장). 아! 그 어떤 악마가 화신을 하였기에 그가 그렇게도 잔인하게 행동할 수 있단 말인가! 하지만 그가 자기 자신을 낮추고 여호와를 찾자 여호와께서는 그의 탄원을 들으시고 그의 청원을 들어주셨다. 그를 예루살렘으로 불러 그에게 여호와 자신을 알리시고 긍휼과 자비로 다시 그에게 왕관을 씌워주셨다. 그런 얘기가 역대하 33장에 나온다.[1] 마찬가지로, 바울도 원래는 핍박자요 훼방자요 포행자였으나 그에게도 긍휼이 임했다(딤전 1:13). 막달라 마리아도 유명한 매춘부였으나 그리스도께서 그녀에게서 일곱 귀신을 쫓아내 주셨다. 그녀는 그리스도로부터 죄의 용서를 받고 큰 사랑을 받은 자가 되었다(눅 7:37,38). 마가복음 16:9에는 이런 말씀이 나온다. "예수께서 안식 후

---

1) 히브리 학자에 의하면 그는 장인인 이사야 선지자를 살해했다고 한다.

첫날 이른 아침에 살아나신 후 전에 일곱 귀신을 쫓아내어 주신 막달라 마리아에게 먼저 보이시니"(막 16:9).

이 구절에 대해 얀센은 이렇게 주석하였다. "우리의 구세주께서 부활하신 후 막달라 마리아와 베드로에게 자기 자신을 먼저 나타내 보이신 것은 매우 주목할 만한 일이다. 그들은 중한 죄인들이었기 때문이다. 극악한 죄인이라도 위로를 받을 수 있으며, 그리스도께로 오도록 권고를 받을 수 있으며, 그리스도를 믿을 수 있고 그들의 영혼을 그리스도께 의탁할 수 있으며, 그로 인해 금세에서는 긍휼을 그리고 내세에서는 영광을 받을 수 있다는 것을 보여주는 내용이다." 여기 아주 고약한 죄인들이 의지할 수 있는 매우 귀중한 말씀이 있다. 시편 기자는 그리스도에 대해서 이렇게 말했다. "주께서 높은 곳으로 오르시며 사로잡은 자를 끌고 선물을 인간에게서, 또는 패역자 중에서 받으시니 여호와 하나님이 저희와 함께 거하려 하심이로다"(시 68:18).

여러분이 비록 고약한 자식이거나 종이라 할지라도, 하나님을 욕하며 술에 절은 자라 할지라도, 반항적으로 안식일을 범하는 자라 할지라도, 그래도 그리스도께서는 여러분을 위하여, '반항자들을 위해서도' 은사를 베푸신다! 그분은 용서의 은사, 의의 은사를… 그렇다, 갖가지 성령의 은사를 여러분에게 베푸실 것이다. 이는 여러분의 심령을 하여금 하나님이 머무실 즐거운 처소가 되도록 하시기 위함이다.

존 보딘이 로마 황제에 대항하는 강력한 집단을 작당하였던 한 반항자에 대한 이야기를 들려주었다. 황제는 누구든 그 반항자를 산 채로든 죽은 채로든 잡아오는 자에게는 많은 돈을 주겠다고 선언하였다. 그 반항자는 그 소식을 듣고 스스로 황제 앞에 나타나 그 돈을 요구하였다. 황제는 말하였다. "만일 내가 저를 죽인다면 세상은 말하기를 내가 돈이 아까워서 그를 죽였다고 할 게 아니겠는가. 그래서 황제는 그를 용서하고 그에게 그 돈을 주었다고 한다."

아! 죄인들이여! 극소량의 자비와 인휼(仁恤)을 지니고 있는 이방인도 이렇게 하거든 하물며 그리스도께서 그렇게 못 하시겠는가? 그분은 긍휼, 자비, 은혜, 영광을 충만하게 가지고 계시는 분이시다. 그분은 분명히 극악한 반항자들에 대해 사모하는 정을 가지고 계시다. 아! 여러분이 다가오기만 하면 그분이 용서할 준비가 되어 있다는 것을, 긍휼을 베푸실 결심을 하고 계시다는 것을 발견하게 될 것이다. 오! 극악한 반항자도 받아들이시고 은혜를 베푸실 준비가 되어 있으신 예수 그리스도시여! 오! 긍휼을 품은 아버지는 돼지를 먹이고 창녀들에게 입맞추다가 돌아온 탕자를 끌어안고 그에게 입을 맞추었다(골 1:19, 2:3,4,).[2]

에브라임은 우상숭배에 빠졌으며 하나님으로부터 물러간 자였다. 그는 미온적인 신앙 내지 불신앙을 가졌던 자이다. 그럼에도 불구하고 하나님은 이렇게 말씀하셨다. "에브라임은 나의 사랑하는 아들이다. 그는 즐거움을 주는 자녀다. 나의 심장이 그를 향하여 불붙는 듯하니 내가 긍휼을 베풀리라." 원어의 의미대로 하면 "내가 그를 위하여 긍휼

---

[2] 느 9:17, "주는 용서의 하나님이시니라."

을, 참으로 긍휼을 베풀겠노라 이는 여호와의 말이니라."3)

하나님은 말씀하셨다. "비록 에브라임이 지은 죄가 주홍같이 붉을지라도 그는 내 아들이며 귀한 아들이며 귀중한 아들이며 즐거움을 주는 아들이다. 비록 그가 죄로 검어지고 죄책감으로 붉어졌지만 내 심장은 그를 위하여 불일 듯 하노라. 내가 그에게 긍휼을 베풀고 베풀리라." 아 죄인들아, 만일 이런 긍휼의 심장이 여러분을 녹이고 사로잡아 이끌지 않는다면, 장차 그런 긍휼의 호의를 걷어차버린 것에 대하여 공의가 여러분에 대항하여 발빠르게 증거할 것이며 여러분으로 하여금 영원한 비참 가운데에 눕게 할 것이다.

호전적인 스구디아인들이 그랬던 것처럼, 그리스도께서도 겸손히 고개를 숙이고 나아와 은총을 구하는 자들에게 은혜와 긍휼의 백기를 내거실 것이다. 그러나 만일 죄인들이 끝까지 저항한다면 그리스도께서는 그분의 붉은 기, 즉 그분의 피가 묻은 기를 내거실 것이며 그러면 그들은 공의의 손에 의하여 영원히 죽음을 당하게 될 것이다. 죄인들이여! 그리스도의 금홀에 입을 맞추는 길 외에는 그분의 쇠막대기에 의해 멸망을 당하는 일을 피할 길이 도저히 없다는 것을 알라.

네 번째 대책. 이런 사단의 책략에 대한 네 번째 대책은 이것을 고려하는 것이다. 예수 그리스도께서 그분을 받아들이고자 나아오는 자들

---

3) 호 4:7, 5:3, 6:8, 11, 12:12, 14, 13:12; 렘 31:20

을 거부하신 적이, 그분을 믿고 그분을 의지하여 행복과 축복을 받고자 나아오는 극히 고약한 죄인들을 거부하신 적이 성경에는 나와 있지 않다. 아! 죄인들이여, 그런데 여러분은 왜 여러분 자신의 영혼을 그리스도보다 더 잔혹하고 무자비하게 대하려고 하는가? 그리스도는 여러분을 긍휼로부터 제외시키지 않으셨는데, 여러분은 왜 여러분 자신의 영혼을 긍휼로부터 제외시키려 하는가? 오, 여러분은 이런 좋은 성구들을 자주 묵상하는 게 좋을 것이다. "아버지께서 내게 주시는 자는 다 내게로 올 것이요 내게 오는 자는 내가 결코 내어쫓지 아니하리라"(요 6:37). 원어의 의미대로 하면, "내가 무슨 일이 있어도 내어쫓지 아니하리라"이다. 다음 그리스도께서 하신 말씀이다. "누구든지 내게로 오고자 하는 자는 또는 내게로 오고 있는 자는 그가 비록 죄가 더 있는 자이건 없는 자이건 간에, 가치가 있는 자이건 없는 자이건 간에, 죄책이 제아무리 크든지 간에, 더러움이 제 아무리 커도, 그 반항심이나 문둥병이 제 아무리 커도, 만일 그가 오기만 한다면 내가 무슨 일이 있어도 그를 쫓아버리지 않을 것이다." 그런 내용이 고린도전서 6:9-11에도 나와 있다. "불의한 자가 하나님의 나라를 유업으로 받지 못할 줄을 알지 못하느냐 미혹을 받지 말라 음란하는 자나 우상 숭배하는 자나 간음하는 자나 탐색하는 자나 남색하는 자나 도적이나 탐람하는 자나 술 취하는 자나 후욕하는 자나 토색하는 자들은 하나님의 나라를 유업으로 받지 못하리라 너희 중에 이와 같은 자들이 있더니 주 예수 그리스도의 이름과 우리 하나님의 성령 안에서 씻음과 거룩함과 의롭다 하심을 얻었느니라"(고전 6:9-11).

　아! 죄인들이여, 그런 어마어마한 죄인들을 긍휼로 받아들이신 분께서 여러분을 거절하시겠는가? "예수 그리스도는 어제나 오늘이나 영원토록 동일하시니라"(히 13:8). 그리스도는 모든 사람들을 받아들이신다는 것을 보이시고자 그분은 여인숙에서 태어나셨다. 그분의 옷은 네 갈래로 쪼개졌는데 이는 우리가 세상의 어느 지역에서 왔건 간에 우리를 받아들이시겠다는 것을 보이시기 위함이었다. 만일 우리가 벗었다면 그리스도는 그 옷으로 우리에게 입혀주실 것이다. 만일 우리에게 거처가 없다면 그리스도가 우리에게 거처할 방을 내주실 것이다. 이 얼마나 아름다운 성구인가. "베드로가 입을 열어 가로되 내가 참으로 하나님은 사람의 외모를 취하지 아니하시고 각 나라 중 하나님을 경외하며 의를 행하는 사람은 하나님이 받으시는 줄 깨달았도다"(행 10:34-35).

　십자가 위에 새겨진 세 가지 언어 즉 헬라어, 라틴어, 히브리어는 (요 19:19,20) 그리스도께서 유대인의 왕이신 것을 나타내는 것은 물론, 그들의 속담에도 나와 있듯이, "그리스도는 모든 것을 충분하게 공급하시는 구세주."라는 사실을 단적으로 증명하는 것이기도 하다. 또한 "삼겹줄은 쉽게 끊어지지 아니하느니라"(전 4:12)를 나타내는 것이기도 하다. 사도는 이 내용을 분명하게 전하고 있다. "그러므로 자기를 힘입어 하나님께 나아가는 자들을 온전히 구원하실 수 있으니 이는 그가 항상 살아서 저희를 위하여 간구하심이니라"(히 7:25). 만일 그분이 모든 것을 충분하게 공급하시는 구세주가 아니라면, 그분은 극악한 죄인을 구원하지 못하실 뿐 아니라 가장 왜소한 죄인도 구원하지 못하실 것이다. 아! 죄인들이여, 예수 그리스도께 그분이 여러분을 긍휼로부터 제외시키지 않았다는 것을 말해 달라고 구하라. 여러분은 긍휼의 문간에서 앉아 울고불고 두드리도록 하라. 그분께서 "영혼들이여, 낙담하지 말라. 네 죄가 사해졌느니라. 너희의 인격은 의롭게 되었으며 영혼들은 구원을 받았느니라"는 말씀을 하실 때까지 그렇게 하겠다고 결심하라.

다섯 번째 대책. 이런 사단의 책략에 대한 다섯 번째 대책은 이것을 고려하는 것이다. 여러분이 큰 죄인일수록 여러분은 그리스도께 더욱 귀중한 존재가 될 것이다. 그분이 여러분을 자기 영혼이 수고한 열매로 보실 것이기 때문이다. "그가 자기 영혼의 수고한 것을 보고 만족히 여길 것이라"(사 53:11). 우리가 어느 것을 위해 간절히 기도하면 할수록 그것이 우리에게 더욱 더 귀하게 여겨질 것이다. 그리스도는 가장 큰 죄인을 위하여 가장 많은 값을 치르셨으며, 가장 많이 기도하셨으며, 가장 많이 한숨 지으셨으며, 가장 많이 우셨으며, 가장 많이 피를 흘리셨기 때문에 그런 사람들은 그리스도께 죄가 적은 사람들보다 더욱 귀중한 것이다. 라헬이 야곱에게 레아보다 더 귀중했던 것은 그녀 때문에 그가 더 많은 수고를 하였기 때문이다. 그는 레아보다는 라헬을 위하여 더 밤낮으로 일하고 견디고 고통 당했다. 아! 죄인들이여, 여러분의 죄가 크다는 것은 그리스도의 은혜의 값없음과 부요를, 그분의 사랑의 값없음을 더 돋보이게 할 뿐이다. 이것은 그분을 찬양하는 소리가 천지에 울려 퍼지게 할 뿐이다. 그분이 가장 사랑할 수 없는 사람을 사랑하셨으니, 그분께 대해 가장 큰 죄를 저지른 사람에게 가장 큰 은총을 내리셨으니 그렇게 된다는 말이다. 이것은 성경에 나오는 바울이나 막달라 마리아 같은 몇몇 사람들의 경우에서 볼 수 있다. 이런 사람들보다 더 큰 죄를 저지른 사람이 누구인가? 이런 사람들보다 더 신의 사랑이 달콤하고 더 멋지게 나타난 것을 경험한 사람이 누구인가?

여섯 번째 대책. 이런 사단의 책략에 대한 여섯 번째 대책은 이것을 심각하게 고려하는 것이다. 여러분이 그리스도로부터 더 오래 떨어져 있을수록, 여러분의 죄는 더 크고 더 강력하게 자라날 것이다. 죄에 대항하는 모든 거룩한 힘과 능력은 영혼이 그리스도와 연합해 있는 것으로부터 흘러나온다(롬 8:10; 요일 1:6,7). 여러분이 그리스도로부터 멀리 떨어져 있다면, 여러분은 그 힘과 권능으로부터 멀리 떨어져 있는 것이다. 오직 그 힘과 권능만이 여러분으로 하여금 그리스도에 대항했던 골리앗을 짓밟고 사로잡고 살해할 수 있게 할 것이다. 사람으로 하여금 죄, 사단, 지옥, 세상을 이기게 하는 것은 그리스도에 대한 믿음뿐이다(요일 5:4). 그리스도에 대한 믿음만이 강력한 자의 손과 발을 묶고 피 흘림을 멈추게 하며 사람으로 하여금 강력하게 저항하고 정복하는 기쁨을 느낄 수 있게 한다(마 5:15-35). 믿음이 가장 활력 있게 살아 있는 곳에서는 죄가 언제나 메마르게 된다. 가장 믿음이 충만한 신자는 가장 죄가 메말라버린 사람이다. 아! 죄인이여, 이것을 기억하라. 죄책,

더러움, 죄의 권세를 효과적으로 척결하는 데는 구세주에 대한 믿음만한 게 없다. 죄의 몸을 거룩한 힘으로 이기게 하는 것은 결심도 아니고 호소도 아니고 애곡도 아니고 오직 믿음뿐이다. 오늘까지 여러분은 그 죄의 몸을 힘겨워하였는데, 믿음의 손으로 그것을 파멸시키지 않는다면 그것은 장차 반드시 여러분의 파멸을 가져올 것이다.

일곱 번째 대책. 이런 사단의 책략에 대한 일곱 번째 대책은 이것을 현명하게 고려하는 것이다. 가장 큰 죄인들로 하여금 그분을 믿지 못하게 할 수 있는 게 그리스도 안에 하나도 없는 것처럼, 그리스도 안에는 가장 중대한 죄인이 그분을 믿으며 의지하도록 하며 모든 행복과 축복을 향유할 수 있게 하는 모든 게 들어 있다(아 1:3). 만일 여러분이 그분의 본성을, 그분의 기질을, 그분의 이름, 명칭, 왕과 제사장과 선지자로서의 직분을 상기한다면, 여러분은 제 아무리 큰 죄인이라도 그분을 믿지 못하게 하는 것이 하나도 없다는 것을 발견하게 될 것이며, 많은 것들이 가장 큰 죄인들로 하여금 그분을 믿도록, 그분을 영접하도록 한다는 것을 발견하게 될 것이다.[4] 그리스도는 가장 위대한 선이며 가장 큰 선이요, 가장 주요한 선이요, 가장 적절한 선, 가장 필수적인 선이시다. 그분은 순결한 선, 진실한 선, 전적인 선, 영구적인 선이시다. 그분은 영혼을 만족시키는 선이시다(계 3:17,18). 죄인들이여, 여러분이 가난한

---

4) 골 1:19, 2:3; 아 5:10

가? 그리스도께서는 여러분을 부요하게 할 금을 가지고 계시다. 여러분이 벌거벗었는가? 그리스도께서는 여러분에게 입힐 왕의 의복과 흰옷을 가지고 계시다. 여러분이 눈이 멀었는가? 그리스도께서는 여러분의 눈을 뜨게 할 안약을 가지고 계시다. 여러분이 배가 고픈가? 그리스도께서는 여러분에게 먹일 만나를 가지고 계시다. 여러분이 목이 마른가? 그분은 여러분의 갈증을 해소시킬 생수의 샘이 되실 것이다. 여러분이 상처를 입었는가? 그분은 여러분을 치유할 진통제를 그분의 날개 아래 늘 가지고 다니신다. 여러분이 병들었는가? 그분은 여러분을 치료해 주실 의사가 되신다. 여러분이 감옥에 갇혔는가? 그분은 여러분을 위해 속전(贖錢)을 내놓으실 것이다. 아, 죄인들이여! 내게 말하라. 그리스도 안에 여러분으로 하여금 믿지 못하게 막는 것이 하나나 있는가? 전혀 없다! 그리스도 안에 여러분으로 하여금 그분을 믿도록 격려하는 뭔가가 있는가? 있다! 오, 그렇다면, 그분을 믿도록 하라. 그러면 "너희 죄가 주홍 같을지라도 눈과 같이 희어질 것이요 진홍같이 붉을지라도 양털 같이 되리라"(사 1:18). 여러분의 범과가 용서될 뿐 아니라 잊혀질 것이요 그것들은 더 이상 기억되지 않을 것이다. 하나님은 그것들을 그분의 등뒤로 던져버리실 것이며 그것들을 깊은 바다에 빠뜨리실 것이다(사 43:25, 38:17; 미 7:19).

여덟 번째 대책. 이런 사단의 책략에 대한 여덟 번째 대책은 그리스도를 믿는 게 절대적으로 필요하다는 것을 심각하게 고려하는 것이다.

천국은 너무도 거룩하고 너무도 뜨거워서 불신자들을 받아들일 수가 없다. 그들의 거처는 지옥에 마련되어 있다. "그러나 두려워하는 자들과 믿지 아니하는 자들과 흉악한 자들과 살인자들과 행음자들과 술객들과 우상 숭배자들과 모든 거짓말하는 자들은 불과 유황으로 타는 못에 참여하리니 이것이 둘째 사망이라"(계 21:8). 그리스도께서는 이렇게 말씀하셨다. "너희가 만일 내가 그인 줄 믿지 아니하면 너희는 너희 죄 가운데서 죽으리라"(요 8:24). 자기 죄 가운데서 죽는 자는 자기 죄 가운데서 심판을 받고 지옥으로 떨어지게 될 것이다. 모든 불신자는 정죄를 받은 사람이다. 요한은 이렇게 말했다. "저를 믿는 자는 심판을 받지 아니하는 것이요 믿지 아니하는 자는 하나님의 독생자의 이름을 믿지 아니하므로 벌써 심판을 받은 것이니라… 아들을 믿는 자는 영생이 있고 아들을 순종치 아니하는 자는 영생을 보지 못하고 도리어 하나님의 진노가 그 위에 머물러 있느니라"(요 3:18,36). 아, 죄인들이여! 율법, 복음, 여러분 자신의 양심이 이미 여러분에게 정죄를 선고하였다. 그리스도를 믿는 것 외에는 그 선고를 번복할 재간이 없다. 그러므로 내가 조언하고자 하는 것은 이것이다. 떨쳐 일어나 주 예수를 부여잡아라. 그분을 쳐다보고 그분을 기대하라. 그분으로부터 모든 선하고 온전한 선물이 나오기 때문이다. 그분께서 여러분에게 하늘과 땅보다도 더 귀한 그 보석 같은 믿음을 주시기까지는 그분을 쉬시지 못하게 하라. 그러면 여러분은 살아서 행복하고 죽어서 즐겁게 될 것이며 그리스도의 날에 영광을 받게 될 것이다(사 64:7; 약 1:17; 사 62:7).

수많은 사람들로 하여금 그리스도를 믿지 못하게 하는 데 사용하는 사단의 이 첫 번째 책략에 대한 대책에는 위와 같은 것들이 포함된다.

두 번째 책략.

죄인들에게 그들의 무가치성을 상기시키는 것이다. 사단은 이렇게 말한다. "아! 너는 가장 큰 비참에 합당한 사람인만큼 자비의 가장 작은 부스러기조차도 먹을 자격이 없다." 또 사단은 이렇게 말한다. "뭐라고! 그리스도께서 당신 같이 무가치한 치한을 받아들여 소유하시며 가슴에 안으실 것이라고 너는 생각하는가? 아니다. 절대로 아니다. 만일 네 안에 뭔가 가치 있는 게 있다면 참으로 그리스도는 너로부터 대접을 받고자 하실 것이다. 그렇지만 너는 그리스도를 네 집으로 모셔 들일 자격조차 없는데, 어찌하여 네가 그리스도를 네 마음속으로 모셔 들일 자격이 된단 말인가?"

첫 번째 대책. 이런 사단의 책략에 대한 첫 번째 대책은 이것을 심각하게 고려하는 것이다. 피조물이 그리스도를 믿는 데 무슨 자격이 있어야 한다고 하나님이 요구하신 성경 구절이 하나도 없다. 여러분이 성경을 제 아무리 세밀하게 살핀다 해도, 창세기부터 요한계시록까지 하나하나 뒤져도 사람이 그리스도를 믿기 전에, 그리스도를 의지하기 전에 피조물 안에 어떤 가치 있는 게 있어야 행복과 축복을 얻을 수 있다고 하

`님이 말씀하신 곳은 하나도 발견할 수 없을 것이다. 그렇다면, 하나님이 그리스도께로 오기 전에 그런 것을 요구하신 적이 하나도 없다면, 왜 그것이 여러분이 생명을 얻는 데 지장을 가져오고 방해가 되어야 한단 말인가?(마 19:8; 요 5:29). 아, 죄인들이여! 기억하라. 사단이 여러분에게 불리한 증거로 여러분의 무가치함을 제시하는 것은 그리스도와 여러분의 영혼을 영구적으로 분리시키기 위함이다. 그러므로 여러분의 모든 무가치함이 제시될 때 그리스도를 의지하고 그분께로 오라. 그리스도를 믿어라. 그러면 여러분은 영구히 행복하게 될 것이다(요 6:40,47).

두 번째 대책. 이런 사단의 책략에 대한 두 번째 대책은 이것을 현명하게 고려하는 것이다. 지금까지 그리스도를 영접하고 받아들이고 그리스도로부터 긍휼과 용서를 얻은 사람 치고 무가치하지 않은 영혼은 하나도 없다. 말해 보라. 마태, 삭개오, 막달라 마리아, 므낫세, 바울, 루디아 같은 사람들이 그리스도께로 오기 전에, 그리스도를 믿게 되기 전에 그들에게 무슨 가치 있는 게 있었는가? 분명히 하나도 없었다! 아, 죄인들이여, 여러분은 이렇게 주장하여야 한다. 그리스도는 가장 우수한 은혜, 가장 달콤한 특권, 가장 고상한 위엄을 무가치한 영혼에게 수여하셨으니, 오 나의 영혼이여, 낙담하지 말며 낙심하지 말고, 오히려 인내심을 가지고 조용한 중에 주님의 구원을 바랄찌어다. 값없는 은혜와 긍휼이 무가치한 우리에게 퍼부어질 것이며 우리가 지금 하늘에서 기뼈 뛰며 살고 있는 그런 인사들 가운데 들지 않게 되리라고 누가 감히 말할 수 있겠는가?

세 번째 대책. 이런 사단의 책략에 대한 세 번째 대책은 이것을 고려하는 것이다. 영혼이 가치가 있게 될 때까지 기다린다면, 그는 그리스도로부터 영구적으로 떨어져 있어야 할 것이다. 그런 영혼은 그리스도께로 결코 가까이 다가갈 수 없을 것이며 결코 그리스도를 끌어안을 수 없을 것이다. 그리스도와 하나가 될 수 없을 것이며 영구적인 슬픔 속에서 누워 있어야 할 것이다(사 50:11). 하나님은 모든 가치 있는 것을 그리스도 안에 놓아두셨다. 그리하여 피조물이 그것을 더듬어 찾게 하셨다. 무가치한 영혼을 가치 있게 만드는 것은 그리스도를 믿는 것 외에는 없다(약 2:23). 그리스도를 믿으면 종들인 여러분이 가치 있는 아들이 될 것이다. 원수가 가치 있는 친구로 변할 것이다. 하나님은 그리스도의 인격, 의, 만족, 도고에 의하여 가치 있게 된 신자들이 아니고는 그 누구도 가치 있다고 간주하지 않으실 것이며 그 누구도 가치 있다고 칭하지 않으실 것이며 그 누구에게도 가치를 전가시키지 않으실 것이다.

네 번째 대책. 이런 사단의 책략에 대한 네 번째 대책은 이것을 엄숙하게 고려하는 것이다. 여러분이 여러분 자신의 마음을 잘 살핀다면, 이것을 발견하게 될 것이다—여러분이 가치 있는 것을 가지고 그리스도께로 다가가고자 하는 것은 여러분 마음의 교만과 어리석음 때문이다. 오! 여러분은 가치 있는 것을 가지고 그리스도께로 다가가서 여러분을 그리스도께 용납 받을 만한 사람으로 제시하고 싶어한다. 여러분은 빈손으로 가기를 싫어한다. 주님은 이렇게 외치셨다. "너희 목마른 자들아 물로 나아오라 돈 없는 자도 오라 너희는 와서 사 먹되 돈 없이 값없이 와서 포도주와 젖을 사라 너희가 어찌하여 양식 아닌 것을 위하여 은을 달아 주며 배부르게 못할 것을 위하여 수고하느냐 나를 청종하라 그리하면 너희가 좋은 것을 먹을 것이며 너희 마음이 기름진 것으로 즐거움을 얻으리라"(사 55:1,2). 여기서 주님은 돈 없는 자, 한 푼도 없는 자, 무가치한 자에게 와서 그분의 귀중한 은총을 값없이 받으라고 권고하신다. 그러나 죄인들은 거만하고 어리석어서 자기가 돈을 가지고 있지 못하므로, 가치가 없으므로 오지 않으려고 한다. 그분께서 그들보고 오라고 애원하는데도 말이다. 아, 죄인들이여, 여러분이 영구히 파멸하게 되는 길이 이것이 아니고 또 무엇이겠는가? 우유와 포도주가 앞에 놓였는데도 돼지들 가운데서 쥐엄 열매로 연명을 하려 하다니 얼마나 안타까운 일인가. 복음의 달콤하고 귀중한 것들이 값없이 은혜로 여러분에게 제공되고 있는데도 말이다! 아아, 죄인들이여! 이것을 기억하라. 여러분으로 하여금 주 예수님과 더 가까워지지 못하게 하는 것은 여러분이 무가치하다는 자격지심이라기보다는 오히려 여러분의 거만 때문이다.

세 번째 책략.

죄인들에게 이런저런 준비와 자격이 부족하다는 것을 보여주는 것이다. 사단은 이렇게 말한다. "너는 그리스도를 대접할 준비가 되어 있지 않다. 너는 이런저런 면에서 겸손하지 못하며 의롭게 되지 못하였다. 너는 죄에 대해 가슴 아파하지 않는다. 너는 아무개처럼 무서워하지도 않으며 공포에 질리지도 않았다. 네가 주 예수를 영접할 준비를 갖추고 자격을 갖추려면 더 기다려야 한다."

첫 번째 대책. 이런 사단의 책략에 대한 첫 번째 대책은 이것을 엄숙하게 고려하는 것이다. 사단이 말하는 대로 준비와 자격을 갖추지 못한 아무개도 그리스도를 영접하였으며 그분을 믿었으며 그분에 의하여 구원을 받았다. 마태는 세관에 앉아 있다가 부르심을 받았는데, 그리스도의 부르심에는 큰 권능이 뒤따라서 그로 하여금 그분을 좇게 한 것이다 (마 9:9). 우리는 그리스도께서 부르시기 전에 공포와 두려움에 질렸던 사람의 사례를 읽어본 적이 없다. 삭개오, 바울, 간수, 루디아 같은 이들이 회심하기 전에 무슨 준비와 자격을 갖추었던가?(눅 19:9; 행 16:14 이하). 하나님은 복음의 달콤하고 세미한 음성으로 사람들을 부르신다. 그렇게 그리스도께로 부르심을 받은 사람들은 대개 가장 아름답고 가장 우수하고 가장 열매가 많은 그리스도인들이 되었다. 하나님은 죄인들의 영혼을 율법에 의해서 움직일 것인지 복음에 의해서 움직일 것인지를 자유롭게 선택하실 수 있는 분이시다. 미소로 움직일 것이지 눈살을 찌푸려서 움직일 것인지, 지옥을 제시하여 움직일 것이지 천국을 제시하여 움직일 것인지를 자유롭게 선택하실 수 있는 분이시다. 하나님은 시내 산에서 몇몇 사람들에게 천둥번개가 치게 하심으로 그들을 정복하셨다. 하나님은 다른 사람들에게는 세미한 음성을 들려주심으로써 그들을 정복하셨다. 율법에 의해 그리스도께로 나아온 사람들은 복음에 의해 그리스도께로 나아온 사람들을 판단하거나 정죄하지 말라. 복음에 의해 그리스도께로 온 사람들은 율법에 의해 그리스도께로 온 사람들을 멸시하지 말라. 어떤 이들은 불, 폭풍, 광풍에 의해 그리스도께로 나아오고 또 어떤 이들은 보다 더 부드럽고 온순한 성령의 바람을 타고 나아온다. 성령은 회심을 일으키시는 데 있어서 자유로운 분이시다. 원하신다면 바람처럼 불기도 하실 것이다(요한복음 3장). 겨울밤이나 여름의 낮에 그리스도께로 돌아오게 된 사람은 크게 복된 사람이다.

두 번째 대책. 이런 사단의 책략에 대한 두 번째 대책은 다음과 같은 성구들을 진지하게 묵상하는 것이다. 그리스도를 만날 준비나 자격이, 주 예수 그리스도를 영접하고 모셔들일 준비나 자격이 이런저런 면에서 되어 있지 못하는 가련한 죄인들임에도 불구하고 그리스도를 믿을 수 있다고 명백하게 증거하는 성경구절들이 많이 있다. 복음을 좇아 그분께 의지하면 행복과 축복을 받을 수 있다고 명백하게 증거하는 구절들이 말이다. 이런 구절들을 읽도록 하라. 잠 1:20-33, 8:1-11, 9:1-6; 겔 16:1-14; 요 3:14-18,36; 계 3:15-20. 여기 보면 예수 그리스도께서 라오디게아 교회의 문 밖에 서서 문을 두드리신다. 그분은 그들과 함께 식사를 하시기를 매우 원하신다. 다시 말하면, 그들과 더불어 친밀한 교제와 친교를 갖게 되기를 원하시는 것이다.

이제, 내게 말해 보라. 이 라오디게아 사람들이 그리스도를 즐겁게 해드리기 위하여 무슨 준비와 자격을 갖추었는가? 분명히 하나도 갖추지 못했을 것이다. 그들은 뜨뜻미지근한 사람들이었으며 "차지도 않고 덥지도 않은" 사람들이었기 때문이다. 그들은 "곤고하고 가련하고 가난하고 눈멀고 벌거벗은" 사람들이었다. 그러나 그리스도께서는 값없이 주시는 은혜와 자애로운 사랑을 그들에게 보이시고자 가장 고약한 죄인들에게 문을 열어 달라고 청하고 계시는 것이다. 그들이 어떤 면에서도 그분을 영접할 만한 준비와 자격이 없는데도 말이다.

세 번째 대책. 이런 사단의 책략에 대한 세 번째 대책은 이것을 심각하게 고려하는 것이다. 주님은 사람들이 그리스도께로 오기 전에, 그들이 그리스도를 믿기 전에, 주 예수를 영접하거나 받아들이기 전에 이런저런 준비와 자격을 갖추어야 한다고 요구한 내용이 성경에는 하나도 나와 있지 않다. 그리스도를 믿는 것이야말로 성경 전체를 통해서 하나님이 죄인들에게 요구하시는 위대한 일이다. 성경을 아는 사람이라면 모두 이 사실은 알고 있을 것이다.

반론을 제시하는 이들도 있을 것이다. 그리스도께서 이렇게 말씀하시지 않았는가? "수고하고 무거운 짐진 자들아 다 내게로 오라 내가 너희를 쉬게 하리라"(마 11:28).

이런 주장에 대해서 나는 다음과 같은 세 가지 답변을 제시하고자 한다.

(1) 비록 "수고하고 무거운 짐을 진" 사람들에게 그런 초청이 주어졌지만, 쉬게 하시겠다는 약속은 "믿기" 위해서 "오는" 사람들에게 주신 것이다.

(2) 이 성구가 보여주고 증명하는 것은 무거운 짐과 같은 죄 아래서 수고하는, 죄책의 짐을 지고 고생하는, 하나님의 불쾌감을 인식하고 고생하는 사람들은 그리스도께로 와서 안식을 얻어야 한다는 것이다. 그런 사람만 그리스도께로 와야 한다거나, 모든 사람이 그런 짐을 지고 죄의식으로 인해 하나님의 진노를 의식하고서 고생해야만 그리스도께로 가까이 다가올 수 있다고 하는 의미가 아니다.

가련한 죄인들이여, 죄의식과 하나님의 진노를 의식하고서 안식처를 찾아 이 피조물에서 저 피조물로, 이 의무에서 저 의무로, 이 규례에서 저 규례로 헤매고 다니는 사람들이여, 만일 그대들이 어느 피조물이나 사물에서 그것을 발견할 수 있다고 한다면 그리스도께서 그대들의 청을 들어주시지 않아도 될 것이다. 그러나 여기서 주님은 그대들을 부드럽게 청하시며 그대들에게 권고하신다. 그대들에게 안식을 주시겠다고 약속하신다. "내게로 오라. 그러면 내가 너희를 쉬게 하리라." 내가 너희에게 안식을 보여줄 것이라든지, 단순히 안식에 대해 말해주겠다든지 하지 않으시고, "내가 너희를 쉬게 하리라"고 말씀하신다. 나는 미쁘고 신실하여 거짓말을 할 수가 없다. "내가 너희를 쉬게 하리라." "수고하고 무거운 짐진 자들아 다 내게로 오라 내가 너희를 쉬게 하리라"고 말씀하신 분은 그런 것을 주실 가장 큰 권능을, 가장 큰 권리를 가지고 계신 분이시다. 안식은 가장 바랄 만한 선이며 가장 적절한 선이며 여러분에게 가장 위대한 선이다. 그리스도는 "오라"고 말씀하셨다. 다시 말하면, "나를 믿어라. 그러면 내가 너희에게 안식을 주리라"는 의미이다. 내가 너희에게 하나님과의 평화를, 양심과의 평화를 주리라. 내가 너희의 풍랑을 바꾸어 영원한 평안으로 만들어 주겠다. 내가 세상이 너희에게 줄 수도 없고 너희에게서 빼앗아갈 수도 없는 그런 안식을 너희에게 주겠노라.

(3) 성경에 나오는 어느 한 구절이 하나님의 마음 전체를 다 얘기하는 것은 아니다. 그러므로 이 구절을 앞에서 언급한 두 번째 대책 제하(題下)에 나오는 몇몇 성구들과 비교해 보라. 그러면 이것을 자명하게 알게 되리라. 비록 사람들이 그들의 죄로 인해 이런저런 짐을 지고 고생을 하며 공포와 두려움으로 차 있지만, 만일 그들이 그리스도께로 온다면, 그들은 주 예수 그리스도를 영접하고 모시게 될 것이다.

네 번째 대책. 이런 사단의 책략에 대한 네 번째 대책은 이것을 고려하는 것이다. 죄로 인한 모든 고통, 하나님께 용납될 만한 모든 슬픔, 수치, 애통, 하나님께 기쁨이 되고 하나님께 잘 알려진 모든 슬픔, 수치, 애통은 그리스도에 대한 믿음으로부터 흘러나오는 것이다. 마치 강물이 샘으로부터 발원하고 가지가 뿌리로부터 나오고 결과가 원인으로부터 나오듯이 말이다. "내가 다윗의 집과 예루살렘 거민에게 은총과 간구하는 심령을 부어 주리니 그들이 그 찌른 바 그를 바라보고 그를 위하여 애통하기를 독자를 위하여 애통하듯 하며 그를 위하여 통곡하기를 장자를 위하여 통곡하듯 하리로다"(슥 12:10). 모든 복음적 애통은 믿음으로부터 유래한다. 그들은 먼저 그들이 찌른 바 그분을 쳐다본 다음에 통곡하게 될 것이다. 뭔가를 아는 사람은 다 이것을 알아야 한다. "믿음으로 좇아 하지 아니하는 모든 것이 죄니라"(롬 14:23). 사람들이 그리스도에 대한 믿음을 가지기 전에는, 그들이 하는 최고의 봉사는 그 지독한 죄를 위한 것일 뿐이다.

네 번째 책략.

죄인에게 그리스도께서 구원하기를 꺼리신다고 암시하는 것이다. 사단은 이렇게 말한다. "그리스도께서 너를 구원하실 수 있는 것은 사실이지만 그분이 과연 그렇게 하고 싶어하실까? 하실 수는 있지만 그분은 너 같은 탕자를 구원하고 싶어하지 않으실 것이다. 그분의 피를 짓밟고 지금까지 살아오면서 내내 그분께 공개적으로 반항을 해 온 사람을 구원하겠느냐 말이다."

첫 번째 대책. 그분이 걸어오신 먼 길, 하늘로부터 땅에 이르는 길,

죄인들을 구원하기 위하여 걸어오신 길은 그분이 죄인들을 구원하려 하신다는 것을 강력하게 증거한다. "내가 의인을 부르러 온 것이 아니요 죄인을 부르러 왔노라 하시니라"(마 9:13). "미쁘다 모든 사람이 받을 만한 이 말이여 그리스도 예수께서 죄인을 구원하시려고 세상에 임하셨다 하였도다 죄인 중에 내가 괴수니라"(딤전 1:15).

두 번째 대책. 그분이 영광을 버리고 죄인들을 구원하러 오셨다는 것은 그분이 그들을 구원하시겠다는 의사를 분명하게 보여주는 것이다. 그분은 자기 아버지의 품을 떠나셨으며, 자기의 영광스러운 옷을 벗어버리고 영광스러운 면류관도 벗어두고 번쩍거리는 조신들 즉 천사들에게도 이별을 고하고 오셨다. 그분이 이 모든 일을 하신 것은 죄인들의 구원을 성취시키기 위함이었다.

세 번째 대책. 예수 그리스도께서는 죄의 바다, 진노의 바다, 고난의 바다, 피의 바다를 건너셨는데 이는 죄인들을 용서하시고 의롭다 하시고 화해하시고 구원하시고자 하신 것이었다. 이는 그분이 죄인들을 구원하고 싶어하신다는 것을 강력하게 증거한다(고후 5:19,20).

네 번째 대책. 그분이 자기 사자들을 오래 전부터 죄인들에게 보내셔서 그분과 화해하자고 호소하셨는데, 이는 그분이 죄인들을 구원하고자 하시는 마음과 의지를 큰 소리로 증거하는 것이다.

다섯 번째 대책. 그분은 자기를 거절하는 사람들에게 불만을 토로하셨다. 그분이 그들을 구원하고자 하시는 의지를 강력하게 표출하셨지만 그들은 그분께 등을 돌렸다. 그러므로 그분은 그런 사람들을 구원하지 않으실 것이다. "자기 땅에 오매 자기 백성이 영접지 아니하였으나"(요 1:11). "그러나 너희가 영생을 얻기 위하여 내게 오기를 원하지 아니하는도다"(요 5:40).

여섯 번째 대책. 죄인들이 회심할 때 그분이 기뻐하시고 즐거워하신다는 것은 그분이 그들이 구원받기를 원하신다는 것을 증거한다. "내가 너희에게 이르노니 이와 같이 죄인 하나가 회개하면 하늘에서는 회개할 것 없는 의인 아흔 아홉을 인하여 기뻐하는 것보다 더하리라"(눅 15:7). 하나님 아버지는 집나간 아들이 돌아올 때 기뻐하신다. 그리스도께서는 자기 영혼의 구로하는 모습을 보고 기뻐하셨다. 성령은 그분이 거하실 또 다른 성전이 있는 것을 인해 기뻐하신다. 천사들은 그들에게 또 다른 형제가 있는 것을 인해 즐거워한다(사 53:11).

다섯 번째 책략.

죄인으로 하여금 그 자신의 의무보다는 하나님의 비밀된 규례와 지혜에 대해 더 관심을 쏟도록 하는 것이다. 사단은 이렇게 말한다. "그리스도를 영접하고 받아들이고 대접하려고 왜 네가 그렇게 번민할 필요가 있느냐? 만일 네가 선택을 받은 자라면 너는 반드시 구원을 받게 될 것이다. 만일 그렇지 않다면 네가 무슨 일을 한다고 해도 네게 무익할 것이다." 아니다. 사단은 그 영혼이 자기의 선택을 의심하게 할 뿐 아니라 자기가 선택을 받지 못했다고 결론을 내리게끔 인도한다. 그가 무슨 짓을 한다고 해도 결코 구원을 받지 못하게 될 것이라고 결론 내리게 한다.

첫 번째 대책. 이런 사단의 책략에 대한 첫 번째 대책은 이것을 진지하게 고려하는 것이다. 하늘에 있는 천사들이나 땅에 있는 사람들이나 지옥에 있는 귀신들 중 그 누구도 여러분이 선택받은 사람이며 택한 그릇이라는 것에 반대되는 말을 할 수가 없다. 하나님은 결코 사단을 그분의 비밀된 공회의 회원으로 삼으신 적이 없으며, 그분이 영원히 사랑하기로 한 사람의 이름을 사단에게 알려주신 적도 없다는 것을 여러분은 확신해도 좋을 것이다.

두 번째 대책. 이런 사단의 책략에 대한 두 번째 대책은 여러분이 해야 할 일에 몰두하는 것이다. "오묘한 일은 우리 하나님 여호와께 속하였거니와 나타난 일은 영구히 우리와 우리 자손에게 속하였나니"(신 29:29). 죄인이여, 여러분의 일은 단호히 주님을 믿는 것이며 그분께로 돌아오는 것이다. 여러분의 일은 그리스도께 여러분 자신을 의탁하는 것이며 그분의 발치에 나아와 엎드리는 것이며 그분의 길로 행하며 그분을 섬기는 것이다. 그분이 "죄인이여, 내가 너의 분깃이며 내가 너의 구원이니 그 어느 것도 너와 나를 갈라놓지 못할 것이니라"고 말씀하실 때까지 그분으로 쉬시지 못하게 하는 것이다.

2. 거짓된 선생들의 일곱 가지 특성

사단은 그의 사자들과 대사들인 거짓 교사들을 통해 귀중한 영혼들을 속이고 현혹시키고 영구적으로 파멸시키려고 전력을 다 동원해서 애를 쓴다. "내가 사마리아 선지자들 중에 우매함이 있음을 보았나니 그들은 바알을 의탁하고 예언하여 내 백성 이스라엘을 그릇되게 하였고"(렘 23:13).[5] "내 백성을 유혹하는 선지자는 이에 물면 평강을 외치나 그 입에 무엇을 채워 주지 아니하는 자에게는 전쟁을 준비하는도다"(미 3:5). 그들은 백성들을 유혹하여 올바른 길에서 벗어나 곁길로 가게 하며 눈을 가려 오류, 참람, 사악의 숲속에 빠지게 함으로 영원히 길을 잃어버리도록 한다. "거짓 선지자들을 삼가라 양의 옷을 입고 너희에게 나아오나 속에는 노략질하는 이리라"(마 7:15). 이런 자들은 영혼들의 피를 핥으며 빨아먹는다. "개들을 삼가고 행악하는 자들을 삼가고 손할

---

5) 행 20:28-30; 고후 11:13-15; 엡 4:14; 딤후 3:4-6; 딛 1:11-12; 벧후 2:18-19

례당을 삼가라"(빌 3:2). 이런 자들은 입을 맞추는 척하다가 죽인다. 이런 자들은 평안하다, 평안하다 하다가 마침내 영혼들을 영구적인 불구덩이 속에 빠뜨린다(잠언 7장).

이제 가련한 영혼들을 이런 사단의 사자들의 유혹과 파멸에서 건지는 가장 좋은 길은 그들의 색깔을 드러내서 가련한 영혼들로 하여금 그것을 보고 지옥을 피하듯이 사단의 사자들로부터 도망가도록 하는 것이다.

사단의 사자들은 다음에 나오는 특징을 보고 판별할 수 있을 것이다.

첫 번째 특성.

거짓 교사들은 사람을 기쁘게 한다.[6] 그들은 심령을 유익되게 하기보다는 귀를 즐겁게 하기 위하여 설교한다. "그들이 선견자에게 이르기를 선견하지 말라 선지자에게 이르기를 우리에게 정직한 것을 보이지 말라 부드러운 말을 하라 거짓된 것을 보이라 하는도다"(사 30:10). "이 땅에 기괴하고 놀라운 일이 있도다 선지자들은 거짓을 예언하며 제사장들은 자기 권력으로 다스리며 내 백성은 그것을 좋게 여기니 그 결국에는 너희가 어찌 하려느냐"(렘 5:30,31). 그들은 거룩한 것들을 두려움과 존경을 가지고 대하기보다는 요령과 장난기를 가지고 대한다. 거짓

---

[6] 그런 자들은 참 선생이 아니다. 갈 1:10; 살전 2:1-4

교사들은 영혼을 파괴시키는 자들이다. 그들은 사악한 외과의사와 같아서 상처를 살짝 덮어둘 뿐 결코 치료를 하지 않는다. 아첨의 말이 아합, 헤롯, 네로, 알렉산더를 망하게 했다. 거짓 교사들은 지옥을 가장 살찌우는 자들이다. 로마 황제인 발레리안은 찌르는 말이 아니라 아첨하는 말이 모든 폐해를 가져온다고 말하였다. 그런 부드러운 말을 하는 교사들은 남몰래 영혼을 독살시키는 자들이다(렘 23:16,17).[7]

두 번째 특성.

거짓 교사들은 그리스도의 가장 신실한 대사들의 인격, 명성, 신용에게 단창, 조소, 모욕을 퍼붓는다. 고라, 다단, 아비람은 온 회중이 거룩한데도 모세와 아론이 너무 자고(自高)하다고 하면서 그들을 비난하였다(민 16:3). "너희는 너무 위세를 부리며 너무 권세를 부리며 너무 많은 명예를 취했으며 너무 많은 거룩을 자랑하도다. 너희가 다른 사람들보다 더 나은 게 무엇이관대 그렇게 거들먹거리는 것이냐?" 그런 식으로 해서 아합의 거짓 선지자들도 양순한 미가야와 다투었으며 터무니없이 그를 공격하였다(왕상 22:10-26). 그렇다. 이방인의 대 사도였던 바울도 거짓 교사들에 의하여 그의 사역과 명성에 침해를 받았다.

---

7) 나귀의 배를 쓰다듬어 주는 동안 여러분은 나귀의 등에 짐을 실을 수 있다.

그들은 이렇게 말했다. "그의 편지들은 중하고 힘이 있으나 그 몸으로 대할 때는 약하고 말이 시원치 않다"(고후 10:10). 그들은 그를 칭찬하기보다는 헐뜯었다. 그들은 그를 박사로 대하기보다는 그를 저능아로 취급했다. 주 예수님도 바리새인들과 서기관들로부터 동일한 대접을 받으셨다. 그들은 그의 명성을 무너뜨리고 그 위에서 자신들의 신용을 건축하여 생존해 보려고 애를 썼다. 마귀가 이런 식으로 장사를 해 먹는 것이 어제오늘의 일이 아니다(마 27:63). 오! 세상이 감당하지 못할 사람들에게 던져지는 오명, 오물, 조소가 얼마나 큰지! 나는 거짓 교사들이 어거스틴의 이 말을 염두에 두고 있지 않으리라고 생각한다. 나의 명성을 빼앗아가고자 하는 자는 원치 않게도 내게 상급을 더해주고 있다.

세 번째 특성.

거짓 교사들은 그들 자신의 머리와 가슴에서 나온 책략과 비전을 잉태하고 선전하는 자들이다.[8] "여호와께서 내게 이르시되 선지자들이 내 이름으로 거짓 예언을 하도다 나는 그들을 보내지 아니하였고 그들에게 명하거나 이르지 아니하였거늘 그들이 거짓 계시와 복술과 허탄한 것과 자기 마음의 속임으로 너희에게 예언하도다"(렘 14:14). "만군

---

8) 마 24:4-5, 11:14; 딛 1:10; 롬 16:18

의 여호와께서 이같이 말씀하시되 너희에게 예언하는 선지자들의 말을 듣지 말라 그들은 너희에게 헛된 것을 가르치나니 그들의 말한 묵시는 자기 마음으로 말미암은 것이요 여호와의 입에서 나온 것이 아니니라" (렘 23:16). 지금 이 나라에는 황금으로 착색된 망상, 거짓되고 허황된 꿈, 정신이상자의 환영으로 꽉 들어찬 자들이 수없이 많지 않은가? 이들은 사단을 크게 이롭게 하는 자들로서, 영혼의 의사가 되시는 분께서 그들의 일을 막아주지 않으신다면 신의 공의에 의해 가장 흉악한 죄인으로 지옥에 떨어질 사람들이다.

네 번째 특성.

거짓 교사들은 율법과 복음의 중요한 사항들은 쉽게 간과하면서도 영혼에게 거의 도움이 되지 않는 것들은 끈질기게 사수한다.9) "경계의 목적은 청결한 마음과 선한 양심과 거짓이 없는 믿음으로 나는 사랑이거늘 사람들이 이에서 벗어나 헛된 말에 빠져 율법의 선생이 되려 하나 자기의 말하는 것이나 자기의 확증하는 것도 깨닫지 못하는도다" (딤전 1:5-7). "화 있을진저 외식하는 서기관들과 바리새인들이여 너희가 박하와 회향과 근채의 십일조를 드리되 율법의 더 중한 바 의와 인과 신

---

9) 루터도 당시의 세태를 불만스러워 했다. 지금 이 시대도 대제사장의 정신 (마 23:44)이 활동하고 있다.

은 버렸도다 그러나 이것도 행하고 저것도 버리지 말아야 할지니라" (마 23:23). 거짓 선생들은 율법의 중하지 않은 사항은 매우 실천을 잘 하지만 보다 더 중한 사항은 무시한다. "누구든지 다른 교훈을 하며 바른 말 곧 우리 주 예수 그리스도의 말씀과 경건에 관한 교훈에 착념치 아니하면 저는 교만하여 아무것도 알지 못하고 변론과 언쟁을 좋아하는 자니 이로써 투기와 분쟁과 훼방과 악한 생각이 나며 마음이 부패하여지고 진리를 잃어버려 경건을 이익의 재료로 생각하는 자들의 다툼이 일어나느니라"(딤전 6:3-5). 그런 자들이 본질적으로 위선자가 아니라면 그럼 누가 위선자란 말인가(롬 2:22). 그런 자들을 담고 있으려니 땅이 괴로움을 당하는 것이다. 그들에게는 지옥이 어울리는 장소이다 (마 24:32).

다섯 번째 특성.

거짓 교사들은 그들의 위험한 원리와 영혼을 기만하는 행위를 매우 감미로운 말과 그럴 듯한 제스처로, 고상한 견해와 화려한 표출로 위장하고 은폐한다. 오늘날 많은 사람들이 사기꾼들의 멋진 단어, 고상한 말투, 점잖은 태도에 의해 홀리고 속고 있다. 그들의 화려한 장식, 계시, 신격화 등에 의해 현혹된다. 미련한 영혼들을 더 손쉽게 유혹하고 속이고자 매춘부가 얼굴에 화장을 하고 침상에 향수를 뿌리듯이, 거짓 교사들도 자기들의 가장 위험한 원리와 참람한 행위를 엄청나게 꾸미고 장식하여 무지한 영혼들을 더 쉽게 속이며 현혹시키고자 한다.[10] 그들은 꿀을 바른 독이 쉽게 목구멍으로 넘어간다는 사실을 알고 있다. 그들은 그들이 가지고 있는 영혼을 살해하는 치명적인 알약을 금으로 포장해서 판다.

하드리안 황제 시절에, 한 고스비의 아들이 일어나서 많은 유대인들을 모아놓고 자기 자신을 별의 아들이라 칭하면서 민수기 24:17에 나오는 약속이 자기에게 대한 것이라고 주장하였지만 그는 결국 거짓의 아들로 드러나고 말았다. 거짓 교사들도 모두 그렇게 될 것이다. 왜냐하면 그들의 모든 화려한 언행은 결국 그들이 거짓의 아들이라는 것을 증명해 보일 것이기 때문이다.

여섯 번째 특성.

거짓 교사들은 대화 중에 사람들에게 유익을 주려 하기보다는 그들을 설득하여 자기 의견에 동조하도록 만들려고 애를 쓴다. "화 있을진저 외식하는 서기관들과 바리새인들이여 너희는 교인 하나를 얻기 위하여 바다와 육지를 두루 다니다가 생기면 너희보다 배나 더 지옥 자식이 되게 하는도다"(마 23:15). 그들은 사람들의 머리를 사려고 아주 부

---

10) 갈 6:12; 고후 11:13-15; 롬 16:17-18; 마 16:6, 11; 마 12:7, 15

지런히 돌아다닌다. 그들의 주임(主任)은 사람들의 마음을 증진시키고 그들의 삶을 개선시키는 것이 아니다. 이런 면에서 그들은 그들의 아비인 마귀와 아주 닮았다.

일곱 번째 특성.

거짓 교사들은 자기의 추종자들을 팔아먹는다. "그러나 민간에 또한 거짓 선지자들이 일어났었나니 이와 같이 너희 중에도 거짓 선생들이 있으리라 저희는 멸망케 할 이단을 가만히 끌어들여 자기들을 사신 주를 부인하고 임박한 멸망을 스스로 취하는 자들이라 여럿이 저희 호색하는 것을 좇으리니 이로 인하여 진리의 도가 훼방을 받을 것이요 저희가 탐심을 인하여 지은 말을 가지고 너희로 이를 삼으니 저희 심판은 옛적부터 지체하지 아니하며 저희 멸망은 자지 아니하느니라"(벧후 2:1-3). 그들은 여러분의 선보다는 여러분의 재물에 더 눈독을 들인다. 여러분의 영혼에게 유익되는 것보다는 그들 자신에게 유익되는 것에게 더 관심을 쏟는다. 그러므로 그들이 여러분의 재산을 취할 수 있다면 사단이 여러분의 영혼을 가져가든 말든 그들은 신경을 쓰지 않는다(계 18:11-13). 그들이 여러분의 지갑을 더 손쉽게 탈취할 수만 있다면 그들은 육신에게 매우 호감이 가는 원칙들을 얼마든지 제시하고자 할 것이다. 거짓 선생들은 금송아지를 가장 크게 섬기는 자들이다(렘 6:13).[11]

이런 특성들을 살핀다면 여러분은 그들을 알고 그들을 피하며 그들의 위험한 올무로부터 여러분의 영혼을 구해낼 수 있을 것이다. 나는 여러분의 영혼을 은혜의 보좌 앞에서 만날 수 있게 되기를 기도한다.

이제 반론에 대항하기 위하여 나는 사단과 그의 책략에 관한 몇 가지 명제와 결론을 제시하고자 한다. 그런 다음에 그 이유를 설명하도록 하겠다. 우리가 이 모두를 우리 자신에게 적용할 수 있기를 바란다.

3. 사단과 그의 책략에 관한 여섯 가지 명제

명제1.

비록 사단이 영혼들을 끌어들여 죄짓게 하는 자기 나름대로의 책략을 가지고 있기는 하지만, 우리도 우리가 받는 모든 유혹에 대해 사단을 핑계로 대지 않도록 주의하여야 한다는 것이다. 우리는 마귀에게 그릇 행해서도 안 되고, 우리 자신의 비열한 마음에 기초하여 행한 일을 그에게 덮어씌워서도 안 된다. 나는 자기 자신의 마음을 질책해야 할 것을 가지고 마귀를 질책하는 사람을 종종 보게 된다. "여호와 하나님이 여자에게 이르시되 네가 어찌하여 이렇게 하였느냐 여자가 가로되

---

11) 참 교사는 돈을 바다에 던져 버리게 한다. 그 돈에 의해 본인이 침몰되지 않기 위해서이다. 그러나 거짓 교사는 익사하는 자가 누구든 상관치 않고 오로지 돈만 취할 뿐이다.

뱀이 나를 꾀므로 내가 먹었나이다"(창 3:13). 죄와 잔꾀는 함께 이 세상으로 들어왔다. 우리의 마음속에 망할, 정말로 망할 비열함이 작지 않게 들어 있는데도, 그것을 사단의 탓으로 돌린다. 사람은 자기 안에 악한 뿌리를 가지고 있다. 그를 유혹할 마귀가 없다 해도, 세상에서 그를 호릴 사악한 사람이 하나도 없다 해도, 그 사람 안에 있는 죄 된 본성을 초래한 그 쓴 뿌리가 그를 이끌어 죄를 짓게 할 것이다. 그가 비록 "죄의 삯은 사망이요 하나님의 은사는 그리스도 예수 우리 주 안에 있는 영생이라"(롬 6:23)는 사실을 미리 알고 있었다 할지라도 그렇게 될 것이다. "마음에서 나오는 것은 악한 생각과 살인과 간음과 음란과 도적질과 거짓 증거와 훼방이니"(마 15:19).

인간의 전체 구조는 그 틀이 깨어져 있다. 이해력은 어두워졌고 의지는 비판적이며 기억력은 미약하고 애정은 왜곡되어 있으며 양심은 부패하였고 혀에는 독이 가득하고 마음은 전적으로 사악하고 사악할 뿐이며 지속적으로 사악하기만 하다. 하나님이 사단을 가두고 그에게 인생들을 유혹할 수 있는 자유를 주지 않으신다고 해도, 그들은 하나님께 범죄하지 않을 수가 없다. 그들 안에 있는 그 저주받은 본성 때문이다. 그것이 그들을 부추기어 범죄케 하고 그로 말미암아 하나님의 진노가 그들에게 임하게 되는 것이다. 사단은 강요하는 힘을 가지고 있는 게 아니라 설득하는 재주만을 가지고 있다. 그는 우리를 유혹할 수는 있지만 우리의 동의 없이는 우리를 결코 정복할 수가 없다. 그는 우리를 호릴 수는 있지만 우리가 함께 동조하지 않으면 결코 우리를 해할 수가 없다. 모든 죄에 있어서 가장 큰 열쇠는 우리의 마음에 있다. 사단은 사람이 동의하지 않으면 그를 망칠 수가 없다. 하지만 사람은 사단이 없이도 쉽게 자기 자신을 파괴할 수 있다. 사단은 황금 잔을 우리에게 제시할 수 있을 뿐 우리에게 그 잔에 독을 담아 마시도록 강요할 수는 없다. 그는 우리에게 이 세상의 영광을 제시할 수는 있지만 우리를 강요하여 그에게 무릎을 꿇고 경배하며 세상을 향유하게 할 수는 없다. 그는 자기의 덫을 펼쳐 놓을 뿐 그 덫 속으로 우리가 걸어 들어가도록 강압할 수는 없다. 그러므로 여러분 자신을 면죄(免罪)시키기 위해 여러분 자신의 심령에게 덮어씌워야 할 짐을 마귀에게 전가시키지 말라. 우리는 마귀를 정당하게 대우해야 한다.[12]

명제 2.

두 번째의 명제는 사단이 대부분의 죄에서 큰 영향력을 행사하고 있다는 것이다. 우리의 처음 조상을 유혹하여 반항하게 한 것은 사단이었다. 다윗을 부추기어 백성들의 수를 세게 한 것도 사단이었다. 베드로로 하여금 그리스도를 꾸짖도록 한 것도 사단이다. 그러므로 그리스도는 이렇게 말씀하셨다. "사단아 내 뒤로 물러가라." 가인으로 하여금 의

---

[12] 불꽃 지피게 하는 것은 악마일지라도 불은 우리의 나무인 것이다(나시안젠).

로운 아벨을 살해하도록 한 것도 사단이다. 그러므로 그는 "처음부터 살인한 자"로 불린다. 유다의 마음속에 그리스도를 배반할 생각을 집어넣은 것도 사단이다. "마귀가 벌써 시몬의 아들 가룟 유다의 마음에 예수를 팔려는 생각을 넣었더니"(요 13:2). 아나니아가 거짓말을 하게 된 것도 사단 때문이었다. 베드로는 "아나니아야 어찌하여 사단이 네 마음에 가득하여 네가 성령을 속이고 땅 값 얼마를 감추었느냐?"(행 5:3)라고 말했다.13) 드고아 여인의 청원에 요압의 손이 함께하였듯이, 사람이 짓는 모든 죄에는 대개 사단의 손이 함께한다. 사단이 이런저런 방식으로 모든 죄에게 관여하는 것은 하나님을 거역하는 사단의 악함 때문이며 사람에 대한 시기 때문이다. 물론 사단은 그가 다른 사람들을 부추기어 짓게 하는 모든 죄는 결국 그에게 더 큰 재앙을 초래하며 영구적인 고통을 가져올 것임을 알면서도 그렇게 한다.

암브로스가 마귀를 데려왔다. 마귀는 그리스도 앞에서 자기 자랑을 늘어놓으면서 가룟 유다가 자기 사람이라고 주장했다. "주 예수여, 그는 제 사람입니다. 그의 생각이 제게 기지를 가져다주었습니다. 그는 당신과 함께 먹었지만 저로 인하여 배부르게 되었습니다. 그는 당신으로부터 떡을 취하였지만 저로부터는 돈을 취하였습니다. 그는 당신과 함께 포도주를 마셨지만 당신의 피를 내게 팔았습니다." 사단이 사람들

---

13) 창 3:1-5; 대상 21:1; 마 16:22-23; 요 8:44, 13:2; 행 5:3

을 이끌어 이런 악을 행하게 하는 것은 그리스도에 대한 그의 앙심 때문이며 사람에 대한 그의 분노 때문이다. 그렇게 하면 그리스도와 인간의 영혼을 영구히 지배할 수 있다고 생각하기 때문이다.

명제 3.

사단은 우리에게 뭔가 해를 끼치기 이전에 이중적인 허가를 받아야 한다. 그는 하나님으로부터 허가를 받아야 하고 우리 자신으로부터도 허가를 받아야 한다. 그래야 우리의 행복을 깨뜨릴 일을 행할 수 있다. 그는 하나님으로부터 위임을 받아야 한다. 그것은 욥의 예에서 찾아볼 수 있다(욥 1:11,12, 2:3-5). 비록 마귀가 욥을 파멸시키고자 하는 충분한 악의를 품고 있었다 해도 하나님이 그에게 허락을 하시기 전에는 그에게 손을 댈 권한이 없었던 것이다.

귀신들은 그리스도로부터 허락을 받기 전에는 돼지들에게로 들어갈 수가 없었다(눅 8:32). 사단은 베드로를 처분하고 싶은 마음이 간절했지만 허가가 내리지 않아서 그리 할 수 없었다. "시몬아, 시몬아, 보라 사단이 밀 까부르듯 하려고 너희를 청구하였으나 그러나 내가 너를 위하여 네 믿음이 떨어지지 않기를 기도하였노니 너는 돌이킨 후에 네 형제를 굳게 하라"(눅 22:31,32). 아! 성도들의 가장 고약하고 가장 간교하고 가장 주도면밀한 원수가 가장 좋으신 구세주, 가장 친애하는 남편, 가장 친밀한 친구가 되시는 주님의 허락이 없이는 성도들을 해할 수가 없다니 이 얼마나 큰 위로가 되며 안심이 되는 일인가!

사단은 하나님으로부터 허락을 받아야 하는 것과 마찬가지로 우리로부터도 허락을 받아야 한다. 그가 유혹할 때 우리가 동의해야만 한다. 그가 제안할 때 우리가 들어주어야 한다. 그가 명령할 때 우리가 순종해야만 한다. 그렇게 하지 않으면 그의 모든 노력과 유혹이 좌절될 것이고 그가 우리를 유혹하여 행하게 하려 했던 그 악은 전적으로 그의 책임이 되고 말 것이다. 이 놀라운 성경 구절을 읽어 보라. "베드로가 가로되 아나니아야 어찌하여 사단이 네 마음에 가득하여 네가 성령을 속이고 땅 값 얼마를 감추었느냐"(행 5:3). 베드로는 그 문제를 가지고 사단을 꾸짖지 않았고 아나니아를 책망했다. 그는 "사단아, 네가 어찌하여 아나니아의 마음에 가득하여 성령을 속였느냐?"라고 말하지 않고 "아나니아야, 어찌하여 사단이 네 마음에 가득하여 네가 성령을 속였느냐?"라고 말했다. "왜 네가 사단에게 허락하여 그가 네 마음을 불신실, 위선, 고집, 무모함으로 채우도록 하였으며 성령을 속이도록 하였느냐?"라는 의미인 것이다. 네가 그에게 허락을 하지 않았다면 사단이 네 안에서 그런 일을 할 수 없었을 것이지만, 이제 너는 이로 인해 영구히 멸망을 당하게 될 것이다 라는 얘기다. 만일 유혹이 다가온다면 이렇게 부르짖도록 하라. "아 주여! 여기에 저의 아름다움을 빼앗아가고자 유혹이 다가오고 있습니다. 그러나 저는 그 유혹에 저항할 힘이 없습니다. 오! 도와주소서! 당신의 명예를 위하여, 당신 아들을 보시고, 당신의 약속을 근거로 저를 도와주소서!" 이런 부르짖음은 사단이 여러분의 영혼을 침범하였지만 그는 여러분의 동의를 받지 못했다고 하는 표시이다. 사단은 그에 대해 비싼 값을 치르게 될 것이다.[14]

명제 4.

네 번째의 명제는 영적인 무기가 아니면 그 어떤 무기도 영혼이 악마와 더불어 싸우는 데 있어서 무용지물이라는 것이다. 사도는 이것에 대해 이렇게 말한다. "그러므로 하나님의 전신갑주를 취하라 이는 악한 날에 너희가 능히 대적하고 모든 일을 행한 후에 서기 위함이라"(엡 6:13). 또, 여러분에게 이렇게 말한다. "우리의 싸우는 병기는 육체에 속한 것이 아니요 오직 하나님 앞에서 견고한 진을 파하는 강력이라"(고후 10:4). 여러분은 연약한 원수와 교전하는 게 아니라 강력한 원수와 교전하고 있으므로 여러분의 무기가 강력해야 한다는 점에 유의하라. 그런데 영적인 무기가 아니고는 강력할 수가 없다. 육신적인 무기는 그 안에 힘도 영도 들어 있지 않으므로 사단을 정복하는 데 전혀 도움이 되지 않는다.[15] 다윗이 골리앗을 발로 밟을 수 있었던 것은 그의 물매나 물맷돌 덕분이 아니었다, 그것은 만군의 여호와의 이름에 대한

---

14) 기독교를 가장하는 자들은 가장 사악하고 가장 큰 거짓말쟁이다. 육적인 욕망을 달성하기 위해 육적인 원리들을 사용하는 가장 무서운 악령이다.
15) "하나님께서만 승리를 주신다"는 것이 모든 성도들의 모토여야 한다.

믿음이었다. "다윗이 블레셋 사람에게 이르되 너는 칼과 창과 단창으로 내게 오거니와 나는 만군의 여호와의 이름 곧 네가 모욕하는 이스라엘 군대의 하나님의 이름으로 네게 가노라"(삼상 17:45). 자기의 결심, 체격, 지식을 믿고 사단과 싸우러 나가는 자는 반드시 그에게 무릎을 꿇게 될 것이다. 사단은 그런 영혼이 당할 수 없는 존재이다. 사단은 그런 사람을 마음대로 사로잡아 끌고 갈 것이다. 사단을 정복하고 이길 수 있는 유일한 길은 그리스도께서 하셨던 것처럼 그에게 대항하여 "기록하였으되"(마 4:10)라고 성경을 인용하는 것이다. 영혼이 사단과 교전할 때 꿰뚫을 수 없는 무기로 판명되는 것은 단순한 칼이 아니라 성령의 양날 선 검이다. 그러므로 여러분이 유혹을 받아 불결하게 되었을 경우, "기록하였으되 내가 거룩하니 너희도 거룩할지어다 하셨느니라"(벧전 1:16) 또는 "그런즉 사랑하는 자들아 이 약속을 가진 우리가 하나님을 두려워하는 가운데서 거룩함을 온전히 이루어 육과 영의 온갖 더러운 것에서 자신을 깨끗케 하자"(고후 7:1)와 같은 말씀에 의지하도록 하라. 만일 그가 여러분을 유혹하여 하나님의 섭리와 여러분에 대한 아버지의 관심을 불신하게 만들거든, "너희 성도들아 여호와를 경외하라 저를 경외하는 자에게는 부족함이 없도다"(시 34:9) 라는 말씀에 호소하도록 하라.

성경은 이렇게 말한다. "여호와 하나님은 해요 방패시라 여호와께서 은혜와 영화를 주시며 정직히 행하는 자에게 좋은 것을 아끼지 아니하실 것임이니이다"(시 84:11). 만일 사단이 여러분을 "네가 이 경주를 완주하기에는 너무 지치고 피곤하니 결코 감당할 수 없을 것이다"라는 말로 호 린다면, 이런 말씀에게 의지하라. "그러므로 의인은 그 길을 독실히 행하고 손이 깨끗한 자는 점점 힘을 얻느니라"(욥 17:9) 고 기록되었느니라.

이런 말씀도 있다. "내가 그들에게 복을 주기 위하여 그들을 떠나지 아니하리라 하는 영영한 언약을 그들에게 세우고 나를 경외함을 그들의 마음에 두어 나를 떠나지 않게 하리라"(렘 32:40).

또 이런 말씀에도 유의하라. "오직 여호와를 앙망하는 자는 새 힘을 얻으리니 독수리의 날개 치며 올라감 같을 것이요 달음박질하여도 곤비치 아니하겠고 걸어가도 피곤치 아니하리로다"(사 40:31). 사단이 여러분을 유혹하여 "너의 태양은 지금 구름에 가려 있으므로 더 이상 나타나지 않을 것이며 하나님의 얼굴은 더 이상 네게 비추지 않을 것이다. 너의 한창 시절은 이제 끝이 났고 너는 너의 남은 날들을 한숨과 슬픔 속에서 보내야 할 것이다"라고 말할 때, 이런 성구에 호소하라. 그분께서 "다시 우리를 긍휼히 여기셔서 우리의 죄악을 발로 밟으시고 우리의 모든 죄를 깊은 바다에 던지시리이다"(미 7:19).

이런 성구를 묵상하라. "내가 잠시 너를 버렸으나 큰 긍휼로 너를 모을 것이요 내가 넘치는 진노로 내 얼굴을 네게서 잠시 가리웠으나 영원한 자비로 너를 긍휼히 여기리라 네 구속자 여호와의 말이니라… 산들은 떠나며 작은 산들은 옮길지라도 나의 인자는 네게서 떠나지 아니하며 화평케 하는 나의 언약은 옮기지 아니하리라 너를 긍휼히 여기는 여호와의 말이니라"(사 54:7,8,10).

이런 성구를 묵상하라. "산들은 떠나며 작은 산들은 옮길지라도 나의 인자는 네게서 떠나지 아니하며 화평케 하는 나의 언약은 옮기지 아니하리라 너를 긍휼히 여기는 여호와의 말이니라"(사 54:10).

이런 성구를 묵상하라. "여인이 어찌 그 젖 먹는 자식을 잊겠으며 자기 태에서 난 아들을 긍휼히 여기지 않겠느냐 그들은 혹시 잊을지라도 나는 너를 잊지 아니할 것이라 내가 너를 내 손바닥에 새겼고 너의 성벽이 항상 내 앞에 있나니"(사 49:15,16).

만일 사단이 공격해 오는데 여러분이 그를 당할 수 없거든, 여러분의 활을 견강하게 겨누며 성령의 양날 선 검인 하나님의 말씀을 인용하고 믿음의 방패를 사용하라. 그런 것들을 가지면 여러분이 마귀의 모든 불화살을 끌 수 있을 것이다. 사단의 이름에다 침을 뱉거나 가슴에다 십자가를 긋거나 여러분 자신의 결심에 의존한다거나 해서 승리를 얻게 되는 것은 아니다.

루터는 한 독일 목회자의 이야기를 전해준다. 그 목회자는 하나님의 값없이 주시는 강력한 은혜를 올바로 이해하기 전에는 어떤 특정의 죄를 짓지 않겠다고 일백 번이나 결심을 고쳐 먹곤 하였는데 결과는 언제나 실패였다고 자인하였다. 결국 그는 그 원인이 자기 자신의 결심을 의지한 때문이었음을 깨닫게 되었다. 그러므로 의의 말씀을 잘 알아 활용하고 그리스도와 그분의 승리를 믿는 신앙에 근거하여 행동하고 여러분 앞에 놓여진 영광의 면류관을 바라보도록 하라. 그러면 사단은 분명히 여러분 앞에서 도망가게 될 것이다(약 4:7).

명제 5.

성경에서 사단에게 붙여진 다양한 이름과 형용 어구들을 살펴본다면 우리가 그의 성질과 기질을 잘 알 수 있을 것이다. 가끔 그는 '하마'란 이름으로 불리는데, 이는 마귀가 크고 잔인하다는 것을 나타낸다(욥 40:15). 이 사악한 영들은 가끔 '참소하는 자'로 불리기도 하는데 이는 그들의 중상과 비방 때문이다. 그들이 사악한 영들인 것은 그들이 악의(惡意)를 품고 있기 때문이다. 사단은 괴롭히고 못살게 구는 대적이기도 하다(벧전 5:8). '아바돈'은 파괴자를 일컫는 말이다(계 9:11). 이 영들은 그들의 꾀는 말 때문에 유혹자라 불리기도 하고 탐식(貪食)성 때문에 사자(獅子), 잔혹성 때문에 용, 간교함 때문에 뱀 등으로 불리기도 한다. 그의 이름이 어떠하면 그의 성질도 그러하다. 얼굴을 보면 그 사람의 면면을 알 수 있듯이, 사단의 이름은 그의 본성을 암시해준다. 그는 모든 피조물 중에서 가장 고약한 성질과 명칭을 가지고 있다.

명제 6.

하나님은 곧 성도들이 사단을 발로 밟게 하실 것이다. 우리의 전사(戰士)인 그리스도는 이미 전쟁에서 승리하셨으며 머지않아 우리도 발로 우리 영적 원수들의 목을 밟게 하실 것이다. 사단은 패배한 원수이다. 그리스도는 그를 이미 사로잡으셨으며 십자가에서 그에게 승리를 얻으셨다. 그리스도께서는 이미 그를 정복하셨으며 여러분의 손에다 무기를 쥐어 주셨는데, 이는 여러분도 그를 정복하고 발로 그의 목을 밟도록 하기 위함이다. 비록 사단이 사자처럼 으르렁거리지만 유다 지파의 사자 되시는 그리스도께서 그를 여러분 앞에서 패하여 도망치게 하실 것이다. 사단이 제 아무리 고약한 짓을 감행한다 할지라도 여러분은 그를 정복하는 영예와 행복을 맛보게 될 것이다.[16] 시온의 귀한 자녀들이여, 용기를 내라. 반드시 승리가 여러분에게 주어질 것이며 여러분은 사단의 유혹에 대항하느라 그 동안 고생한 일에 대해 충분한 보상을 받게 될 것이다. 사단의 부러진 뿔은 우리의 승리를 알리는 나팔로 쓰일 것이며 우리의 기쁨을 표현하는 악기로 쓰일 것이다.

이런 명제에 대한 다섯 가지 이유.

이제 나는 상기 명제에 대한 이유들을 말한 다음에 본서를 마감하려고 한다.

첫 번째 이유. 첫 번째 이유는 심령들로 하여금 겸손히 기도하며 깨어 있도록 하기 위함이다. 오! 사단이 영혼들을 호려서 파멸시키기 위해 그렇게도 많은 책략을 가지고 있는가? 그렇다면 어떻게 잠자는 영혼들이 깨어나지 않겠으며 경계를 하지 않겠는가! 성도는 스랍 천사와 같

---

16) 롬 16:20

이 온통 눈과 빛으로 둘러싸여 있어야 한다. 그래야 사단의 올무를 피하고 유혹의 때에 굳게 설 수가 있다.

주님은 성경에다 사단이 영혼들을 파멸시키기 위해 사용하는 몇 가지 올무와 계책과 책략들을 기록해 놓으셨다. 그리하여 성도들로 하여금 미리 경고를 받고 미리 무장을 하도록 하셨으며, 언제나 경계심을 잃지 않도록 하셨으며, 손에 무기를 들고 있도록 하셨다. 느헤미야 시대에 유대인들이 그랬던 것처럼 말이다.

두 번째 이유. 두 번째 이유는 사단이 사람의 영혼에 대해서 가지고 있는 악의, 시기, 원한으로부터 도출된다. 사단은 시기와 적개심으로 가득 차 있기 때문에 그는 인간의 기질, 체질, 허황된 생각, 소명에 맞는 올무를 놓기 위해 혈안이 되어 있다. 이는 그들을 자기처럼 비참한 존재로 만들기 위함이다.

러시아인들은 얼마나 악한지, 자기가 미워하는 사람의 집에다 자기의 물건을 감춘 뒤 그가 그 물건을 도적질해 갔다고 고소를 한다고 한다.[17] 마찬가지로 사단은 사람의 영혼에 대해 적개심을 품고 있기 때문에, 자기의 물건을 인간의 영혼 안에다 숨겨둔 뒤 주님 앞으로 데리고 가서 그들을 고소한다고 말할 수 있다. 사단은 원한, 시기, 악의로 인해 그 외에도 백만 가지 다른 수법을 동원하여 귀중한 영혼들을 영구히 파

---

17) 시기하는 마음과 음모를 꾸미는 머리는 항상 붙어다니는 동무이다.

멸시키고자 애를 쓴다.

세 번째 이유. 세 번째 이유는 사단이 가지고 있는 오랜 경험으로부터 도출된다. 그는 강력한 능력의 영이다. 우리 앞에다 올무를 놓을 수 있는 그의 능력은 그의 오래 지속된 경험으로 인해 크게 증가되었다. 그는 5천 년 이상의 경험을 가지고 있다. 그는 사람들의 영혼을 유혹하여 파멸시키는 방식과 방도들을 세밀히 연구할 충분한 시간을 가졌다. 그가 시간을 충분히 가지고 있었기에 그는 그것을 전적으로 연구할 수 있었다. 그가 연구하는 것은, 그가 끊임없이 탐구하는 것은 사람 영혼을 잡아서 매달 올무, 함정, 계략들에 대한 것이다. 그가 어린 뱀이었을 때도 그는 우리의 처음 조상들을 손쉽게 속여서 파멸시킨 바 있다(창세기 3장). 그러나 이제 그는 장성하여 요한의 말에 의하면 '옛 뱀'이 되었다(계 12:9). 그는 이 세상의 연대만큼 나이를 먹었으며 경험을 통해서 매우 간교해졌다.

네 번째 이유. 네 번째 이유는 세상 사람들에게 심판이 임한다는 점이다. 그들은 넘어지고 영구적으로 유혹을 받게 될 것이다. 긍휼의 제안을 거부하고 은혜의 성령을 무시한 사악한 사람들은, 하나님이 말씀과 막대기를 통해, 성령과 양심을 통해 그렇게 심하게 문을 두드리셔도 문을 열지 않았던 사람들은 공의의 손에 넘겨져서 완악하게 되고 사단에 의해 유혹을 받아 속게 되어서 영구적인 파멸에 이르게 될 것이다

(왕상 22,23장). 은혜의 영의 호림을 그렇게도 자주 거부하던 그들이 사단의 간계에 의해 호림을 받아 넘어가게 되는 것, 그 이상으로 공정한 심판이 어디 있겠는가? 그들은 성령으로부터 가장 현명하게 그리고 가장 달콤하게 유혹을 받았으나 거기에 넘어가지 않던 자들이니 말이다.

다섯 번째 이유. 하나님의 빼어나심과 능력은 사람들로 하여금 이런 강한 대적과 더불어 싸울 수 있도록 힘을 주실 때 더욱 찬란하게 현시(顯示)될 수 있다 는 점이다. 사단의 그 모든 계략, 계책, 방책에도 불구하고 그분은 자기의 사람들로 하여금 이 세상을 이기게 하시며 장차 영광으로 그들에게 관(冠)을 씌워주실 것이다. 원수들의 세력이 더 커지고 더 간사해질수록 신의 능력, 지혜, 선하심, 광채와 빛도 더해갔다. 원수들의 권세, 책략, 술책에도 불구하고 하나님은 이스라엘 자손들을 마침내 가나안 땅으로 인도하셨다. 이 사실을 앉아서 곰곰이 새겨보던 바울은 자기의 연약과 고통, 사단의 괴롭힘에 대해 자랑하기 시작하였다. 그 모든 것은 그리스도의 능력이 그에게 머물도록 하기 위함이었다는 것을 깨달았기 때문이다(고후 12:7-9).

4. 결론:
사단의 책략에 대비한 10가지의 특별한 조언과 규칙

논의의 용도.

만일 사단이 사람의 영혼을 호리고 파괴시키는 책략과 전략을 그렇게도 많이 가지고 있다면, 아주 적은 수가 구원을 얻는 것에 대해 놀라기보다는 차분히 앉아서 누가 구원을 얻게 되는지 알아보아야 할 것이다. 이 간사한 새 사냥꾼의 올무에서 누가 벗어나는지 말이다. 사단은 사방에다, 모든 경우에다, 모든 사람들 중에다 그물을 쳐놓고 미끼를 달아 놓았다.

그러나 이것은 내가 말하고자 하는 중점적인 내용이 아니다. 내가 주로 말하고자 하는 것은 여러분에게 그의 모든 책략에 대항하는 특별한 규칙과 조언들을 제시하는 것이다.

첫 번째 조언. 만일 여러분이 사단의 그런 책략에 걸려들지 않고자 한다면, 규칙을 따라 행하라.[18] 규칙을 따라 행하는 이는 가장 안전하게 행할 수 있을 것이다. 규칙을 따라 행하는 이는 가장 명예롭게 행할

---

18) 잠 12:24; 갈 6:16

것이다. 규칙을 따라 행하는 이는 가장 아름답게 행할 것이다. 사람이 말씀을 저버리면 하나님도 그 사람을 저버리실 것이고 그러면 사단이 그들의 손을 이끌고 마음대로 끌고 가서 자기가 쳐놓은 올무에 걸리게 할 것이다. 자기가 너무 선해서 말씀을 좇아 살아야 할 필요가 없다고 느끼는 사람은 하나님이 소유하기에는 너무 나쁜 사람이라는 것이 판명될 것이다. 만일 하나님이 그를 소유하지 않으신다면 사단은 계책을 통해서 그를 넘어뜨릴 것이다. 하지만 규칙을 준수하는 사람은 유혹의 때에 지킴을 받게 될 것이다. "네가 나의 인내의 말씀을 지켰은즉 내가 또한 너를 지키어 시험의 때를 면하게 하리니 이는 장차 온 세상에 임하여 땅에 거하는 자들을 시험할 때라"(계 3:10).

두 번째 조언. 만일 여러분이 사단의 그런 책략에 전혀 걸려들지 않고자 한다면, 하나님의 영이 괴로워하신다는 점에 유의하도록 하라.[19] 사단의 올무를 우리에게 드러내실 수 있는 분은 주 예수 그리스도의 영이시다. 그의 모든 계책을 지적하고 그의 모든 수단을 드러내고 사람들로 하여금 그가 파 놓은 함정을 피할 수 있게 하시는 이는 그분뿐이시다. 아! 만일 여러분을 사단의 깊은 곳으로부터 구원하실 수 있는 유일한 분이시며 찬양 받으실 성령으로 하여금 근심하시게 한다면, 여러분

---

[19] 하나님의 영은 아주 부드러운 영이다. 그분을 근심케 하면 그는 분명 탄식할 것이요, 당신의 고귀한 영혼을 학대할 것이다(애 1:16).

이 그 누구를 통해서 구원을 받으려 한단 말인가? 사람은 연약한 피조물이라서 결단코 사단의 올무를 찾아낼 수 없으며 그것을 피할 수도 없다. 주님의 영이 그렇게 할 수 있는 기술과 능력을 부여하시지 않는다면 말이다. 그러므로 그 누가 근심을 해도 무방하지만, 성령께서 여러분의 범죄 행위 때문에 근심하게 되어서는 안 된다. 그분이 여러분에게 주시는 위로와 위안을 여러분이 거부해서도 안 되고, 그분이 다른 사람들 가운데서 은혜로 역사하시는 모습을 무시하거나 경시해서도 안 되며, 신실한 행위를 위선이라고 칭해도 안 되고, 믿음을 환영이라고 불러도 안 되며, 여러분 자신의 마음속에서 나온 것을 성령의 소산이라고 불러도 안 된다.[20] 주님의 영은 여러분의 조언자이시며 위로자이시며 여러분을 붙드는 자이시고 강력하게 하시는 자이다. 성령만이 사람으로 사단을 이기게 하실 수 있다. "자녀들아 너희는 하나님께 속하였고 또 저희를 이기었나니 이는 너희 안에 계신 이가 세상에 있는 이보다 크심이라"(요일 4:4).

세 번째 조언. 만일 여러분이 사단의 그런 책략에 전혀 걸려들지 않고자 한다면, 하늘의 지혜를 얻기 위해 노력하라.[21] 아, 영혼들이여! 여

---

20) 사 63:10; 시 73:23; 살전 5:19; 행 2:13

21) 만일 사람이 투명한 눈으로 지혜의 아름다운 얼굴을 볼 수만 있다면 지혜를 사랑하지 않을 수 없을 것이다(플라톤).

러분은 대체로 어두운 데서 행한다. 여러분에게는 다른 사람에 비하여 빛이 적다. 여러분은 잘만 했으면 많은 지혜를 가졌을 텐데, 지금 가지고 있는 지혜는 너무도 적다. 학식이 있는 영혼은 많이 있지만 지혜가 있는 영혼은 별로 많지 않다. 지식은 많은데 그 지식을 증진시킬 지혜가 적은 경우를 종종 본다. 지혜 없는 지식은 눈 먼 말의 성미와도 같아서, 그것은 종종 말 탄 자를 떨어뜨리게 되고 그 뼈들을 벽에다 대고 비벼 버린다. 사단의 올무를 보고 피하는 사람은 가장 지식이 있는 그리스도인이 아니라 가장 지혜가 있는 그리스도인이다. 솔로몬은 이렇게 말했다. "지혜로운 자는 위로 향한 생명 길로 말미암음으로 그 아래 있는 음부를 떠나게 되느니라"(잠 15:24). 하늘의 지혜는 사람으로 기뻐 뛰며 하늘까지 날아오르게 한다. 그가 높이 날아 오르면 오를수록 그는 사단의 올무로부터 더 멀어지게 된다.[22] 아, 영혼들이여, 사단이 올무와 미끼를 어디다 어떻게 놓아두는지 여러분이 알기 위해서는 하늘의 지혜가 많이 필요하다. 그의 책략에 대해 대책을 세우려면 그런 지혜가 필요하다. 그 대책을 여러분의 마음에 적절하게 내적으로 효과 있게 적용하려면 그런 지혜가 필요하다. 악한 자가 여러분의 귀중한 영혼을 취하려고 쳐 놓은 그물을 피하기 위해서는 그런 지혜가 필요하다.

---

22) 뱀의 눈은 비둘기 머리에 있는 하나의 장식품에 불과하다.

네 번째 조언. 만일 여러분이 사단의 그런 책략에 걸려들지 않고자 한다면, 사단이 처음 움직일 때 즉각적으로 저항하도록 하라. 저항하는 자는 안전하지만 논쟁하는 자는 위험하다. 하와는 논쟁하다가 낙원에서 쫓겨났다(창세기 3장). 욥은 저항하는 가운데 거름무더기 위에서 승리했다. 사단의 미끼를 가지고 장난하는 자는 신속히 사단의 갈고리에 걸려들게 될 것이다. 정복하게 되리라는 약속은 저항하는 자에게 주신 것이지 논쟁하는 자에게 주신 것이 아니다. "그런즉 너희는 하나님께 순복할지어다 마귀를 대적하라 그리하면 너희를 피하리라"(약 4:7). 아, 영혼들이여, 여러분이 논쟁하기보다 저항하기에 더 유능하다면 그 두 가지를 다 잘 못한다 할지라도, 여러분이 당하는 유혹은 줄어들 것이요 여러분의 견디는 힘은 지금보다 더 커질 것이다.

다섯 번째 조언. 만일 여러분이 사단의 그런 책략에 전혀 걸려들지 않고자 한다면, 성령 충만하도록 노력하라. 주님의 영은 빛과 권능의 영이시다. 영은 빛과 권능이 없다면, "하늘에 있는 악의 영들에게 대하여"?(엡 6:12) 사람이 무슨 일을 할 수 있단 말인가? 여러분이 성령을 가진 것만으로는 부족하다. 여러분은 성령으로 충만하여야 한다. 그렇지 않으면 그 악한 영을 여러분이 이길 수 없을 것이며, 그의 계책을 여러분은 당할 수 없을 것이다. 사도의 달콤한 말을 들어 보라. "술 취하지 말라 이는 방탕한 것이니 오직 성령의 충만을 받으라"(엡 5:18).[23] 다시 말하면, 성령으로 충만하게 되도록 애를 쓰라는 것이다. 자기가 성령을 충분히 받았다고 생각하는 사람은 곧 악한 영에 의하여 정복당하는 자신을 발견하게 될 것이다. 사단은 여러분이 역경 속에서건 번영 속에서건 올무에 걸릴 수 있도록 대비를 해 놓고 있다. 여러분이 건강할 때건 병약할 때건 간에, 강건할 때건 연약할 때건 간에, 혼자 있건 아니면 친구들과 함께 있건 간에, 신령한 의무를 수행하는 중이건 그 의무에서 벗어났건 간에, 만일 여러분이 성령으로 충만해 있지 않다면, 사단은 너무도 강력하고 너무도 간교해서 여러분은 그를 당할 수 없을 것이며 쉽게 그리고 자주 그의 올무에 걸려들게 될 것이며 그의 밥이 될 것이다. 그러므로 여러분의 머리를 갖가지 지식으로 채우기보다는 여러분의 마음을 성령으로 채우기 위하여 더 노력하도록 하라. 여러분의 상점을 갖가지 상품으로 채우기보다는, 여러분의 금고를 은으로 채우기보다는, 여러분의 자루를 금으로 채우기보다는, 여러분의 마음을 성령으로 채우기 위하여 더 노력하도록 하라. 그래야 여러분이 이 새 사냥꾼의 올무에서 벗어날 수 있으며 그의 모든 계략으로부터 벗어날 수 있을 것이다.

여섯 번째 조언. 만일 여러분이 사단의 그런 책략에 전혀 걸려들지 않고자 한다면, 겸손함을 잃지 말라. 겸손한 심령은 사악을 통해 출세

---

23) 충만하다는 말은 배가 항해할 수 있도록 충분한 바람이 불어주는 것을 의미한다.

하느니 차라리 진토 속에 누워 있고자 할 것이다. 모든 것을 내놓고라도 선한 양심의 평화를 유지하려 할 것이다. 겸손은 영혼을 사단이 던지는 많은 화살과 그가 쳐놓은 올무로부터 막아줄 것이다. 낮은 숲은 많은 질풍과 광풍을 피할 수 있지만, 큰 나무들은 그것에 의해 찢기고 부러질 것이다. 악마는 가장 겸손한 사람에게 유혹을 붙들어 매는 데는 아주 무력하다. 많은 양의 겸손을 보유한 자는 사단의 제안에 영향을 받지 않고 그의 위협에 두려움을 느끼지 않는다.[24] 나는 한 사람에 대한 얘기를 읽어보았다. 그는 환상 가운데서 악마의 많은 올무들이 지상에 널려 있는 것을 보고는 앉아서 통곡하며 혼잣말을 했다. '누가 이것들을 뚫고 지날 수 있단 말인가?' 그러자 그의 귀에 이런 응답의 음성이 들렸다. "겸손한 자가 할 수 있느니라." 하나님은 이렇게 말씀하셨다. "그분은 겸손한 자를 가르치시리라." "그분은 겸손한 자와 함께 거하실 것이다." "그분은 겸손한 자를 충만하게 하시고 만족시키실 것이다."[25] 만일 하나님의 가르침과 내주가, 하나님의 충만한 임재가 한 영혼으로 하여금 사단의 올무에 빠지지 않도록 하지 못한다면, 나는 그 무엇이 그렇게 할 수 있을는지 알 수가 없다. 여러분은 사단에게 저항할 때 행

---

[24] 사단이 한 지식인에 대해 말하는 것이 있다. "너는 나를 항상 이겼다. 내가 너를 높이고 격동시킬 때 너는 네 자신을 겸손케 했다. 내가 너를 낮출때는 너는 믿음 안에서 너를 높이 들어올렸기 때문이다."

[25] 시 25:9; 사 57:15; 야 4:6

복해질 것이며 사단을 정복할 때 축복을 받을 것이다. 그러므로 그의 모든 올무를 정복하고 나서 겸손을 유지하라. 내가 다시 말하나니, 겸손을 유지하라.

일곱 번째 조언. 만일 여러분이 사단의 그런 책략에 전혀 걸려들지 않고자 한다면, 강력하고 친밀하게 그리고 언제든지 경계를 하라(살전 5:6).[26] 자신 만만한 영혼은 이미 올무에 빠진 영혼이다. 유혹에 대해 경계를 하지 않는 영혼은 반드시 유혹의 세력 앞에서 무너질 것이다. 사단은 영혼이 아둔할 때 가장 강력하게 환영(幻影)을 불어넣는다. 영혼의 안심은 사단이 그 영혼을 공격하여 파멸시킬 절호의 기회가 된다. 여호수아가 아이 사람들을 공격할 때 그렇게 안심했었다. 모든 사단의 공격으로부터 안전을 확보할 수 있는 가장 좋은 길은 느헤미야와 유다인들처럼 경계하고 기도하며 기도하고 경계하는 것이다. 이런 방식을 통해서 그들은 그들의 원수들을 능가하는 강력한 자가 되었던 것이다. 주님의 일은 그런 사람들의 손을 통해서 크게 번창하였다. 이것을 기억하라. 그리스도께서는 조는 제자들을 향해 "뭐라고! 너희는 나와 함께 한 시간도 깨어 있을 수 없더냐?" 하고 꾸짖으셨다. "나와 함께 깨어 있을 수 없다면, 너희가 어떻게 나와 함께 죽을 수 있단 말이냐? 너희가 말씀을 견딜 수 없다면 어떻게 상처들을 견딜 수 있겠느냐?" 사단은 언제

---

26) 마 26:40; 막 13:33-35, 37; 고전 16:13; 골 4:2; 벧전 4:7; 계 2:3

나 간사하고 악의적인 경계를 늦추지 않고 "삼킬 자를 찾아" 헤맨다. 사도가 베드로전서 5:8에서 말한 바에 의하면 "너희 대적 마귀가 우는 사자같이 두루 다니며 삼킬 자를 찾는다." 사단은 우리의 처지를 매우 시기하고 있다. 그가 쫓겨난 그리고 영원히 들어가지 못하게 된 낙원을 우리가 누릴 것이기 때문이다. 사단이 간교한 경계를 늦추지 않는데, 그리스도인들이 거룩한 영적 경계를 늦춰서야 되겠는가? 우리의 인생 전체는 유혹에 휩싸여 있다. 사단은 평화를 깨뜨릴, 우리의 양심에게 상처를 줄, 우리의 위로를 감소시킬, 우리의 은혜를 파괴할, 우리의 증거를 인멸할, 우리의 확신을 흐리게 할 기회를 호시탐탐 노리고 있다. 오! 그렇다면 우리가 언제나 망대 위에 올라서 경계를 늦추지 말아야 하지 않겠는가. 그래야 이 간교한 뱀의 공격으로 인해 놀지 않게 될 것이다. 경성하는 일에는 깨어 있는 것 즉 영혼이 잠에서 일어나는 것이 포함된다. 우리가 살아가면서 무슨 일을 당하든지 우리의 마음과 길을 지속적으로 주의 깊게 살피는 것이 우리가 하나님 및 그분의 말씀과 가까이 하는 첩경이 된다.

경성하는 것은 영혼이 이리저리 달려 다니면서 바쁘게 움직이는 것이다. 그것은 우리 안에서 그리고 밖에서부터 무엇이 솟아나서 우리 안으로 들어오는지를 부지런히 살피느라고 심령이 바쁜 상태를 일컫는다. 아, 영혼들이여! 여러분은 경성할 때 이상으로 안전하고 편안할 때가 없다. 안티파텔이 경계를 서는 한 알렉산더는 안전했다. 우리가 세심히 경계를 서는 한 우리는 안전하다. 경계하는 영혼은 날고 있는 영혼이며, 총알에서 벗어난 영혼이며, 바위 위에 서 있는 영혼이며, 성안에 거하고 있는 영혼이며, 구름을 타고 다니는 영혼이며, 영원하신 팔에 굳게 안겨 있는 영혼이다.

나는 이 일곱 번째 항목을 이런 조언으로 마치고자 한다. 용은 간사하여 코끼리의 귀를 물어뜯은 다음에 그의 피를 빨아먹는다는 것을 기억하라. 왜냐하면 그는 코끼리의 코가 미칠 수 없는 곳이 거기뿐이라는 것을 알고 있기 때문이다. 우리의 원수도 간교하다. 그는 우리에게 가장 큰 타격을 입힐 수 있는 그곳을 물어뜯고 찢는다. 그러므로 우리가 언제나 경계하고 있는 것이 아주 중요하다.

여덟 번째 조언. 만일 여러분이 사단의 그런 책략에 걸려들지 않고자 한다면, 하나님과의 교제를 지속하도록 하라. 사단의 불화살을 이겨낼 수 있는 힘은 하나님과의 교제로부터 나온다.[27] 하나님과의 교제에 유능한 영혼은 유혹을 받기는 하지만 쉽게 정복되지는 않을 것이다. 그런 영혼은 죽기까지 싸워 그것을 물리칠 것이다. 하나님과의 교제는 사단의 유혹을 물리칠 수 있는 가장 좋고 가장 우수한 근거를 영혼에게 공급해 줄 것이다. 교제는 연합의 결과이다. 교제는 그리스도와 은혜를 받은 영혼의 상호 교통이다. 교제는 야곱의 사닥다리로서, 그것을 타고 그리스도께서는 영혼 속으로 들어오시고 영혼은 신의 힘에 의해 그리

---

[27] 고전 6:19

스도께로 올라가고 할 것이다. 그리스도와의 교제는 영혼으로 매우 불타오르게 하고 영혼에게 기운을 북돋우고 힘을 제공할 것이다. 삼손이 하나님과 교제를 계속하는 동안은 그 어떤 원수도 그의 앞에 나설 수가 없었다. 삼손은 연속적으로 정복하고 또 정복했다. 여러분의 영혼도 마찬가지일 것이다. 여러분이 하나님과의 교제를 지속하는 한 여러분은 "하늘에 있는 악의 영들"도 이길 수 있게 될 것이다.[28] 그러나 만일 여러분이 하나님의 교제를 그친다면 여러분은 다른 사람들처럼 모든 유혹 앞에서 패하고 말게 될 것이다. 다윗은 하나님과의 교제를 유지하는 동안은 모든 원수들을 대적하여 이겼었다. 그러나 그가 하나님과의 교제에서 실패하자 그는 자기 품안에 들어 있는 원수들에 의하여 패퇴하였고 그의 생명을 찾아 구하는 사람들 앞에서 도망을 하게 되었다. 여러분이 하나님과의 교제를 계속하지 않는다면 여러분의 영혼에게도 동일한 일이 발생하게 될 것이다. 욥은 하나님과의 교제를 지속하는 동안 거름더미 위에서 사단을 정복할 수 있었다. 아담은 하나님과의 교제를 놓친 후 낙원에서 사단에게 정복을 당했다. 하나님과의 교제는 바다에서는 닻이 되고 땅 위에서는 방패가 된다. 그것은 여러분을 방어하는 칼이요 여러분을 지지해주는 막대기가 된다. 그러므로 하나님과의 교제를 지속하도록 하라.

---

[28] 밀물과 썰물이 있고 보름달과 초승달이 있듯이 성도가 하나님과의 교제에 있어서도 높낮이가 있는 것이다. 그리스도와의 교제를 지속하기 위하여 고난당하는 것을 즐거워하라.

아홉 번째 조언. 만일 여러분이 사단의 그런 책략에 걸려들지 않고자 한다면, 여러분 자신의 힘을 의지하여 사단을 대적하지 말고 매일 주 예수님으로부터 나오는 새로운 힘을 받아서 나아가도록 하라.[29] 주님께로부터 오는 새로운 힘을 얻지 못하고 오래된 유혹이나 새로운 유혹에 맞서는 자는 반드시 그 유혹의 권세 앞에서 넘어지게 될 것이다. 여러분은 베드로에게서 이런 사실을 볼 수 있을 것이다. 그는 오래 전에 받았던 힘에 의존하고 있었다―"베드로가 가로되 내가 주와 함께 죽을지언정 주를 부인하지 않겠나이다 하고 모든 제자도 이와 같이 말하니라"(마 26:35). 그러므로 그는 새로운 유혹 앞에서 그만 실패하고 말았던 것이다. 그는 저주하고 맹세하며 세 번씩이나 주님을 모른다고 부인했다. 아, 영혼들이여! 올무가 널려 있을 때면 예수 그리스도를 바라보라. 복음 안에서, 그분은 광야에서 구리 뱀처럼 높이 들린 분이시다. 그분께 이렇게 말씀드려라. 사랑하시는 주님! 여기에 제 영혼을 잡으려고 새로운 올무가 펼쳐져 있나이다. 당신께서 새롭게 은혜를 공급해 주시지 않는다면 이전에 받은 은혜로는 이 올무에서 벗어날 수가 없나이다. 오! 제게 새로운 힘, 새로운 권능, 새로운 능력, 새로운 은혜를 주셔서 제가 이 올무를 피할 수 있게 해주소서. 아, 영혼들이여, 이것을 기억

---

[29] 출애굽기 15장에 보면 모세에 관한 주목할 만한 기사가 있다. "하나님은 나의 힘이시요 나의 찬송이시며 나의 구원자이시라." "땅 끝의 모든 백성아 나를 앙망하라 그리하면 구원을 얻으리라 나는 하나님이라 다른 이가 없음이니라"(사 45:22)

하라: 여러분이 올무를 이길 수 있는 능력과 힘은 이미 받은 은혜가 아니라 새롭게 하늘로부터 받은 은혜로부터 나와야 한다.주 2) 여러분은 여러분의 직무보다는 그리스도께 더 의존하여야 한다. 여러분은 여러분의 영적 미각과 발견보다는 그리스도께 더 의존하여야 한다. 여러분은 여러분의 은혜보다는 그리스도께 더 의존하여야 한다. 그렇게 하지 않으면 사단이 여러분을 끌어들여 포로가 되게 할 것이다.

열 번째 조언. 만일 여러분이 사단의 그런 책략에 전혀 걸려들지 않고자 한다면, 많이 기도하라. 기도는 영혼의 피난처요 하나님께 드리는 희생제사요 마귀에게는 채찍이 된다. 다윗의 마음은 비파보다도 더 자주 혼선을 겪었다. 하지만 그는 기도하고 나서 마귀의 훼방에도 불구하고 이렇게 소리쳤다. "내 영혼아 네 평안함에 돌아갈지어다 여호와께서 너를 후대하심이로다"(시 116:7). 기도는 하늘로 가는 문이며, 낙원으로 들어가게 하는 열쇠이다. 기도처럼 사단의 계책을 무위로 돌리는 것이 없다. 그러므로 그리스도께서 이렇게 말씀하셨던 것이다. "시험에 들지 않게 깨어 있어 기도하라"(마 26:41). 여러분이 유혹에 들지 않으려면 깨어서 기도하고 기도하며 깨어 있어야 한다.[31] 산헤립과 하만이 유다인들을 죽이려고 올무를 놓고 계책을 썼을 때, 그들은 기도하여 영

---

30) "너희가 나를 떠나서는 아무것도 할 수 없느니라"(요 15:5)
31) 찰스 대왕은 사람들과 하나님과 더 많은 대화를 했다고 한다.

혼 구원을 받았고 도리어 산헤립과 하만은 파멸되었다. 다윗 앞에는 많은 올무가 놓여 있었는데, 그로 인하여 그는 더욱 기도하게 되었다. "나를 지키사 저희가 나를 잡으려고 놓은 올무와 행악자의 함정에서 벗어나게 하옵소서"(시 141:9). "나를 지키사 저희가 나를 잡으려고 놓은 올무와 행악자의 함정에서 벗어나게 하옵소서 악인은 자기 그물에 걸리게 하시고 나는 온전히 면하게 하소서"(시 141:9). 그는 이렇게 고백하기도 했다. "교만한 자가 나를 해하려고 올무와 줄을 놓으며 길 곁에 그물을 치며 함정을 두었나이다 (셀라) 내가 여호와께 말하기를 주는 나의 하나님이시니 여호와여 나의 간구하는 소리에 귀를 기울이소서 하였나이다"(시 140:5,6). 사울과 다른 많은 이들이 다윗 앞에 올무를 놓았는데, 그로 인하여 다윗은 더 기도하게 되었다. 그러자 그 올무들은 파괴되었고 다윗은 구원을 받게 되었다.[32] 아, 영혼들이여! 말씀을 받아들이고 하나님께 이렇게 말씀드려라. "사단이 사방에다 올무를 놓았나이다. 그가 함정을 깊이 팠나이다. 그가 올무와 함정을 베풀어두고 저를 파멸시키려 하나이다. 저는 그의 올무를 피할 재주도 힘도 없나이다. 당신의 영원하신 팔로 안아주시지 않는다면 피조물로서는 구원을

---

[32] 버나드는 "여호와여, 당신 없이 결코 혼자 가지 않겠습니다!"라고 했다. 바실은 "하나님이 우리에게 얼굴을 향하여 드시지 않는 것이 부끄럽게 여겨지도록 거룩한 탄원으로 나아가라. 만일 하나님이 우리의 나약함을 거절하신다면 야곱처럼 '내게 축복하지 않으면 결코 보내드릴 수 없습니다' 라고 울부짖으라"고 했다.

받을 길이 전혀 없나이다. 저를 지켜주시고 건져주시는 일에는 당신의 명예도 관련되어 있나이다. 그러하오니 사단의 계책에 의하여 제가 파멸되지 않게 해주소서. 제가 그의 올무에 빠져든다면 사악한 자가 기뻐할까 하나이다. 그리스도의 사랑, 그리스도의 피, 그리스도의 도고를 보아서라도 제게 피할 길을 열어주옵소서. 당신께서 저를 사단의 올무로부터 건지시는 것을 영예로 간주하신다면 저도 당신의 선하심을 전하고 당신의 인자하심을 평생 전하는 것으로 명예를 삼겠나이다." 그리스도인들은 대달루스처럼 해야 한다. 그는 지상의 길로 피할 수가 없게 되자 하늘의 길을 통해 피해 달아났다. 즉 기도의 길을 통해 피해 달아났다는 말이다. 사단의 올무를 피할 수 있는 길은 그것뿐이다.

적용 1.

다음에 나오는 적용은 사단의 뜻대로 사로잡히지 않고 사단의 올무를 피한 사람들에게 감사를 종용하기 위한 것이다. 아! 그리스도인들이여, 위대한 선지자 다윗과 함께 여러분은 이렇게 여러분의 영혼에게 권고해야 할 것이다. "내 영혼아 여호와를 송축하라 내 속에 있는 것들아 다 그 성호를 송축하라 내 영혼아 여호와를 송축하며 그 모든 은택을 잊지 말지어다"(시 103:1,2). 그분은 우리를 사단의 밥이 되지 않게 하셨으며 그가 쳐놓은 그물에 우리의 영혼이 걸리지 않도록 하신 분이시다. 이런 큰 은총을 인식했기에 다윗은 이렇게 찬양을 드릴 수 있었던 것이다. "우리 혼이 새가 사냥꾼의 올무에서 벗어남같이 되었나니 올무가 끊어지므로 우리가 벗어났도다"(시 124:7). 아! 그리스도인들이여, 이것을 기억하라. 세상 사람들의 대부분이, 그렇다 신앙 고백자의 대부분이 사단의 올무에 걸려들었다. 여러분이 이 사실을 진지하게 생각한다면 위의 사실에 대해 감사하지 않을 수 있겠는가? 여러분이 다른 사람들보다 더 낫단 말인가? 여러분이 하나님께 무슨 일을 해 드렸기에 그리고 무슨 자격이 있기에 다른 사람들은 마귀의 올무에 빠져 영원히 멸망을 당하는데 신의 도우심을 받아 그 올무를 피할 수 있었단 말인가?

여러분은 사람들이 여러분의 생명이나 재산을 빼앗으려고 쳐 놓은 올무를 피한 것으로 인하여 감사를 드리고자 하는가? 그렇다면 사단이 여러분의 귀중한 영혼을 잡으려고 쳐놓은 올무로부터 벗어난 일에 대해서는 그보다 훨씬 더 감사를 해야 하지 않겠는가?[33]

이것을 기억하라. 사단의 올무로부터 구원을 받았다는 것은 우리를 향한 하나님의 마음이 가장 분명하고 가장 뚜렷하게 나타난 것에 대한 증거이다. 사람이 쳐 놓은 그물로부터 섭리의 일반적인 손에 의하여 벗어난 사람들이 많이 있다. 그러나 사단의 올무로부터는 그런 일반적인 힘에 의해서 벗어날 수가 없다. 사울과 유다와 데마는 분명히 사람들이

---

[33] "나는 항상 소망을 품고 주를 더욱 더욱 찬송하리이다"(시 71:4). 이 말씀의 본래 의미는 "당신의 찬양에 더 부연하여 찬양하나이다"는 말이다.

쳐놓은 그물로부터는 여러 번 벗어났을 것이다. 그러나 그들은 마귀가 그들을 위해 쳐놓은 그물로부터는 하나도 벗어나지를 못했다. 공의의 손에 의해 악마의 올무에 빠지도록 되어 있던 사람들이 섭리의 일반적인 손에 의하여 사람들의 올무로부터는 벗어난 예는 많다. 하지만, 여러분이 사단의 올무로부터 구원받은 것은 특별한 사랑의 열매다. 오 귀중한 영혼이여, 여러분이 이런 일을 생각할 때 감사하지 않을 수 있겠는가? 나는 이에 대한 판단을 여러분에게 맡기고자 한다.

적용 2.

이 조언에 대한 마지막 적용은 그리스도인들에게 고향에 거하기를 사모하라고 권고하는 것이다.[34] 오! 그리스도의 품에 안기기를 사모하라! 가나안 땅에 거하기를 사모하라! 이 세상은, 이 광야는 올무로 가득차 있기 때문이다. 모든 활동이 올무로 둘러쳐 있고 모든 즐거움도 올무로 차 있다. 속세의 일에서도 사단이 우리를 잡으려고 올무를 쳐 놓았으며 영적인 일에서도 사단이 우리를 잡을 올무를 쳐 놓고 있다. 모

---

34) 어거스틴은 세 가지 사실을 보고자 열망했다. 로마의 번성, 바울사도의 설교, 그리고 땅에서 사람들과 대화하신 그리스도였다. 베데가 후에 타서 마지막 어거스틴의 소망을 바로잡으면서 말하기를 "아름다우신 왕을 보게 하라. 하늘왕국에 계신 그리스도를 보게 하라"고 했다.

든 곳이 올무로 꽉 들어차 있다. 도시도 시골도 상점도 다락도 바다도 육지도 모두 올무로 차 있다. 우리가 받아 누리는 축복들도 올무로 둘러싸여 있다. 식탁 위에도 침상에도 올무들이 있다. 그렇다. 사단은 너무도 간교하고 너무도 강력해서 그는 종종 우리의 가장 위대하고 가장 친근하고 가장 귀중한 축복들도 우리의 가장 큰 올무가 되게 할 수 있다. 가끔 그는 품안에 안겨 있는 아내를 들어 그 남편에게 올무가 되게 하기도 한다. 삼손의 경우와 욥의 경우가 그랬다. 가끔 그는 자식이 올무가 되도록 하기도 한다. 압살롬과 엘리의 경우가 그랬다. 어떤 때는 종이 올무가 되기도 한다. 요셉의 여주인의 경우가 그랬다. 아! 영혼들이여, 사단은 너무도 간사하고 치밀해서 그는 여러분의 컵이 올무로 변하게 할 수도 있고 여러분의 의복이 올무로 변하게 하며 집이 정원으로, 여러분의 모든 오락이 올무로 변하게 할 수도 있다. 오! 이런 모든 것을 생각하면 여러분의 모든 영혼들이 교회에 대해서 이렇게 권고해야 할 것이다. "나의 사랑하는 자야 너는 빨리 달리라 향기로운 산들에서 노루와도 같고 어린 사슴과도 같아여라"(아 8:14). 정혼한 여인이 결혼식 날짜를 기다리지 않겠는가? 종이 자기가 해방될 날짜를 기다리지 않겠는가? 포로가 자기가 놓임 받을 날짜를 기다리지 않겠는가? 여행자가 쉴 곳을, 선원이 항구를 기다리지 않겠는가? 그렇다면, 주님의 백성이 그리스도의 품에 안기기를 훨씬 더 사모해야 하지 않겠는가? 그리스도의 품이 아니고는 사단의 올무로 둘러싸이지 않은 곳이 하나도 없다(빌 1:23; 고후 5:2,4).

바울은 사방에서 기다리고 있는 자기의 결박과 환란에 대해 말한 것이 있는데(행 20:23), 이것은 모든 성도들에게도 있을 사단의 올무를 가리키는 것이다. 그로 인하여 성도들은 이렇게 부르짖게 될 것이다. 이제 여기서 떠나가자, 여기서 떠나가자. 아니면 어거스틴의 어머니 모니카처럼 이렇게 말하게 될 것이다. "우리가 여기서 무얼 하는가? 왜 우리는 여기서 떠나지 않는가? 왜 우리는 보다 더 신속히 도망가지 않는가?" 아! 영혼들이여, 여러분이 그리스도의 품속으로 들어가기 전에는, 여러분의 위로가 충분하거나 순결하거나 안정적이지 못할 것이다. 그 때까지는 사단이 여러분을 후려갈기며 잡기 위해 여러분 앞에다 올무를 펼쳐놓을 것이다. 그러므로 여러분은 언제나 교회와 함께 이렇게 부르짖어야 한다. "주 예수여, 어서 오시옵소서"(계 22:20). 그리스도는 "어두움에 있는 자들에게 빛을 주시는" 야곱의 별이 아니신가? 감람나무 가지들을 민망해하는 영혼들에게 가져다주시는 평강의 왕이 아니신가? 그분 안에는 가장 큰 가치와 부요가 있지 아니한가? 그분은 모든 피조물의 빼어난 아름다움과 완전의 구현(具現)이 아니신가? 그분은 면류관 중의 면류관, 영광 중의 영광, 하늘 중의 하늘이 아니신가? 오 그렇다면, 우리가 하늘에서 그리스도를 충분하고 분명하고 항상 향유할 것을 언제나 사모하여야 할 것이다. 그 때까지는 사단이 늘 여러분에게 책략과 계략을 행사할 것이다. 그는 여러분에게 끊임없이 권세를 행사하고 있으며, 여러분이 그리스도의 품안에서 영구적으로 안식하게 되기 전까지는 결코 여러분으로 쉬게 하지 않을 것이다.

사단의 책략 물리치기

지은이   토마스 브룩스
옮긴이   서창원, 최도형
펴낸이   채주희
펴낸날   2007. 3. 14 초판 1쇄 발행

펴낸곳   도서출판 엘맨
등록번호   제10 - 1562호 1985. 10. 29
등록된곳   서울시 마포구 합정동 433-62
Tel 02-323-4060   Fax 02-323-6416
E-mail elman1985@hanmail.net

값: 12,000원

✚ 잘못된 책은 바꾸어 드립니다. ✚